U0450049

复旦大学俄罗斯中亚研究中心
Center for Russian and Central Asian Studies, Fudan University

复旦俄罗斯-欧亚研究

（2018—2019）

主　编：冯玉军　赵华胜
副主编：马　斌　徐海燕

中国社会科学出版社

图书在版编目(CIP)数据

复旦俄罗斯—欧亚研究：2018－2019／冯玉军，赵华胜主编 . —北京：中国社会科学出版社，2019.3
ISBN 978－7－5203－4151－6

Ⅰ. ①复… Ⅱ. ①冯…②赵… Ⅲ. ①中俄关系—文集②国际关系—俄罗斯、欧洲、亚洲 Ⅳ. ①D822.351.12－53②D8－53

中国版本图书馆 CIP 数据核字（2019）第 043780 号

出 版 人	赵剑英
责任编辑	郭　枭
责任校对	杨　林
责任印制	王　超

出　　版	中国社会科学出版社
社　　址	北京鼓楼西大街甲 158 号
邮　　编	100720
网　　址	http://www.csspw.cn
发 行 部	010－84083685
门 市 部	010－84029450
经　　销	新华书店及其他书店
印　　刷	北京明恒达印务有限公司
装　　订	廊坊市广阳区广增装订厂
版　　次	2019 年 3 月第 1 版
印　　次	2019 年 3 月第 1 次印刷
开　　本	787×1092　1/16
印　　张	20.5
字　　数	414 千字
定　　价	86.00 元

凡购买中国社会科学出版社图书，如有质量问题请与本社营销中心联系调换
电话：010－84083683
版权所有　侵权必究

卷 首 语

呈现在读者面前的,是首卷《复旦俄罗斯—欧亚研究集刊》,汇集了复旦大学俄罗斯中亚研究中心学者2018年度的主要学术研究成果。集刊分为"专题报告""学术论文"和"时事评论"三个部分,主要涵盖了俄罗斯及欧亚国家政治经济发展、对外政策及安全政策调整、中国与俄罗斯及其他欧亚国家关系、"一带一路"建设等研究议题。

俄罗斯—欧亚研究在中国国际关系学界并非显学,但四百年中俄关系史表明,俄罗斯对于中国的国家安全、经济发展、制度变迁、思想文化甚至民族心理都产生过并仍产生着巨大而又深刻的影响,加强俄罗斯—欧亚研究对于中国成长为一个真正的世界大国具有举足轻重的意义。自2005年成立以来,复旦大学俄罗斯中亚研究中心的学者们始终秉持"博学而笃志、切问而近思"的复旦校训,潜心学术,将俄罗斯—欧亚地区置于历史视野、全球格局和中国利益共同组成的立体框架之下进行研究,实现了学术研究、政策研究、国际交流和学生培养的有机结合,成为国内和国际俄罗斯—欧亚学界不可忽视的学术团队。

推出《复旦俄罗斯—欧亚研究集刊》首卷是我们将研究成果集中回馈社会的一个初步尝试。在集刊首卷出版之际,我们衷心向给予中心长期支持的教育部、外交部、商务部、国家发改委、国家能源局相关领导,向复旦大学校领导及国际问题研究院和国务学院的领导和同事,向同中心长期保持合作关系的国内外同人表达由衷的谢意。集刊在短期之内就能顺利出版,离不开中国社会科学出版社社长赵剑英先生、总编辑助理王茵女士的大力支持和责任编辑郭枭博士的辛勤工作,在此向他们表示衷心的感谢。

今后,我们将努力保持"集刊"的连续性,不仅让其成为展现中心学者研

卷首语

究成果的窗口，还要使其成为国内俄罗斯—欧亚学界凝聚智慧的平台和拓展与国际俄罗斯—欧亚学界的渠道。当然，要达到这些目标，只有我们自己的努力是不够的，更需要国内外同行的共同参与以及广大读者的倾力支持。

冯玉军

复旦俄罗斯—欧亚研究
(2018—2019)

目 录

第一编：专题报告篇

中俄对话：2018 模式 ……………………………………………………（3）

中俄人文合作绩效评估与可持续发展研究（2000—2017）……………（87）

第二编：学术论文篇

论中俄美新三角关系 ………………………………………………（109）

中国安全视野中的欧亚地区 ………………………………………（133）

美俄关系新发展及中国的政策选择 ………………………………（150）

大国竞逐新军事革命与国际安全体系的未来 ……………………（162）

丝绸之路经济带核能合作及其全球治理意义：以中哈铀资源合作

  开发为例 ………………………………………………………（183）

中欧班列的发展现状、问题与应对 ………………………………（197）

目　录

"一带一路"倡议与欧亚地区区域性公共产品供给体系重构 …………（210）

中欧班列:推进"一带一路"建设的重要抓手 ………………………（222）

国外承运商:"一带一路"不可或缺的参与主体 ……………………（228）

地方承运商:地区发展环境的重要塑造者 ……………………………（233）

第三编:时事评论篇

俄罗斯外交2017:局部亮点难掩深层阴霾 …………………………（239）

中俄关系持续深化,也受全球变局制约 ………………………………（243）

特朗普元年:美俄关系螺旋型下滑 ……………………………………（248）

普京十八年执政总结与俄罗斯发展前景 ……………………………（251）

普京第四任期的俄罗斯发展走向与中俄关系前景 …………………（259）

中国周边学研究:以俄罗斯问题研究为例 ……………………………（265）

大变局下尤需制定系统性战略 …………………………………………（267）

刻赤大桥下的枪声:又是一出"罗生门"? ……………………………（270）

俄罗斯外交重回现实主义 ………………………………………………（273）

平壤通道:俄美关系的新理想与旧现实 ………………………………（276）

普京:带领俄罗斯发展的旗帜人物 ……………………………………（281）

"斯克里帕尔案"加速俄罗斯与西方关系恶化 ………………………（283）

四层"俄罗斯套娃":西方国家群起驱逐俄外交官背后的逻辑 ……（285）

俄罗斯反应克制,在叙长期经营的地位不会动摇 ……………………（288）

"一带一路"为中俄关系发展提供新机遇 ……………………………（292）

"青椒"梅德韦杰夫进阶史:"普梅"黄金组合是如何炼成的 ………（294）

俄欧关系乍暖还寒,"解冻"之路曲折漫长 …………………………（297）

"上海精神"推进新型国际关系实践 ……………………………（299）

人文交流丰富中俄关系内涵 ……………………………………（302）

开放奠定基础 合作创造繁荣 …………………………………（305）

附　录

复旦大学俄罗斯中亚研究中心（2017.9—2018.8）……………（309）

第一编：专题报告篇

中俄对话：2018 模式[*]

引　言

2017年下半年到2018年年初，中俄全面战略协作伙伴关系持续发展，并且获得了新的内外动力。

由于两国国内都有重要政治事件，两国合作有了新的背景。2017年10月中国召开了中国共产党第十九次全国代表大会，2018年3月中国召开了第十三届全国人民代表大会第一次全体会议。2018年3月，俄罗斯进行了总统选举。习近平和普京再次当选为两国最高领导人，表明两国将继续执行之前的政策，其中继续巩固两国双边和多边的合作是外交政策中重要的组成部分。

2018年6月，上海合作组织峰会在中国青岛举行。此次峰会是普京新当选总统后的第一次出访。

---

[*] 《中俄对话：××模式》是由复旦大学俄罗斯中亚研究中心与俄罗斯国际事务委员会、俄罗斯科学院远东研究所自2015年以来联合撰写的中俄关系年度报告，报告汇集中俄两国研究中俄关系问题的各领域知名学者，每年以中文版和俄文版分别发布，引起了中俄两国政界、学术界的广泛关注和好评。报告中方负责人：赵华胜，复旦大学国际问题研究院教授。中方成员：石泽，中国外交部国际问题研究院教授，原中国驻俄罗斯大使馆参赞；刘华芹，中国商务部国际贸易经济合作研究院研究员；邢广程，中国社会科学院中国边疆研究所所长，研究员；郭培清，中国海洋大学教授；冯玉军，复旦大学国际问题研究院副院长，俄罗斯中亚研究中心主任，教授；郑继永，复旦大学朝鲜韩国研究中心主任；蔡翠红，复旦大学美国研究中心教授。报告俄方负责人：谢·卢加宁，俄罗斯科学院远东研究所所长，俄罗斯国际事务委员会成员。俄方成员：安·科尔图诺夫，俄罗斯国际事务委员会执行主席；安·卡尔涅耶夫，莫斯科大学亚非学院副院长；弗·彼得罗夫斯基，俄罗斯科学院远东研究所俄中关系研究与预测中心研究员；瓦·卡申，俄罗斯科学院远东研究所东北亚和上海合作组织战略问题研究中心研究员；伊·杰尼索夫，俄罗斯外交部莫斯科国际关系学院东亚和上海合作组织研究中心研究员，俄罗斯科学院远东研究所研究员；赖·叶皮欣娜，莫斯科大学研究员；尤·库林采夫，俄罗斯科学院远东研究所东北亚和上海合作组织战略问题研究中心研究员；鲁·马梅多夫，俄罗斯国际事务委员会项目协调人；克·库兹米娜，俄罗斯国际事务委员会项目协调人。俄译中翻译：孙凌云、钱宗旗。校对：赵华胜。

中俄两国关系持续发展，但是俄罗斯与西方关系不断恶化，中美关系紧张加剧。2018年年初，俄美关系和俄欧关系出现了新危机，美欧与俄罗斯相互指责，相互大规模驱逐外交官，西方对俄罗斯实施新一轮制裁。俄罗斯与美欧对国际和地区问题看法的分歧不断加深，其中包括叙利亚问题。中美关系的紧张主要是因为可能爆发的贸易战。而中俄在重大国际问题上的战略合作不断巩固，最高层的互信达到了高水平。中俄合作不是对出现问题的回应，而是两国以共同经济和政治利益为基础的长期战略合作。

中俄合作的优先方向是在"一带一路"和大欧亚伙伴关系框架内发展广泛平等的合作，并且吸引欧亚地区所有感兴趣的国家参与。广泛一体化形成的背景是中国推动人类命运共同体建设的构想和做负责任大国的态度，以及俄罗斯以国际法为基础、以联合国安理会为主导、对国际和地区问题持负责任的态度。中俄两国对公正、平等、主权和互不干涉别国内政的国际关系体系持相同观点。

尽管两国在政治互信、国际舞台的相互协作达到了高水平，但两国经济合作仍然不足。主要是因为两国经济增速不一，实业界对相互合作的参与不够，基础设施不够发达。所以优先任务是在具体合作领域制定措施，吸引专家、实业界和官方人士参与。考虑到中俄合作的特点和方向，近期的优先领域仍然是能源和加工工业、交通和物流。中期计划可以考虑航空制造和高科技领域的合作。

这是复旦大学国际问题研究院和俄罗斯国际事务委员会、俄罗斯科学院远东研究所自2014年以来的第四份年度报告，它对2017年第二季度到2018年第一季度的中俄关系进行了盘点，探讨并分析了两国在双边、地区和全球的合作问题。

新时代中俄全面战略协作伙伴关系的发展

新历史阶段中俄关系发展的优先方向

伴随着国内外形势的变化，中俄两国站在新的历史起点上。这就需要两国用创新的态度看待相互协作。形成共同战略目标、通过多种渠道增强信任、加强经济领域合作是两国关系长期稳定和共同发展的重要任务。中国倡导的"一带一路"建设和俄罗斯提出的共建大欧亚伙伴关系倡议的实施给两国战略合作注入新的动力。

中俄作为相互毗邻的全面战略协作伙伴，双边关系持续着健康发展和提升，两国关系已站在构建责任和命运共同体的新的历史起点上。伴随着国内外形势的变化，两国关系的发展既有利好，也不可避免地会遇到新的问题和挑战，需要给予客观的评估，并找出应对之策，以适应两国共同发展和推进构建人类命运共同体建设的需要①。

（1）需要进一步夯实两国关系长期共进共荣的牢固根基。中俄在各领域合作取得的可喜成绩是两国长期战略合作的结果，但也存在对时局挑战被动反应的问题，缺乏对共同发展长期目标的全面思考和谋划。双方在描述两国关系的前景时更多的是粗线条的原则定位，缺乏具有长远战略内涵的合作纲要、合作方向、实施步骤、政策保障。多年来两国出台的诸多合作纲要大都打了折扣，确定的目标都难以落实。常见的情形往往是计划赶不上变化。双方互知和互信都存在提高的空间。特别是在两国不对称发展，实力差距拉大、政治合作与经济合作明显不匹配状况的延续，更是对双方长期合作的规模和远景带来不确定性。

从世代友好的理念出发②，中俄关系既要立足当下，更要着眼未来。不仅要重视眼下具体合作的得失，更要思考共同发展的长远利益。尽快出台中俄面向未来、互补互利、共进共荣长期合作的总体目标和实施纲要，使中俄长期的战略合作在目标明确、方向清晰、进展有序的轨道上扬帆远航。

（2）提高互知和互信仍是中俄伙伴关系继续发展的重要问题。回顾中俄关系发展的轨迹，每当合作取得成果时总是能听到干扰两国关系的谈论。这些舆论虽然不代表主流，也无法阻挡合作的大潮，但其造成的消极影响却不容低估。分析不同时期出现的舆论，不仅关系到政治、经济、文化等不同领域的关系，也在一定程度上反映出双方在合作理念、商业利益和合作环境等方面存在的差异。提高互信问题需要改变思路，依据其各领域的表现，采用政治、经济、文化等不同的渠道和多种方式化解。政治上加强宣传和引导，经济和商业层面需要考虑相互的经济利益、优化合作环境，文化领域则要扩大民间往来和沟通。实践证明，两国互办各种类型国家年的活动取得较好的效果。2018—2019年，将启动互办中俄地方合作交流年活动③，这将会进一步扩大和加深两国地方民众间的交往和友谊，夯实民意基础。

（3）特别需要关注解决两国政治和经济合作不平衡的问题。与政治和战略合作相比，经济合作始终是两国关系的短板。经过多年的磨合和探索，近年来已有明显改观。中俄开展大规模务实合作的条件和时机渐趋成熟。当前，双方内生动力增强和周边区域合作的兴起已成为两国提升和扩展经济合作的新亮点。两国发展战略趋同，双方都更加看重对方对自己经济发展不可替代的作用，都视对方为提升经济发展水平的优先合作伙伴。尤其是双方开始的较长周期的经济转型，将不断释放新动能和互利合作的新机遇。双方应当汲取以往规划失准的教训，科

---

① http://russian.people.com.cn/n3/2017/1202/c31521-9299677.html.
② http://ru.china-embassy.org/rus/whjl/zgwhzers/t1348629.htm.
③ http://www.mid.ru/foreign_policy/news/-/asset_publisher/cKNonkJE02Bw/content/id/3070896.

学精准地评估两国发展的潜力和需要，创新合作方式，释放投资互补的潜能。

与此同时，长期滞后的欧亚区域经济合作也展现新的合作态势：中方倡导的"一带一路"建设逐渐深入人心，进展良好；俄方提出的共建大欧亚伙伴关系倡议，表明俄中将联手推动欧亚国家合作、打造欧亚命运共同体；中国与欧亚经济联盟签署声明就经贸合作的制度性安排达成共识①，不仅将推动双方在欧亚地区减少非关税贸易壁垒，提高贸易便利化水平，也为"一带一盟"对接奠定了基础。中俄两国应抓住地区形势的积极变化，打造中俄合作新的增长点。

中国共产党第十九次全国代表大会对中俄双边关系的影响

中国共产党第十九次全国代表大会是 2017 年中俄关系的重要事件，这次大会确立了中国内外政策的新优先方向。大会的主题是寻找以创新为基础的中国发展新模式，加强党管理社会的能力，明确中国的对外方针。中国的发展目标是不仅建设富强、繁荣和民主的社会，还有美丽、和谐和生态发达的社会。中共十九大和中国第十三届全国人民代表大会上做出了一系列优化国家管理体制的决议，目的是提高效率和透明度，解决中国迫切需要解决的内外问题。对包括俄罗斯在内的外部世界而言，大会发出的这一信号特别重要，那就是中国共产党将把继续进行改革开放政策放在首要位置。

中共十九大为中俄关系未来发展带来了新机遇。中共十九大之后的领导人更替不会逆转中俄高层次的伙伴关系。新的领导人都长期参与过中俄合作，这有重要意义。两国多领域、多层次的合作机制是两国合作继续发展的保障。俄罗斯希望中共十九大做出的决定将会给中俄合作带来更多的内容。

对中国共产党第十九次全国代表大会的总结和大会的意义

2017 年 10 月 18—24 日举行的中国共产党第十九次全国代表大会，毫无疑问是中国乃至世界重要的政治事件。习近平总书记的报告一方面对过去五年党的工作做了总结，分析了中国面临的重大风险和问题；另一方面，提出了新时代有中国特色社会主义的思想和基本方略。

中共十九大的主题是寻找以创新为基础的中国发展新模式，加强党管理日益复杂社会的能力，在极其复杂的国际形势下明确中国的对外方针。

中国作为国际体系的重要参与者，对世界发展做出着自己的贡献，包括在保持国家社会政治稳定的同时保证经济持续增长。在习近平代表中共中央作的报告里②，出现了"伟大梦想""伟大斗争""伟大工程"的提法。

---

① Информационное агентство ТАСС. Режим доступа, http://tass.ru/ekonomika/4606263.
② http://russian.news.cn/2017-11/03/c_136726299.htm.

这些提法在一定程度上反映了中国共产党内正在发生的复杂和大规模的进程。2012年习近平当选中共中央总书记后，中国开展了史无前例的反腐斗争①，把一些滥用职权的人清除出了党的队伍。中国共产党通过反腐斗争巩固各级政府的执行力，提高管理日益复杂的社会的能力。

大会提出：新时代中国社会主要矛盾是人民日益增长的美好生活需要和不平衡不充分的发展之间的矛盾②。过去几十年里党的文件中都将此表述为人民日益增长的物质文化需要同落后的社会生产力之间的矛盾。在国家发展战略中，除了以前所说的富强、繁荣和民主的社会，还加上美丽、和谐和生态发达的社会。

大会还推出了一些新的设想。比如，在报告中习近平宣布即将成立"中央全面依法治国领导小组"，全面保障国家管理的合法性。大会还宣布计划组建监察部门，监督国家机构的决定是否合宪。根据党章严格执行纪律条款和国家反腐斗争需要，2018年3月新的超部门监督机构——国家监察委员会写进了宪法③。中国实际上出现了一个新的国家机构——监察部门。中国第十三届全国人民代表大会第一次全体会议通过了监察法，选举产生了委员会领导人。

大会宣布必须重新分配地方政府和中央的权限，还提出了国家治理方面的其他倡议。第十三届全国人民代表大会第一次全体会议批准了国家机构的改革方案，撤销一些部门，组建一些新的部门，优化了现有部门的功能。与对外关系有关的决定是决定组建国家国际发展合作管理署④，管理署的一项任务是对外援助，包括"一带一路"框架内的援助。优化国家机构的逻辑与反腐的逻辑是相似的，都是加强国家的作用，让管理过程更加有效、透明，以便解决对中国非常现实的内政外交问题。这些是以习近平同志为核心的党中央为进行新的经济和社会改革所需要的，改革的目的是到21世纪中期把中国建设成为富强民主文明和谐美丽的社会主义现代化强国。

中国共产党第十九次全国代表大会和中国的全球新角色

在中国和俄罗斯学者⑤对中共十九大报告的评论中，他们特别关注报告里所说的必须继续全面深化改革、始终不渝奉行开放战略。中国不准备对外部世界关

---

① https：//theconversation.com/understanding-chinese-president-xis-anti-corruption-campaign-86396.
② http：//russian.news.cn/2017-11/03/c_136726299.htm.
③ https：//www.gazeta.ru/politics/news/2018/03/11/n_11269213.shtml.
④ https：//ria.ru/world/20180313/1516218593.html.
⑤ http：//www.globaltimes.cn/content/1083026.shtml；http：//ihaefe.org/files/pacific-ocean-map/49.pdf；Решения XIX съезда КПК и перспективы российско китайских отношений / отв. ред. сост. А. О. Виноградов. —М. ：ИДВ РАН, 2018.

闭大门，这可以被看作中国向世界发出的信号。从开放的立场来说，不管全球化过程中出现的困难和某些国家不断强化反全球化和关税保护政策，中国将会继续在国际舞台上发出自己的声音。

大会前，中国著名的经济学家、中国人民银行前行长（2002—2018年）周小川接受经济门户网站"财经"①的访问引起了大家的注意。周小川说：对外开放、汇率形成机制改革、减少外汇管制的"三驾马车"是中国经济增长的驱动力。他认为，这三驾马车相互关联，不能被分开。中国现在在世界经济中的地位正是这三驾马车相互结合的结果。周小川说，政府必须采取措施吸引外资和外国贸易伙伴，放松对资本流动的限制。周小川警告说，如果政府几个部门对"三驾马车"的顺序和条件各有不同的主见，其结果很可能是相互的"等、靠、要"，形成推诿甚至死锁②。

中共十九大报告里反映出中国希望巩固市场经济地位、希望世界贸易进程自由化。从报告中可以看出，保障长期发展对中国来说是最主要的。为了社会稳定，中国领导人有意让经济增长更加平衡。对包括俄罗斯在内的外部世界而言，大会发出的这一信号特别重要，那就是中国共产党将把继续进行改革开放政策放在首要位置。报告肯定了"一带一路"在中国对外开放中的关键作用，这使欧亚地区一体化框架内俄罗斯与中国的利益对接有了更长远的前景。

中国共产党第十九次全国代表大会与中俄相互协作，对中俄关系的评价

2017年10月25日俄罗斯总统普京向中国国家主席习近平发来贺电，祝贺他再次当选中共中央总书记。正如俄罗斯总统官网上所说："普京在贺电中说，选举结果充分肯定了习近平的政治威望，说明习近平提出的关于加快中国经济社会发展、巩固中国国际地位的方针赢得了广泛支持。"③

中共十九大闭幕后举行的中国共产党第十九届中央委员会第一次全体会议上选举产生了中国共产党新的中央领导机构。一方面，领导机构反映了继承性的原则：国家主席、中共中央总书记习近平、国务院总理李克强是原领导机构的成员④。另一方面，根据中国共产党干部任期的原则有五位新当选的成员⑤。对中俄关系来说重要的是：以前长期积极参与中俄合作的人员进入了领导层。栗战书

---

① http：//yuanchuang.caijing.com.cn/2017/1009/4341116.shtml.
② http：//ru.sputnik-tj.com/world/20171011/1023574427/kitay-signaliziruet-miru-liberalizacii-svoey-ekonomiki.html.
③ http：//www.kremlin.ru/events/president/news/55915.
④ https：//www.gazeta.ru/politics/2017/10/25_a_10957100.shtml.
⑤ http：//carnegie.ru/commentary/73553.

在任黑龙江省省长（2007—2010 年）期间参与过黑龙江省与俄罗斯西伯利亚和远东地区合作事宜①。他任中共中央办公厅主任的时候也经常参与中俄合作。比如，中共中央办公厅与俄罗斯总统办公厅的合作②。两个部门之间的制度性合作反映了两国合作的高水平和中俄关系的特别性质，这保障了两国领导人的顺利沟通，也使两国领导人达成的协议得到实施。中共中央政治局新常委汪洋从2013年3月起任中国国务院副总理，也积极参与中俄发展事务，包括准备中俄总理定期会晤的政府间委员会的工作③。

中共十九大之后的领导人更替不会逆转中俄高层次的伙伴关系。两国多部门、多层次的合作机制是两国政治、经济和人文领域合作继续发展的保障。

2017 年 11 月在越南举行的亚太经合组织峰会上，普京与习近平再次会面，习近平向普京详细介绍了中共十九大会议情况以及中国中长期的发展计划。普京在总结与习近平的会面时说："这很重要，因为中国是我们最重要的经贸伙伴，我们要了解这个大经济体将往哪里走、怎么走。毫无疑问，中国经济在今后几年将占据世界第一的位置。"④ 普京对两国的贸易和投资合作表示乐观。他认为，如果保持现在的合作速度，两国的贸易额最近几年就可以达到之前设定的目标。

在梅德韦杰夫访问中国参加两国总理第 22 次定期会晤期间，两国讨论了中俄合作的具体项目。梅德韦杰夫是中共十九大之后第一位访问中国的外国政府总理。2017 年 11 月 1 日⑤梅德韦杰夫在与习近平会晤时说，莫斯科非常关注中共十九大的情况，会议决定了中国今后十年的发展战略。俄罗斯希望，这些对中国发展非常重要的决定能够充实中俄全面战略协作伙伴关系的内容。

中国驻俄罗斯大使馆和俄罗斯国际事务委员会组织了专门的研讨会。会上中国驻俄罗斯大使李辉宣讲了中共十九大相关情况。李辉说："中共十九大开启了中国的新时代、新征程，同时也为中俄关系未来发展带来了新前景、新机遇。"李辉指出，中俄全面战略协作伙伴关系是大国双边关系最好的榜样⑥。加强中俄战略协作关系对构建互信、平等、公正和共赢基础上的新型国际关系起着重要作用。

在中国第十三届全国人民代表大会第一次全体会议结束后举行的记者招待会

---

① https：//regnum. ru/news/economy/1151716. html.
② https：//ria. ru/politics/20160324/1396123576. html.
③ http：//www. ved. gov. ru/exportcountries/cn/cn_ ru_ relations/cn_ ru_ mpk/.
④ http：//kremlin. ru/events/president/news/56046.
⑤ http：//m. government. ru/all/29986/.
⑥ http：//russiancouncil. ru/analytics – and – comments/analytics/novaya – epokha – razvitiya – kitaya – i – novye – perspektivy – kitaysko – rossiyskikh – otnosheniy/.

上，李克强对中俄关系的评价是：中俄双边关系的稳步发展不仅对两国有利，对整个世界也有利①。

在普京发给习近平祝贺他再次当选中共中央总书记的贺电里，普京积极评价了中俄关系。他说，巩固中俄全面战略协作伙伴关系是两国友好的人民的福祉，并将会巩固欧亚地区乃至整个世界的安全和稳定②。

中俄在全球和地区现实问题上的合作

中国、俄罗斯和全球治理，2018 模式

中国和俄罗斯历来赞同必须发展多极世界、变革全球治理体系，增加发展中国家在国际关系和世界金融体系中的发言权。中国和俄罗斯支持联合国保障和平和稳定的领导地位，支持扩大金砖国家和上海合作组织在国际舞台上的作用。中共十九大报告中提到，中国将继续发挥负责任大国的作用，积极参与全球治理体系的改革和建设。

全球治理体系暂时还没有根本性的改变，但是中国已经有能力在其中发挥更加重要的作用，中国支持扩大其代表性在该体系中没有反映的国家的权利，逐步和平稳地提高非西方国家在国际货币基金组织和世界银行的地位③。与七国集团相比，有中国参与的二十国集团的活动明显更加活跃④。

中共十九大报告对全球治理有了新的提法：中国秉持共商共建共享的全球治理观，将继续发挥负责任大国作用，积极参与全球治理体系的改革和建设。该表述表明了中国对自己在国际社会中角色评价的改变，中国希望成为全球治理体系改革和建设的积极参与者⑤。

中国认为联合国在现代国际关系中居于中心地位，是集体决定国际事务、反对单边政策、遵守国际法准则的保障，中国认为联合国和安理会的改革非常重要，联合国将更加适应国际舞台力量平衡的改变，以此来巩固联合国的代表性。加强发展中国家在决定重大问题上的影响力是解决这一问题的途径之一。中国认为，联合国的基本原则（集体外交、安理会常任理事国的决定性作用和否决权）

---

① http：//tass. ru/ekonomika/5047067.
② http：//kremlin. ru/events/president/news/57081.
③ https：//russian. rt. com/business/article/382798 – briks – mvf – vliyanie.
④ http：//www. xinhuanet. com/english/2016 – 08/24/c_ 135630568. htm.
⑤ Доклад Генерального секретаря ЦК КПК Си Цзиньпина на XIX съезде КПК. URL：http：//russian. china. org. cn/exclusive/txt/2017 – 11/04/content_ 41845752. htm.

不应当改变。

中国对全球治理的看法是以不干涉别国内政、尊重各国价值观和传统为基础，俄罗斯的立场也相似。俄罗斯愿与中国一起参与一些制度的改革和发展。比如，两国同意保持安理会五个常任理事国的否决权，发展上海合作组织和扩大它的成员国、深化金砖集团议程。俄罗斯还支持中国提议的扩大一些国家在国际货币基金组织中的份额。

中俄美：安全和发展

中国和俄罗斯处在美国不断增加的压力下。中美关系中经济的互相依赖性非常大，但是密切的经贸关系不能阻止中美矛盾的继续深化。2018年中美关系的紧张就与两国间的大规模贸易摩擦有关。

美国在《国家安全战略报告》和《核态势评估》中把中国和俄罗斯称作自己的战略对手，这推动了中国和俄罗斯继续保持战略伙伴关系，深入进行长期系统的合作，两国关系达到了新的高度。这对全球安全和稳定、全球治理体系产生了影响。中俄关系进一步发展的结果是两国有可能平稳、逐步变革国际关系结构。

中美在世界经济、地缘政治和文化多方面进行竞争。俄罗斯专家哈吉耶夫说："美国的超级大国性让它可以觊觎所谓的单极世界，这既是由于美国史无前例强大的经济政治，也是由于其他大国对美国的野心缺少应有的反抗。"[1]

现在俄罗斯和中国在不同领域对美国进行着间接的制衡：俄罗斯是在先进的导弹核武器、解决地区冲突等领域，中国是在世界金融、一体化和地区化问题上。中国、俄罗斯和其他欧亚国家一起积极推动形成"一带一路"和大欧亚框架，包括通过"一带一路"与欧亚经济联盟的对接、上海合作组织的扩大、哈萨克斯坦"光明之路"计划等，这些在客观上有利于巩固中俄在这一地区的战略地位，也有利于这一地区的战略稳定。

中美关系的相互依赖性表现在两国的经贸关系上。2017年两国的商品双边贸易额将近6360亿美元，劳务贸易达到696亿美元[2]，并且中国的顺差持续增加[3]。美国市场上中国的出口产品占23%[4]。美国是中国电子产品、黑色金属、机器制造和轻工业产品的主要需求国[5]。中国经济对美国市场的依赖程度非常

---

[1] Гаджиев К. Сверхдержавность: уходящий феномен XXI века? // Международная жизнь. Проблемы внешней политики, дипломатии, национальной безопасности. 2017. No 9. C. 79.

[2] https://fas.org/sgp/crs/row/RL33536.pdf.

[3] https://www.nytimes.com/2018/02/06/us/politics/us-china-trade-deficit.html.

[4] https://atlas.media.mit.edu/en/visualize/tree_map/hs92/export/chn/show/all/2016/.

[5] https://atlas.media.mit.edu/en/visualize/tree_map/hs92/export/chn/all/show/2016/.

大，如果美国的国内生产总值下降 1.5%，那中国对美国的出口就下跌 4%—5%①。

中国持续地购买美国国债（2017 年是 1.3 万亿美元）。同时中国投资有限责任公司 2017 年收购了 112 家美国大公司相当多的股份。在美国已经形成中国经济利益的游说体系，这主要得益于中国强大的政治和金融制度，也得到中国高层领导的支持，它们包括中国驻美大使馆、贸易委员会和美国的社会组织及游说公司。实际上进入中国市场的美国大公司，包括波音公司、花旗集团、可口可乐公司等都在为中国游说②。

尽管如此，还是存在这样一种观点：中美未来冲突的可能性要比经济因素对它的制约高得多，两国注定要竞争③。

中俄关系尽管在经济方面不如中美和中欧关系那样发达，但两国在地区和全球层面相互协作，经济合作每年都在加强。中俄都处于美国不断增加的压力下。

在 2017 年 12 月美国发布的《国家安全战略报告》中，中国和俄罗斯被称作美国的对手，对美国的实力、影响和利益构成挑战，试图削弱美国的安全和繁荣。美国指责中俄有意纵容不自由和不诚实的经济活动，扩张武力，监控信息和数据，以控制社会和扩大影响④。中国被指责破坏知识产权、利用经济杠杆扩大自己的政治影响。尽管 2014 年乌克兰危机后俄美冲突很尖锐，但报告中中国被提到的次数甚至多过俄罗斯。

2018 年 2 月美国发布的《核态势评估》报告指出，在美国继续削减核武器数量和降低核武器地位的同时，包括中国和俄罗斯在内的其他国家，却走向相反方向：它们增加新型核武器，提高核武器在战略计划中的作用，它们表现得越来越有侵略性，包括在航天和网络空间⑤。美国政府以来自中国和俄罗斯的威胁增加为由，说必须提高美国的核威慑力，包括研发新式的搭载低当量核弹头的潜射弹道导弹和搭载核弹头的海基巡航导弹⑥。

2018 年年初中美关系由于大规模贸易摩擦的可能性而变得紧张，作为特朗

---

① https://elibrary.ru/item.asp?id=21616546；https://www.theguardian.com/business/2017/apr/09/us-owes-china-billion-dollars-problem-beijing-trump-knows.

② https://cyberleninka.ru/article/n/kitay-v-globalnyh-i-regionalnyh-izmereniyah-resursy-i-marshruty-vozvysheniya.pdf.

③ Allison G., *Destined for War. Can America and China Escape Thucydides's Trap?*, Boston: Houghton Mifflin Harcout, 2017, p.7.

④ https://www.whitehouse.gov/wp-content/uploads/2017/12/NSS-Final-12-18-2017-0905.pdf.

⑤ https://media.defense.gov/2018/Feb/02/2001872876/-1/-1/1/EXECUTIVE-SUMMARY-TRANSLATION-RUSSIAN.PDF.

⑥ https://vz.ru/news/2018/1/16/903684.html.

普在竞选前宣扬的保护关税政策的兑现，美国宣布对从中国进口的太阳能板、洗衣机[①]、钢铁和铝[②]增加进口关税。这些措施将会对中美贸易产生不良影响。美国还宣布对中国进口商品实施特别政策，限制中国企业对美投资并购，指责中国在技术转让、知识产权和创新领域的不诚实行为[③]。中国表示，如果爆发贸易战，不仅给中国和美国造成损失，还会影响世界经济，中国将会不惜代价维护自己的利益[④]。作为对钢铁和铝进口关税增加的回应，中国宣布对美国 128 项商品征收关税，包括食品[⑤]，并且公布了如果美国再征收关税的回应名单[⑥]。美国宣布可能征收补充关税，这让紧张形势再度升级[⑦]。

美国把中国和俄罗斯看作自己主要的战略对手，对两国进行公开、长期的挑战。中俄领导人继续加深两国长期系统性的合作又刺激了美国。

中俄战略伙伴关系的发展达到了新高度，对全球安全和稳定以及全球治理体系的发展都产生了重要影响。中俄伙伴关系有四个特点：其一，两国保留着发展与第三国关系的完全自由，不会因此产生在联盟关系中会出现的违约情况。其二，两国虽不是联盟，但在伙伴关系的密切度、信任度、深度和效率方面甚至超越了联盟关系。其三，就它的潜力而言，这种关系模式理论上可以成为独立的地缘政治力量。其四，这种关系模式可以适应解决几乎任何全球和地区问题，同时保持着速度快、战术上的灵活性和战略上的稳定性。现在中俄关系会否回头的问题已经过去，尽管美国和欧盟希望中俄在某些问题上（矿业、交通和投资）产生矛盾，但两国的战略伙伴关系仍将持续发展。显然，这是 21 世纪美国在中俄政策方面的一个重大战略失误。

两国关系发展的另一个成果是：中俄有了稳步革新国际关系的现实可能性。不过，恢复传统的两极格局，以中俄代替苏联的"一极"，这既不符合中国的利益，也不符合俄罗斯的利益。

中俄在保障邻近地区安全方面的合作潜力

维护地区安全是中俄传统的合作领域。2017 年由于上海合作组织的扩

---

① http：//www.interfax.ru/world/596647.
② https：//www.bbc.com/russian/news－43250694.
③ https：//ustr.gov/about－us/policy－offices/press－office/press－releases/2018/march/president－trump－announces－strong.
④ https：//ria.ru/economy/20180311/1516100461.html.
⑤ http：//www.mofcom.gov.cn/article/b/g/201803/20180302726462.shtml.
⑥ https：//www.kommersant.ru/doc/3593658.
⑦ https：//www.kommersant.ru/doc/3594463.

第一编：专题报告篇

大使得南亚地区进入了组织范围，中俄在保障邻近地区安全合作方面出现了新的机会。同时中俄美在地区层面的竞争加剧。在印度与美国加深地区安全合作、中国和印度的利益纠葛越来越频繁的背景下，印度加入了上海合作组织。

美国和印度正式接受了"印太"概念，美国的目标是想建立遏制中国的广泛地区间安全合作机制。美国和印度在该领域的关系发展将对俄罗斯在该地区的利益造成威胁。但是现阶段印度在避免过深介入美国的构想。

中亚和阿富汗也仍是中国和俄罗斯的优先合作地区，中国在这些地区积极努力保障安全。两国还需要特别关注东北亚的紧张局势。邻近国家出现的新挑战和日益增长的威胁以及美国不断增加的压力，要求两国有关部门加强信息交换、加深合作、完善联合反应机制。

在2017年6月阿斯坦纳峰会上印度和巴基斯坦正式加入上海合作组织①，中俄在保障地区安全方面的合作出现了新机遇。上海合作组织的扩大发生在印度与美国在南亚加深合作的背景下。2017年6月底，印度总理莫迪访问美国，在双方发表的联合声明中，第一次出现了"印度洋—太平洋地区"②的提法。两国有意在该地区在稳定和安全方面进行合作。

现在中俄与美国在全球和地区竞争加剧。中俄遇到的一系列挑战包括：美国在其周边地区的军事存在加强。2018财年美国的军费开支增加到7000亿美元，2019年继续增长，可能达到7160亿美元③。美国同时实施特朗普总统宣布的扩大舰队和发展导弹防御系统的计划④。此外，美国正处于对其三位一体的核力量进行大规模现代化升级的初始阶段，并在对中国和俄罗斯战略上非常重要的东欧和太平洋西部地区加大军事存在。

从政治角度来看，美国印太战略构想的目的是想建立遏制中国的广泛的地区间安全合作机制。2017年11月的亚太经合组织峰会上恢复了讨论地区安全问题的四方机制（美国、日本、印度和澳大利亚）⑤。但印度是否将继续参加该机制不是很明确⑥。印度避免过深介入美国遏制中国的构想，这会使印度在政

---

① http：//rus.sectsco.org/news/20170611/291959.html.
② http：//mea.gov.in/bilateral－documents.htm? dtl/28560/United_ States_ and_ India_ Prosperity_ Through_ Partnership.
③ https：//www.americanprogress.org/issues/security/news/2018/02/28/447248/trumps－defense－budget/.
④ http：//www.gazeta.ru/army/2016/11/16/10337135.shtml.
⑤ http：//politus.ru/politics/3354－ssha－yaponiya－indiya－i－avstraliya－stremyatsya－protivostoyat－kitayu－sozdavaya－svoyu－sobstvennuyu－novuyu－strategiyu.html.
⑥ https：//thewire.in/external－affairs/india－us－japan－australia－quadrilateral－alliance.

治军事上依赖美国。随着中国在南亚和东南亚外交活动的积极，印度和中国的利益冲突会越来越多。2017年夏天，两国在中印边境锡金段洞朗地区的对峙持续了2个多月①。现在看来，印度的强硬立场是因为必须给本地区比它弱小的国家（孟加拉国、尼泊尔、斯里兰卡和马尔代夫）留下印象，展示印度捍卫自己利益的能力②。2018年年初，马尔代夫的政治危机使两国关系再度紧张，印度一直把马尔代夫视作自己的势力范围。最近几年，马尔代夫与中国的合作越来越密切③。

美国把印度拉入遏制中国队伍的政策直接威胁着俄罗斯的利益。如果美国成功的话，俄罗斯可能会失去印度这个军事技术和核技术市场，也会弱化与这个世界强国之一的关系。所以对中国和俄罗斯来说，要继续在安全领域合作，包括在上海合作组织框架内，以此保证南亚地区所有国家的稳定和利益。

中亚安全一直是中国和俄罗斯的合作领域。上合组织从2005年起就在中亚定期举行多边和平演习及其他军事活动④。面对两国与美国关系恶化和阿富汗出现的新威胁，两国应积极交换情报、完善对紧急情况的应急反应机制。

2017年和2018年年初，中国大大提高了在保障中亚安全方面的作用。有报道说，中国军人第一次在阿富汗领土上巡逻⑤。中国和阿富汗官方都否认了这一消息。2018年年初，西方媒体报道中国准备提供经济和技术援助，在阿富汗北部建造阿富汗武装力量新的军事基地⑥。中国没有肯定这一消息。中国在该地区安全领域的积极活动与阿富汗局势可能恶化有关，因为很多前"伊斯兰国"成员⑦和其他在叙利亚和伊拉克失败的极端组织成员都到了阿富汗。

东北亚的局势也不明朗。尽管2017年年底到2018年年初出现了美国和朝鲜进行高层直接对话的可能性，但地区局势发展仍旧不明确。美国继续在地区施加经济压力、增加军事存在，东北亚的军事化将对中国和俄罗斯产生消极影响。

在中俄邻近地区军事政治局势不断恶化和威胁逐渐增加的情况下，作为回应，中俄应当巩固军事和情报部门的合作，完善对邻近地区军事政治危机反应的机制。

---

① http：//baikal－mir.ru/2017/09/11/konflikt－v－gimalayah－dlivshijsya－bolshe－dvuh－mesyatsev－podoshel－k－kontsu－indiya－i－kitaj－otveli－vojska－ot－granitsy/.

② https：//blogs.timesofindia.indiatimes.com/jibber－jabber/our－stance－at－doklam－will－make－positive－impression－on－friends－like－bangladesh－nepal－sri－lanka－and－maldives/.

③ http：//tass.ru/mezhdunarodnaya－panorama/4934359.

④ http：//tass.ru/info/1393512.

⑤ https：//af.reuters.com/article/worldNews/idAFKBN162132.

⑥ https：//www.militarytimes.com/news/2018/02/02/now－chinas－helping－to－build－a－military－base－in－afghanistan/.

⑦ Запрещено в РФ.

朝鲜半岛危机缓和的前景：中俄合作的可能性

朝鲜半岛局势一直不稳定。朝鲜拥核是对国际秩序，尤其是对美国主导的亚太秩序的严重挑战，可能会引发军事冲突。中国和俄罗斯都与朝鲜接壤，在东北亚都有战略利益。中国和俄罗斯都希望缓和半岛的紧张局势。中俄对外立场的协调可以对朝鲜半岛问题的解决起重大作用。中国提出了解决朝核问题的"双轨制"和"双暂停"建议，目的是实现半岛无核化和建立和平机制。俄罗斯提出了分阶段地解决朝核问题。在这一基础上，双方提出了联合倡议。同时，还要采取措施，使由于"萨德"问题变得十分紧张的中韩关系正常化。

2018年第二十三届冬奥会后半岛局势出现了缓和的迹象：朝鲜暂停了核试验，韩国和美国暂停了演习。朝韩商定举行韩朝首脑会晤，并且讨论举行美朝首脑会晤的可能性。朝鲜的友好举动是源于制裁与战争风险的压力。由于各方对核问题原则立场的不同，半岛的局势仍存在很大的困难和不确定性。

朝鲜核问题：国际社会的立场

"核即生命""核即安全"的拥核模式已经成为朝鲜的安全逻辑，让朝鲜弃核换安全已经十分困难。无论从朝鲜的角度看拥核有多大的合理性与必要性，对国际社会而言，这无疑是对国际秩序，尤其是对美国主导的亚太秩序的严重挑战。

在美国的主导下，联合国安理会通过多次严厉的、史无前例的决议，不但禁止涉核涉导物项的进出口，还禁止了朝鲜的所有营利性进出口与劳务①。韩美日

---

① Резолюция 2270, принятая Советом Безопасности на его 7638 – м заседании. 2 марта 2016. URL: https://documents-dds-ny.un.org/doc/UNDOC/GEN/N16/058/25/PDF/N1605825.pdf? OpenElement Резолюция 2276, принятая Советом Безопасности на его 7656 – м заседании. 24 марта 2016, https://documents–dds–ny.un.org/doc/UNDOC/GEN/N16/084/07/PDF/N1608407.pdf? OpenElement Резолюция 2321, принятая Советом Безопасности на его 7821 – м заседании. 30 ноября 2016. URL: https://documents–dds–ny.un.org/doc/UNDOC/GEN/N16/407/53/PDF/N1640753.pdf? OpenElementРезолюция 2356, принятая Советом Безопасности на его 7958 – м заседании. 2 июня 2017, https://documents–dds–ny.un.org/doc/UNDOC/GEN/N17/158/28/PDF/N1715828.pdf? OpenElement Резолюция 2371, принятая Советом Безопасности на его 8019 – м заседании. 5 августа 2017, https://documents–dds–ny.un.org/doc/UNDOC/GEN/N17/246/71/PDF/N1724671.pdf? OpenElement Резолюция 2375, принятая Советом Безопасности на его 8042 – м заседании. 11 сентября 2017, https://documents–dds–ny.un.org/doc/UNDOC/GEN/N17/283/70/PDF/N1728370.pdf? OpenElement.

还动员多个国家，组成大范围的"反朝联盟"，采取联合国决议之外的单独措施，切断朝鲜在国际上的外交、经贸、人员联系①，全方位绞杀朝鲜。美国还不断在朝鲜半岛周边炫耀武力②，披露其对朝作战计划向朝鲜施压。

在相当程度上，联合国安理会最后三次通过的对朝制裁决议，对朝鲜的社会与经济造成了严重打击，朝鲜内部油料、粮食等日用品出现了大幅度涨价③，而进出口的停滞也导致了外汇的断绝。

有可能让极度高危的朝鲜半岛局势走向缓和的关键环节在于朝美双方如何满足对方需求。美国对朝核问题的立场是不可妥协的，所以美国和朝鲜冲突的概率很高。虽然朝鲜不断试验新的核武器与导弹，但从技术上讲，与世界头号军事大国相比，朝鲜的核武器在更大意义上讲是心理上对美国的冲击。因为"9·11"事件对于美国本土的袭击，已经使美国本土安全成为惊弓之鸟。而朝鲜恰恰巧妙地利用了这一点。

美国不会在短期内改变其既定的对朝政策。从美国最近的行动和特朗普的讲话中可以得出结论，美国不会减轻制裁，但是军事冲突的可能性也很小④，制裁只是用来施加压力。

解决朝核问题的可能性与中国和俄罗斯的作用

俄罗斯与朝鲜接壤，在东北亚有战略利益。中国和俄罗斯都希望缓和半岛的紧张局势。局势不稳定与军事冲突会威胁到俄罗斯远东地区的安全，对它的发展带来巨大消极影响。作为拥核国家和《不扩散核武器条约》的参与国，俄罗斯反对朝鲜拥核，它加入了对朝鲜的制裁行列。但是俄罗斯认为一个国家在国际舞台上被孤立也是不合理的。长期以来俄罗斯给予朝鲜人道主义援助，发展与朝鲜的政治、经济和人文关系，最近几年由于国际制裁，这种关系大大减少⑤。

在朝鲜半岛如此敏感、紧张的情况下，作为朝鲜半岛国家的近邻和利益攸关方，中国也需要更新对朝鲜问题的思路。目前，各方对于中国"无核、不战、不乱"的原则立场有误解。事实上，"无核、不战、不乱"是互为前提条件的，"无核"的前提下才能保持不战不乱的状态，而不战不乱的状态也能为无核创造条件，不能被恶意解读成为"怕战、怕乱、怕核"。在这一问题上，

---

① http：//www.bbc.com/russian/news-38965013.
② https：//ria.ru/world/20171016/1506887766.html.
③ http：//www.zhicheng.com/n/20170425/136665.html.
④ https：//www.washingtonpost.com/news/monkey-cage/wp/2018/01/11/should-you-worry-about-a-u-s-war-with-north-korea-not-really/?utm_term=.1c90c4fb7a79.
⑤ http：//www.mid.ru/ru/maps/kp/?currentpage=main-country.

中国当然反对在朝鲜半岛采取军事手段，酿成战争与动乱。另一方面，朝鲜拥核会严重危及中国安全利益①，因为朝鲜的技术发展水平尚不足以确保核安全。当然，一个彻底与中国为敌的朝鲜也不符合中国的利益，中国不希望周边出现敌对国家。同样，一个被打倒的朝鲜也不利于中国。因此，中国利益的这三个层次如何平衡需要高超的政治智慧。

朝核问题拖下去，会严重阻滞中国战略的展开，波及政治、外交、社会与经济安全，能够尽快解决该问题是中国的期待之一。

朝核问题的解决进程应是解决问题，而不能创造新的敌手或敌人。无核化与双边关系的绑定，已经让中朝关系面临困局，不能让它影响到中美、中俄等关系的大局。解决核问题的过程中也不能形成新的冷战氛围。美国不断以朝核问题为由，而朝鲜则借机试射核导，韩国保守势力则部署"萨德"，日本则顺势为军事大国化松绑。

中俄合作将可能是未来朝鲜半岛局势的决定性外因之一。2017—2018年，中俄协调外交立场对朝核问题的解决产生了影响，并且这种影响会持续下去。2017年7月4日中俄两国外交部发表的《联合声明》，反映了两国在朝核问题上的协调立场②。声明里双方提出了联合倡议，中国提出了解决朝核问题的"双轨制"思路和"双暂停"建议，目的是半岛无核化和建立和平机制。俄罗斯提出了分阶段地解决朝核问题。

双方建议，朝鲜暂停核爆试验和弹道导弹试射，美韩暂停大规模联合军演。对立各方同步开启谈判，确定相互关系总体原则，包括不使用武力，不侵略，和平共处，愿致力于实现半岛无核化目标，一揽子解决包括核问题在内的所有问题。在谈判进程中，有关各方以均可接受的方式推动建立朝鲜半岛和东北亚和平安全机制，最终实现有关国家关系的正常化。

俄方的设想是，解决朝鲜半岛问题分三步走：第一步，朝鲜暂停核导活动和美韩暂停大规模联合军演的"双暂停"。第二步，美朝就和平共处和相互承认、重启朝核谈判进行直接对话。第三步，开启多边对话，就建立东北亚和平安全机制等问题进行磋商，包括朝鲜半岛无核化和非军事化。这一设想获得了中国的支持③。

中国同时采取措施以缓和因韩国部署"萨德"而导致紧张的中韩关系。中国明白，要韩国完全放弃"萨德"是不现实的，所以要寻找折中的解决办法。

---

① http://mil.news.sina.com.cn/china/2016-09-12/doc-ifxvukhv8155511.shtml.
② http://www.mid.ru/foreign_policy/news/-/asset_publisher/cKNonkJE02Bw/content/id/2807662.
③ http://ru.valdaiclub.com/events/posts/articles/evraziyskoe-partnyerstvo-initsiativa-devyati-mostov/.

韩国未必会给中国有关部署"萨德"的详细技术信息。韩国向中国保证,该系统只是用来防止朝鲜可能的进攻,而不针对中国①。韩国宣布,部署"萨德"系统或美国其他的反导系统,不是为了与美国和日本成为同盟者②。2017年12月14日,韩国总统文在寅与中国国家主席习近平进行了对话,双方讨论了双边关系和朝鲜半岛局势。双方就半岛和平稳定四项原则达成一致:一是决不允许半岛发生战乱;二是坚定坚持半岛无核化原则;三是通过对话与谈判的和平方式解决朝鲜无核化等所有问题;四是韩朝关系改善有利于最终和平解决半岛问题③。可以预料,虽然美国将要求自己的东亚盟国增加对地区安全的贡献,但韩国会继续坚持自己的独立性,平衡与中国的关系。

2018年举行第二十三届冬奥会之后,东北亚地区局势出现了缓和迹象。冬奥会前夕,韩国和朝鲜达成协议恢复全面谈判,包括军事问题④。冬奥会开幕式上韩朝两国的运动员共同持统一旗入场,韩朝还组建女子冰球联队参加比赛⑤。朝鲜派政府代表团参加了冬奥会⑥。在平昌冬奥会举办期间,朝鲜没有发射导弹,没有进行新的核试验,美国和韩国暂停了针对朝鲜的军事演习。朝鲜保证今后将继续停止核试验。所有这些都符合中国和俄罗斯的倡议⑦。朝鲜参加平昌冬奥会等一系列举动,都是源于制裁与战争风险的压力。

冬奥会结束后韩朝双方有意继续进行对话。2018年3月,美国同意朝鲜提出的朝美进行首脑会晤的建议⑧,这使局势有了继续缓和的趋势。2018年3月25—28日,朝鲜领导人金正恩访问中国,这是他成为朝鲜国务委员会委员长后的第一次出访⑨。2018年4月,朝鲜外交部部长李勇浩访问俄罗斯。2018年4月27日,韩朝举行了自2007年以来的第一次首脑会晤⑩。总体上,由于双方对拥核原则立场的不同,朝鲜半岛的局势近期不可能有根本性的改变。

当前的情况下,朝核问题会出现几种可能。

一是恢复对话,接受中俄提出的"双暂停"。然而,即使朝韩或中朝韩之间

---

① https://news.rambler.ru/troops/38650105 - prezident - yuzhnoy - korei - zaveril - chto - sistema - thaad - ne - napravlena - protiv - kitaya/.
② http://www.koreaherald.com/view.php?ud=20171030000817.
③ http://overseas.mofa.go.kr/ru - ru/brd/m_7353/view.do?seq=760417.
④ https://ria.ru/world/20180110/1512363376.html.
⑤ http://stadium.ru/news/09 - 02 - 2018 - segodnya - v - yujnokoreiskom - phenchhane - otkrivayutsya - olimpiiskie - igri.
⑥ http://russiancouncil.ru/analytics - and - comments/analytics/koreyskoe - zamirenie - nadolgo - li/.
⑦ http://russian.news.cn/2018 - 03/09/c_137027474.htm.
⑧ https://iz.ru/717857/2018 - 03 - 09/tramp - soglasilsia - vstretitsia - s - kim - chen - ynom.
⑨ https://ria.ru/world/20180328/1517425346.html.
⑩ http://russian.news.cn/2018 - 03/29/c_137074858.htm.

有进展，短期内局势出现根本性变化的可能仍然较小。

二是各方归位，重回对抗的老路，朝鲜半岛形势再次陷入巨大的不确定性。

三是美国发动军事打击的呼声越来越高，虽然美国声称不必经过韩国的同意，韩国反对也无法阻挡。但美国不可能在中国不同意的情况下发动战争。冲突升级给东北亚地区所有国家的安全和利益都会带来巨大损害，这种可能性在现阶段也很小。

中俄在朝鲜半岛问题上的合作可以包括：

——建立有中国和俄罗斯为中介国的美朝非正式联系渠道；

——商讨恢复朝核问题六方会谈的条件和前景；

——支持韩国缓解与朝鲜局势的行为，帮助文在寅多做有利于稳定的事情；

——支持与朝鲜对话，不让朝鲜损害中俄利益；

——俄罗斯学者建议，美国、中国和俄罗斯作为核不扩散制度的保障国、安理会常任理事国，共同讨论制定《不扩散核武器条约》新条例的可能性，并且考虑拥有核武器的朝鲜的立场（类似的问题在与印度和巴基斯坦的关系中也存在）；

——在联合国层面多合作，最大化地发挥安理会常任理事国的权力与责任，改变单边对朝制裁的现状。按照《不扩散核武器条约》的要求为相关国家提供核保护和共同安全；

——讨论美国、韩国和中国就"萨德"问题进行三边磋商的可能性（俄罗斯可能加入），即确定次地区的军事信任措施；

——讨论继续制裁朝鲜的条件和前景，以及其对地区经贸关系发展的影响；

——讨论朝鲜半岛如果出现混乱和危机各方的协调计划（建立责任区、准备难民营、给予人道主义援助、对核设施实行监管等）；

——和韩国一道劝诫美国明确核问题的界限，不要偏离到朝鲜人权等旁枝问题上，应更多聚集于核问题本身；

——在国际场合尤其是欧洲，宣扬和平理念，反对战争。

中俄在中东地区的合作前景

中东传统上一直承受外部势力的影响。2011 年奥巴马执政时，美国从伊拉克撤军，表明其希望更少地参与中东事务。但是中国和俄罗斯被更多地卷入了中东地区。中东危机、恐怖主义威胁、世界局势变化让俄罗斯介入中东事务，俄罗斯具有丰富的与中东国家合作的经验。中国的介入不只是因为中东可能对中国造成威胁，还因为国家内部发展、与中东地区国家的经济互补和实施负责任大国战略的需要①。

1990—2000年美国在中东地区的影响在中俄看来是非建设性的,当时美国在中东一国独大。但中国和俄罗斯并没有呼吁美国从中东撤出,而是愿与美国合作,就保障地区安全和发展商定共同立场。这符合俄罗斯的政策,因为俄罗斯没有足够的经济能力。不过,不久的将来俄罗斯可能从出口武器转向输出综合性安全,并且运用和推进新的构想。

中东危机:中国和俄罗斯立场的变化

阿拉伯世界的局势变化使中国和俄罗斯认识到对中东必须有新的立场。

中俄一直反对外部势力干预地区国家事务,认为这是对国际法的破坏。1990年起,俄罗斯的主要精力集中在与西方的关系,没有把中东作为保持存在的优先地区。习近平当选国家最高领导人之前的中国在对外政策中一直主张"韬光养晦",不愿介入复杂的中东冲突②。中俄也没有利用人权问题来吸引中东伙伴。

中俄对中东事务的不介入导致两国利益严重受损,包括投资方面③。联合国安理会第1973号决议准许外国介入利比亚事务④,中国和俄罗斯投了弃权票,之后卡扎菲政府在西方国家的直接干预下被推翻。考虑到可能发生的类似后果,以及西方国家在阿富汗和伊拉克的非建设性影响,中俄对叙利亚问题有了新的政策。

如果说俄罗斯像美国那样在叙利亚保持着积极的军事存在的话,那么中国在这个问题上持灵活的立场,以保持回旋空间。但是中国在叙利亚危机刚开始时就已经明确了对中东地区冲突总的态度。2011年10月,中国与俄罗斯一起对联合国安理会对阿萨德政府实施制裁的决议投了反对票,之后中俄否决⑤了第三国解决冲突的一系列建议。中国的举动反映了其中东政策的调整⑥,中国在中东地区有战略优势,是这一地区国家最受欢迎的伙伴,这主要在于中国有提供贷款和发展经济合作的可能。中国要维护和推进自己利益,需要发挥以经济和外交实力为基础的政治潜力。此外,中东也是"一带一路"的重要沿线地区⑦。

中俄与中东国家的关系

2016年俄罗斯出台新版《俄罗斯联邦外交政策构想》,在其中不止一次提到

---

① https://inosmi.ru/politic/20180201/241314379.html.
② http://www.aljazeera.net/news/reportsandinterviews/2016/5/25/كيف-تنظر-الصين-إلى-قضايا-الشرق-الأوسط.
③ https://af.reuters.com/article/libyaNews/idAFTOE71N06L20110224.
④ https://daccess-ods.un.org/TMP/3101934.79061127.html.
⑤ http://carnegieendowment.org/files/Swaine_CLM_39_091312_2.pdf.
⑥ http://carnegie-mec.org/2012/02/09/ar-pub-47151#1.
⑦ http://www.mei.edu/content/map/gcc-countries-and-chinas-belt-and-road-initiative.

第一编：专题报告篇

中东，特别是有关安全保障和反恐问题①。中东对俄罗斯构成威胁，特别是叙利亚和伊拉克的恐怖组织——"基地"组织和"伊斯兰国"。"基地"组织和"伊斯兰国"同样也对中国的安全造成威胁，因为它们招募中国人和俄罗斯人（包括从现有恐怖组织中招募成员，比如高加索"伊马拉特"和"东突厥斯坦伊斯兰运动"）。中俄两国都面临国外的本国恐怖分子可能回归的问题。为应对这些威胁，中俄两国继续与叙利亚进行紧密合作，打击"伊斯兰国"和其他恐怖组织。根据官方媒体的消息，中国的军事顾问训练②叙利亚政府军使用中国武器。中国和叙利亚的军方和政治家也继续进行会面和磋商③。2015年9月30日，应叙利亚政府请求俄罗斯在叙利亚开展④军事行动，这大大改变了叙利亚和中东地区的力量平衡。

俄罗斯在中东一直实施多方位的政策。从2015年起俄罗斯确立了自己在中东的军事存在，之后它开始在中东发展经济合作。一些俄罗斯大公司计划与中东国家在能源、军事技术、农业等方面开展合作。中东第一座核电站（位于伊朗布什尔）是俄罗斯帮助建造的。俄罗斯和伊朗签订了建造新核电站的合同⑤。在土耳其⑥和埃及⑦建造核电站的合同已经签署，正在实施阶段。与约旦也签署了同样的合同⑧，与沙特阿拉伯⑨等其他国家正在就这一合作进行谈判。俄罗斯的武器从自动步枪到地空导弹系统（包括S-300和S-400）在中东很有市场。买家既有地区大国，也有俄罗斯较小的合作伙伴。从2015年年底起，俄罗斯积极参与埃及⑩、土耳其⑪、叙利亚⑫、伊朗⑬和伊拉克⑭大型油气田的开采，建造相关的基础设施。除此之外，俄罗斯与欧佩克国家在稳定石油价格方面进行着合作⑮。

---

① http://www.mid.ru/foreign_policy/news/-/asset_publisher/cKNonkJE02Bw/content/id/2542248.
② http://www.globaltimes.cn/content/1001150.shtml.
③ https://www.bbc.com/russian/international/2012/08/120813_syria_jet_downed.shtml.
④ https://www.rbc.ru/politics/30/09/2015/560b97489a79476f7150d5d2.
⑤ https://ria.ru/atomtec/20160909/1476497856.html.
⑥ https://ria.ru/spravka/20171210/1510584872.html.
⑦ https://www.rbc.ru/business/11/12/2017/5a2e88b29a794759db1a99a8.
⑧ https://ria.ru/atomtec/20160628/1453678547.html.
⑨ https://ria.ru/atomtec/20180115/1512651435.html.
⑩ https://www.rosneft.ru/press/news_about/item/188273/.
⑪ https://ria.ru/economy/20171104/1508202489.html.
⑫ http://russiancouncil.ru/activity/publications/vneshnyaya-politika-rossii-vzglyad-v-2018/.
⑬ Ibid..
⑭ https://www.gazeta.ru/business/2017/02/21/10536629.shtml.
⑮ https://www.rbc.ru/newspaper/2017/05/26/5926b5ca9a79471f44048cb6.

中国是中东的主要投资者，其投资数量已超过美国①。现在中东国家继续与中国签署"一带一路"项目的合作协议②。中东地区其他国家也加快本国战略与中国"一带一路"倡议的对接。中国学者指出，中国与中东国家的外交关系保持了平衡性和多样性③。中国在中东经济中作用猛升在很大程度上是因为经济结构的互补性：中东国家向中国出口石油，中国向中东国家出口各种商品。

2016 年 1 月，在习近平访问沙特阿拉伯、埃及和伊朗前夕④，中国第一次发布了与阿拉伯国家合作的纲领性文件⑤。中国官方媒体对习近平的访问和中国与中东国家外交关系的加强进行了广泛报道⑥。这证明，中国积累了足够的经验，确定了自己中东政策的方向。2016 年年初，传出中国在非洲之角的吉布提有了第一个海外军用保障基地的消息⑦。随着保护中国商业利益需求的增加，中国开始计划发展在非洲的海外保障基地。吉布提的位置使其可以保障一条重要物流路线：波斯湾国家的石油和商品经过亚丁湾到苏伊士运河。

中俄参与了多种与中东国家合作的多边机制。比如，在俄罗斯—阿拉伯合作论坛框架内俄罗斯与中东国家发展关系，俄罗斯与海湾阿拉伯国家合作委员会进行战略合作⑧。中国通过传统的合作形式与中东国家发展关系，比如中阿合作论坛。金砖国家和上海合作组织可以成为中俄与中东国家发展关系的新平台，实施联合经济倡议、保障安全。

中俄在中东的合作不应当与美国对立，许多问题可以借助三个大国与中东地区国家的合作来解决。为此需要讨论建立中东地区安全结构的问题。中国、俄罗斯和美国可以为建立波斯湾地区安全机制——"海湾阿拉伯国家合作委员会 + 2"（伊拉克和伊朗）发出共同声音。俄罗斯一直与沙特阿拉伯⑨和伊朗⑩有工作接触，中国是这些国家的主要贸易伙伴⑪。沙特阿拉伯与伊朗为缓和紧张气氛巩固互信的努力有助于地区竞争减缓，可以使双方回到建设性的氛围里来。过一段时间后，有必要研究建立中东地区多边安全体系的可能性，中国、俄罗斯、美国

---

① https://www.middleeastmonitor.com/20170724-china-is-largest-foreign-investor-in-middle-east/.
② http://epaper.gmw.cn/gmrb/html/2017-12/29/nw.D110000gmrb_20171229_2-10.htm.
③ Ibid..
④ http://www.xinhuanet.com/english/cnleaders/201601xjp/.
⑤ http://news.xinhuanet.com/english/china/2016-01/13/c_135006619.htm.
⑥ http://news.xinhuanet.com/herald/2016-01/15/c_135013096.htm.
⑦ http://www.apple.com/ru.
⑧ http://www.mid.ru/foreign_policy/news/-/asset_publisher/cKNonkJE02Bw/content/id/2542248.
⑨ https://ria.ru/spravka/20171005/1505783216.html.
⑩ http://www.mid.ru/ru/maps/ir/?currentpage=main-country.
⑪ https://atlas.media.mit.edu/en/profile/country/sau/; https://atlas.media.mit.edu/en/profile/country/irn/.

和欧盟可作为观察员参与。

叙利亚问题的解决和内战后的恢复需要大量资金。如果叙利亚未来的结局不符合冲突各方的利益，总统阿萨德的军队对他的反对者实施了镇压，在这种情况下，国际社会给予支持和资金的机会将很小。俄罗斯学者建议，考虑到中国—伊朗—俄罗斯的合作关系，三方可以就叙利亚重建乃至中东问题等决定自己的责任范围。中国已经表示会参与战后的恢复工作[1]，普京之前也已经认可其重要性[2]。俄罗斯公司也会增加自己在叙利亚的投入。

国际交通走廊"北方—南方"（俄罗斯—阿塞拜疆—伊朗—印度）与中国"一带一路"的对接是中俄合作的战略方向之一。经过伊朗、伊拉克的领土和设施到中东的陆地线路，对中俄加强在黎巴嫩、叙利亚、约旦和伊拉克的影响来说是需要的；同时这对中东地区国家也有利，因为国际联系的多样化可以促进政局、经济和社会的稳定。

俄罗斯在中东地区具有非常丰富的经验，它投入了大量资源发展外交关系、保障中东地区安全。中国也致力于发展与中东国家的经贸关系，希望成为其主要的贸易合作伙伴。战略上非常重要的中巴经济走廊正是通往中东地区。美国仍是中东最有影响的大国，在中东有决定性的军事存在。当中俄与中东地区国家形成共同项目需要稳定的时候，中俄合作可以对地区稳定起积极作用。

中俄在信息安全、信息空间管理和人工智能领域的合作

中俄在具有战略重要意义的网络空间治理和国际信息安全的立场相似。两国均支持信息主权理念，并共同倡导在联合国框架内构建网络空间新秩序，主张各国均有权平等参与其中。两国致力于提高本国在信息网络空间治理中的作用。

中俄《保障国际信息安全领域合作协定》是中俄网络合作的基础。北京和莫斯科反对利用信息技术干涉别国内政，颠覆别国主权和破坏别国稳定，以及宣传恐怖主义、极端主义和分裂主义。中俄主张防止信息网络空间的军备竞赛，提倡信息安全多元化。两国在国际舞台上共同倡导建立信息安全国际行为准则。

中俄在全球、地区和双边层面上的共同努力可以为全球信息网络空间的均衡发展做出至关重要的贡献。考虑到仍存在对西方关键技术的依赖问题，推动中俄私营公司之间的共同研发和协作是两国合作的重要任务。

在未来几年内，人工智能有望成为中俄技术合作的重要领域。中国《新一代人工智能发展规划白皮书》（2017年）中提出了在这一领域雄心勃勃的目标：到2030年，中国应该成为世界重要的人工智能技术发展中心。俄罗斯也在加强

---

[1] https：//ria.ru/syria/20180212/1514431283.html.
[2] https：//ria.ru/syria/20171122/1509364549.html.

人工智能技术的研发,在该领域两国利益相同。但是必须清楚,在某些技术领域我们滞后于美国,美国在人工智能领域拥有庞大的合作网络,而中俄相对孤立,只能协同合作,共同努力。

中俄在国际信息安全和网络空间治理中的合作

国际信息安全和网络空间治理是中俄信息网络空间合作的主要内容。今天,全球网络空间治理已经成为大国竞争和博弈的焦点。

中俄高度的政治互信和各领域的务实合作是两国网络空间治理和信息安全保障的战略协作基础。早在2011年中俄在国际舞台上就互联网治理问题达成一致立场,北京和莫斯科经过多年的努力共同向联合国提交了《信息安全国际行为准则》。2015年,中俄与其他上海合作组织成员国一起向联合国提交了《信息安全国际行为准则》新草案①。

中俄强调,两国的合作建立在互利互惠基础之上,不针对第三国,目标是捍卫本国的信息网络空间不受外来侵犯。

中俄两国对网络空间行为准则持相似立场,两国在联合国谈判中持相同政策。

北京和莫斯科对信息安全威胁来源有高度共识,两国都反对将信息技术用于干涉别国内政、颠覆别国主权和破坏别国政治、经济、社会稳定,以及宣传恐怖主义、极端主义和分裂主义。中俄主张防止网络空间的军备竞赛和国家间冲突,吸引更多的国家参与谈判进程。

中俄是迅速发展的网络大国。中国的网民数量世界排名第一,俄罗斯排名第七②。根据McAfee安全公司的研究,中俄是最易遭受网络侵袭的国家③,是受Wanna Cry病毒侵袭最严重的国家之一④。中俄严重依赖西方的网络空间核心技术,两国又是西方批评最多的所谓"网络攻击来源国"。因此,中俄共同倡议对网络空间治理进行根本性改变,提升本国在这一领域的影响力。

中俄积极参与各种有关网络空间治理的国际论坛和机制。在国际层面上,两国可在网络空间治理问题上形成统一战线,共同倡导建立网络空间治理全球新秩

---

① http://www.mid.ru/documents/10180/882233/A+69+723+Ru.pdf/269baca6-5664-4651-b1a9-74e640262173.

② https://www.internetworldstats.com/top20.htm.

③ http://www.tadviser.ru/index.php/%D1%81%D1%82%D0%B0%D1%82%D1%8C%D1%8F:%D0%BA%D0%B8%D0%B1%D0%B5%D1%80%D0%BF%D1%80%D0%B5%D1%81%D1%82%D1%83%D0%BF%D0%BD%D0%BE%D1%81%D1%82%D1%8C_%D0%B2_%D0%BC%D0%B8%D1%80%D0%B5.

④ http://www.bbc.com/russian/features-39928406.

序，发挥互联网负责任大国作用。

中俄应积极支持和推动联合国在网络空间全球治理中的主导作用，以及在联合国主导下的互联网多边治理模式。

除此之外，中俄主张信息主权。新版俄罗斯《信息安全学说》特别提到了"维护俄罗斯联邦网络空间主权"①。最近两年，中国也相继在《网络安全法》②《国家网络空间安全战略》③和《网络空间国际合作战略》④中提出了信息主权的概念。根据中国《国家安全法》，信息主权是国家领导人的原则立场之一⑤。重要的是中俄两国要不断地在各种国际场合共同表达对这一立场的支持，并共同研究这一议题。

中俄共同努力监控网络武器化、推动全球互联网治理的和平进程具有非常重要的意义⑥。由于网络空间军事化和对网络攻击的应对措施有关。美国新版《核态势评估》暗示可能使用核武器来应对网络攻击等非核武威胁⑦。

在区域层面上，中俄共同制定网络空间战略和发展务实合作是明智的。上海合作组织、金砖国家、东盟地区论坛等框架下的信息安全和网络治理合作不仅有助于创建和平、安全、开放和多边的国际信息网络环境，而且对提升中俄在互联网全球治理中的影响力至关重要。在上海合作组织框架下，中俄应积极推进《上海合作组织成员国保障国际信息安全政府间协定》⑧的发展和落实，推动更多网络空间治理议题进入上海合作组织的讨论和实践范畴。同时，中俄应继续合力推进《信息安全国际行为准则》在联合国的推广工作。

在金砖国家平台框架下，中俄应继续加强金砖国家工作组在信息和通信技术领域的合作，加强金砖国家对外立场协调和对内规章制度的统一，促进电子商务合作和互联网在医疗和教育领域的应用，合作应对网络安全问题，从而将地理上分散的成员国通过网络合作真正整合起来。此外，两国也可继续推进落实金砖国家光缆计划⑨。

中俄也可合作共建"数字丝绸之路"。尽管中国的"一带一路"是倡议，不

---

① http://www.garant.ru/products/ipo/prime/doc/71456224/.
② Официальный сайт ВСНП, http://www.npc.gov.cn/npc/xinwen/2016－11/07/content_2001605.htm.
③ Новостное агентство《Синьхуа》, http://www.xinhuanet.com/politics/2016－12/27/c_1120196479.htm.
④ Официальный сайт малой руководящей группы ЦК КПК по безопасности в киберпространстве и информатизации, http://www.cac.gov.cn/2017－03/01/c_1120552617.htm.
⑤ https://chinalaw.center/administrative_law/china_state_security_law_2015_russian/.
⑥ https://russian.rt.com/world/news/432492－rossiya－oon－kiberprestupnost.
⑦ https://media.defense.gov/2018/Feb/02/2001872876/－1/－1/1/EXECUTIVE－SUMMARY－TRANSLATION－RUSSIAN.PDF.
⑧ http://docs.cntd.ru/document/902289626.
⑨ https://www.kommersant.ru/doc/2149243.

是地区组织,但是北京和莫斯科可在"一带一路"框架下开展合作,在信息安全保障和信息化领域向"一带一路"沿线国家提供协助,帮助它们克服数字鸿沟和改善信息基础设施。未来这将对地区发展产生积极影响,提升两国的网络空间影响力。因此,中俄合作是加强两国互联网治理立场的基础。

2017年,中俄信息安全合作在2015年签署的《保障国际信息安全领域合作协定》① 框架下得以继续发展。两国信息系统、沟通工具及其维护的稳定运作是深化中俄在该领域务实合作的基础,对中俄两国具有战略意义。俄罗斯总统信息安全国际合作问题特别代表阿·克茹茨基认为,协议在落实,实施效果明显②。

近年来,中国和俄罗斯都通过了重要文件,确定了信息安全领域的优先方向。2017年1月,中国《网络安全法》③ 开始实施。2018年1月1日,《俄罗斯关键信息基础设施安全》④ 联邦法正式实施。两国在信息安全法律规制方面的经验共享有望成为中俄合作的新领域。2017年12月5日在乌镇举行的第四届世界互联网大会上,俄罗斯通信、信息技术和大众传媒监督局局长阿·扎罗夫指出,中国政府高度关注俄罗斯在维护网络安全领域的立法经验和最新规章制度⑤。

因此,必须采取措施加强两国的信息共享和利用,共同打击各种形式的网络威胁。两国在这一领域的关系有助于实现打击利用网络进行恐怖及犯罪活动的目标,促进信息化发展,提高中俄在全球网络空间治理中的作用。

2017年应推动两国IT领先公司在信息安全领域的合作项目,有关这方面的合作问题已在许多平台上进行了讨论,例如在乌镇举行的第四届世界互联网大会和在大连举办的世界经济论坛⑥,以及在汉特—曼西斯克举行的第九届IT国际论坛⑦和在莫斯科举办的互联网安全论坛⑧等。乌镇会议期间,俄罗斯反病毒软件制造商卡巴斯基实验室与中国网信办签署了谅解备忘录⑨,确定了两国在互联网安全领域开展合作的主要方向。两国应加强新技术共同研发和合作引领技术潮流,这将有助于促进信息安全的保障。北京和莫斯科可加强在新型网络技术如人工智能、物联网、区块链、5G和IPv6等技术的共同研发,从而打破信息网络技术的西方主导和霸权格局。

两国科学家和工程师共同建立能够应付外来网络攻击的可靠的电信设备是今

---

① http://www.mid.ru/ru/maps/cn/-/asset_publisher/WhKWb5DVBqKA/content/id/1257295.
② https://ria.ru/world/20170727/1499248373.html.
③ http://tass.ru/mezhdunarodnaya-panorama/4290068.
④ https://rg.ru/2017/07/31/bezopasnost-dok.html.
⑤ http://tass.ru/ekonomika/4780954.
⑥ http://tass.ru/ekonomika/4375723.
⑦ https://itforum.admhmao.ru/2017/.
⑧ http://nkpress.ru/news/society/v_moskve_proshel_forum_bezopasnogo_interneta/.
⑨ http://tass.ru/obschestvo/4779835.

后两国合作的重要方向①。两国还可培育共同网络市场并促进跨境电商贸易,两国数字经济具有巨大的合作潜力。中俄还可以通过各类大中院校之间的教育和互换学生的方式合作培养各类网络安全人才。今后也可以设立中俄联合网络培训项目,培养具有创新精神和实践能力的年轻人才。

人工智能是中俄有前景的合作方向

最近几年,人工智能可能成为中俄技术合作的重要领域。人工智能毫无疑问是当今中国超前发展的重要技术之一。2017年6月,中国通过了雄心勃勃的发展规划,到2030年中国要成为这一发展迅速的新兴行业的领导者。

中国在人工智能领域已有一定的知识储备。根据人工智能发展协会的统计,2017年刊登在全球学术刊物上的相关学术文章中来自中国的占23%,而来自美国的占34%(2012年的比例是中国10%,美国41%)②。至少在人工智能的一个领域——深度学习里,中国人发表的学术论文数量在2013年就超过了美国③。

2017年7月8日,中国公布了《新一代人工智能发展规划白皮书》④(以下简称《规划》),这是关于人工智能技术和产业的发展战略。《规划》共分三个阶段完成(2020年前、2025年前和2030年前),目标是使中国成为世界人工智能领域的领导者和建立在人工智能基础之上的主要的世界经济发展中心。2017年年底,中国公布了完成第一阶段的三年实施计划(2018—2020年)⑤。

中国将利用"中国特色的社会主义优势",即通过高度集中的资金、技术和人力资源,完成优先任务,实现宏伟目标。在中国其他类似的科技规划中,特别注重军民一体化,产业间技术共享,进而迅速赢得商业化结果。

中国15个国家部门和机构,其中包括科技部、国家发展和改革委员会、教育部、工业和信息化部、中国社会科学院、中国科学院、中央军委科技委员会、中国科学技术协会等部门将参与《规划》的实施⑥。

第一阶段到2020年,中国的人工智能技术应与世界先进水平同步,主要优先方向是机器人和机器人运输工具、虚拟现实、大数据、跨媒体协同处理、人机协同增强智能、群体集成智能、自主智能系统。到2020年,人工智能产业规模应达到1500亿元人民币,带动相关产业规模为1万亿元人民币。

---

① http：//tass. ru/ekonomika/4686672.
② https：//www. teslarati. com/china – overtake – us – ai – research/.
③ https：//www. nytimes. com/2018/02/12/technology/china – trump – artificial – intelligence. html.
④ Документ Госсовета КНР N 35 за 2017 год, http：//www. gov. cn/zhengce/content/2017 – 07/20/content_ 5211996. htm.
⑤ http：//russian. people. com. cn/n3/2017/1215/c31517 – 9305144. html.
⑥ http：//www. gov. cn/xinwen/2017 – 11/23/content_ 5241718. htm.

到 2025 年，人工智能部分技术达到世界领先水平，生产规模达到 4000 亿元人民币，带动相关产业规模为 5 万亿元人民币。到 2030 年，中国应成为世界主要人工智能创新中心，在人工智能相关技术发展方面处于领先地位，并拥有生产规模达到 1 万亿元人民币，带动相关产业规模为 10 万亿元人民币的人工智能产业。

《规划》最重要特点是：

（1）科技引领。把握世界人工智能发展趋势，集中庞大资源于优先领域，实现颠覆性突破；

（2）系统布局。《规划》实施过程中，根据基础研究、技术研发和产业发展的不同特点，将重点放在保障它们之间的紧密联系上；

（3）市场主导。加快人工智能科技成果商业化应用，吸引商业公司，包括私营公司参与其中；

（4）各类所有制部门和企业的技术开放和共享。

总之，在中国工业传统的竞争力和人口红利接近耗尽的情况下，中国领导人希望成为人工智能领域的领导者，希望人工智能产业成为行业领头羊之一和新的经济增长点。

中国 IT 行业的领导者是国家战略的主要实施者。2017 年 11 月，中国科技部确定百度、阿里巴巴和腾讯公司，以及专业从事智能语音的科大讯飞为首批该领域国家超前发展产业公司。仅阿里巴巴一家公司就打算在此后 3 年内投资 15 亿美元用于人工智能领域的科研和试验设计工作[①]。

2017 年，俄罗斯宣布要加强人工智能技术的发展。2017 年 9 月，普京表示，赢得人工智能领先地位的国家是"世界统治者"，俄罗斯正努力取得进展[②]。俄罗斯尚无出台类似中国的人工智能国家发展纲要。但人工智能长期以来一直是俄罗斯国家研究基金资助的优先领域之一，也是俄罗斯国防和国家安全资助机构的优先方向，有前景的相关学术研究和研发工作是它们资助的重点之一[③]。

中俄两国对人工智能技术研发的兴趣在很大程度上与落后于美国有关，美国在 2016 年就已公布了人工智能技术研发长远规划目标[④]。美国可以依靠其庞大的技术合作伙伴体系，包括日本、欧盟和其他国家与地区，而俄罗斯和中国会因与美国关系恶化以及技术转让限制加大而变得更为孤立。在这个背景下，人工智能可能成为中俄合作富有前景的领域。

---

① http://www.scmp.com/tech/china-tech/article/2120913/china-recruits-baidu-alibaba-and-tencent-ai-national-team.
② http://tass.ru/obschestvo/4524746.
③ http://fpi.gov.ru/about/areas.
④ https://www.nitrd.gov/PUBS/national_ai_rd_strategic_plan.pdf.

2017 年中俄在欧亚空间的合作

在上海合作组织平台上的合作

2017 年,上海合作组织实现扩员,印度和巴基斯坦成为新成员。上海合作组织扩员表明,该组织在国际和地区事务中的影响力在上升,南亚也成为该组织的重点地区。上海合作组织因印巴的加入面临新机遇和新挑战,这就要求该组织完善其管理系统,更加积极地协调各国利益,关注印巴矛盾,以及中印之间可能出现的分歧。中国的首要目标之一是推动"一带一路"倡议与欧亚经济联盟的对接,并消除印度对"一带一路"倡议的战略疑虑。本地区的经济联系也是各成员国的关注点,包括在上海合作组织框架内建立开发银行、发展基金和基础设施项目支持系统。

保持中俄关系的紧密联系和加强中印合作对扩大后的上海合作组织的协同合作至关重要。三国在上海合作组织平台上的合作是中俄印战略三角对话机制的补充,其首要任务是加深三国的战略沟通,在重大全球和地区问题上协调立场,加强中俄印三国在国际舞台上的影响力。

2017 年,上海合作组织最重大事件是阿斯塔纳峰会。峰会通过了一系列文件,特别是《阿斯塔纳宣言》[1]。成员国对组织的未来发展和当前国际重大问题表明了共同立场,凝聚了更多共识。峰会期间,成员国首脑还签署了《上海合作组织反极端主义公约》[2],发表了共同打击国际恐怖主义声明[3]和其他文件。除此之外,还批准给予印度和巴基斯坦成员国地位[4]。

《阿斯塔纳宣言》强调,上海合作组织已成为公认的和有权威的多边组织,它旨在维护本组织各国所在地区的安全和稳定,共同应对新威胁和新挑战,加强经贸和人文合作,挖掘各国及各国人民睦邻合作的巨大潜力。[5]

近几年,全球化和逆全球化之间的矛盾进一步激化,国际主要力量对比将会发生很大变化,国际地缘政治博弈会进一步加剧。上海合作组织的发展正处于关键的发展阶段。面对新变化,中俄应顺应局势发展的趋势,制定建设性方案,推

---

[1] http://www.osce.org/ru/cio/74990?download=true.
[2] http://ecrats.org/upload/iblock/349/%D0%9A%D0%BE%D0%BD%D0%B2%D0%B5%D0%BD%D1%86%D0%B8%D1%8F%20%D0%BF%D0%BE%20%D1%8D%D0%BA%D1%81%D1%82%D1%80%D0%B5%D0%BC%D0%B8%D0%B7%D0%BC%D1%83%20(%D1%80%D1%83%D1%81%D1%81%D0%BA%D0%B8%D0%B9).pdf.
[3] http://www.infoshos.ru/ru/?id=138.
[4] http://www.kremlin.ru/supplement/5206.
[5] 《Астанинская декларация глав государств – членов Шанхайской организации сотрудничества》, 9 июня 2017 г., http://kremlin.ru/supplement/5206.

动上海合作组织的进一步巩固和发展。

应充分重视上海合作组织扩员所带来的机遇和挑战。扩员使组织内部管理结构发生改变,未来上海合作组织的利益协调模式也将发生变化。尽管上海合作组织的整体发展前景明朗,但也存在一些新问题。应该对上海合作组织各成员国的利益诉求进行全面评估,重点关注多边利益的互动进程。只有充分重视各成员国的利益诉求,才能把握好组织发展的基本底线和发展道路。未来,上海合作组织内部的利益摩擦将会增多,对此上海合作组织的一个新功能就是妥善处理各成员国内部的矛盾和分歧。中亚国家特别担心扩员会使其在上海合作组织的战略地位下降,逐步被边缘化,因此,上海合作组织应关注弥合新老成员的利益分歧。印度和巴基斯坦的加入表明,上海合作组织的重点活动空间从中亚地区扩展到南亚地区。扩员可以为该组织创造新的优势,要提高效率,形成良性发展趋势。上海合作组织未来五年是新一轮磨合期,十分关键。磨合好了,上海合作组织会提速发展。

从新时代中国发展的优先方向上看,上海合作组织对中国的战略意义越来越大,中国需要上海合作组织在地区安全、稳定和发展等方面发挥作用。应高度重视上海合作组织中的"印度因素"。印度战略地位十分特殊。印度与俄罗斯是好伙伴关系,与中亚具有很深的历史渊源和现实利益关系,但是与中国的关系,尤其是与巴基斯坦的关系存在问题和矛盾。印度在协调亚洲与美国的立场中能发挥积极的作用,而且印度加入上海合作组织也具有多重利益诉求。中国对印度的加入一直持谨慎立场,中国国内学术界因中印洞朗事件对上海合作组织的前景评价有些暗淡。然而,中国和印度是邻国,中国愿与印度和平共处,建立稳定、和谐的合作关系模式。中国愿向印度进一步阐述自己的外交战略和规划。中国着力也在上海合作组织框架下推动"一带一路"倡议,推动其与欧亚经济联盟进行实际对接,逐步与印度进行战略协调和沟通,逐步化解印度对"一带一路"的战略疑虑。扩员后上海合作组织地理空间的扩大有助于中国"一带一路"倡议的发展。

在解决上海合作组织所面临的一系列新问题时,中俄应保持密切的战略沟通,高度关注上海合作组织框架内各种机制的运作,同时加强中印沟通。

应加强中俄印战略三边合作,中俄双边文件中高度评价了中俄印合作模式,强调其在促进地区和全球和平、稳定和可持续发展中发挥了重要的作用。中俄印模式多年来的稳定发展首先是由其在世界政治中日益增长的作用所决定的。尽管中俄印三国中的双边关系可能会出现障碍和紧张局面,但是中俄印三国经常联合起来维护共同的利益。中俄认为,中俄印战略对话的主要任务是加强战略沟通,协调立场应对全球和地区重大问题,推进中俄印务实合作,提升中俄印对国际事务的影响力①。不过，在务实合作领域中俄印三角可能不会很实。在上海合作组织和金砖国家框架内已经有多部门经济协调机制，在中俄印之间再建立类似机制显得多余。

2017年12月11日，中国外长王毅、俄罗斯外长拉夫罗夫、印度外长斯瓦拉杰在印度举行了第十五次会晤②，就共同关心的国际和地区问题进行了讨论，其中包括中东形势和朝鲜问题。三方达成一致意见，要在联合国、"20国集团"、上海合作组织、金砖国家、亚太经合组织、东盟等地区平台上协调三方力量，共同打击各种形式的恐怖主义和阻止极端思潮的扩散。

上海合作组织经济合作至今未取得重大突破，成员国数量的增多使之变得更加复杂。2017年阿斯塔纳峰会上，成员国领导人指出，根据2016年11月3日比什凯克上海合作组织成员国政府首脑（总理）理事会决议③，为保障本组织合作项目的融资④，继续在专家层面就建立上海合作组织开发银行和发展基金（专门账户）问题举行磋商。上海合作组织开发银行的设立对俄罗斯非常有利，因为开发银行应成为优先支持基础设施项目的金融机构，将提升上海合作组织框架下的项目融资水平⑤。

一些俄罗斯学者认为，中国是上海合作组织资金最雄厚的国家，中国愿意向成员国提供贷款，逐渐用本币结算取代美元，提高其在组织内的信誉⑥。中国倡议的实施可能削弱俄罗斯的作用，因为在石油危机和石油价格下跌的背景下，廉价的中国货币对许多成员国而言是额外的诱惑⑦。印度加入后这个问题得到解决，因为印度在开发银行的份额与中俄持平，自然排除了单边独大的可能性⑧。但是，这个问题需要上海合作组织实业家委员会和上海合作组织银行联合体专家们作进一步的探讨。

由于缺乏上海合作组织的共同银行，中国在中亚对许多项目进行了直接投资，这扩大了其在这一地区的单边影响力。因此，在组建发展银行时，中国在

---

① http：//kremlin.ru/supplement/5219.
② http：//mea.gov.in/bilateral - documents.htm？dtl/29171/.
③ https：//ru.sputnik.kg/economy/20161103/1030102291/kr - o - banke - i - fonde - razvitiya - shos.html.
④ 《Информационное сообщение по итогам заседания Совета глав государств – членов Шанхайской организации сотрудничества（г. Астана, 8 – 9 июня 2017 г.）》, с.6. http：//rus.sectsco.org/documents/.
⑤ https：//cyberleninka.ru/article/n/bank - razvitiya - v - strukture - shanhayskoy - organizatsii - sotrudnichestva.
⑥ http：//www.odnako.org/blogs/itogi - sammita - shos - o - chyom - ne - dogovorilis - rossiya - i - kitay/.
⑦ http：//www.centrasia.ru/newsA.php？st=1339049340.
⑧ И. Н. Комиссина.《Размышления после саммита ШОС: новые реалии, новые перспективы》. Проблемы национальной стратегии № 1（34）, 2016. - с.77.

注册资本和管理机构中的优势明显。俄罗斯学者主张，重要的是要协调好优惠利率及模式的制定原则。应把重点放在制定严格的规范性文件上，其中包括绘制优惠利率和图表，重视贷款国和接受国的利益，考虑俄罗斯和其他成员国的立场①。

通过对上海合作组织金融和经济合作问题的研究，我们提出以下建议：

（1）提高金融和经济合作的工作效率，其途径包括优化国际法律规制，制定所有成员国都参与的基础性的全面经济合作协议。

（2）逐步采取系统性方法，包括协调国家法律，拉近成员国经济发展水平，建立项目运作必需的系统性管理机构②。

（3）扩大积极参与务实合作的非国企部门的作用。必须创造条件促进私营机构参与上海合作组织的金融和经济活动。

（4）在深入研究和分析合作的可行性的基础上，制定经济合理的政策，明确具有经济互补优势的合作领域，吸引伙伴国兴趣，降低务实合作关系中的不确定性和不信任③。

（5）给予上海合作组织银行联合体在更灵活的市场经济条件下的对项目进行资助的可能性，这更符合当今的经济形势，使其能够对大型项目进行融资，促进上海合作组织成员国之间经贸关系和现代化基础设施的建立④。

（6）银行联合体有权通过金融合作方面的建议，并提交上海合作组织国家元首峰会和政府首脑理事会进行最后讨论和裁决。

大欧亚伙伴关系倡议的发展

2017年，涵盖了从欧洲到东南亚整个地理空间的大欧亚伙伴关系发展迅速，与东北亚、东南亚、南亚和北非国家建立起各种形式的合作关系，因此需要确定欧亚大陆集团间经贸合作的具体模式和原则。大欧亚伙伴关系倡议应为建立新的、更为公正的世界秩序做出贡献，使俄罗斯实现向超越式发展道路的战略转型，完全参与到世界经济体系的新中心的形成中。俄罗斯的

---

① М. Г. Шилина, 《Международно - правовое регулирование экономического сотрудничества в рамках ШОС: особенности, проблемы, перспективы》, http: //www. eurasiafinace. ru/naunye - stati/item/894 - mezhdunarodno - pravovoe - regulirovanie - ekonomicheskogo - sotrudnichestva - v - ramkakh - shos - osobennosti - problemy - perspektivy. html.

② https: //www. hse. ru/data/2015/01/19/1107010194/%D0%A8%D0%B8%D0%BB%D0%B8%D0%BD%D0%B0. pdf.

③ http: //www. vneshmarket. ru/content/document_r_6B909796 - 40D5 - 40B6 - B7B5 - 38800B3B2814. html.

④ http: //naukarus. com/mezhdunarodno - pravovoe - regulirovanie - ekonomicheskogo - sotrudnichestva - v - ramkah - shos - osobennosti - problemy - perspektivy.

倡议已经得到了中国官方和学界的政治支持。

2017年，大欧亚伙伴关系继续得到发展。2016年，欧亚经济联盟从亚太经合组织国家的进口量首次超过从欧盟的进口量①。同年，欧亚经济联盟与越南的自贸区协定正式生效②；与蒙古国和柬埔寨政府签署的合作备忘录开始实施③。从2017年起，欧亚经济联盟与伊朗、印度、埃及和新加坡开始就建立自贸区进行谈判④。

2017年4月，俄罗斯总统普京在欧亚经济委员会高层会议上强调，应该在系统和规划基础上继续发展对外合作⑤。这项工作很复杂，因为目前还没有集团间经贸合作模式的先例。但欧亚经济委员会的专家和经济学家们认为，在未来十年内，可能形成大欧亚伙伴关系自贸区网络和贸易板块集群，其模式最可能是"意大利面碗"，也就是由带有不同参与者和不同规则构成的多个贸易伙伴的集聚⑥。因此，当前最迫切的任务就是要确定最合适的机制，推动欧亚大陆一体化进程不可逆转⑦。

对于俄罗斯来说，大欧亚伙伴关系是向超越式发展的战略转型，它的途径是加速建立新技术产业和新国际经营机制。这样，俄罗斯和欧亚经济联盟就能完全参与到世界经济体系新中心的形成中⑧。

大欧亚伙伴关系可以成为一个新的、更为合理和公平的世界秩序基础，它立足于多极化，国家主权平等，尊重文化、宗教和文明的多样性，包容和非歧视性

---

① http：//www.eurasiancommission.org/ru/nae/news/Pages/6－12－2017－3.aspx.

② http：//www.eurasiancommission.org/ru/nae/news/Pages/06－10－2016－1.aspx.

③ http：//eurasiancenter.ru/expert/20170315/1004442721.html.

④ 《ЕАЭС начнет переговоры о создании зон свободной торговли с Ираном, Индией, Египтом и Сингапуром》, https：//ru.ictsd.org/bridges－news/%D0%BC%D0%BE%D1%81%D1%82%D1%8B/news/%D0%B5%D0%B0%D1%8D%D1%81－%D0%BD%D0%B0%D1%87%D0%BD%D0%B5%D1%82－%D0%BF%D0%B5%D1%80%D0%B5%D0%B3%D0%BE%D0%B2%D0%BE%D1%80%D1%8B－%D0%BE－%D1%81%D0%BE%D0%B7%D0%B4%D0%B0%D0%BD%D0%B8%D0%B8－%D0%B7%D0%BE%D0%BD－%D1%81%D0%B2%D0%BE%D0%B1%D0%BE%D0%B4%D0%BD%D0%BE%D0%B9－%D1%82%D0%BE%D1%80%D0%B3%D0%BE%D0%B2%D0%BB%D0%B8－%D1%81－%D0%B8%D1%80%D0%B0%D0%BD%D0%BE%D0%BC－%D0%B8%D0%BD%D0%B4%D0%B8%D0%B5%D0%B9－%D0%B5%D0%B3%D0%B8%D0%BF%D1%82%D0%BE%D0%BC－%D0%B8－%D1%81%D0%B8%D0%BD%D0%B3%D0%B0%D0%BF%D1%83%D1%80%D0%BE%D0%BC.

⑤ Заседание Высшего Евразийского экономического совета в расширенном составе，14 апреля 2017 г. http：//www.kremlin.ru/events/president/transcripts/54293.

⑥ https：//interaffairs.ru/news/show/17811.

⑦ http：//www.globalaffairs.ru/valday/Rossiya－i－Kitai－v－Tcentralnoi－Azii－bolshaya－igra－s－pozitivnoi－summoi－18258.

⑧ https：//publications.hse.ru/mirror/pubs/share//direct/211288436；https：//www.gazeta.ru/business/2017/02/25/10543481.shtml#page6.

的国际合作①。

大欧亚伙伴关系倡议已经得到中国的政治支持,中国愿意同俄罗斯一起共同研究该倡议的推进问题。两国外交和经济部门密切联系,就建立大欧亚伙伴关系制定了具体的实施举措②。中俄专家和学者围绕有关大欧亚伙伴关系的思考和科学论证而进行的对话也很重要。中国学者和专家们对这一倡议普遍持积极态度,认为该倡议对大欧亚空间的发展和建设提供了极大的可能性③。

推动"一带一路"建设,推动"丝绸之路经济带"与欧亚经济联盟的对接

"丝绸之路经济带"与欧亚经济联盟对接符合中国和俄罗斯的利益,俄罗斯将因此成为欧亚大陆最重要的中转国之一。但是,俄罗斯不是将国家发展规划与中国的倡议相对接,而是主张"一带一路"倡议与欧亚经济联盟一体化进程平等对接。这就要求制定欧亚经济联盟优先项目清单,重点选择"一带一路"支持的交通物流领域的项目。另外,欧亚经济委员会根据经贸合作协议,发展与中国的合作。2017年,双方签署了原则上完成谈判的联合声明。

"一带一路"倡议也是中国与欧盟国家发展合作关系的重要内容。尽管一些欧洲国家已经参与该倡议框架下的项目实施,但是欧盟内部尚未就这一问题达成统一战略。欧洲国家认为,"一带一路"应是一个平衡机制,而不是带有单边性质的合作模式。

欧亚经济联盟框架下的欧亚经济一体化与"一带一路"倡议下的"丝绸之路经济带"相对接的谈判协商一直在进行。俄罗斯认为,对接的复杂性主要在于要努力使对接不等于欧亚经济一体化被纳入"一带一路",而是平等对接。也就是说,不是被纳入中国倡议,而是在平等原则基础上实现对接。

2017年取得了一定的进展,欧亚经济委员会制定了欧亚经济联盟优先项目清单,支持"一带一路"倡议,其中39个项目是建设新道路和对现有道路进行现代化改建,建立交通物流中心和发展重要运输枢纽项目④,特别是西欧—中国西部长达8445公里国际交通干线框架内的新公路建设大型项目⑤。此外,莫斯科—喀山高速铁路建设项目正在商谈中,预计建成后行驶速度将达到每小时400

---

① http://eurasian–studies.org/archives/4424.
② https://ria.ru/east/20160803/1473546327.html.
③ Геоэкономика Евразии. Astana Club,ноябрь 2015. C. 25.
④ http://rescue.org.ru/ru/news/analytics/5798–eaes–39–proektov–v–ramkakh–shelkovogo–puti.
⑤ https://regnum.ru/news/2346807.html.

公里，行驶时间为三个半小时①。现在该项目正在商谈的是有关吸引中国投资的问题②。另外，连接中国西部与中东国家市场的中国—吉尔吉斯斯坦—乌兹别克斯坦铁路建设意向也在商谈中③。连接亚美尼亚和伊朗铁路系统的亚美尼亚—伊朗铁路干线项目将实现亚美尼亚经由伊朗进入哈萨克斯坦、中国等地，该项目直接用铁路把伊朗与波斯湾国家连接在一起，并使这些国家与"一带一路"其他参与国之间的陆路运输成为可能④。在对接框架下，俄罗斯向中国提出了三个主要物流项目的建议：建设经由哈萨克斯坦、俄罗斯和白俄罗斯的北京—欧洲货物运输高速铁路干线；建造连接中国—哈萨克斯坦—俄罗斯—白俄罗斯—欧洲的公路；开发"北方海航道"。

俄罗斯副总理舒瓦洛夫表示，"一带一路"倡议为发展交通、社会联系、科学和教育建立起一个庞大的生态系统⑤。俄罗斯总统在向联邦委员会发表的年度国情咨文中回答了对接问题，他指出，在6年内西伯利亚大铁路和贝阿铁路的运输能力将提高到1.8亿吨，从符拉迪沃斯托克到俄罗斯西部边界货物运输时间减少为7天，经由俄罗斯铁路的集装箱中转量增加近4倍，俄罗斯将成为欧亚集装箱中转运输的主要国家⑥。

两国根据经贸合作协议开展的合作是推动中国倡议与欧亚经济联盟实现对接的重要方面。2017年，双方就文件的主要内容达成一致，并于同年10月1日签署了关于原则上完成谈判的联合声明⑦，为欧亚经济联盟和中国合作机制的形成、成员国与北京双边关系的发展和在欧亚大陆建立更广泛的一体化迈出了重要的一步。

2017年5月14—15日，在北京举行了首届"一带一路"国际合作高峰论坛，100多个国家的代表出席了会议，一些国家元首和政府首脑与会。俄罗斯总统普京和6位相关领域的部长参加了本届论坛。许多国际组织的领导人也出席了会议，其中包括联合国、国际货币基金组织、世界银行和世界贸易组织等，与会者超过1200人。"一带一路"倡议是由2013年秋季提出的"丝绸之路经济带"

---

① http：//www.bbc.com/russian/business/2015/05/150508_ china_ russia_ railway.

② http：//ru.valdaiclub.com/a/highlights/rossiya – kitay – eek/.

③ http：//ru.valdaiclub.com/a/highlights/rossiya – kitay – eek/；https：//ru.sputniknews – uz.com/e-conomy/20170809/6003413/kitai – kidgizstan – uzbekistan – postroyat – jeleznuu – dorogu.html.

④ 《Сопряжение ЕАЭС и ЭПШП приобретает реальные очертания: согласован список инфраструктурных проектов》，http：//www.eurasiancommission.org/ru/nae/news/Pages/2 – 03 – 2017 – 1.aspx.

⑤ http：//russian.news.cn/2017 – 09/08/c_ 136592750.htm.

⑥ Послание Президента Федеральному Собранию, 1 марта 2018 г., http：//www.kremlin.ru/events/president/news/56957.

⑦ http：//www.eurasiancommission.org/ru/nae/news/Pages/2 – 10 – 2017 – 5.aspx.

和"21世纪海上丝绸之路"结合而成的①。

参加论坛的俄罗斯代表指出，组织者力求尽最大努力确保具体文件具约束力，并将其转化为长期有效的对话和协商模式，类似于"20国集团"对话机制。

2017年7月中俄莫斯科首脑峰会上，双方对论坛的成果给予了很高的评价。论坛与会者就共同关心的问题进行了富有成效的交流，例如发展政策和战略的对接，加强相互联系等，就国际事务达成重要共识，并取得其他实质性的成果②。

论坛专家会议上讨论了在"一带一路"倡议框架内建立有效和长期的研究中心合作机制问题，特别是"'一带一路'七大智库"专家平台。研究机构的主要合作内容是：建立门户网站交流信息和发表研究成果，建立"一带一路"数字信息和动态数据库，分析大数据，发表合作报告，举办专业研讨会交流"一带一路"论坛分析中心之间的研究成果③。

"一带一路"倡议也越来越成为中国与欧盟国家合作的重要方面，被列入欧盟讨论的重要议题中。专家们认为，积极参与"一带一路"将促进欧盟影响力的提高，然而，由于欧盟成员国经济发展水平不等，遇到的经济问题各异，欧盟尚未制定针对该倡议的统一战略。但是，一些欧盟国家已经参与"一带一路"进程，这将有助于改善欧盟一些地区的基础设施，降低相互关系断裂的可能性，发展政治协商。"一带一路"倡议框架下的合作关系符合中国和欧盟的共同利益，因为中国与欧盟存在互补关系：中国拥有资金和技术，欧盟拥有投资标准和改良系统。除此之外，"一带一路"的目标与联合国稳定发展目标相一致④。

"一带一路"倡议下的中欧合作不仅体现在中欧对话机制中，而且在"16+1"中也有表现，内容包括经济、贸易、基础设施、资金、旅游、教育、农业和文化措施和项目。正如中国—中东欧国家峰会上指出的那样，该机制促进了中国与中东欧国家关系的发展，以及中欧关系的发展⑤。然而，欧盟一些人表示要谨慎对待中国的建议，他们指出有限部分国家参加的峰会在一定程度上可能会破坏欧盟的完整性⑥。

中欧对话机制因欧盟限制中国商品进入欧洲市场而变得复杂。2017年10月

---

① http：//inosmi.ru/politic/20170517/239368854.html.
② 《Совместное заявление Российской Федерации и Китайской Народной Республики о дальнейшем углублении отношений всеобъемлющего партнёрства и стратегического взаимодействия》，4 ИЮЛЯ 2017 г.，http：//kremlin.ru/supplement/5218.
③ "Six Consensuses on Building a 'Splendid and Prosperous Silk Road' Belt and Road Forum for International Cooperation"，May 15, 2017.
④ http：//russian.news.cn/2017 - 11/23/c_ 136774799.htm.
⑤ http：//russian.news.cn/2017 - 11/28/c_ 136785201.htm.
⑥ https：//thediplomat.com/2017/11/growing - tensions - between - china - and - the - eu - over - 161 - platform/.

初,欧洲议会对进口商品通过了新的反倾销关税计算规则,规定了生态指标和安全技术要求。中国反对欧盟的这些改变,指责欧盟不遵守 WTO 规则①。

欧洲强调,"一带一路"不应仅为中国创造有利条件,而应成为惠及各方的平衡机制②。欧洲商界表露出一系列与该倡议有关的关切和担忧:"一带一路"不能促进简化欧洲公司在中国市场的经营活动。此外,主要资源都投向国有企业,而中国企业和欧洲私人资本可以更有效地使用这些资源③。欧洲的担忧开始演变成政治索求,德国前外长西格马·加布里埃尔在接受德国《明镜》周刊采访时表示,中国外交与美国和俄罗斯一样,都忽视了欧洲的利益④。

中俄在北极的合作

中俄合作开发北极地区是中俄全面战略协作伙伴关系的重要方向。中国参与北极开发在许多方面有助于"一带一路"倡议的实现。

中国对北极的高度兴趣由来已久,但是中俄在该领域的积极合作始于中国成为北极理事会观察员国的 2013 年。2017 年"一带一路"国际论坛期间,中国表示愿将"北方海航道"纳入与中国的"一带一路"倡议相对接的发展进程之中。同年,中国发布了《"一带一路"建设海上合作设想》,首次将北极列入该倡议的战略举措之中,而"北方海航道"成为三大主要海洋通道之一。

2018 年 1 月,《中国的北极政策》白皮书发布。中国要建设经由北冰洋连接欧亚的海洋经济通道,开发北极自然资源,发展渔业和旅游业。中国尊重各国和国际社会在北极的共同利益,推动北极的可持续发展。中国愿投资俄罗斯北极地区的基础设施建设项目。

虽然短期内中国—欧洲的北冰洋全年商业运输航线不可能实现,但是中国科考船和商船已经完成了多次穿越"北方海航道"的航行。中俄正商谈在北极海运基础设施建设领域进行合作的可能性。中俄北极油气资源开采(亚马尔液化天然气项目)合作项目正在进行中。同时,两国积极推进有关北极问题的科学考察和学术研究领域的合作。然而,由于缺乏所有层面的互

---

① https://thediplomat.com/2017/12/eus-new-anti-dumping-rules-threaten-trade-relations-with-china/.
② https://eadaily.com/ru/news/2018/01/09/makron-shelkovyy-put-mozhet-prevratit-tranzitnye-strany-v-vassalov-kitaya.
③ https://inosmi.ru/politic/20170511/239320085.html.
④ http://www.spiegel.de/spiegel/sigmar-gabriel-im-interview-ueber-europas-schwaeche-a-1186208.html.

信,项目执行时间长,且复杂,未来在许多方面扩大合作会变得困难。

(1) 中俄北极合作史

中国对北极开发的高度兴趣由来已久。最初,俄罗斯谨慎对待在该地区的共同合作问题。中国学者多次呼吁将北极问题提升至两国全面战略协作伙伴关系层面,但是俄方长期不予支持。然而中国获得北极理事会观察员国地位后,它有义务尊重北极国家在该地区的主权、主权权力和管辖权①,中俄在北极的共同利益扩大,两国开始研究互补合作问题,为进一步合作拓展了空间。

在中俄政府首脑第二十次、第二十一次和第二十二次定期会晤②中,北极合作是重要的内容。2015年12月16—17日,双方签署联合声明,达成了"加强'北方海航道'开发利用合作,开展北极航运研究"的共识③。俄方邀请中国共同开发北极海运航线,投资建造连接"北方海航道"沿途主要港口的铁路和跨西伯利亚铁路干线④。

2017年5月14—15日在北京召开的"一带一路"国际论坛上,俄罗斯总统普京表示希望将"北方海航道"纳入中国"一带一路"倡议对接进程⑤。普京的讲话得到了中国领导人的支持。同年6月20日,中国国家发展和改革委员会和国家海洋局共同发布了《"一带一路"建设海上合作设想》,积极推动建设经由北冰洋连接欧亚的海洋经济通道⑥。中国官方文件首次将北极列入战略项目名录,自此,"冰上丝绸之路"的地位得以确立。"北方海航道"首次被定义为"一带一路"三大主要海洋通道之一。

2017年7月4日,中俄两国元首共同签署了《关于进一步深化全面战略协作伙伴关系的联合声明》⑦,声明中将北极合作正式纳入中俄全面战略协作伙伴关系中,表示中俄应加强两国在北极地区的合作,支持双方有关部门、科研机构和企业在北极航道开发利用、联合科学考察、能源资源勘探开发、极地旅游、生态保护等方面开展合作。这份文件是中俄两国对以往北极合作的总结和今后北极合作的指南,对双方开展北极合作具有重要意义。

2017年10月31日—11月2日,俄罗斯总理梅德韦杰夫访华期间,中俄双

---

① https://www.arctic-council.org/index.php/ru/about-us/arctic-council/observers.
② http://government.ru/news/21123/; http://government.ru/news/25196/; https://minvr.ru/press-center/news/9548/.
③ http://government.ru/news/21123/.
④ http://tass.ru/ekonomika/4138270.
⑤ http://kremlin.ru/events/president/news/54491.
⑥ https://aqparat.info/news/2017/06/21/8535918-polnyi_tekst_koncepcii_sotrudnichestva_n.html.
⑦ http://kremlin.ru/supplement/5218.

方重申了在北极地区的合作共识①。

(2) 中国在北极的目标和优势

2018年1月,《中国的北极政策》白皮书发布,中国希望在北极国际规则制定中发挥重要作用。"一带一路"倡议为参与"冰上丝绸之路"建设的各方创造了新机遇,有利于北极社会经济的可持续发展②。

中国认为,北极地区经由北冰洋连接中国—欧洲的海洋经济通道潜力巨大,呼吁与北极国家一起协调发展战略,共同努力实现这一目标。中国鼓励本国企业参与海洋通道基础设施的建设,并完善符合现行航运规则的商业航运规则。中国高度关注该地区的海运安全。中国积极参与交通运输通道的研究工作,进行水文科考活动,加强航行质量和安全,提高北极物流的可能性。除此之外,中国与北极国家一起开采石油、天然气、矿产资源等自然资源,以及发展渔业和旅游业。中国尊重北极原住民的传统和生活方式,并采取措施保护生态环境③。中国愿同其他国家一起努力在北极地区建设"人类命运共同体"。中国在实现自己的利益的同时,重视其他国家的利益和国际社会的共同目标,将保护北极和开发北极相结合,当前利益和长远利益相平衡,促进北极的可持续发展。

需要强调的是,从2013年起中俄就支持对北极地区的合作议题进行对话④。中国对"北方海航道"的过境运输和与俄罗斯一起开发北极自然资源表现出兴趣。《中国的北极政策》白皮书表示,中国的资金、技术、市场、知识和经验对扩大北极交通运输网络具有重要作用⑤。中国的优势在于拥有解决这些问题的巨额资金⑥。

俄罗斯需要发展北极地区的基础设施⑦。俄罗斯总统普京在对俄罗斯联邦委员会发表的年度咨文中强调,"北方海航道"是俄罗斯开发北极和远东地区的关键。俄罗斯要将其建设成为具有全球竞争力的交通命脉,要继续在远东地区积极推行吸引投资和建设社会经济增长中心的政策⑧。

---

① https://ria.ru/politics/20171031/1507876251.html.
② China's Arctic Policy. The State Council Information Office of the People's Republic of China, January 2018, http://english.scio.gov.cn/2018-01/26/content_50313403.htm.
③ Ibid..
④ Ibid..
⑤ Ibid..
⑥ 《Посол России в КНР считает интерес Китая к Арктике вполне естественным》, September 2, 2018, http://www.forumarctic.com/conf2017/news/politika/Posol_Rossii_v_KNR_schitaet_interes_Kitaya_k_Arktike_vpolne_estestvennym/.
⑦ https://ria.ru/analytics/20180129/1513490180.html.
⑧ Послание Президента Федеральному Собранию, 1 марта 2018 г., http://www.kremlin.ru/events/president/news/56957.

中俄在北极的合作项目

中俄积极发展北极航运务实合作。中国"雪龙"号极地科考船和中国中远航运股份有限公司"永盛"号冰级货轮在俄方的协助下沿"北方海航道"进行了航行①。中国商船完成穿越"北方海航道"的航行②，开启了新的商业航行线路，中国希望成为海洋运输领域的领导者③。

两国北极海洋交通基础设施建设合作开始启动。2014 年，中国吉林省与俄罗斯"苏玛"集团签署了合作建设俄罗斯扎鲁比诺大型多功能海港的协议④。中国保利集团将成为"冰上丝绸之路"西段枢纽工程"别尔阔穆尔"（白海—科米—乌拉尔）铁路建设的主要投资方⑤。摩尔曼斯克港和阿尔汉格尔斯克深水港建设是这一系统工程的一部分。

但是，专家认为，即便北极冰盖减少，"北方海航道"在短期内也不可能成为中国—欧洲的直接货运航线。然而，中俄在"北方海航道"航运领域的合作能促进两国在俄罗斯北极地区公路系统等经济项目的实施⑥。

"亚马尔液化天然气"项目是一个集开发、生产、运输为一体的项目，是近年来中俄北极能源合作的典范，是中俄在北极圈的首个综合性合作项目，也是北极地区最大的液化天然气投资项目⑦。2017 年 12 月 8 日，"亚马尔液化天然气"项目举行正式投产仪式⑧。在项目股份构成中，俄罗斯诺瓦泰克公司持股 50.1%，道达尔和中国石油天然气集团公司各持股 20%，丝路基金持股 9.9%，中国成为该项目的第二大股东⑨。此外，中国公司还承办了大部分模块建设项目。

同时，中俄两国开始北极科考合作。2016 年 8 月 19 日，中俄完成首次北极联合科考活动，中国科学家首次进入北冰洋俄罗斯专属经济区进行考察，标志着中俄在北极海洋领域的合作研究实现了历史性的突破⑩。此外，2013 年，中国海洋大学与俄罗斯圣彼得堡国立大学联合发起成立中俄北极圆桌会议，圆桌会议成

---

① https://vz.ru/economy/2018/1/26/905387.html.
② http://www.ng.ru/economics/2017-10-02/1_7085_china.html.
③ https://www.vedomosti.ru/business/articles/2017/12/26/746523-kitai-nameren.
④ http://russian.people.com.cn/n/2014/0524/c31518-8732144.html.
⑤ http://www.gudok.ru/first_person/?ID=1406324.
⑥ А. Ломанов,《Ледяной шелковый путь: программа взаимной стыковки》, http://ru.valdaiclub.com/a/highlights/ledyanoy-shyelkovyy-put/.
⑦ http://russian.china.org.cn/exclusive/txt/2017-12/13/content_50101220.htm.
⑧ http://tass.ru/ekonomika/4797044.
⑨ https://www.rbc.ru/rbcfreenews/59e4c65f9a794780b6630305.
⑩ http://russian.china.org.cn/exclusive/txt/2016-10/19/content_39638975.htm.

为中俄专家学者就北极问题进行交流的学术平台,它已成为机制化、常态化的双边交流平台①。2017年12月,圣彼得堡国立海洋技术大学与中国船舶制造研究中心签署合作协议,双方商定共同研究北极海洋、冰层负荷模式化和对船只强度进行分析的新技术②。

近几年中俄北极合作力度相当大,但是仍存在不少问题和复杂性。

北极开发项目通常周期长,投资规模大,而成效不稳,也不可预见。因此,北极优先项目由两国的国企或者极富经验的俄罗斯私企承接。虽然中俄已经达成了一系列北极合作协议,但是谈判持续了很长时间,有关两国在北极的合作项目,除了"亚马尔液化天然气"项目外,其他项目常被媒体评论为"不见成效"。

许多北极合作项目推进困难,互信度低。一些已经达成的合作协议,启动后仍然存在不确定性。例如,在确定"亚马尔液化天然气"项目生产的首批天然气接受者问题上就出现矛盾。"亚马尔液化天然气"项目正式投产前期,俄罗斯新闻一直声称首批天然气将运往中国,以表彰中国公司在亚马尔项目中所做出的重要贡献。但是首批天然气的最终目的地竟然是美国③。须知该项目的俄罗斯公司诺瓦泰克现在仍然是美国经济制裁的对象,这种不可预见的做法给中国投资界留下负面印象。俄罗斯在中国私人投资界的负面"名声"想要消除也需要一定时日。

中方也从俄罗斯利益集团分歧中看到了合作的困难性,俄罗斯公司对发展与中国企业的合作一直持谨慎态度。

除此之外,中国认为俄罗斯在中俄北极合作问题上一直持矛盾心态,一方面因美欧制裁迫切需要开拓中国市场,吸引中国投资和技术开发北极地区;另一方面对于中国参与北极开发一直存有戒心,担心中国的参与会影响俄罗斯的主权和国家利益。俄罗斯利用同韩国、日本的合作来平衡中国的北极参与。然而日韩两国的内政外交深受美国控制,美国不会允许日韩与俄罗斯在北极和远东地区进行紧密的合作。

中国还关切中俄两国作为伙伴在北极的不对等地位。中方认为,俄罗斯在共同开发中将自身利益放在优先地位,对中国的利益没有给予应有的考虑。中国公司在与俄罗斯合作开发北极的项目中,虽然可以持有股份,但是只能充当项目的开发商,而没有实际的管理权。"歧视性"的条款和漫长的谈判过程使得很多中国企业望而却步。中方认为,俄罗斯的战略思维方式仍停留在把地缘政治视为国家间关系核心的时代,没有意识到在全球化时代,如果资源不能商品化,不进入世界流通环节,资源的价值将无法体现出来。另外,俄罗斯精英们尚未充分意识到在新能源革

---

① http://www.econ.spbu.ru/content/news/139/1803/?sphrase_id=139234.
② http://tass.ru/v-strane/4823063.
③ https://www.rbc.ru/business/09/01/2018/5a5450559a79470340dcfdae.

命和新工业革命加速到来之际，俄罗斯丰富的自然资源的价值有待重新评估。

中俄经贸合作发展

双边贸易动态

2017年，中俄贸易呈现显著增长：根据俄方资料显示增长了31.5%（近870亿美元），根据中方统计数据增长了20.8%（近841亿美元）。与此同时，中国是俄罗斯的最大贸易伙伴，而俄罗斯在中国的贸易伙伴中排名第10位。双边贸易的积极态势受到了诸多因素的影响，包括原材料市场价格上涨、俄罗斯经济的复苏、卢布的稳定和俄罗斯消费的活跃，以及中国经济发展的积极趋势等。值得注意的是，2017年俄罗斯和中国开始从单纯的大型项目合作向长期合作的方向发展，同时电子商务在两国贸易发展中的作用增强。

俄罗斯对中国出口的主要商品是矿物燃料、石油和石油产品、木材和木制品以及农业和农工业产品。俄罗斯从中国进口的产品主要是机器、设备和交通工具，它们也用于在俄罗斯境内实施的大型联合项目中。

俄罗斯出口的增加受到以下因素的制约：俄罗斯公司往往缺乏足够的将商品推向国际市场的基本知识；出口商在寻找外国合作伙伴、产品认证、知识产权保护等方面需要得到帮助。另外，许多俄罗斯制造商感到，它们在开拓中国市场中遇到贸易限制。同时，对中国合作伙伴来说，需要消除在俄罗斯开展贸易的障碍，降低贸易活动的相关成本。

两国经济的增长和大批企业进入彼此市场限制的取消，有助于实现2020年中俄贸易额达到2000亿美元的目标。同时，重要的是支持产品多样化，开发运输和物流基础设施以增加集装箱运输量，还应看到"一带一盟"对接带来的大量机会。

2017年，中俄开始摆脱单纯地依赖大型项目，转向"长期的工作合作，并认真研究每个合作倡议"[1]。俄方多次指出贸易结构多样化的一些结果及其重要性[2]，而中方转向更加注重质量和效率[3]。

2017年，中俄贸易在2015年的下跌后继续复苏。根据中国海关总署的资

---

[1] https://www.kommersant.ru/doc/3343375.
[2] http://tass.ru/ekonomika/4252262.
[3] https://rg.ru/2017/06/27/posol-kitaia-v-rf-li-huej-rossiia-nadezhnyj-partner-i-vernyj-drug-kitaia.html.

料，中俄贸易额（见图1）为841亿美元（年增长20.8%），根据俄罗斯海关（俄罗斯联邦FCS）的数据，则达到了870亿美元（年增长31.5%）[①]。据中国海关统计，2017年中国对俄罗斯的出口额为429亿美元，比上年同期增长14.8%。中方从俄罗斯进口412亿美元，比2016年增加27.7%[②]（见表1）。同时，双边贸易增长率超过了中国和俄罗斯的对外贸易增长率[③]。

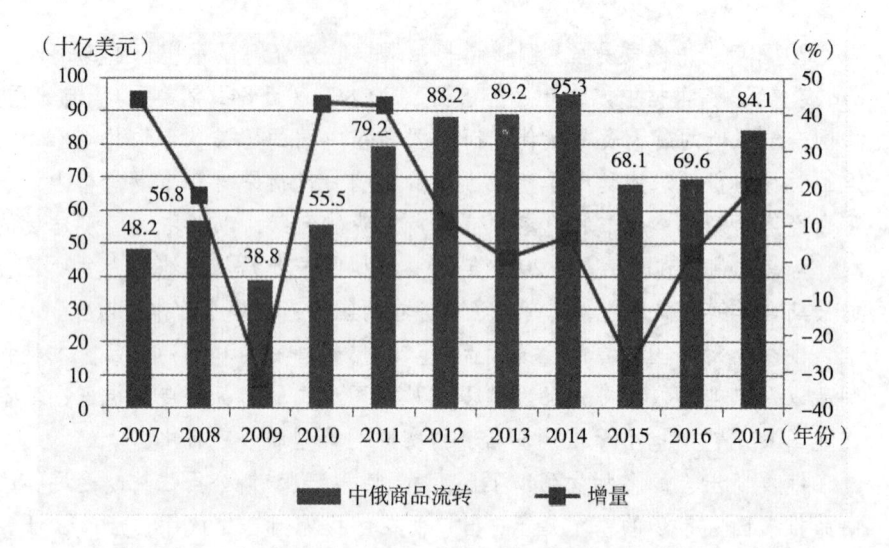

图1　中俄2007—2017年贸易额变化动态

资料来源：海关统计资讯网等，http：//www.chinacustomsstat.com/aspx/1/NewData/Record_Class.aspx？id＝3386&currency＝usd；http：//www.chinacustomsstat.com/aspx/1/NewData/Record_Class.aspx？id＝3160&currency＝usd；http：//www.chinacustomsstat.com/aspx/1/NewData/Record_Class.aspx？id＝2983&currency＝usd；http：//www.customs.gov.cn/publish/portal119/tab4474/module12097/info319252.htm；http：//images.mofcom.gov.cn/www/201304/20130418103855384.pdf；http：//world.people.com.cn/n/2015/0430/c157278-26933800.html；http：//images.mofcom.gov.cn/trb/accessory/201204/1334625622976.pdf；http：//images.mofcom.gov.cn/trb/accessory/201004/1271299699167.pdf；http：//images.mofcom.gov.cn/trb/accessory/200904/1240391925972.pdf；http：//images.mofcom.gov.cn/trb/accessory/200904/1240391925972.pdf；http：//images.mofcom.gov.cn/trb/accessory/200805/1210067863884.pdf。

---

①　俄罗斯联邦海关和中华人民共和国海关总署数据每年都会有数十亿美元的差别。http：//www.russiancouncil.ru/papers/Russia-China-Report33.pdf；http：//www.customs.ru/attachments/article/25865/WEB_UTSA_09.xls；http：//www.chinacustomsstat.com/aspx/1/NewData/Record_Class.aspx？id＝3386&currency=usd。

②　中国海关统计数据，http：//www.hgsj.com/News/8574.html；https：//ria.ru/economy/20180112/1512472678.html。

③　http：//www.ved.gov.ru/files/images/2018/02/Analytical%20background%20and%20statistics%20in%20the%20foreign%20trade%20of%20China%20and%20Russia%20for%202017.pdf；http：//customs.ru/index2.php？option=com_content&view=article&id=24926&Itemid=1977。

截至 2017 年年底，中国在俄罗斯对外贸易额中的份额上升至 14.9%。中国保持了俄罗斯最大商品进口国的地位，并在俄罗斯产品进口商评级中升至第一位[①]，根据俄罗斯出口中心的数据，中国成为俄罗斯非资源非能源出口领域的主要合作伙伴，其作为此类产品进口商的份额达到了 8.5%[②]。

俄罗斯在中国主要贸易伙伴排名中从第 12 位升至第 10 位[③]。俄罗斯在中国对外贸易结构中的变化不大，保持在 2% 左右。

表 1　　　　　　　　　　　2017 年中俄贸易情况

	中俄贸易总额	俄中贸易总额	中国向俄罗斯出口	俄罗斯从中国进口	俄罗斯向中国出口	中国从俄罗斯进口	俄中贸易差额	中俄贸易差额
价值（百万美元）	84094.67	86964.30	42897.44	48042.30	38922.00	41197.23	-9120.30	1700.20
在国家总贸易额/出口额/进口额中的占比（%）	2.0	14.9	1.9	21.2	10.9	2.2	—	—
增长（%）	20.8	31.5	14.8	26.1	38.9	27.7	—	—

资料来源：俄罗斯海关和中国海关总署资料，由 R. A. Epikhina 计算，http://www.customs.ru/attachments/article/25865/WEB_ UTSA_ 09.xls. http://www.chinacustomsstat.com/aspx/1/NewData/Record_ Class. aspx? id =3386&currency =usd。

原材料价格上涨、俄罗斯经济恢复、卢布稳定[④]、俄罗斯消费的活跃、中国经济的发展都对双边贸易的恢复产生了影响。预计中国经济在 2017 年的增长率超过 6.9%[⑤]。此外，工业和能源政策的调整也有作用，包括减少过剩产能、煤

---

① 俄罗斯联邦海关局的数据，http://www.customs.ru/attachments/article/25865/WEB_ UTSA_ 09.xls。

② https://www.exportcenter.ru/upload/iblock/07e/%D0%AD%D0%BA%D1%81%D0%BF%D0%BE%D1%80%D1%82%20%D0%A0%D0%BE%D1%81%D1%81%D0%B8%D0%B8%202017_ 12%20(%D1%81%D0%BF%D1%80%D0%B0%D0%B2%D0%BA%D0%B0).pdf.

③ 中国海关总署资料，http://www.chinacustomsstat.com/aspx/1/NewData/Record_ Class.aspx? id =3386&currency =usd，该评级是以国家为单位编制的（即不包括中国香港、中国台湾、欧盟等的资料）。

④ 在原材料价格上涨和卢布升值的影响下，特别是自 2017 年第三季度以来，数量的和价值指标的不同方向的动态被打断，http://www.ved.gov.ru/files/images/2018/02/Analytical%20background%20and%20statistics%20in%20the%20foreign%20trade%20of%20China%20and%20Russia%20for%202017.pdf。

⑤ http://www.gov.cn/zhuanti/2017zgjjnb/index.htm.

炭消费量的下降和改善中国的生态环境。

俄罗斯出口的主要商品是矿物燃料、石油和石油产品。根据中华人民共和国海关总署的数据，这类产品在俄罗斯对中国出口结构中的份额从2016年的59%上升到2017年的66.2%，不仅是价值上升（+43.2%），数量也有明显增长（+23.7%）。俄罗斯能源资源占中国能源进口总量的11%①，俄罗斯是中国在能源贸易方面的主要合作伙伴之一，能源交易量继续增长，其中主要是原油（87%）②。

2017年俄罗斯在中国石油进口中保持着第一的位置。未来几年俄罗斯石油供应量可能会继续增长③，因此需要进一步扩大交通基础设施④。为此，2017年11月，中石油完成了俄罗斯至大庆管道二期工程的建设，这可使管道出口量翻番，达每年3000万吨⑤。此外，从2018年开始俄罗斯联邦反垄断局已将通过哈萨克斯坦向中国运输石油的关税减少16.7%⑥，这也将对向中国的石油出口产生积极影响。

俄罗斯通过铁路向中国的煤炭出口增加了1/3⑦。中国进口的增长是在中国煤矿企业进行大量环境检查和关闭产能过剩的背景下发生的。此外，对朝鲜贸易（包括煤炭供应）的制裁，以及一些重要出口国遇到的恶劣气候条件也有影响⑧。

与过去相同，俄罗斯对华出口结构中居第二位的是木材和木制品。中国海关总署的数据显示，其价值在过去一年中增长了21.5%，但其份额从11.49%下降

---

① 中国商务部官方网站，https：//countryreport.mofcom.gov.cn/indexType.asp? p＿coun=%B6%ED%C2%DE%CB%B9。

② http：//www.ved.gov.ru/files/images/2018/02/Analytical%20background%20and%20statistics%20in%20the%20foreign%20trade%20of%20China%20and%20Russia%20for%202017.pdf。

③ 俄罗斯石油公司正在考虑将对华出口从2017年的1000万吨增加到1800万吨的可能性，通过哈萨克斯坦增长供应量的方案正在考虑中。参见https：//www.vedomosti.ru/business/news/2017/10/10/737231 – rosneft – eksport – kitai。

④ 通过哈萨克斯坦，俄罗斯每年向中国出口1000万吨石油；东西伯利亚—太平洋石油管道年产能为3000万吨，200万吨通过漠河运往中国。参见https：//www.vedomosti.ru/business/articles/2017/09/27/735487 – rossiya – nefti – kitai。

⑤ http：//ru.euronews.com/2017/11/12/russia – china – new – pipeline。

⑥ https：//www.vedomosti.ru/business/articles/2017/12/07/744564 – fas – snizila。

⑦ https：//www.uniwagon.com/multimedia/expert/obzor – zheleznodorozhnogo – rynka – rf – v – 2017 – g/。

⑧ 为了在2017—2018年冬季供暖季开始时改善空气质量，中国推出了一项计划，将煤炭加热转化为天然气和电力。在一些地区此计划的实施结果被证明是无效的：中国北部停止燃煤锅炉房的情况下，形成了天然气短缺，许多地区没有供暖。所以，河北省决定恢复煤炭供暖，直到2020年俄罗斯的天然气供应开始为止。参见https：//www.reuters.com/article/us – china – pollution – gas/chinas – hebei – halts – coal – to – gas – heating – conversion – project – report – idUSKBN1FJ0CD。

至10.85%①。中国占俄罗斯木材出口的近64%，是俄罗斯原木市场最大买主②。2017年满洲里海关简化了进口清关程序，对其出口增长产生了积极影响。现在85%以上的木材是通过电子货单的新模式进口到中国的，即不需要纸质文件③。鉴于中国政府自2017年起决定限制商业性砍伐，并于2020年全面禁止商业性砍伐④，木材出口有很高的增长潜力。

据中方统计数据显示，2017年，农业和农工综合体产品在俄罗斯出口结构中占第三位（5.12%）。据报道，中俄农产品贸易额已突破35亿美元⑤，创下历史最高纪录。中国已成为俄罗斯农业出口领域的主要对象。

2017年，中国从俄罗斯进口的食品商品范围扩大，包括中国从俄罗斯进口乳制品、植物油、鱼类和海产品。不过，尽管在与中方谈判过程中取得了一些积极成果，但对出口的作用尚未显现。俄罗斯和中国商议向中国市场增加小麦、荞麦和向日葵的供应⑥。因此，俄罗斯农业部和中国国家质量检验检疫总局就小麦植物检疫要求达成了协议；此外，出口地区的名单扩大到俄罗斯联邦的六个地区，对它们的出口许可从2018年2月生效⑦。不过，从价值上说，俄罗斯2017年对中国谷物出口下降了48.97%。

中国取消了对俄罗斯禽肉和猪肉出口的限制，承认俄罗斯联邦的49个地区没有口蹄疫病毒，并允许出口偶蹄类动物和所有产品⑧。尽管如此，俄罗斯向中国出口禽肉和猪肉尚未开始。全面贸易的启动需要解决广泛的行政和技术问题⑨。另外，巴西、加拿大和美国的肉类生产商长期以来一直是中国的供应商，中国也有自己的生产商，所以俄罗斯企业将面临激烈的市场竞争。

与此同时，俄罗斯食品出口最大的项目鱼贝虾类的增长速度放缓，部分原因

---

① http：//www.ved.gov.ru/files/images/2018/02/Analytical% 20background% 20and% 20statistics% 20in% 20the% 20foreign% 20trade% 20of% 20China% 20and% 20Russia% 20for% 202017.pdf.
② https：//www.lesonline.ru/analitic/? cat_ id =12&id =366264.
③ https：//www.sibreal.org/a/28982029.html.
④ http：//91.206.121.217/TpApi/Upload/7b377470 -3007 -44af -89c0 -2cf849a62bdb/Economics_ China_ 2016.pdf.
⑤ http：//www.dairynews.ru/news/aleksandr - tkachev - obem - torgovli - prodovolstviem - s - k.html.
⑥ https：//ria.ru/economy/20170802/1499607807.html.
⑦ 与此同时，俄罗斯向中国出口的小麦在中国的这一产品进口总额中的份额仅为0.4%左右。参见 https：//rg.ru/2018/02/26/kitaj - razreshil - zakupat - pshenicu - iz - shesti - rossijskih - regionov.html；http：//www.rzd - partner.ru/logistics/news/import - pshenitsy - v - kitay - po - itogam - 2017 - goda - vyros - na - 27 - 3 - do -4 -3 - mln - tonn/；https：//rg.ru/2018/02/26/kitaj - razreshil - nachat - import - pshenicy - iz - piati - regionov - rossii.html）；http：//www.aqsiq.gov.cn/xxgk_ 13386/jlgg_ 12538/zjgg/2018/201802/P020180224356439500389.doc。
⑧ http：//www.fsvps.ru/fsvps/news/22714.html.
⑨ https：//rg.ru/2017/09/19/kitaj - snial - kliuchevye - ogranicheniia - dlia - postavok - rossijskogo - miasa - na - svoj - rynok.html.

是由于明太鱼的国际价格下跌 8.5%。即使实际供应量增长近 7%，达到约 59.51 万吨，也没能阻止出口价值的减少①。乳制品、禽蛋和天然蜂蜜的出口也下降了 8.04%②。

与此同时，可可及其制品供应增加 393.55%，面粉和谷物增加 185.25%，油籽增加 25.22%，植物和动物油增加 16.05%③。

对中国有色金属（从 2016 年的 8.38% 到 2017 年的 4.52%）和机器设备（从 2016 年的 2.73% 到 2017 年的 1.86%）的出口均出现明显下降。不过，2017 年 1—11 月④，俄罗斯对中国的农业机械出口量比 2016 年增加了 10 倍以上，达到了 370 万美元，而 2016 年只有 20 万美元⑤。

俄罗斯出口的增长受到若干因素的制约。例如，俄罗斯公司往往缺乏足够的基本知识和相关信息，而且难以估算将自己的产品推向国际市场的实际成本。同时，在公开的信息资源中，通常没有关于出口商获得国家支持的方法的详尽信息。在寻找外国合作伙伴、产品认证、保护知识产权等方面公司也需要帮助。俄罗斯出口中心⑥的"出口学校"项目部分地履行了这一功能，但需要适当扩大此类培训计划的范围。中国也可以开展如何在俄罗斯进行商务活动的教育课程。

此外，许多俄罗斯生产商在进入中国市场时面临诸多限制，包括供应配额、许可证要求、植物动物的检验检疫等。例如，对化工产品以及塑料和其产品征收反倾销税⑦。农产品的关税最高（达 65%），化肥的关税为 50%。零税率仅对 8% 的商品项目有效，包括电器和设备、木材和纸张、石油和石油产品⑧。中国生产商支持对进口设置限制，但这阻碍了俄罗斯向中国出口商品的多样化。有必

---

① https://ribxoz.ru/kitayskiy-import-mintaya-vyros-no-v-usl/.

② 特别是根据中国国家质量监督检验检疫总局（AQSIQ）的资料，"阿尔泰的 Medovik"有限责任公司（阿尔泰边疆区）生产的蜂蜜中含有一些被中国禁止的物质成分（甲硝唑、呋喃唑酮、氯霉素、呋喃西林）。如果在食品检测中再次发现类似禁用物质将可能导致完全禁止俄罗斯向中国供应这些产品。参见 http://www.fsvps.ru/fsvps/news/21049.html。

③ 统计数据参见 http://www.ved.gov.ru/files/images/2018/02/Analytical%20background%20and%20statistics%20in%20the%20foreign%20trade%20of%20China%20and%20Russia%20for%202017.pdf。更多关于中国植物油出口的经验，参见 http://www.ap22.ru/paper/S-prischurom-na-yugo-vostok.html。

④ http://expert.ru/ural/2017/47/zapovedi-eksportera/.

⑤ https://rg.ru/2018/02/01/eksport-rossijskoj-selhoztehniki-v-kitaj-vyros-v-10-raz.html.

⑥ http://expert.ru/ural/2017/47/zapovedi-eksportera/.

⑦ 2017 年 6 月取消了自 2006 年 6 月 28 日起对俄罗斯的环氧氯丙烷实施的反倾销税。尽管如此，仍保持对初级形式聚酰胺征收反倾销税（关税号：39081019）。针对"Kuibyshevazot"股份公司的产品实施 5 年的反倾销税率为 5.9%（即至 2021 年 4 月 21 日），针对其他俄罗斯公司的反倾销税则为 23.9%。参见 http://91.206.121.217/TpApi/Upload/651811c2-b886-42ec-98b6-f7e02a848944/business_guide_2017_China.pdf。

⑧ https://www.kommersant.ru/doc/3427477, http://apec-center.ru/wp-content/uploads/2017/09/china_market_access_issues.pdf.

要与中方继续就进一步减少贸易限制进行谈判。

为了支持俄罗斯出口商，2017年9月俄罗斯政府做出对用集装箱出口面粉提供50%运输成本的决议，其中包括向中国市场的出口①。这首先是针对俄罗斯出口中心与"俄罗斯铁路物流"和卡卢加州的Freight Village Vorsino合作推出到大连和成都的铁路运输，以及2017年11月初开通的从乌法到成都市的路线。目前正在考虑如何将这些补贴用于货车和罐车运输的分配中。这些措施将有利于油脂产品的出口②。

此外，2017年还制定了俄罗斯非资源出口产品自愿认证和"Made in Russia"标签制度③，旨在提高对俄罗斯商标和商品在国外的认知度。

机器、设备和运输工具在俄罗斯从中国进口的商品中占优，它们在进口结构中的比重从2016年的42.62%上升到了2017年的44.48%。铁路机车、有轨电车、机车车厢等的进口价值增长了164%。在2017年开始的大型项目中，包括"莫斯科工程项目"股份公司与中国铁建股份有限公司签订的关于在莫斯科修建"阿米尼耶沃公路""米丘林大街""韦尔纳茨基大街"三座地铁站以及车站之间的两段隧道的项目。这一项目包括提供机器和设备④。合同规定的三台隧道掘进机已于2017年秋运到俄罗斯⑤。除此之外，中国石油工程建设公司负责阿穆尔天然气处理厂的设计、制造、设备供应和建造增压压缩机车间、燃气干燥和净化厂和气体分馏⑥。中国华为公司在俄罗斯电信股份公司为千岛群岛建立互联网的招标中获胜⑦，这也增加了向俄罗斯出口电信设备的可能。

2017年中国汽车在俄罗斯的销量增长。中国品牌的新汽车（包括轻型商用车）的销售达到了31905辆（增长了4%）。自2011年以来中国汽车品牌中最受欢迎的是力帆，其占中国品牌总销量的53%⑧。为这个品牌和其他中国品牌汽车进行装配的Derways公司已成为在俄罗斯装配的正式参与者，并获得了免税进口

---

① http：//static.government.ru/media/files/QpC1n0wL4Utd5IcstSAAYkHhspLkFw8A.pdf.
② https：//rg.ru/2017/11/19/eksportirovat-muku-i-maslo-v-kitaj-stanet-deshevle.html.
③ https：//www.exportcenter.ru/made_in_russia/.
④ https：//www.m24.ru/articles/metro/03082017/148031?utm_source=CopyBuf.
⑤ https：//stroi.mos.ru/news/tri-shchita-dlia-stroitel-stva-mietro-dostavili-v-rossiiu-iz-kitaia.
⑥ 还有其他一些中国公司参与了这个项目。Tecnimont和中国石油化工集团将对阿穆尔天然气加工厂进行设计、材料和技术供应以及一般工业设施的建设。中国葛洲坝集团公司与天然气加工厂的研究设计院（Sibur集团的一部分）签署了在阿穆尔天然气加工厂建造和安装低温气体分离设备的合同。参见http：//www.gazprom.ru/press/news/2017/july/article340465/；http：//tass.ru/ekonomika/4386226。
⑦ https：//www.kommersant.ru/doc/3472487；https：//www.eastrussia.ru/news/stroitelstvo-podvodnoy-vols-sakhalin-kurily-startuet-v-nachale-2018g/.
⑧ https：//www.autostat.ru/news/32860/.

汽车零部件的权利①。然而，现在汽车制造商需要逐步减少进口外国零部件清单，将俄罗斯零部件的份额提高到30%，并增加在俄罗斯组装汽车的数量。

跨境电子商务作为俄罗斯与中国之间的新型贸易具有相当大的潜力。俄罗斯已成为中国国际电子商务的第二大方向②。

2017年，电子商务作为发展双边贸易的工具起到了相当重要的作用。仅2017年前9个月，中俄之间的电子商务贸易额约达16亿美元（增长了26.6%）③。与此同时，据估计，2017年中俄两国的跨境网购量约为40亿美元。在价值方面，中国占俄罗斯国际网上贸易总额的52%④。

另外，应该指出的是中国互联网平台全球速卖通（AliExpress）⑤对俄罗斯电子商务的影响。该公司不断提高为俄罗斯客户提供的服务质量，特别是邀请了Yandex的专家改进了对俄语产品的搜索⑥，缩短了采购交货时间。2017年，该公司证明了其在俄罗斯扩大影响的意图：在莫斯科创建了一个新的用于处理购买数据的数据中心⑦。此外，它已开始向俄罗斯市场推出在中国已经证明的行之有效的商业模式⑧。特别是在2018年3月1日，设立了买家讨论产品社交网站和博客交流。这些措施将有助于扩大"舆论领袖"的影响力，这在中国电子商务的发展中受到了积极的关注。

最后，俄罗斯电子商务的发展以及Aliexpress的地位尤其受到中国智能手机销售增长的积极影响。这是因为在中国以及许多进入中国网上商店的国外市场中，销售额增长与互联网接入密切相关，在许多国家，互联网接入主要通过移动设备⑨。因此，普及的、价格低廉的中国智能手机的出口是扩大在线商店客户群的重要条件。

---

① https：//iz. ru/666769/timur－khasanov/kitaiskie－avtokompanii－nashli－besposhlinnuiu－dorogu－v－rf.
② http：//www. aetp. ru/news/item/410960.
③ http：//russian. china. org. cn/business/txt/2017－11/29/content_ 50076136. htm.
④ Igor Bakharev, "2017年互联网市场，互联网贸易公司协会数据"，2017年9月12日，https：//e－pepper. ru/news/rynok－internet－torgovli－v－2017－godu－dannye－akit. html。
⑤ 在2017年年底，其移动应用程序在俄罗斯使用最多的应用程序中排名第六。AliExpress 输给了Whatsapp 和 Viber, sotsseti "Vkontakte" SberbankOnline 和 Instagram。参见 https：//www. vedomosti. ru/business/news/2018/03/01/752391－aliexpress－sotsialnuyu－set－birzhu#%2Fgalleries%2F140737493773696%2Fnormal%2F4。
⑥ https：//www. vedomosti. ru/technology/articles/2017/11/02/740280－aliexpress－yandeksa－poiska.
⑦ 这是实施在俄罗斯开设 TMALL 专卖店以销售单价超过600卢布商品和 "Loucoster" 商品的必要条件。参见 https：//www. rbc. ru/newspaper/2017/11/10/5a047f1d9a7947400ce3046d，https：//www. rbc. ru/business/05/02/2018/5a732bd89a794765d948f8a6。
⑧ https：//lenta. ru/news/2018/03/01/ali_ali/，https：//www. forbes. com/sites/joeescobedo/2017/05/22/key－opinion－leaders－in－china/#2f1acd2e72ee.
⑨ https：//wearesocial. com/blog/2018/01/global－digital－report－2018.

根据俄罗斯经济发展部部长马克西姆·阿列什金的说法，在两国经济上升和相互对大部分公司取消贸易限制的条件下，到2020年能够实现2000亿美元贸易额的目标①。同时，这一目标的实现也取决于一些原材料商品的价格变动，这类商品是俄罗斯出口的主要内容。为此，支持产品多样化、发展运输和物流基础设施以增加集装箱运输量是十分重要的。

据中方的见解，降低贸易成本至关重要。根据世界经济论坛（WEF）2016年世界扶持贸易报告，导致俄罗斯进口成本增加的因素包括关税、非关税壁垒、复杂的进口程序、高成本、国内和国际运输道路的能力限制、边界地区的腐败以及当地的技术和标准等。导致俄罗斯出口成本增加的因素是技术和生产差距、运输成本高、运输时间长、产品符合国外技术标准的过程、复杂的边界管理等。据世界经济论坛专家称，俄罗斯2016年的出口成本为每个集装箱109美元，中国为56美元。按照"边境管理有效性和透明度"的标准，中国排第52名，俄罗斯排第104名，俄罗斯边境管理领域的重大障碍限制了合作的进一步发展②。

为了进一步增加双边贸易额，应适当考虑在欧亚经济联盟和"一带一路"倡议带来的机会。2017年10月1日，中国和欧亚经济委员会签署了《关于贸易和经济合作协定谈判主要结论的联合声明》③。该文件将成为双方首份重要的制度性的贸易和经济协议。其中包括简化海关和贸易程序、知识产权、部门合作和公共采购等10章，以及电子商务和竞争等新合作方向。协议签署后，双方应执行有关规定，不断改善商业氛围和金融服务质量，简化贸易和投资机制，最终为俄罗斯与其他欧亚经济联盟国家与中国之间的经贸合作创造良好的制度条件，加强彼此之间的互动。

中俄合作项目和投资合作

2017年，俄罗斯公司在中国的投资项目总数增至211个，而俄罗斯在华直接投资则下降了67.5%，为2384万美元。根据这两个国家的数据，2017年中国对俄罗斯经济的投资有所增加。中国在俄投资的大部分资金用于资源行业项目，其中以亚马尔液化天然气、上乔恩斯克石油天然气和克柳切夫金矿的开发为主。2017年，中国公司在俄罗斯房地产市场的投资活动也有所增加。投资合作发展的积极趋势是技术项目多样化，中俄两国都表示了对创业和先进技术的兴趣。两国也发展基础设施建设领域的大型联合项

---

① http://tass.ru/ekonomika/4454138.
② http://reports.weforum.org/global-enabling-trade-report-2016/.
③ http://www.eurasiancommission.org/ru/nae/news/Pages/2-10-2017-5.aspx.

目。此外,在民用航空器和核能领域开展的合作也取得进展。

为了加强对双边互动的协调并消除投资流动的系统性障碍,中俄政府间投资合作委员会自 2014 年起开始运作。2017 年,联合投资项目的清单扩大到了 73 个项目。为了资助项目,创立了专业的基金,特别是中俄投资基金。2017 年,就建立若干联合基金达成了协议,其中中国国家开发银行与俄罗斯外经银行签订了协议和俄罗斯直接投资基金分别签订了协议,中国诚通集团与俄罗斯天然气工业银行之间签订了协议。

为了进一步扩大中俄两国公司之间的投资合作,有必要对有关的市场和法规进行全面的初步研究,寻找潜在的合作伙伴。通过中俄官方层面执行吸引和保护投资的特别措施也是至关重要的。

根据官方数据评估中俄投资合作的实际规模是困难的。中俄在投资领域的主要合作伙伴是离岸司法管辖区[①]。与此同时,延迟发布的数据也可能与中国和俄罗斯的数据产生很大差异。考虑到已完成交易的信息和双方缺乏充分的统计数据,我们可以假设,中国正在向俄罗斯经济大规模投资,但中国投资的真实数额并不被双方所知[②]。

截至 2018 年 3 月,有关 2017 年中国对俄直接投资数额的官方数据尚未公布,只有 2016 年的数据(见表 2)。

表 2　　　　　2012—2016 年中国在俄罗斯的投资额　　　(单位:10 亿美元)

年份	2012	2013	2014	2015	2016
中国对俄罗斯的直接投资额	0.785	1.022	0.634	2.960	1.290
中国对俄罗斯共完成直接投资	4.889	7.582	8.695	14.020	12.980

资料来源:http://fec.mofcom.gov.cn/article/gbdqzn/upload/eluosi.pdf。

中国对俄罗斯投资的数据虽然不同,但在 2017 年对俄投资有所增加,尽管对"一带一路"沿线国家的总投资量有所下降。根据中华人民共和国商务部的资料,中国在参与该计划国家的总投资额在 2017 年下降了 1.2%。同时,中俄的信息均显示对俄罗斯直接投资增长的良好势态。根据中国媒体报道,2017 年前三季度,中国对俄罗斯直接投资增长了 34.1%。根据俄罗斯中央银行的数据,截至 2017 年 10 月 1 日,中国对俄直接投资为 36.8 亿美元(增长 87.1%)。据

---

① http://ru.valdaiclub.com/a/highlights/mnogo-li-kitay-investiruet-v-rossiyu/.
② Ibid..

欧亚开发银行分析师的说法，得益于油气开采和加工项目的新交易，2017年中国投资者得以将其在俄罗斯的直接投资增加了30亿美元，达到了82亿美元①。另据中方统计数据，2017年，中国对俄罗斯的直接非金融投资与2016年相比增长了36.8%②。在俄罗斯联邦境内商定的中俄项目合同金额达到77.5亿美元（增加了191.4%）③。

为加强双方在这一领域的合作协调，并消除系统性投资障碍，2014年成立了中俄政府间投资合作委员会。在2017年年会的框架内，联合投资项目的清单从66个增加到了73个④。其中17个已经开始实施，为此吸引了约150亿美元的投资⑤。

设立了项目资助的专门基金。总资本20亿美元的中俄投资基金⑥继续遴选两国投资项目并提供融资支持。此外，中国国家开发银行和俄罗斯对外经济银行以及中国国家开发银行和俄罗斯直接投资基金签订了协议。中俄发展基金成立，初期规模为10亿美元。中国诚通集团与俄罗斯天然气工业银行之间也签署了设立共同基金的备忘录⑦。2017年，在"一带一路"国际合作高峰论坛期间，中方还宣布将设立中俄地区合作发展基金，资金规模为1000亿元人民币，首期100亿元人民币，旨在推动中国东北地区与俄罗斯在远东开发方面的合作⑧。

中国投资者在俄罗斯的大部分投资是在资源领域（自然资源开采、木材采伐等）。根据俄罗斯贷款信用分析中心的资料，中国对俄实际直接投资的约68%属于原材料项目⑨。

2017年，完成了中国投资者在俄罗斯油气领域购买资产的一些交易，并启动了一系列项目。中石油和丝绸之路基金参股的亚马尔液化天然气项目一期工程顺利启动，该项目以开采、液化和出售天然气为业务，这是双方投资的首个全产业链项目⑩，中石油在该项目中拥有20%的股权，丝路基金则拥有该项目9.9%

---

① http://www.mofcom.gov.cn/article/tongjiziliao/dgzz/201801/20180102699459.shtml；http://www.xinhuanet.com/overseas/2017-12/25/c_1122163301.htm；http://cbr.ru/statistics/credit_statistics/direct_investment/10-dir_inv.xlsx；https://eabr.org/press/news/eabr-v-2018-godu-ozhidaetsya-sushchestven-nyy-rost-pryamykh-kapitalovlozheniy-v-rossiyu-i-drugie-stra/.

② 中华人民共和国驻俄罗斯大使馆商务处官方网站，http://ru.mofcom.gov.cn/article/ddgk/。

③ 同上。

④ http://tass.ru/opinions/interviews/4379492，http://www.russchinatrade.ru/ru/ru-cn-cooperation/investment.

⑤ http://government.ru/news/29983/.

⑥ https://rdif.ru/Partnership/.

⑦ http://www.kommersant.ru/doc/3343375.

⑧ http://ria.ru/economy/20170515/1494316853.html.

⑨ https://www.acra-ratings.ru/research/344.

⑩ http://russian.china.org.cn/exclusive/txt/2017-12/13/content_50101220.htm.

的股权。2017年12月，亚马尔液化天然气公司在自己的工厂开始了生产液化天然气的第一阶段①。北京燃气集团从俄罗斯石油公司收购上乔恩斯克石油天然气公司20%股权完成交割。"西伯利亚力量"天然气管道的建设正在按计划进行。中石油和俄气公司签署了补充协议，以便在2019年12月开始供气，同时，双方继续就西线天然气管道问题进行协商②。

2017年投资合作领域的主要项目之一是后贝加尔边疆区的克柳切夫金矿的开发③。根据俄罗斯联邦政府批准的协议，中国黄金国际集团香港有限公司或其100%直接或间接控制的其他公司可以获得"西部-Klyuchi"矿山股份有限公司60%—70%的投票股份，以便为在俄罗斯境内进行贵金属生产项目投资合作创造有利条件④。2018年2月，中俄达成协议，决定成立专业从事矿业投资的联合基金，第一笔投资将用于这个项目⑤。

在俄罗斯经济复苏和卢布汇率稳定的背景下，对房地产市场的投资有所增长⑥。2017年上半年，最大的交易是复星集团和Avica管理公司收购了"Vozdvizhenka中心"办公楼，这栋大楼以"军贸大楼"而知名。这是2010年以来中国投资者首次参与俄罗斯房地产交易⑦，也是复星集团首次投资俄罗斯房地产市场⑧。

技术项目（自行车联合出租⑨、电动车生产⑩、旅游、医疗⑪）的多样化也是投资合作发展的表现。中俄都表示出对初创企业和先进技术的兴趣。特别值得一提的是，中俄投资基金是电动汽车初创公司NIO的投资者之一⑫，它还收购了

---

① https：//www.vedomosti.ru/business/articles/2017/11/27/743267-novatek-zapustit? utm_source=facebook.com&utm_medium=social&utm_campaign=yamal-spg-stanet-pervym-zavodom-novate，https：//www.rbc.ru/business/05/12/2017/5a266c2c9a794747585042ac.

② http：//kremlin.ru/events/president/news/54979.

③ http：//government.ru/docs/29638/.

④ Ibid..

⑤ 基金启动的文件应该在2018年3月签署，https：//rg.ru/2018/02/16/reg-sibfo/rossiia-i-kitaj-vmeste-dobudut-zoloto-v-zabajkale.html。

⑥ http：//www.ey.com/Publication/vwLUAssets/ey-china-and-russia-in-2017/$FILE/ey-china-and-russia-in-2017.pdf.

⑦ http：//www.jll.ru/russia/ru-ru/новости/1111/объем-инвестиций-в-российскую-недвижимость-превысил-два-млрд-долл-в-первом-полугодии.

⑧ https：//www.vedomosti.ru/realty/articles/2017/06/20/695114-fosun-avica-voentorga.

⑨ https：//www.rbc.ru/business/06/07/2017/595e755d9a7947d0d17f3195.

⑩ 俄罗斯投资了电动汽车启动初创企业NIO，http：//evmode.ru/2017/11/13/rossiya-vlozhilas-v-elektromobilnyiy-startap-nio/。

⑪ 来自主权投资者的5亿美元将用于中俄旅游和医药，https：//www.vedomosti.ru/business/articles/2017/07/05/709461-rossiisko-kitaiskii-turizm-meditsinu? utm_source=facebook&utm_campaign=share&utm_medium=social&utm_content=709461-rossiisko-kitaiskii-turizm-meditsinu。

⑫ https：//rdif.ru/fullNews/2679/.

通过互联网销售钢铁和轧制金属产品的找钢网①。

中俄全面推进大项目合作。在基础设施建设领域,中国铁建承揽莫斯科地铁标段建设项目,是外国公司首次进入俄地铁工程市场。最初中国公司是被作为投资者,现在它被作为承包商。同江—下列宁斯阔耶铁路桥、黑河—布拉戈维申斯克公路桥建设进展顺利,将于 2019 年完工。在高新技术领域,中俄核领域一揽子合作协议磋商取得积极进展,有望达成一致。中俄组建了中俄商用飞机合资公司,联合研制被命名为 CR929 的远程宽体客机。,到 2017 年年底,该项目已进入航空系统的设计和设备供应商的遴选阶段②。中俄还签署了《2018—2022 年中俄航天合作大纲》,使两国在这一领域的合作跨上新台阶。

据安永会计师事务所专家对中国企业家进行的调查显示,在接受采访的 142 位投资者中,有 28% 的投资者认为俄罗斯市场非常有吸引力,45% 的投资者则认为具有吸引力③。

从长远发展的角度,两国仍需要克服诸多制度性障碍,以保证双边经贸合作持续向好,其中一个重要因素是营商环境。世界银行集团发布的 *Doing business 2018* 对全球 190 个经济体的营商环境进行排名,俄罗斯和中国分别居第 35 位和 78 位,这表明俄罗斯国内营商环境得到了明显改善。中方认为,因该报告的指标体系未涵盖涉及外商投资环境的重要因素,包括跨境贸易成本、汇率波动以及市场开放度等指标,因此还难以全面反映外商投资环境状况。综合平衡,俄罗斯营商环境仍有许多方面亟待改善。

表3　2016 年中国和俄罗斯商业环境指标列入世界贸易便利化报告的排名

国家	排名	资产保护指数	国家机构的效率和责任指数	金融服务可获得性指数	外国参与的开放指数	主体安全指数
中国	42	51	24	45	33	96
俄罗斯	113	119	64	112	94	109

资料来源:世界经济论坛(WEF)2016 年世界贸易便利化报告。

与此同时,俄罗斯联邦投资环境中的一些不利因素,例如资产安全水平、金融服务可获得性水平和主体安全指数(见表3)对中国企业的投资活动有重大影

---

① https://www.vedomosti.ru/business/articles/2017/07/03/706052-investitsionnii-fond-zhaogang.
② https://aeronautica.online/2017/09/29/initial-cr929-parameters/.
③ 经安永会计师事务所采访的 97% 的居民投资者证实,他们对俄罗斯立法的认识低于平均水平。参见 http://www.ey.com/Publication/vwLUAssets/ey-china-and-russia-in-2017/$FILE/ey-china-and-russia-in-2017.pdf。

响,并抑制了国家间投资合作的增长。英国安永咨询公司与中俄投资基金联合发布的《2017年中国与俄罗斯：曲折的增长之路》报告揭示,在中国投资者在俄罗斯面临的负面因素中,包括了宏观经济不稳定、卢布汇率波动、法律法规变化的不可预测性（包括税法和监管）等。总的来说,改善投资环境的问题需要密切关注和深入协调。改善商业环境与许多因素有关,并将是一个相对长期的过程。

在进入俄罗斯市场的主要问题中,投资者还称缺乏预备性信息和对俄罗斯具体情况的深刻理解,对有前途的领域和游戏规则的不了解①。例如,中国华电公司在俄罗斯的项目遇到了一系列经济和监管问题。雅罗斯拉夫尔地区热电厂项目②的推出延迟了半年,原因是该公司在施工期间没有考虑到俄罗斯的技术安全标准。公司不得不在主体工程完成后在短时间内以高昂的费用进行必要的修改③。

为了进一步扩大投资合作,中俄公司都有必要对自己感兴趣的市场和监管规范以及寻找潜在合作伙伴更加仔细地进行研究。双方都可以邀请有关国家的专家,这可以简化这些任务的解决方案,并促进与合作伙伴的互动。在吸引和保护投资领域实施特别措施也很重要。中俄双方应采取有效措施为企业提供投资的法律咨询服务,消除投资中的盲点。此外,中俄双边投资保护协定在2006年签署,2009年生效。该协定自签署之日起已经过去了12年,其中诸多条款难以适应目前双方扩大投资合作的实际需求,迫切需要根据实际情况进行重新修订,使双边投资保护协定能够实实在在地为两国企业深化合作保驾护航④。

对于俄罗斯来说,重要的不仅是吸引中国资本进入原材料行业,而且也要进入在俄罗斯境内的深加工产业,如像克柳切夫金矿项目的合作。在其他行业中,数字经济行业合作前景广阔——从视频游戏到把物联网技术引入到工业生产中。

俄罗斯投资者也应该关注中国投资政策的变化⑤：政府正在采取措施增加吸

---

① https：//raspp.ru/press_center/kitayskie-biznesmeny-opredelili-naibolee-privlekatelnye-napravleniya-dlya-investirovaniya-v-rf/, https：//raspp.ru/press_center/kitayskiy-biznes-otmetil-rost-investitsionnoy-privlekatelnosti-rossii/.

② https：//www.vedomosti.ru/business/articles/2017/06/08/693686-tgk-2-huadian-dodelali.

③ 该公司完全拒绝了在2014年亚太经合组织论坛框架内签署的阿尔汉格尔斯克地区热电厂项目,原因是与俄方参与者——俄罗斯天然气工业公司和"领土发电公司2号"之间发生冲突。参见 https：//region29.ru/2017/06/06/593659f52817ca520700834d.html, http：//29.ru/text/gorod/312743047798785.html.

④ https：//www.mid.ru/foreign_policy/international_contracts/2_contract/-/storage-viewer/bilateral/page-143/45914.

⑤ http：//www.china-briefing.com/news/2017/11/21/chinas-inbound-and-outbound-fdi-goals.html.

引外资的数量,特别是扩大允许外国公司进入的行业名单①,对于那些在中国鼓励的外商投资领域中再投资的法人,取消了它们的临时所得税②。中国特别注重中国内地和西部地区经济的发展③,包括那些参与"伏尔加—长江"合作机制的地区。

中俄金融和银行合作

  在金融领域,中俄合作的优先方向之一是增加卢布和人民币的结算量。为了达到这个目标,2017年的一项重要举措是中国人民银行批准建立国际银行间货币结算系统,实施同步交收业务,卢布成为第一个以这种形式进行交易的货币。
  在西方对俄罗斯制裁的情况下,尽管中国没有加入对俄制裁,但为了防止俄罗斯和中国银行在结算时出现混乱和困难,中国人民银行和俄罗斯银行就两国金融机构在正常制度下进行交易达成协议。简化相互结算也有利于中国银行取消外资银行在代理账户上的预留资金。
  2017年,俄罗斯进入人民币债券市场:俄罗斯铝业联合公司成为俄罗斯第一批熊猫债券的发行公司。同时,中国公司阿里巴巴在俄罗斯商店推出了专门的支付工具。

  中俄金融合作也有所加强,本国货币结算量有所增加。2017年第一季度,俄罗斯向中国出口商品和服务的16%和进口的18%都是通过卢布和人民币来支付的④。
  2017年,为了刺激以本国货币进行交易,中国人民银行启动国际银行间货币结算的人民币对外汇同步交收业务⑤。卢布是在新制度下与人民币交易的首个外汇货币。它可降低交易的风险,减少不同时区之间交易中的错误次数,并且总体上提高国际货币结算的有效性。
  在西方对俄罗斯实施制裁后,尽管中国没有加入,但中国银行并没有总是接

---

① http://www.ndrc.gov.cn/zcfb/zcfbl/201706/t20170628_852857.html.
② http://www.xinhuanet.com/english/2017-12/28/c_136858149.htm.
③ https://in.reuters.com/article/china-parliament-consumption/china-says-will-sharply-widen-market-access-for-foreign-investors-idINKCN1GI0G7.
④ https://www.rt.com/business/408305-russia-china-currency-swap/.
⑤ PVP机制允许以两种不同货币同时进行交易并避免通过SWIFT支付,即从中间交易中排除美元。参见 https://www.reuters.com/article/us-china-yuan-rouble/china-establishes-yuan-ruble-payment-system-idUSKBN1CH0ML,http://www.invest-rating.ru/financial-forecasts/?id=12595。

受通过俄罗斯银行的全部付款①。因此,中国客户通过俄罗斯银行转移支付的期限有所增加,还有一些取消支付的情况。2017年9月,中国人民银行与俄罗斯中央银行就两国金融机构在正常制度下进行交易达成协议②,这个问题应该得到了解决。此外,中国银行已经取消了包括俄罗斯银行在内的外资银行的代理账户上的资金预留,这使外资银行与中国的支付业务更加轻松③。

俄罗斯铝业联合公司在中国的熊猫债券市场首次发行债券,并在1年内完成了2个债券发行,2017年3月,配销额为10亿元人民币(约合1.44亿美元),2017年9月为5亿元人民币(约合7635万美元)。证券在上海证券交易所上市,期限为2+1年,票面利率为5.5%。最多7年的总投资额为100亿元人民币(15亿美元)。因此,俄罗斯铝业联合公司成为俄罗斯第一家熊猫债券的发行公司,也是第一家主要生产资产在中国境外的在中国市场发行债券的外国公司④。

阿里巴巴已经在俄罗斯的零售店(中央百货商店、国家百货商店、DLT、奢侈品牌店以及Azbuka Vkusa、Lenta、Dixi)安装了自己的支付系统,主要用于为在俄罗斯的中国游客提供服务⑤。

地区间合作

中国是俄罗斯许多地区的重要经济合作伙伴。在2017年,俄罗斯所有联邦区的对华贸易额都有所增长,与中国贸易中的出口份额也有所增长。与此同时,俄罗斯与中国贸易的50%以上由俄罗斯中央联邦区的企业组成。

已经创建了支持区域间合作的专门机制:中俄政府间俄罗斯远东地区和贝加尔湖地区与中国东北地区合作与发展委员会,俄罗斯伏尔加联邦地区合作委员会和中国长江中上游地区合作委员会。2017年,中俄地区发展投资基金成立。2018—2019年进行的中俄区域间合作也为扩大中俄贸易和经济领域的合作作出了贡献,并为两国关系创造了新的增长点。

俄罗斯的优先事项之一是远东的发展,为了达到这一目的,正在积极利用超前发展区和符拉迪沃斯托克自由港的机制。中国投资占该地区外商投资

---

① https://www.vedomosti.ru/finance/articles/2017/09/15/733892 - kitaiskie - banki.
② https://www.vedomosti.ru/finance/articles/2017/09/14/733740 - bank - rossii.
③ 此前,中国的银行冻结了代理账户平均营业额17%。参见https://www.vedomosti.ru/finance/articles/2017/09/14/733740 - bank - rossii。
④ http://91.206.121.217/TpApi/Upload/651811c2 - b886 - 42ec - 98b6 - f7e02a848944/business_guide_ 2017_ China.pdf, https://www.rbc.ru/rbcfreenews/59a97eac9a79473910ff9c84.
⑤ https://www.rbc.ru/newspaper/2017/04/27/59009e899a7947b0cb9f06a5; https://www.vedomosti.ru/business/articles/2018/01/11/747478 - azbuka - vkusa - zapustila.

总额的 30% 以及来自亚太国家投资的 50% 以上，而在金额分配方面，2017年中国投资者成为俄罗斯远东主要项目的主要外国参与者。

在俄罗斯联邦的许多地区，也正在设立特别制度来吸引外国资本，本地化项目也正在发展中。鞑靼斯坦在这方面取得了特别成就：2017 年该地区与中国的贸易额增长超过 50%。

中国是俄罗斯许多地区的重要经济合作伙伴。在 2016 年一些联邦地区出现与中国进出口量下降之后[①]，2017 年，在俄罗斯经济趋于稳定的背景下，所有联邦地区与中国的贸易呈现积极态势。

根据俄罗斯海关的数据，2017 年俄罗斯联邦与中国贸易额的 50% 以上（见图 2）来自中央联邦区的企业。2017 年俄罗斯联邦的所有联邦区增加了与中国的对外贸易，并增加了与中国贸易中的出口份额。尽管如此，这一年的贸易顺差仅在远东和西伯利亚联邦管区。

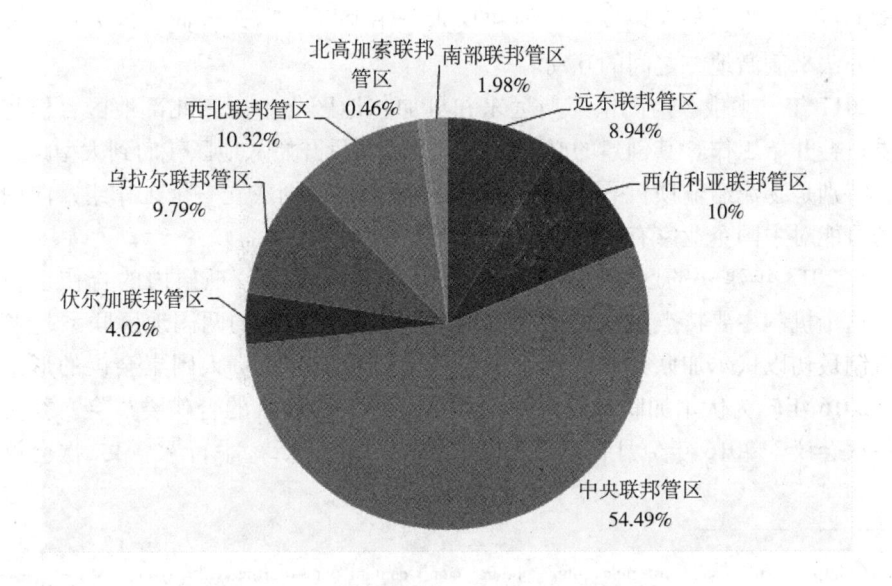

图 2 2017 年俄罗斯联邦区对与中国贸易的贡献

资料来源：俄罗斯海关数据。

西伯利亚联邦管区的贸易额增幅最大（增加了 42.35%）。贸易额几乎恢

---

① 参见 M. Aleksandrova《俄罗斯与中国的边境和跨地区合作//现代俄中关系》，俄罗斯科学院、俄罗斯科学院远东研究所，莫斯科：DeLi plyus，2017 年版，第 135—136 页。

复到危机前的水平,而且根据年底的数据实现了外贸顺差①。这一结果是由于煤炭、石油、木材和矿石出口量的增加。与此同时,西伯利亚地区在增加对中国的粮食出口方面遇到了问题。由于中国对种植和储存条件有严格的要求,这使出口变得复杂。在中国的九项要求中,西伯利亚农场主只能满足一项②。中国保护国内市场的方法有很多。由于卢布汇率水平相对较低,尽管有65%的关税③,俄罗斯对中国的出口产品依然存在利润,但随着俄罗斯经济复苏,俄罗斯农场主将很难维持现有的供货水平。最后,支持出口商的新机制还没有得到充分发展,例如补贴铁路集装箱运输和粮食出口关税的"归零"④:俄罗斯实行对超过2000公里以上铁路运输距离的粮食加工产品70%折扣的运费优惠政策,而运输距离较短则影响商品成本。在这种情况下,俄罗斯供应商需要提高生产效率,降低成本。以西伯利亚粮食种植者联盟的形式一起进入中国市场的办法似乎也是可取的⑤。

俄罗斯有意继续"积极展示俄罗斯地区的潜力,把亚太和世界其他地区有兴趣的投资者吸引到区域发展计划和具体合作项目中"⑥。为此,俄方正在计划新的办法来刺激地方之间的互动。

2017年,中俄政府间俄罗斯远东和贝加尔地区与中国东北部地区合作与发展委员会开始工作。其创建的必要性在于投资项目开始从地区转向到大型跨境项目,特别是物流运输项目⑦。为了支持这些举措,计划成立一个工作组,向中方输送可能对中国企业家有用的俄罗斯创新技术。

在2013年建立的区域间互动机制"伏尔加—长江"框架内的合作也在发展。这个机制主要特点是将位于两国内地但不相互接壤的两国地区联系起来⑧。该机制最初以伏尔加联邦管区和中国长江中上游地区负责人圆桌会议的形式进行,2016年转为伏尔加联邦管区和中国长江中上游地区的合作委员会。委员会第一次会议于2016年7月在乌里扬诺夫斯克(俄罗斯)举行⑨,第二次会议于

---

① http://stu. customs. ru/index. php? option = com_ content&view = article&id = 8765;-------- ---2013 - &catid = 170;2012 - 12 - 26 - 07 - 57 - 01&Itemid = 241.

② https://rg. ru/2017/12/21/reg - sibfo/eksport - iz - sibiri - v - kitaj - prevysil - import - v - 25 - raza. html.

③ Ibid..

④ https://rg. ru/2017/11/16/reg - sibfo/na - altae - rezko - snizilsia - eksport - tovarov - v - kitaj. html.

⑤ Ibid..

⑥ http://economy. gov. ru/minec/press/news/2017140602.

⑦ https://minec. khabkrai. ru/events/Novosti/2091.

⑧ http://pfo. gov. ru/press/events/101454/.

⑨ http://www. russchinatrade. ru/ru/ru - cn - cooperation/investment.

2017年6月在安徽省（中国）举行①。在这一框架内，正在制定21个优先投资合作项目②。它的主要合作领域是农业和食品生产、建筑材料生产、商业和住宅房地产建筑、设备制造、旅游和信息技术。

2017年中俄地区发展投资基金③设立，预算为1000亿元人民币。该公司的职能是实施在俄罗斯及境外的被认为对俄罗斯具有重要经济意义的投资项目。中俄地区发展投资基金的主要投资者是中国最大的国家和私营公司，包括中国核工业集团公司和深圳自由经济区的公司。该基金将用于投资核能、基础设施、物流和新技术领域的项目，以及"一带一路"倡议和"伏尔加—长江"框架下的项目。投资的重点领域还包括与中国东北部省份和俄罗斯远东地区的合作。

另外，2018年2月举行了中俄地方合作交流年开幕式（2018—2019年）。这是中俄自2006年以来实施的主题年大型活动的继续，旨在进一步扩大和加强两国地区间的互利关系④。

中国为俄罗斯远东解决发展的优先任务做出了重要贡献。据俄罗斯联邦远东发展部统计，截至2017年年底，远东地区的投资增长率为117.1%，不仅高于2016年，而且高于俄罗斯2017年的平均水平（104.4%）。与此同时，超前发展区和符拉迪沃斯托克自由港模式的投资（包括外国投资）对投资增长做出了重大贡献⑤。中国投资占外国投资总额的30%以及亚太国家投资的50%以上⑥。

就提供的资源数量而言，2017年中国投资者成为俄罗斯超前发展区的主要外国参与者，它们在坎加拉瑟、哈巴罗夫斯克、普里阿穆尔斯卡娅、纳杰日金斯科卡娅、阿穆尔—兴安岭都有项目参与⑦。

尽管超前发展区的发展取得了一定的成功，但根据2017年调查结果，俄罗斯会计师事务所的审计团队发现了一系列阻碍超前发展区发展的问题。其中，基础设施建设滞后于规划的最后期限，立法以及工作和引进人员选择标准不完善⑧。企业还感到公用事业体系的恶化、交通基础设施的短缺和拥挤⑨。在符拉

---

① http：//tass. ru/ekonomika/4341518.
② Ibid. .
③ https：//ifrd. ru.
④ http：//www. mid. ru/ru/foreign _ policy/news/ - /asset _ publisher/cKNonkJE02Bw/content/id/3070896.
⑤ https：//minvr. ru/press - center/news/13709/.
⑥ https：//ria. ru/interview/20171225/1511528231. html.
⑦ https：//minvr. ru/activity/territorii - operezhayushchego - razvitiya/.
⑧ https：//www. vedomosti. ru/economics/articles/2017/10/25/739247 - territorii - operezhayuschego - razvitiya.
⑨ 另见 http：//tass. ru/vef - 2017/articles/4541227。

迪沃斯托克自由港，法人在获得土地方面面临困难①，行政负担沉重，陆地海关基础设施不发达，自由关税区程序使用率不高，对已在远东经营的公司缺乏激励，以及需要调整增值税快速退税的原则②。由于超前发展区、符拉迪沃斯托克的自由港模式和经济特区的机制比较接近，因此应该从已有的经验中做出结论，避免重复犯错。截至2018年3月，远东开发公司已经就向超前发展区提供水和水处理、天然气、电力以及必要时的热能签署了数个关键协议。有超过120个基础设施项目正在积极实施。它们大部分计划在2018—2019年投入使用，包括技术连接协议下的基础设施项目③。

在远东的中俄新合作项目中，中国最大汽车制造商一汽集团在符拉迪沃斯托克自由港的卡车联合生产和分销项目名列前茅④，另外还有已经投入生产的位于阿穆尔—兴安岭超前发展区犹太自治区的夹心板工厂⑤。

根据2017年中国煤炭行业重组计划，俄罗斯Mechel集团与中国大型企业冀东水泥签署了关于供应300万吨动力煤的备忘录，动力煤来源于埃利吉煤矿区的露天矿和"Neryungrinsky"露天矿⑥。

鞑靼斯坦共和国是中俄地区合作的成功范例。鞑靼斯坦拥有丰富的自然资源和发达的工业。此外，自2015年以来，它在俄罗斯联邦全国投资环境评级中名列第一⑦，也是经济发达的中央联邦管区和边境的远东联邦管区以外的地区与中国共同开发合作项目的一个范例。

2017年，鞑靼斯坦与中国贸易额同比增长51.89%，达到5.656亿美元⑧，进口额增长21.42%，出口额增长115.18%。

中国投资者的参与得力于该地区采取的一系列措施。

首先，鞑靼斯坦积极采用税收优惠机制。对于实施投资项目的投资者，降低

---

① http：//deita.ru/news/svobodnyj－port－vladivostok－poka－buksuet/.
② http：//tass.ru/vef－2017/articles/4538137，http：//tass.ru/vef－2017/articles/4536634.
③ http：//erdc.ru/news/na－dv－idyet－aktivnoye－stroitelstvo/.
④ http：//www.newsvl.ru/vlad/2017/10/27/164432/.
⑤ https：//realty.ria.ru/news_cre/20171024/1507466803.html.
⑥ 一年前，两家公司之间达成了类似的协议，并履行了所有的义务。参见 https：//www.eastrussia.ru/material/tovary－s－potentsialom/。
⑦ https：//expertrt.ru/economy/perspektivyi－kitajskix－investicij.html.
⑧ http：//ptu.customs.ru/attachments/article/9731/%D1%8F%D0%BD%D0%B2%D0%B0%D1%80%D1%8C－%D0%B4%D0%B5%D0%BA%D0%B0%D0%B0%D0%B1%D1%80%D1%8C%202016%%D0%B3.doc；http：//ptu.customs.ru/attachments/article/9731/%D1%8F%D0%BD%D0%B2%D0%B2%D0%B0%D1%80%D1%8C－%D0%B4%D0%B5%D0%BA%D0%B0%D0%B0%D0%B1%D1%80%D1%8C%202017%%D0%B3.docx.

其所得税和财产税①。此外，有效利用 Алабуга 和 Иннополис 经济特区的模式，建立了卡马河畔切尔尼超前社会和经济发展区②。这里的居住者享受特殊的税收政策。

得益于这些措施，该地区的中国工业本地化和联合技术项目得到发展。在鞑靼斯坦共和国范围内，中国和俄罗斯的企业已经开始生产使用 X 射线、α 射线、β 射线和伽马射线的医疗仪器、制冷设备，火力发电厂开始发电③。在门捷列夫斯克，一个进行深度气体处理、生产甲醇、氨和颗粒尿素的综合工厂开始运营。这是俄罗斯第一个硝酸工业领域的项目，它由中国化工工程公司和 Ammonium 股份公司完成④。此外，2017 年 9 月，鞑靼斯坦当局批准了为每年 30 万吨谷物（谷类和豆类）的生物加工创建一个农业园，名为"潇湘—伏尔加"项目。位于莱舍夫斯基市政区的这一试点项目是在中国投资者的参与下实施的⑤。相关协议于 2017 年 2 月由中国山河集团与鞑靼斯坦共和国农业与食品部签署⑥。

在与中方有前景的合作项目中，与海尔集团的继续合作是一个范例。该公司已在卡马尔河畔切尔尼地区实施本地化冰箱生产，并计划推出洗衣机生产，还打算创建一个高科技工业园区⑦。目前正在为向一个生产液晶板的中国公司提供生产用地进行工作，与中国道路施工设备制造商的合作也在进行⑧。

另一个促进合作的有效工具是保持与鞑靼斯坦高等学校的中国毕业生的联系，并邀请他们参与新的合作项目。例如，IT 高科技园区与深圳高新技术产业园签署协议，深圳高新技术园区的总经理在 20 世纪 80 年代末和 90 年代初是喀山联邦大学的学生和特邀教授⑨。此外还与深圳工业园区的华为公司进行了合作谈判。就在喀山大学成立华为信息和通信技术研究院达成了协议，并就扩大与该公司的经贸和技术合作进行着谈判⑩。

鞑靼斯坦在北京开设了自己的贸易和经济代表处，2017 年 2 月在喀山开设

---

① https: //raspp. ru/press_ center/sotrudnichestvo − s − kitaem − kak − dvigatel − razvitiya − malogo − i − srednego − predprinimatelstva − respubliki − tata/.
② http: //tass. ru/ekonomika/4471744.
③ https: //expertrt. ru/economy/perspektivyi − kitajskix − investicij. html.
④ https: //www. business − gazeta. ru/news/344969.
⑤ http: //prav. tatarstan. ru/rus/index. htm/news/1029879. htm.
⑥ https: //expertrt. ru/economy/perspektivyi − kitajskix − investicij. html.
⑦ https: //kazanfirst. ru/articles/437852.
⑧ https: //expertrt. ru/economy/perspektivyi − kitajskix − investicij. html.
⑨ http: //mic. tatarstan. ru/rus/index. htm/news/1060396. htm.
⑩ http: //www. cnews. ru/news/line/2018 − 01 − 30_ huawei_ stala_ partnerom_ pravitelstva_ respubliki 在未来几年内，还应该开始与公司在鞑靼斯坦的测试和开发 5G 网络的合作。参见 https: //ria. ru/society/20171108/1508418837. html。

了中国总领事馆①。2018年年初，第一列快速集装箱列车从喀山发往成都②。

俄罗斯许多其他地区也以优惠机制吸引外国资本，推动中国产品生产的本地化。在图拉地区，中国品牌长城汽车工厂正在建设中③，在许多城市正在创造超前社会经济发展区。研究鞑靼斯坦和俄罗斯其他地区在与中国开展贸易、经济和投资合作方面的经验，在商人和政府管理机构中宣传好的实践经验和所犯的典型错误。还必须把合作系统化，组建专门的工业群，把生产相应商品所有环节的企业、研发中心和人员培训中心集中起来。

中俄军事技术合作

2017年中俄军事技术合作主要是为了执行近年来的重大协议，并没有以签订新的大型合同的方式取得重大突破。截至2018年年初，中国占俄罗斯国防工业订单总额的约14.4%，即65亿美元。就联合生产军用和军民两用产品的若干重要协议谈判继续进行，向中国提供防空导弹系统 S-400、苏-35战斗机和其他项目的合同得到履行，共同开发重型直升机项目的谈判在继续，联合研制宽体长途飞机的项目也有进展。

在两国军事部门相互信任增强的背景下，我们可以期待军事技术合作扩大到新的更加敏感的领域。在评估加强中俄政治关系对双边军事技术合作的影响时，有必要考虑在军事装备领域编制重大合同的漫长过程，也需要考虑到大量的技术特点。与此同时，两国军事技术合作的封闭性似有增加。

截至2018年3月，还看不到中俄在2017年签署军事技术领域新的大型合同的公开数据。但是，缺乏公开信息并不意味着没有这些合作：2017年12月在莫斯科举行了中俄政府间军事技术合作混合委员会会议。在此期间，中共中央军委副主席张又侠上将与俄罗斯总统普京举行了会晤④。这次计划外的会议说明有新的联合项目协调成功，但具体内容未对外公布。同时，中俄继续执行2014—2016年签署的武器和军事装备供应的大合同。由于服务份额和零备件供应的增加，很难形成统一的大合同，因此签署了大量小合同。

根据俄罗斯总统军事技术合作助理科任的说法，2018年年初，中国占俄罗斯国防工业总订单的约14.4%，即65亿美元。2017年俄罗斯向中国提供的武器

---

① https://kazanfirst.ru/articles/437852.
② http://www.tatar-inform.ru/news/2018/01/30/595335/.
③ https://www.autostat.ru/news/32635/.
④ http://www.kremlin.ru/events/president/news/56327.

数量多年来第一次超过印度,不过,超过 50% 的俄罗斯军火是到了中东各国。俄罗斯继续向中国交付 S-400 防空导弹系统、Su-35 战斗机（10 个交付单位）、别-200 和别-103 两栖飞机、米-171 直升机、卡-32A11BC 直升机和"Ansat"直升机。俄罗斯继续向中国提供飞机发动机,并与中国在军事领域开展联合研发工作①。2017 年中俄军技合同的总价值与 2016 年年底相比略有下降。在 2016 年 11 月的中国珠海航展期间,俄罗斯军事技术合作局副局长德罗若夫指出,与中国在军事技术合作领域的现有合同数量超过 80 亿美元,一些新的协议正在谈判中。因此,中国占俄罗斯国防出口订单的 15% 以上,截至 2016 年 10 月,俄罗斯国防出口订单总额达到 520 亿美元②。因此,2017 年,俄方在军事技术合作领域的合同执行速度略快于签订新合同的速度。

在此前的 2016 年,俄罗斯和中国军技合作大幅度增长:武器销售额超过 30 亿美元③。考虑到通货膨胀,这一数字仅略低于 2002 年创纪录的 27 亿美元（2016 年价格为 36 亿美元）。

还有一些新的交易也已经结束。特别是在 2016 年 11 月 1 日,签署了向中国交付 5 架米-171、卡-32 和 Ansat 直升机的合同,另有购买 13 架的保留权④。2017 年 7 月,签署了一份有关到 2018 年中供应 10 架同类直升机的合同（有可能是使用了保留权）⑤。中国商业公司是直升机的直接购买者。别-200 和"Altair"两栖飞机用于民用目的,预计将根据 2016 年 11 月签订的合同交付（两架飞机和另外两架的选择权的交付时间为 2018 年）⑥。

已签署的大型合作继续履行,主要包括 2014 年签订的 S-400 防空导弹合同和 2015 年签订的 Su-35 战斗机的合同。估计价值为 20 亿美元的 24 架 Su-35 飞机的合同也在按照原计划执行,2016 年交付了 4 架飞机,2017 年交付了 10 架,2018 年将交付 10 架⑦。根据一些中国互联网出版物上的信息,截止到 2017 年 12 月,中国已收到 14 架飞机⑧。此外,2015 年 11 月签订的向中国出售 4 个营的总价值约 20 亿美元的 S-400 地空导弹系统的合同也在实施。供货分两批交付,每批是由两个营组成的一个团的装备,第一批的交付时间为 2017 年 12 月至 2018 年 1 月,第二批为 2019 年 5 月至 6 月。每套系统在营之外还包括一个团的指挥

---

① 参见 Vladimir Kozhin 对"Vesti 24"频道的采访,https：//youtu.be/bN9kTsEHhz0。
② A. Nikolsky:《中国已重返俄罗斯五大武器进口国之列》,[俄]《公报》2016 年 1 月 11 日。
③ https：//function.mil.ru/news_page/world/more.htm?id=12104572%40egNews.
④ https：//www.kommersant.ru/doc/3131981.
⑤ https：//ria.ru/economy/20170720/1498822281.html.
⑥ https：//www.vedomosti.ru/business/articles/2016/11/02/663381-kitai-gidrosamoleta-be-200.
⑦ http：//tass.ru/armiya-i-opk/3990731.
⑧ http：//mil.news.sina.com.cn/jssd/2017-11-07/doc-ifynnnsc8146060.shtml.

所。俄罗斯军方消息称，在 2019 年接受第二套系统时，中国还将获得"性能改进"的导弹①，这表明莫斯科可能有意向北京提供 40N6E 防空导弹，最大射程为 400 公里。

关于反舰导弹大型合同的执行情况所知甚少②。据推测，它的内容是根据俄罗斯生产许可证在中国生产反舰导弹 YJ-18，该导弹在外观上与俄罗斯的 3M-54E 导弹几乎完全相同。

俄罗斯继续大量向中国供应飞机发动机，包括根据 2016 年 10 月签署的提供约 100 台 AL-31F 发动机和相同数量的 D-30KP-2 发动机的合同，总金额约为 10 亿美元③。

在共同开发和技术交流领域继续开展合作。许多方面的谈判都是漫长的，尤其是关于共同开发重型直升机的协议。该合同的谈判时间之长是创纪录的。俄罗斯和中国在 2008—2009 年开始为此项目工作，直到 2016 年 5 月才签署了关于直升机项目联合工作的框架协议。尽管在 2017 年年初，俄方和中方都表示愿意在 2017 年年底签署关于共同研发起飞重量为 38 吨、载重量 15 吨的直升机的合同，但至今合同还没签署。俄罗斯技术国家集团期望 2018 年可以签署该协议④。

双用途技术领域的另一个大型联合项目——宽体远程飞机（CR929）进展速度更快些。双方早在 2016 年年底就达成协议，成立了中俄商用飞机国际有限公司。目前筹备在俄罗斯建立联合工程中心和在上海的合资企业总部。已经完成了一定的飞机设计工作。双方同意共同开发和生产 PD-35 发动机⑤。

为取代受制裁的德制船用柴油发动机，2017 年俄罗斯继续购买少量中国柴油发动机。但是，根据俄方的说法，测试表明，在某些情况下中国产品的质量不符合俄方的要求。2016 年年中，在雷宾斯克建造的 21980 型反破坏艇"白嘴鸦"进行了测试，它安装的是河南柴油机工业有限公司生产的柴油发动机。2017 年 3 月得知，柴油机在第一次测试中就损坏了⑥。

中俄就中国向俄罗斯提供微芯片协议的谈判正处于最后阶段。与此同时，俄罗斯从中国购买电子元件，也向中国提供某类电子元件⑦。

莫斯科和北京还就向中国提供用于太空运载火箭的液体火箭发动机 RD-180

---

① http：//tass. ru/armiya-i-opk/2746717.
② https：//www. aex. ru/news/2017/2/21/166570/.
③ https：//www. vedomosti. ru/politics/articles/2016/10/25/662267-voennih-aviadvigatelei-rossii.
④ http：//www. infoshos. ru/？idn=17448.
⑤ https：//rg. ru/2017/11/13/rossijsko-kitajskij-samolet-cr-929-stanet-konkurentom-boeing-i-airbus. html.
⑥ http：//www. fontanka. ru/2017/03/27/082/.
⑦ http：//www. arms-expo. ru/news/vzaimodeystvie/viktor_ kladov_ mirovoy_ rynok_ dlya_ rostekha_ ne_ szhimaetsya_ est_ novye_ tsentry_ rosta/.

进行着旷日持久的谈判①。谈判内容包括向中国转让许可证的可能。现在谈判的前景以及中国将怎样使用这些发动机尚不清楚。

总的来说，2017年中俄军事技术合作主要是执行近年来的重大协议，没有以签订新的大型合同的方式取得重大突破。与此同时，一系列联合生产军用和军民两用产品的重要协议仍在商谈之中。近年来两国军事部门之间的接触扩大，在军事互信增强的基础上，可以期望两国军事技术合作进入新的和更敏感的领域。在评估加强中俄政治关系对双边军事技术合作的影响时，有必要考虑在军事装备领域编制重大合同的漫长过程，也需要考虑到大量的技术特点。通常这些协议的形成需要3—5年，在某些情况下甚至更长。双边军事技术合作的封闭性似乎增加了，媒体上有关的信息资料数量有所减少，这也许是应中方的要求。

中俄人文合作发展

中俄人文合作：重要事件，优先方向和国家支持

2017—2018年年初，在国家支持和两国人民之间的联系不断加强的基础上，中俄人文合作继续发展。在政府间人文合作委员会的框架内，两国在教育、文化、电影、卫生、旅游和青年政策领域签署了8项协议。2017年，中俄第一所联合大学——北京理工大学—莫斯科国立大学在深圳启动。中俄公司已经在交流和联合制作电影领域达成了协议，包括第一部中俄动画电影《熊猫和克罗什》。双边和多边活动及论坛进一步增多，中俄青年友好关系正在积极发展。2017年秋季中国代表团参加了在索契举行的第十九届世界青年和学生节。

在两国的互动中，相互举办主题年的做法得到广泛发展。双方对2016—2017年媒体合作年的结果给予积极评价。2018—2019年被宣布为中俄地方合作交流年，这将促进两国城市和地区之间的友好关系。

2018年在俄罗斯将举行世界杯，2022年在北京和张家口将举办奥运会，这为两国体育界之间的合作提供了新机会。

"一带一盟"对接以及与参与一体化进程的其他国家关系的发展为中俄人文合作提供了新动力。

中俄科学教育和文化合作继续稳步发展，2017年两国之间的人文关系得到加强，取得了实实在在的成果。

---

① http://pravdanews.info/rossiya-obsuzhdaet-peredachu-kitayu-litsenzii-na-raketnye-dvigateli-rd-180.html.

2017年9月，中俄人文合作委员会第十八次会议在广州举行。与往年一样，委员会的联合主席是中华人民共和国副总理刘延东和俄罗斯联邦副总理奥尔加·戈洛杰茨[①]。会议提出了一系列促进教育、青年政策、文化、电影、旅游、档案、健康等领域合作的措施[②]。时任国务院副总理刘延东指出，2016—2017年是中国和俄罗斯的传媒年，两国在人文合作的各个领域取得了重大成就，达到了一个新的发展水平，显示了成熟和可持续性。在人文合作委员会第十八次会议的框架内，两国有关部门就教育、文化、电影、健康、旅游和青年政策等领域[③]的合作签署了8项协议[④]。2018年，双方计划在俄罗斯举行人文合作委员会第十九次会议。

在人文合作委员会的框架内，中俄联合制作了第一部动画片《熊猫和克罗什》，此外，还宣布两国将为纪念建交70周年拍摄多部系列纪录片[⑤]。俄罗斯数字电视媒体集团和中国炫彩互动网络科技公司签署了向中方转让俄罗斯动画片播放权的协议[⑥]，这是两国影视合作向前发展的一步。

在人文合作委员会的框架内，第一所中俄联合大学北理—莫大深圳大学隆重举行了揭幕仪式。学生们在大学的临时校园里开始学习，现阶段学习俄语，以便下一步学习大学的相关专业课程[⑦]。现在对新大学的教育质量以及联合办学的倡议是否成功做出结论还为时过早。这一项目受到了广泛关注，一些俄罗斯大学也有意学习莫大的例子，进入中国教育服务市场。

中俄高层关注科学、教育、文化、旅游、体育等领域合作的发展。双方高度重视中俄人文合作委员会的双边合作规划，共同推动"中俄人文合作行动计划"[⑧]的实施。中俄人文合作的优先方向包括：

以北理—莫大为基础，协助中俄深圳大学的运作，共同培养各领域务实合作的高素质专家，开展校际合作，推动在中国学习俄语和在俄罗斯学习汉语，力争到2020年两国学习交流的人数达到10万人。

[①] http：//government. ru/news/29226/.

[②] Ibid.．

[③] https：//ria. ru/society/20170912/1504303222. html.

[④] 《中俄政府间人文主义合作委员会第十八次会议》，http：//news. xinhuanet. com/politics/2017 - 09 - 13/c_ 1121659461. htm。

[⑤] 《俄罗斯和中国计划拍摄纪念建交70周年的影片》，http：//www. russia. org. cn/ru/news/rossiya - i - kitaj - planiruyut - snyat - dokumentalnyj - film - k - 70 - letiyu - dipotnoshenij/．

[⑥] http：//weandchina. ru/2017/11/10/%D1%80%D0%BE%D1%81%D1%81%D0%B8%D1%8F - %D0%B8 - %D0%BA%D0%B8%D1%82%D0%B0%D0%B9 - %D0%BD%D0%BE%D0%B2%D0%BE%D1%81%D1%82%D0%B8/．

[⑦] http：//tass. ru/obschestvo/4520685.

[⑧] http：//docs. cntd. ru/document/499014828.

——联合举办节日和文化电影节、电视节,加强和深化文化团体、艺术院校和创意团队的合作;

——举办联合体育赛事,包括中俄冬季和夏季青少年比赛,国际"丝绸之路"拉力赛,以及2022年北京冬奥会的互动活动;

——支持中俄媒体互动;

——鼓励旅游交流,包括完善旅游市场规范和旅游交流程序,改善基础设施,提高旅游服务的质量和覆盖面,深化历史军旅爱国旅游领域的合作;

——鼓励青少年友好互动;

——促进两国档案机构之间的合作,包括交流先进经验,联合编写文献出版物和实施展览项目,以及研究俄罗斯和中国的历史及两国关系;

——加强对军事纪念场所等进行保护的合作①。

2017年10月20—22日在北京举办的第15届国际教育展览会是一次重要活动,有25所俄罗斯大学参加。在展览会上,俄罗斯代表积极与专门办理中国学生出国留学业务的中国机构建立联系。这项工作由俄罗斯联邦教育和科学部有关部门负责,该部门正在实施"发展俄罗斯教育资源出口潜力"的项目②。在吸引中国学生到俄罗斯大学留学的过程中,国际教育交流中心和招聘公司也发挥着作用③。

2017年12月30日,习近平给莫大中国学生回信,表达了他的祝愿④。国家领导人就与俄罗斯的人文合作发表讲话,这本身就表明中国领导层对包括教育领域在内的双边合作的高度重视。中国共产党第十九次代表大会和俄罗斯十月革命100周年纪念也是2017年中俄人文合作中的大事件。

互办文化节、文化大集等活动已成为两国人文合作的品牌项目。两国在青年政策领域的关系积极发展。2017年秋,中国代表团参加了在索契举行的第十九届世界青年和大学生节⑤。为了发展青年关系,两国定期派遣百人青年代表团互访,成立了中俄青年企业家俱乐部,打造了两国青年长期化、机制化交流合作平台。在两国的合作中,相互举办主题年的做法得到广泛发展。2018—2019年是

---

① 《俄罗斯联邦和中华人民共和国关于进一步深化全面伙伴关系和战略合作关系的联合声明》,http://kremlin.ru/supplement/5218。

② http://xn--80abucjiibhv9a.xn--p1ai/%D0%BD%D0%BE%D0%B2%D0%BE%D1%81%D1%82%D0%B8/11286。

③ [俄]波兹达尼亚科夫·伊戈尔:《推进俄罗斯在华教育:挑战与展望》,《国际生活》2017年第11期,https://interaffairs.ru/jauthor/material/1941。

④ 于继海:《学习掌握发展趋势,为中俄人文合作打下坚实基础》,《神州学人》2018年2月8日,http://www.chisa.edu.cn/news1/haiwai/201802/t20180208_968922.html。

⑤ http://tass.ru/wfys2017/articles/4646683。

中俄地区合作交流年①，这将成为继国家年、汉语年和俄语年、旅游年、青年友好交流年和媒体交流年之后的又一个重要里程碑②。可以期待，这在未来两年将促进地区之间的人文合作，打造坚实的互信基础，推动新时期中俄两国的文化交流。近年来，中俄地方合作蓬勃发展，双方建立了"长江—伏尔加河""东北—远东"两大区域性合作机制，缔结了 130 多对友好城市及友好省州③。举办中俄地方合作交流年，无疑将带动更多的地方、企业、人员加入中俄合作，也将为中俄关系发展创造新的增长点。

此外，世界杯足球赛 2018 年在俄罗斯举行；奥运会将于 2022 年在中国的北京和张家口举办。在此基础上，两国可以加深体育领域的合作。

为了加深中俄人文合作，应进一步完善相关交流机制，继续发挥中俄副总理级人文交流机制的引领作用。同时，吸引各级政府、企业和社会团体广泛参与到未来活动当中。应该加强文化合作的社会基础，鼓励普通民众积极参与交流，使之成为两国公众行为的规范。关键是要为发展中俄两国人民之间的友好关系创造条件。为了进一步促进中俄民众之间的联系，应优先考虑信息技术和创新的途径。在俄罗斯，使用互联网的 16 岁以上人口比例达到 72.8%④，在 19—29 岁的城市青年中，这一比例已上升到 97%⑤。在中国，10—39 岁的人口中有 73.7% 使用互联网⑥。

此外，以重点项目为基础，对交流联系进行系统化和秩序化也十分重要。旗舰项目不仅是合作的成功典范，也是两国人文合作机制发展的基础。"在俄罗斯留学"奥林匹克大赛、北理工—莫大深圳大学、中俄青年比赛、"红色旅游"等都可以说是这类旗舰项目。

"一带一盟"对接是中俄人文合作的新动力。中俄文化科教合作可以扩大到"一带一路"沿线国家，这将大大丰富合作的内容。一些标志性项目已在进行中：在媒体年的框架内，中国（新疆）—俄罗斯—中亚、西亚和南亚电视共同体正式成立，这是中国与俄罗斯、哈萨克斯坦、吉尔吉斯斯坦、乌兹别克斯坦和巴基斯坦电视台联合组建的首个国际电视媒体联盟⑦。2016 年 7 月，中俄蒙"万里

---

① http://tass.ru/politika/4951935.
② http://tass.ru/mezhdunarodnaya-panorama/4727132.
③ http://www.fmprc.gov.cn/web/gjhdq_676201/gj_676203/oz_678770/1206_679110/sbgx_679114/.
④ http://www.gfk.com/ru/insaity/press-release/issledovanie-gfk-proniknovenie-interneta-v-rossii/.
⑤ https://nag.ru/news/newsline/29400/chislo-internet-polzovateley-v-mire-k-2020-godu-prevyisit-5-mlrd-chelovek.html.
⑥ http://www.cac.gov.cn/cnnic40/hxsj.htm.
⑦ http://www.gov.cn/xinwen/2018-01/12/content_5256129.htm.

茶道"国际旅游联盟正式成立①。2017年,来自30个国家、地区的125辆赛车和270名车手穿越俄、哈、中三国,共同完成了丝绸之路国际汽车拉力赛②。中俄还计划举办"一带一路"国家和欧亚经济联盟成员国大学论坛③。

中国和俄罗斯:扩大高等教育合作的可能性

中俄教育合作的发展是在两国教育改革的背景下进行的,互相学习国家教育系统现代化经验非常有必要。同时,有必要考虑到中国和俄罗斯教育体制改革在两国的学术界引发的激烈讨论。在中国,接受高等教育的人口比例稳步增加。考虑到"科教兴国"的战略方针,中国的目标是从普及教育转向提高质量,中国正不断加大对这一领域的投入。北京在教育领域的主要优先领域是组建一批具有国际先进水平的大学,通过实施一系列专业化项目,将其转化为重点学科发展和创新研究领域,被摆在第一位的是"双一流"项目。大量中国青年前往海外留学(2017年为60.8万人),主要是去最有声望的美国、英国、澳大利亚、西欧和日本。

中俄设定了2020年的目标,要使两国学术交流的参与人数达到10万人。现在参加此类项目的人数达到8万人,在俄罗斯大学留学的中国学生约有3万名,在中国大学约有1.7万名俄罗斯留学生。俄罗斯学生对中国教育的兴趣是由于中国是具有世界科学发展最高指标并迅速发展的国家之一。中国学生对俄罗斯留学的兴趣源于与西方大学相比较低的价格,同时许多俄罗斯顶尖大学教学质量并不低于西方大学。扩大教育交流受到国家的大力支持。此外,一些俄罗斯著名大学正在采取更多措施来吸引中国留学生,例如建设中文网站。

中国和俄罗斯大学也在开展研究项目、实验室和教育项目形式的合作。高等教育领域合作的重要创新之一是创建了联合同一专业的大学或地区性大学联盟,但现阶段以大学联盟形式并没有为实践教育合作的发展做出重大贡献。

目前中俄科教合作是在两国教育体制改革的背景下进行的。中俄的教育进程相似,因此对国家教育系统现代化的经验进行相互研究是非常有必要的。在这方

---

① https:∥iz.ru/news/606497.
② https:∥liter.kz/ru/news/show/34973-zavershilsya_ralli_shelkovyi_put_2017_rossiya_kazahstan_kitai.
③ http:∥paper.people.com.cn/rmrbhwb/html/2017-12/15/content_1823656.htm.

面,中国国家教育研究所和俄罗斯高级经济学校(国家研究型大学)于2017年9月签署了协议,相互学习高等教育系统现代化的经验①。

现在俄罗斯在高等教育领域的改革经验引发了许多讨论。俄罗斯联邦教育和科学部专家为进入欧洲教育体系而制定以及使教育贴近市场需求的措施往往产生相反的效果:学习过程越来越形式化,出现了大量形式主义的要求,对教师的行政压力增大,大量的时间资源花费在程序文件上,以追求统计数量指标并在评级中获得高位为目标,但这往往不能反映教育的实际质量。

中国现阶段的高等教育发展具有以下特点:接受高等教育的人口比例稳步增长。随着城市化进程在可预见的未来迅速发展,这种趋势可能会持续下去,中国大多数家庭可接受高等教育。

经过30年的改革,中国青年接受高等教育的比例已经从2012年的4%增长到了26.7%。到2020年,这个比例将达到40%。最近这个数字又被上调,可高达50%。自20世纪90年代末以来,中国大学中不仅基础教育(学士)和短期课程的招生得到加强,硕士和博士研究生在高等教育人员总数中的比例也有增加。

与此同时,随着雄心勃勃的向创新型经济模式转变任务的提出,高等教育体系面临着日益复杂的任务。国家正在不断加大对大学的物质和技术支持,在现代技术手段配备方面中国大学已处于世界领先位置。人为地激发大学进入世界水平的策略虽然受到了中国学术界的批评,但却推动了大学改革,也有助于看到中国高等教育体系的弱点。科学和教育人才的报酬水平不断提高,国际科学和教育合作规模不断扩大。

中国政府不断加大对科教领域的投资,实施"科教兴国"的战略方针。2012年教育总投资(包括小学和中学)为2.2万亿元人民币(中央和地方政府支出)。2015年教育投入增加到2.92万亿元人民币②。中国近期内的目标是从"教育大国"转向"教育强国",从普及教育转为提高教育质量。

中国政府在教育领域的优先任务是按照国际标准组建一批具有先进水平的大学,把它们变成最重要的科学学科和创新研究的场所,通过实施一系列专业项目为它们提供更多的资金。此前,最著名的有"211工程"和"985工程"。"211工程"于1995年启动,旨在创造中国数百所最好的大学(现在有112所)。"985工程"于1998年5月开始,覆盖39所大学,其目标是使中国的一些大学进入世界前100排名。在国家拨专项预算资金的其他试点项目中,有"高等学

---

① 国家研究型大学"高等经济学院"和中国国家教育研究所正在启动一个教育领域的项目,也就是高等经济学院教育学院网站,参见 https://ioe.hse.ru/news/209314874.html。

② https://ioe.hse.ru/news/209314874.html。

校科技创新规划""提高教育质量和改革高等教育质量的项目"和"研究生培养创新项目"①。

中国专家指出,现阶段中国高等教育体制改革涉及现有培训模式的转变,结构、层次、教育类型的系统性变化,知识阵列、技能、人力资本的质量,以及学生的伦理素质和思想世界观。新兴的教育体系应该是一个动态和灵活的学科专业制度,它应适应新兴产业的发展、公众的需求和提高传统产业技术设备的要求,满足创意工作者的经济和社会需求,克服传统科学和教育之间的界限及跨学科的壁垒,形成能力导向的教育模式,系统地提高学生的知识和能力②。

从2017年开始,中国教育领域开始实施"双一流"战略,即建设世界一流大学和一流学科。"211工程""985工程"及"优势学科创新平台"等重点建设项目,统一纳入世界一流大学和一流学科建设。首批"双一流"建设高校共计137所,其中世界一流大学建设高校42所,世界一流学科建设高校95所;"双一流"建设学科共计465个。现在列入"一流"精英大学的地位已变得不同,列入的标准是特定的专业,而不一定是大学整体。除北京大学和清华大学之外,只有少数精英大学拥有进入"双一流"可观的专业体系,其他大学只有少数这类专业。

"双一流"的激励方案以及其他一些改革措施引发了热烈的讨论。除了社会正义和公平的"游戏规则"(高等教育机构科学研究的大部分资金流向精英大学)之外,近年来对高等教育行政化程度不断提高也有批评。

中国的一流大学在高等教育机构的世界排名中正逐渐占据越来越高的地位。在QS世界大学排名中,清华大学、北京大学和复旦大学分别拿到了25、38和40的名次③。这得益于政府分配给中国一流大学的重要资源以及高等教育国际化的一贯进程、中国大学的广泛国际联系以及大学校园逐步开放的生活。中国政府虽然没有完全摆脱外国机构的评级问题,但它本身也积极参与建立权威的国际评级机构,在这方面,中国大学走在了俄罗斯大学前面,包括莫斯科大学。

考虑到近年来俄罗斯与中国之间不断扩大的科教关系,对中国高等教育体系的发展趋势和科技人才培养体系的研究对俄罗斯专业界非常重要。

在这个领域合作方式的重要创新之一是创建了多个同类大学的联盟:现在有中俄理工大学联盟、俄罗斯远东、西伯利亚和中国东北各省高校联盟、中俄文化艺术大学联盟、中俄经济大学联盟、中俄医学大学联盟、中俄交通大学校长协会、综合性大学联盟,以及教育学、文化和新闻领域的大学联盟。目前校际联盟

---

① http://www.ifes-ras.ru/attaches/books__texts/Report13-2013lrus.pdf.
② 《进入一个新的时代,培养"新工程科学"领域的一流专家》,《光明日报》2017年10月31日,http://epaper.gmw.cn/gmrb/html/2017-10/31/nw.D110000gmrb_20171031_2-13.htm。
③ https://www.topuniversities.com/university-rankings/world-university-rankings/2018.

的形式对教育合作的发展还没有明显的贡献，它们的活动往往只是互访，学习国外的经验。这种合作形式也延伸到其他领域：2018年1月，中俄中学联盟宣布成立①。

大批年轻的中国人前往海外留学：到2017年，这一数字超过了60.8万人②。他们大多去了最有声望的地区：美国、英国、澳大利亚、西欧、日本③。近年来中国香港和中国台湾的大学也加入了竞争。俄罗斯和原苏联其他国家的一些大学也对中国学生有一定的吸引力，主要原因是它们学习成本低廉。

中俄教育交流发展的趋势是积极的。许多消息来源说，两国相互留学的学生总数已达8万人，多数资料表明，在俄罗斯有大约3万名中国学生，而在中国则有1.7万名俄罗斯学生④。在2015—2016学年，在俄罗斯的所有外国学生中，中国学生位列哈萨克斯坦和乌克兰学生之后，排在第三位⑤。

俄罗斯学生对中国教育的兴趣是因为中国作为世界政治中的经济力量和重要参与者的重要性快速增长，也是世界科学发展水平最高的国家之一⑥。尽管如此，俄罗斯学生仍像过去一样普遍认为，在中国高校能够高水平学习的只有汉语和国别研究。中国学生对到俄罗斯留学的兴趣在于：在教育价格与西方大学相比较低的条件下，许多俄罗斯一流大学可以提供不比西方大学质量低的教育，特别是在自然科学、工程和技术领域，如同一些中国专家所指出的（见表4）。中俄战略伙伴关系以及俄罗斯在"一带一路"倡议中的重要作用也是吸引中国学生的重要因素。最后，在中学或大学学过俄语的人也对到俄罗斯留学有兴趣。与此同时，在中国的互联网也有一些评论，批评俄罗斯高等教育质量自苏联以来下降，一些俄罗斯顶尖大学在世界评级中的地位恶化，大学腐败⑦。

两国相关机构通过合作项目推动教育合作不断扩大。特别是"去俄罗斯留学"比赛大会⑧在中国中学生中越来越受欢迎，是中国学生到俄罗斯留学的主要渠道之一。

---

① 《中俄中学加强对外合作新领域》，《哈尔滨日报》2018年1月13日，http：//www.hrbtv.net/folder135/2018-01-13/239674.html。

② http：//www.chinadaily.com.cn/a/201804/03/WS5ac2bee9a3105cdcf6515d78.html。

③ http：//en.ccg.org.cn/ccg-annual-report-number-of-chinese-studying-abroad-reaches-record-high-in-2016-more-international-students-in-china-come-from-countries-along-br/。

④ http：//russiancouncil.ru/common/upload/Report13-2013lrus.pdf。

⑤ https：//russian.rt.com/russia/article/415140-inostrannye-studenty-v-rossii。

⑥ 据联合国世界知识产权组织称，按照目前专利申请量的增长速度，中国在三年内申请专利的数量应该会超过美国。（根据专利申请数量的增长，中国在全球排名第一，即将在年度申请数量方面领先美国。）参见http：//www.peacehall.com/news/gb/finance/2018/03/201803220103.shtml。

⑦ 《俄罗斯留学实际怎么样？现实的国情怎么样？》，https：//www.zhihu.com/question/48235019。

⑧ http：//olymp.rudn.ru/olimpiada-vremya-uchitsya-v-rossii/。

表4　　　　　　　　　拥有最多中国学生的俄罗斯大学

大学名称	中国学生人数
远东联邦大学	1344
圣彼得堡国立大学	1282
莫斯科国立罗蒙诺索夫大学	1091
圣彼得堡彼得大帝理工大学	897
俄罗斯人民友谊大学	555
俄罗斯国民经济与国家行政学院	430
Gubkin 俄罗斯石油和天然气大学	281
圣彼得堡经济大学	267
托木斯克理工大学	265
乌拉尔联邦大学	224
莫斯科鲍曼国立技术大学	216
喀山（伏尔加联邦管区）联邦大学	202
圣彼得堡国立信息技术和力学光学大学	138
沃罗涅日国立大学	127

资料来源：《中国留学生在俄大学分布》，https://www.douban.com/group/topic/97771364/。

近年来，一些俄罗斯大学为吸引中国学生做出了更多的努力。俄罗斯最大的高校，包括莫斯科大学[①]、俄罗斯高等经济学校[②]、圣彼得堡大学[③]和乌拉尔联邦大学[④]都推出了中文网站。圣彼得堡国立大学在中国设立了办事处[⑤]。与莫斯科大学一样，它也与中国教育部签署了合作协议[⑥]。圣彼得堡国立大学还宣布与中国驻圣彼得堡领事馆开展联合教育项目[⑦]。

---

① https://www.msu.ru/ch/index.php.
② https://www.hse.ru/cn.
③ http://chinese.spbu.ru/.
④ https://urfu.ru/cn/.
⑤ https://russkiymir.ru/news/237577/.
⑥ https://spbu.ru/news-events/novosti/ministerstvo-obrazovaniya-knr-i-spbgu-dogovorilis-o-rasshirenii-sotrudnichestva.
⑦ https://spbu.ru/news-events/novosti/v-fokuse-rossiysko-kitayskogo-sotrudnichestva-razvitie-sovetov-obrazovatelnyh.

中俄一些大学建立联合教育计划，举办夏季学校，创建联合实验室，它们的经验得到了积极的评价。特别是哈尔滨工业大学和远东联邦大学成立了中俄极地工程研究中心，萨马拉国立大学与西安理工大学和北京空间工程研究所合作建立了两个国际空间研究实验室。

应该通过2018—2019年中俄"地方合作交流年"的举办，促进两国教育合作的发展，包括两国的教育机构以联合举办教育论坛的形式。必须充分利用主要的跨区域教育合作框架的潜力，包括中国东北地区与俄罗斯远东、西伯利亚地区大学联盟和"中俄长江—伏尔加河高校联盟"。

调动中俄综合性大学联盟、工科大学联盟、经济类大学联盟、教育类大学联盟等不同合作平台的积极性。除在两国首都之外的地区举行不同形式的专题活动外，推动在共建实验室、联合研究、联合在国际上发表学术论文、联合申请专利等方面取得现实成果。考虑到中俄未来务实合作的重点领域，可推动两国能源、农业、航空航天等领域高校建立行业高校联盟，注重合作成效①。可考虑中俄联合举办大学生创新大赛，并邀请具有前瞻性和竞争性的项目组入驻上海、深圳、青岛等不同城市的科技创业孵化园区。

支持中俄两国相关高校会同两国民意调查机构就中俄关系进行定期民意调查并进行联合研究，一方面掌握和反映有关中俄关系的民意变化，另一方面为国家决策提供有力的民意参考数据。

借中国举办上合组织峰会之际，双方可进一步挖掘上海合作组织框架下教育合作潜力，支持上海合作组织网络大学吸引中俄两国更多地方院校加入。

在中国学习俄语和在俄罗斯学习汉语

汉语和俄语的相互学习是促进两国各领域合作和民间友好的最重要工具之一。俄罗斯对汉语的兴趣在增加：在俄罗斯高等和中等教育机构中，现在约有4万人正在学习汉语。孔子学院也为在俄罗斯汉语和中国文化教学中做出了贡献。另外，由于两国间的积极合作，中国人对俄语的兴趣也有所提高，在中国的高等教育机构中，约有4万人在学习俄语②。

俄罗斯对汉语兴趣的迅速增长已成为客观趋势。据估计，现在俄罗斯有数万

---

① http://russian.cri.cn/3060/2017/07/13/1s609980.htm.
② http://elar.rsvpu.ru/bitstream/123456789/18400/1/edscience_2016_3_132_012.pdf.

人正在学习汉语①。据俄罗斯驻中华人民共和国大使馆介绍，在俄罗斯约有 200 所大学开展了汉语教学，有 2 万人参加了学习，其中 9000 人将汉语作为第一外语。在俄罗斯有 123 所中学开设了汉语课程，有 17000 人在学习汉语②。

到 2020 年，汉语将成为俄罗斯国家统一考试（注：即俄罗斯的"高考"）的一门学科。到 2019 年，在远东地区和外贝加尔地区，中学生在参加统一考试选择外语时便可以选择中文③。这些考试的推出将有助于学习中文的俄罗斯学生人数的增长。

在中国，有 22 个俄语中心，300 多所大学和学校设有俄语课程④。

中共中央办公厅、国务院办公厅发表了《关于加强和改进中外人文交流工作的若干意见》的文件，强调要提高中国大学的声望和品牌知名度，扩大出国留学范围和外国人来华留学，着力加大汉语国际推广力度，支持更多国家将汉语教学纳入国民教育体系，努力将孔子学院打造成国际一流的语言推广机构。

目前，俄罗斯有 22 所孔子学院⑤。2013—2016 年，俄罗斯的许多孔子学院，包括在雅库特、新西伯利亚⑥、伊尔库茨克⑦、布拉戈维申斯克⑧、梁赞⑨等城市，在适应俄罗斯立法和监管环境方面遇到了一些困难。2016—2017 年情况稳定下来，媒体对孔子学院的负面报道减少。

中俄媒体合作

中国和俄罗斯的印刷媒体、电视和广播公司以及互联网媒体正在积极发展各种形式的合作。参与合作的媒体包括今日俄罗斯国际通讯社、《俄罗斯报》、第一频道、卫星通讯社、中央电视台、新华社、《人民日报》、《中国

---

① http：//russiancouncil. ru/analytics – and – comments/analytics/kitayskiy – yazyk – kak – instrument – realizatsii – kitayskoy – mechty/？sphrase_ id =9341174.

② https：//newsland. com/user/epochtimes/content/kitai – privetstvuet – vvedenie – ekzamena – po – kitaiskomu – iazyku – v – shkolakh – rossii/5671307.

③ 《俄罗斯：汉语纳入俄"高考"可选科目体系》，《人民日报》2018 年 3 月 21 日，http：//www. edu. cn/zhong_ guo_ jiao_ yu/guo_ ji_ he_ zuo/hai_ wai/201803/t20180321_ 1590781. shtml；http：//www. trud. ru/article/14 –03 – 2018/1360233_ shkolniki_ dalnego_ vostoka_ v_ 2019_ g_ smogut_ sdat_ ege_ po_ kitajskomu_ jazyku. html。

④ http：//www. xinhuanet. com/asia/2017 – 09/21/c_ 129709643. htm.

⑤ http：//www. chinesecio. com/m/cio_ wci.

⑥ https：//vadim – horin. livejournal. com/20132. html.

⑦ http：//www. 1sn. ru/84840. html.

⑧ http：//www. interfax. ru/russia/457169.

⑨ https：//garvard –78. livejournal. com/7783. html.

日报》、《环球时报》、中国国际广播电台等。2016—2017年的媒体年为密切两国媒体关系做出了重大贡献，双方举办超过250场活动。举办中俄媒体论坛的做法也得到推广。

中俄媒体详细报道两国国内政治生活中的主要事件，但是反映当代文化和社会趋势以及科技成果不足。互联网媒体和内容并不总是对解决这些问题有积极作用，它的一些信息肤浅和不准确。此外，这些信息通常以英语来源为基础，影响着主题的选择和解释。

中俄在大众传媒领域合作的深化，预示着以后可以共同制作新闻和新闻广播，可以提供客观的国际事件报道，在两国之间塑造彼此的良好形象。合作的一个重要发展方向可以是发展上海合作组织成员国、欧亚经济联盟国家和"一带一路"沿线国家媒体之间的多边关系。

2017年11月1日在北京对中俄媒体交流年的成果进行了隆重总结，中国国务院总理李克强和俄罗斯联邦政府总理梅德韦杰夫出席。中俄媒体合作的最重要成果之一是推出了第一个带有中文字幕的俄语电视频道：喀秋莎。这是俄罗斯第一频道和中国中央电视台卫星电视节目有限公司子公司的联合项目。由于双语节目的出现，中国观众有机会了解俄罗斯的艺术、科学、历史和现代文化①。

以主流媒体为主力军，中俄媒体开展了形式多样、内容丰富的合作。2012年起中国国际广播电台俄语部与《俄罗斯报》合作在俄罗斯大城市发行《中国风（俄文）》杂志，对推进中国文化走进俄罗斯发挥了积极作用。《俄罗斯报》还与《中国日报》合作推出《中国观察》俄文专刊。此外，《俄罗斯报》的内容在中国也实现了落地，与《环球时报》合作推出了"透视俄罗斯专刊"。俄罗斯卫星通讯社与新华社、《人民日报》、中国国际广播电视台、中国新闻社也开展了广泛的合作，建立了信息产品互换机制。

2016年10月，在中俄媒体交流年框架下，中国国际广播电台联合俄罗斯卫星通讯社策划推出"丝路中俄"全媒体采访活动，走访"丝绸之路经济带"沿线中国境内重点省市地区，就区域经济、社会、文化等发展现状等话题进行深度采访，全面报道"一带一路"建设与欧亚经济联盟对接合作。2017年4月，中俄合拍大型系列纪录片《这里是中国》在俄罗斯RT电视台、中央电视台等主流媒体播出，传播中俄友好声音，获得两国各界广泛关注与热烈反响。2017年7月，由中国国际广播电台和今日俄罗斯国际通讯社联手打造的"中俄头条"移动应用双语客户端正式上线。"中俄头条"客户端采用中俄两种语言，融合运用图片、文字、音视

---

① https://rg.ru/2017/11/01/v-kitae-zapustili-pervyj-russkoiazychnyj-telekanal.html.

频等多种手段,为两国民众搭建起更为有效的沟通桥梁。

中俄媒体年被认为是两国最成功的人文合作项目之一①。双方共举办250多场活动。举办中俄媒体论坛的做法也得到推广,特别是2017年7月在莫斯科举办的第三届中俄媒体论坛,有来自75家主流媒体的120多位代表参加了会议②。2017年9月在顿河罗斯托夫举办了第二届中俄"新媒体·青年合作"论坛。在论坛的框架下,签署了在顿河理工大学和南方联邦大学的基础上开办中俄青年企业孵化器的协议③。此外,2017年6月在阿斯塔纳举行的上海合作组织峰会上,中方提出了建立上海合作组织媒体合作长期机制的建议,并提出在中国举办首届上海合作组织媒体论坛④。

媒体合作的下一步计划包括联合制作新闻、联合进行信息和新闻发布,以克服西方媒体在新闻议程上的霸权,确保客观报道国际事件,并推动相互在国内形成对方的良好形象。在2017年12月与新闻和出版部门代表的会面中,中俄外交部对西方媒体上对中国和俄罗斯的偏见表示遗憾。他们指出媒体工作的水平必须提高⑤。

中俄媒体对两国国内政治生活中重大事件的报道客观详细,但对当代文化趋势、科技成果(不包括防务技术)、社会生活和"大政治"以外的报道不足。互联网媒体和内容并不总是对解决这些问题有积极作用,它的一些信息肤浅、不准确。此外,这些信息通常以英语来源为基础,影响着主题的选择和解释。媒体用户生成的内容包含大量未经验证的消息,有时可能会涉及敏感话题。

针对这些情况,有必要加强两国媒体之间的合作。特别是有国别研究基础的专业记者,应当对发生在中国和俄罗斯的事件进行完整和准确的报道。业余内容的充斥不应该造成信息领域饱和的错觉,评价中俄媒体合作效果的主要标准应是它的质量。在这一方面,可采取的重要措施包括在现有平台上的继续合作对话,在传媒大学之间建立伙伴关系,并联合举办最佳新闻作品竞赛。

考虑到2018—2019年是两国地方合作交流年,有必要将地方媒体也纳入合作轨道。

中俄民间交往的发展,民间外交

中俄两国民间正在形成的友好关系、公众对双边合作的支持与最高

---

① http://tass.ru/obschestvo/4903631.
② https://rg.ru/2017/10/30/smi-ukrepliaiut-fundament-sotrudnichestva-rf-i-knr.html.
③ http://www.ruy.ru/press/fednews/v-rostove-na-donu-sostoyalya-/.
④ 潘光:《"丝绸之路"与中俄文化交流》,http://www.sohu.com/a/219291470_618422。
⑤ http://russian.news.cn/2017-11/24/c_136777269.htm.

政治层面高度互信相辅相成。据民意调查显示，大多数俄罗斯公民将中国视为合作伙伴和友好国家。尽管如此，目前阶段两国人民之间多方面的交流没达到它应该达到的水平。中俄友好协会、俄中友好协会、中俄友好和平与发展委员会以及俄中友好和平与发展委员会等民间外交机构能够为深化中俄两国人民之间的相互了解和扩大接触做出重要贡献。2018—2019 年是中俄"地方合作交流年"，这为扩大两国社会之间的交流提供了新动力。

此外，促进中俄关系发展的一项重要措施是简化中俄之间的签证制度。包括对中国在内的一些国家使用电子签证的简化签证制度已经在俄罗斯远东一些地区开始实行。符拉迪沃斯托克自由港从 2017 年开始实施，堪察加和萨哈林岛自 2018 年起开始实施。

根据民意调查，中国在俄罗斯最重要和最有价值的合作伙伴中排名第一。62% 的受访者表示俄罗斯与中国的关系最为友好①。根据全俄公众舆论研究中心2017 年 2 月发布的一项民意调查，50% 被调查的俄罗斯人认为中国是俄罗斯的战略和经济伙伴，这是自 2005 年以来的最高水平②。相应地，在中国老百姓的眼中，俄罗斯也成为重要的国际合作伙伴。两国人民亲密关系的发展是中俄关系全面快速发展的体现。中俄官方表示支持两国多方面的民间交流与合作，认为这是对国家关系的有效补充。

在宣布 2018—2019 年为中俄地方合作交流年的背景下，中俄公众交流和民间外交继续发展③。边境地区和跨地区合作继续进行，包括传统上就是中俄关系重要组成部分的文化和人文领域的合作也不断深化。这是因为中俄有 4300 公里的共同边界，两国人民之间有着密切的文化和历史关系。两国地区间、边境地区间、友好城市间的友好交往有着丰富的内容，包括基础设施建设、跨境旅游发展、研究与建立旅游合作新区，以及寻求旅游领域跨界合作等。

民间外交机构在地区合作中发挥着特殊作用。一方面，俄中友协是这一领域最重要的机构。2018 年，俄中友协计划将它的地区分支机构数量翻番。从长远来看，俄罗斯考虑每个俄罗斯地区都与中国的一个省建立互惠关系。另一方面，俄中友协也准备在中国多个省份设立地区分支机构④。

中俄友好和平与发展委员会也为促进民间外交、推动两国在重大问题上的交

---

① http：//russian. news. cn/2018 - 01/16/c_ 136899674. htm.
② https：//wciom. ru/index. php？ id = 236&uid = 116055.
③ http：//tass. ru/mezhdunarodnaya - panorama/4853729.
④ https：//news. rambler. ru/other/38749001/？ utm_ content = rnews&utm_ medium = read_ more&utm_ source = copylink.

流做出了重要贡献。

在中俄民间交往发展的背景下，实质性简化乃至完全取消签证制度仍是现实问题。2017年8月，符拉迪沃斯托克开始在自由港实施简化签证制度。包括中国在内的18个国家的公民可以在入境前4天在特定网站申请电子签证，并免费获得电子签证。从2018年1月1日起，这个制度开始在堪察加和萨哈林地区实行。11个边检站将按照新制度操作。2018年，计划开放 Пограничный、Хасан 和 Махалино 三个铁路边检站，Полтавка 和 Турий Рог 两个公路边检站，还有 Зарубино、Петропавловск - Камчатский、Корсаков 和 Posiet 四个海上边检站①。

中俄高层已决定在武汉开设俄罗斯总领事馆，在喀山开设中国总领事馆②，已于2018年8月开馆。俄罗斯驻武汉总领事馆的领事区将包括湖北省、湖南省、贵州省、四川省和重庆市，中国驻喀山总领事馆的辖区将覆盖伏尔加联邦管区。

就进一步发展中俄民间交流，主要可提出建议：

——设立一个特别工作组，讨论简化现行签证制度乃至完全取消签证制度问题；

——完成政府间关于孔子学院在俄罗斯、普希金学院在中国活动的政府间协议草案，并在进行国事访问时签署该协议。

中俄旅游合作

近年来，中俄相互旅游流量不断增加。在到俄罗斯的境外游客中，中国游客在远外国家（指原苏联国家之外的国家）排名第一，而中国也是俄罗斯游客第二大受欢迎的目的地。2017年1—9月，俄罗斯的中国游客数量增长了16%，中国的俄罗斯游客增长了25%。

双边旅游发展的成功基于两国在国家层面和旅游行业采取的大规模措施。两国对团体游客免签证制度推动了团体游客的增长。此外，两国还采取了特殊措施来提高服务质量，为居留提供舒适条件，并考虑到游客的兴趣，推出了专门的项目和路线以吸引对方的游客。

2017年1—9月，俄罗斯赴华旅游人数达到147.8万人次，比2016年同期增

---

① https://minvr.ru/press-center/news/11139/.
② https://news.rambler.ru/politics/34666801-matvienko-mezhregionalnoe-sotrudnichestvo-s-kitaem-nabiraet-oboroty/.

长25%。访问俄罗斯的中国游客总数为124.3万人，同比增长16%[①]。其中团体游的游客约84万人，比2016年同期增加24%[②]。中国游客是俄罗斯最大国际游客群体，而中国正在成为俄罗斯公民境外旅游的主要方向之一。

中俄双边旅游的积极发展基于两国政府采取的各种措施：首先，2012年在中国举办了俄罗斯旅游年和2013年在俄罗斯举办了中国旅游年[③]。其次，简化签证制度也有助于旅游人流的增长：2000年，中国和俄罗斯签署了免签证团体旅游的政府间协议[④]。再次，两国旅游业都开通了新的路线，并启动了跨境旅游列车[⑤]。双方正在开展适应市场需求的主题旅游项目，包括"红色旅游"路线，参观军事荣耀之地，生态旅游等[⑥]。最后，两国高度重视旅游服务业的发展，并正在研究提高旅游服务质量的问题。在莫斯科、圣彼得堡等俄罗斯主要城市，机场和公共场所增加了中文标志和信息站，并扩大了中国银联支付的范围[⑦]。在"友好中国"项目[⑧]的框架内，提出了一系列类似的倡议，使得中国游客在俄罗斯逗留大大简化。与此同时，中国的三亚和北戴河已成为俄罗斯公民的热门旅游目的地。此外，两国旅游机构在互通信息、展览、投资旅游、旅游保险、旅游教育等领域开展密切合作，包括在合作备忘录框架内，也包括为拓展联系进行的交流[⑨]。

现阶段，两国旅游已经从简单的观光转向行业间更深层次的合作，从国家和区域层面的合作扩展到二、三线城市，从到边境城市转向到内地城市。在这种情况下，就旅游政策、市场需求、服务标准等问题进行系统研究和广泛合作将有助于促进现有旅游项目的发展和新旅游项目的开拓。

建　议

2017—2018年年初，国际局势面临新的挑战，中俄两国国内都有重要政治

---

① https：//www.russiatourism.ru/contents/statistika/statisticheskie - pokazateli - vzaimnykh - poezdok - grazhdan - rossiyskoy - federatsii - i - grazhdan - inostrannykh - gosudarstv/vyborochnaya - statisticheskaya - informatsiya - rasschitannaya - v - sootvetstvii - s - ofitsialnoy - statisticheskoy - metodologiey - otsenki - chisla - vezdnykh - i - vyezdnykh - turistskikh - poezdok/.

② https：//tourism.interfax.ru/ru/news/articles/44938/.

③ http：//www.visit - russia.ru/gody - turizma - rossii - i - kitaya - 2012 - 2013.

④ http：//www.visit - russia.ru/soglashenie - mezhdu - pravitelstvom - rossiyskoy - federacii - i - pravitelstvom - kitayskoy - narodnoy - respubliki.

⑤ http：//bbs.qyer.com/thread - 795289 - 1.html.

⑥ http：//travel.people.com.cn/n1/2018/0227/c41570 - 29836443.html.

⑦ https：//wap.xinmin.cn/content/31345309.html.

⑧ http：//chinafriendly.ru/.

⑨ http：//www.scio.gov.cn/31773/35507/35513/35521/Document/1562527/1562527.htm.

事件发生。两国加深在全球和地区现实问题上的合作,在一些优先合作领域取得了可喜成果:两国双边贸易额增加、地区间合作范围扩大、人文合作得到加强。但是加强中俄在各层面的合作仍然是两国重要的任务。合作途径和合作机制的完善也要求对两国内外政策的优先方向进行优化。为此提出以下措施供讨论:

一 政治对话、全球治理和地区安全问题

1. 持续发展中俄伙伴关系决定了需要制定考虑两国共同利益和互补潜力的长远合作的详细战略纲要。

2. 国际局势不确定性增加、军事政治局势恶化、对中俄具有战略意义的重要地区遭受的威胁不断增加,在这种情况下,必须继续协调中俄的外交努力、巩固军事部门的合作、完善对危机和紧急情况联合反应机制,包括举行联合军演。

3. 继续深化中俄在上海合作组织平台上的安全合作,保障地区安全和中亚、南亚所有国家的利益。由于印度和巴基斯坦加入上海合作组织,必须平等地考虑所有成员国的利益,组织内的决策机制要适应形势的变化。现实问题是加强上海合作组织的经济合作、发展经济领域的具体合作形式。

4. 在东北亚地区,中俄的注意力应集中在缓和朝鲜半岛的紧张局势上。两国应促进韩朝进行直接对话,推动两国以"双暂停"为基础的倡议。两国应对朝鲜半岛无核化和联合国安理会的制裁保持统一立场。

5. 中俄在中东共同努力,帮助叙利亚的战后恢复,巩固地区信任,推动在中国、俄罗斯、美国和欧盟作为观察员国参与下的地区安全体系的建立。

6. 信息空间已经是中俄合作的领域之一。中俄应当继续积极推进合作态势,充实信息领域已达成合作协议的内容,保障信息安全,联合研究信息技术,开发高科技产品。两国应当推进保障信息安全的途径和技术,继续实施在地区、全球组织框架内已开始的项目和倡议,包括在金砖国家和联合国的框架内。

7. 巩固信任是全面发展两国伙伴关系的重要任务,包括通过媒体间、非政府组织间的深入合作,以及继续举办各种主题的国家年活动。

二 欧亚合作

8. 俄罗斯方面强调,有系统、有计划地发展所有利益攸关方参与的大欧亚伙伴关系符合中俄两国的利益。现阶段重要的任务是确定最优化的合作制度。必须加强中俄各部门之间的联系,制定具体措施,实施建立大欧亚伙伴关系的协议。

9. 继续丝绸之路经济带与欧亚经济联盟的对接是中俄合作的优先方向。中国与欧亚经济联盟经贸合作框架内大规模方案(首先是交通物流领域)的实施,可以让两国获得实质性的好处。对接实际上为发展俄罗斯的交通中转潜力、巩固

两国社会、科教联系提供了机遇。

10. 中俄学者需要就欧亚一体化倡议进行对话,并且邀请所有感兴趣的国家参与;需要研究学者之间的合作方式,让他们为欧亚广泛一体化合作确立优先方向,并且提供论证。

11. 在丝绸之路经济带与欧亚经济联盟对接的前提下,北极地区对中俄合作越来越重要。有发展前景的合作领域是共同在俄罗斯的北极地区开发矿产、开发北部海洋的过境潜力和进行北极的科学研究。中俄应当加强保护北极环境的合作,相互协作研发北极生态清洁技术和生态环境监督机制,预防北极受到污染。

三　经贸合作

12. 2017 年中俄双边贸易出现了可喜的发展。要在 2020 年达到两国设定的 2000 亿美元的贸易额需要良好的贸易环境,减少和/或取消两国商品进入对方市场的贸易限制。还需发展交通物流设施、简化海关程序、巩固两国企业家的联系,特别是中小企业。

13. 俄罗斯对中国出口主要是矿物燃料,中俄在俄罗斯的项目主要在能源领域。俄罗斯需要出口多样化。对俄罗斯来说重要的是让中国资金不仅投到能源部门,还要投到俄罗斯的原料深加工领域。特别有前景的是数字经济和高科技领域的合作。

14. 进入中国市场时,许多俄罗斯生产商面临贸易限制:关税和供应配额、许可证、动植物检疫限制。俄罗斯积极向中国出售农工综合体产品,但要再增加出口量碰到了关税限制问题,并且中国对此类产品有硬性要求。俄罗斯应当与中国方面就降低关税壁垒继续进行谈判。必须全面调整俄罗斯现有的支持出口商的机制。比如,补贴铁路集装箱运输,保障更多俄罗斯公司获取关于补贴方法和条件的所有信息。

15. 现在中俄两国的公司都缺少在对方国家经商的必要信息,没有深入理解"游戏规则"和对方市场的增长点,这遏制了双边贸易额的增长和投资合作的扩大。比如,对俄罗斯商人来说困难的是如何对出口到中国的商品定价,如何寻找合作伙伴,以及质量认证、保护知识产权等问题。进入俄罗斯市场的中国商人对俄罗斯的法律不是很了解。两国商人应当事先认真研究对方市场,了解它的运行规则。必须扩大专项培训项目的规模,给两国商业组织进行专门的法律培训,这些培训应当由国家、支持出口组织及商业协会来进行。对合作有兴趣的公司也可以聘请国情专家。

16. 遵守两国鼓励和保护相互投资政府间协议的要求。俄罗斯商人应当关注中国投资政策的有利变化:增加外资引进的鼓励措施,包括扩大允许外资进入的行业范围;在外国法人把收入再投入到国家鼓励的行业项目的情况下,取消它们的临时所得税。在西方一些国家对俄罗斯实施制裁时，必须保障两国金融体系之间的业务不间断。

17. 发展密切的地区间跨边境合作、把两国更多的地区列入合作范围也是中俄合作的优先方向之一。地方层面已经制定新的激励方法，包括联合合作机制、专门税收优惠制度（超前发展区、符拉迪沃斯托克自由港模式区）。重要的任务是保障这些特别区域的必要功能，包括减少行政束缚、发展基础设施。要研究俄罗斯与中国进行经贸和投资合作地区的成功经验，在商人和政府管理机构中宣传好的实践经验和所犯的典型错误。还必须把合作系统化，组建专门的工业群，把生产相应商品所有环节的企业、研发中心和干部培训中心集中在一个地方。

四　人文合作

18. 巩固中俄人文合作必须有重要项目的支撑，比如作为成功合作榜样的中俄联合大学。这些项目可以为中俄人文合作机制的发展创造条件。这些项目所积累的正面和反面经验可以用在以后的大小项目中。这项工作应当常态化。要把更多不同阶层的人、更多的非政府组织和社会组织吸引到两国的合作中来。必须把更多人积极参与中俄友好交往作为双边合作的标准。考虑到高科技在网络和社会生活中越来越重要的作用，两国应当积极利用网络平台和社交网络作为扩大合作的工具。

19. 必须在两国教育改革的基础上发展两国的科教合作。考虑到两国不断扩大的科教联系，可以相互研究对方教育改革的成功经验，培养干部。这样的工作可以在两国教育部的层面上进行。

20. 发展科教领域合作方法的一个新事物是建立大学联盟。现阶段大学联盟没有对教育合作发展有很大贡献，联盟的主要活动是相互访问，研究国外的经验。必须全面开发中俄大学联盟的潜力，把它作为发展联合实验室和联合研究的平台。两国大学可以集中在能源、农业、创新行业、航空航天工业的具体项目上。这是有发展前景的合作方向。在大学联盟的平台和联合实验室的框架内研发出的创新产品将来可以推广到具体的生产中，使其能够得到实际应用。考虑到要举办地区合作国家年，必须发展主要地区间的教育合作，包括俄罗斯远东、西伯利亚大学和中国东北地区大学联盟以及中俄长江—伏尔加河高校联盟。

21. 加深两国媒体间的务实合作非常重要，包括联合制作新闻、协调双方信息和新闻播放、保证客观报道国际局势、两国相互在国内给对方创造良好的形象。中俄两国媒体不仅要报道两国国内外重要事件，还要报道两国社会文化生活和科技成果。受过国情学教育的职业记者应当报道中俄两国完整的、认真核实过的新闻事件画面。可以在培养媒体记者的大学间建立伙伴关系，联合举办最佳新闻的评选活动。

22. 继续巩固中俄全面和多边合作要求有专家的支持。要在两国主要研究机构的基础上发展稳定的专家对话机制，可以以下列现有的合作形式为基础：每年俄罗斯国际事务委员会举办的中俄关系研讨会、中国社会科学院倡议成立的中俄战略协作高端合作智库、复旦大学国际问题研究院的活动、俄罗斯科学院远东研究所的活动。在这个领域重要的合作方向是建立中俄学术机构间的伙伴关系，共同举办专家咨询和学术实践活动，出版学术研究成果，在中俄两国的学术出版物和媒体上发表研究成果、提出建议。

23. 2018年俄罗斯举办了世界杯足球赛，2022年中国要举办冬奥会，两国体育界合作有了新的动力。大型体育赛事可以为促进两国人民间的友好往来创造条件。到时也可以组织两国多边的文化论坛和专家会面。

24. 在两国人民友谊不断发展、两国旅游人数不断增加的情况下，一个重要的问题是简化两国之间的签证制度，直至最后取消签证。要成立工作小组讨论简化乃至取消签证制度的建议。

中俄人文合作绩效评估与可持续发展研究（2000—2017）[*]

中俄人文合作是中俄全面战略协作伙伴关系的有机组成部分，也是我国建立的第一个对外人文交流合作机制。经过16年的发展，中俄人文合作已成为大国间文明对话的典范，不仅传承了两国"世代友好、永不为敌"的共同心愿，使中俄友谊之花长盛不衰具备了丰厚的土壤，同时促进了两国各领域的务实合作和深度交流，提升了中俄全面战略协作伙伴关系的质量和分量，也为实现国际安全稳定与世界和平发展提供了助力。

一 中俄人文合作的战略背景

当今世界处于多样文明交流融汇的时代，人文因素在各国交流合作中的地位与作用日益凸显。习近平总书记强调"国之交在于民相亲，民相亲在于心相通"，党中央、国务院高度重视对外人文交流合作。坚定不移地推进和发展各国人民之间的友好关系，是加强民心相通的重要举措，更是加强和拓展我国软实力影响的重要路径。

（一）中国软实力拓展与公共外交之需

随着综合国力和国际影响力的提升，中国进入新的发展阶段，正在经历从富到强的历史性飞跃，日益靠近国际舞台的中心。在经济、军事等硬实力稳步增长的同时，软实力的迫切性和重要性也逐渐凸显。软实力是对硬实力的补充，能够为国家发展提供强大的精神动力和智力支撑。全面提升软实力，有助于增强民族凝聚力，加强民族自豪感和自信心。

---

[*] 课题负责人：冯玉军；课题组成员：李东、尚月、韩奕琛。

公共外交是提升软实力、扩大影响力、打造凝聚力的有效工具之一。随着对外工作的主客体、形式和内容日趋多样化，仅依靠政府和官方渠道往往难以应对。公共外交作为政府外交的重要补充，在外交政策的制定和实施过程中发挥着独特作用。与政府外交"自上而下"的决策与施政过程不同，公共外交强调"由下而上"，形式更加灵活多变，从影响公众的态度入手，以柔性、非官方和间接途径影响政府外交政策的制定与实施。公共外交可促进中国与世界的相互认知，推动中国与世界的良性互动。只有处理好国家与世界的关系，为国内发展营造良好的外部环境，才能进一步促进硬实力的发展。

中国高度重视发展软实力和公共外交。党的十七大报告中指出，"当今时代，文化越来越成为民族凝聚力和创造力的重要源泉、越来越成为综合国力竞争的重要因素"，并首次提出"提高国家的文化软实力"。[①] 党的十八大报告则明确提出，"文化软实力显著增强"是我国全面建设小康社会的五点新要求之一，要开创中华文化国际影响力不断增强的新局面，并指出"我们将扎实推进公共外交和人文交流""加强人大、政协、地方、民间团体的对外交流，夯实国家关系发展社会基础"。[②] 这样，增强软实力和发展公共外交被提升至国家发展战略的高度。

为提升软实力和推进公共外交，中国政府积极推动对外人文领域合作。

第一，人文合作有助于增信释疑，为改善国家间关系打造坚实的民意基础。相互理解与信任是国家之间交往的基础。缺乏信任缘于不了解，囿于刻板印象和思维定式。人文交流是连接人与人、心与心、国与国之间的桥梁。通过开展人文领域公共外交活动，主动向世界发出自己的声音，展示一个合作、开放、负责任的大国形象，可以减少他国对中国发展的误读，消除文化和心理隔阂，赢得他国公众对中国发展的理解和支持。只有拥有坚实的民意基础，国与国之间的友好关系才能更加稳定。

第二，人文合作有助于为中国和平发展创造良好的国际环境。人文合作往往以潜移默化的方式，推广本国的文化和价值观，塑造良好的国际形象，以期获得国际社会的广泛认可和支持。其实质是为发展程度各异、历史文化传统不同的各国人民建立互信，寻找共同语言，最终为硬实力的发展创造更加广阔的外部空间，进一步实现和保护中国的国际战略利益。

第三，开展人文领域公共外交，拓展软实力是中国打造大国形象的需要。发

[①] 《胡锦涛在中国共产党第十七次全国代表大会上的报告（全文）》，http://cpc.people.com.cn/GB/64162/64168/106155/106156/6430009.html。

[②] 《胡锦涛在中国共产党第十八次全国代表大会上的报告》，http://www.xinhuanet.com/18cpcnc/2012-11/17/c_113711665.htm。

展文化软实力已经被提高到国家发展战略和对外战略的高度。作为提升软实力的重要途径,人文交流有利于增强文化自信,提高国际竞争力和影响力。同时,作为负责任的大国,中国可借助人文合作向外传播"和平共处""和谐发展"的外交理念,扩大发展中国家在国际舞台上的发言权,推动国际秩序和国际体系朝公正合理方向发展。

第四,人文合作是双边关系的润滑剂和黏合剂,可对其发挥独特作用。由于形式相对灵活多变,人文合作可作为发展两国关系的突破口,推动双边关系的稳定、健康、稳固发展,发挥不同于传统政府外交的独特作用。重视人文交流是中国的优良传统。1971年,正是中美两国乒乓球队的友好往来推动了中美两国关系正常化的进程,也加速了新中国走向世界的步伐。

(二) 中俄关系发展之必然

俄罗斯独立至今,中俄关系历经20余年的探索、发展。在两国领导人和人民的共同努力下,中俄关系取得巨大的成就。1996年,中俄两国建立战略协作伙伴关系。2001年,中俄两国签署《睦邻友好合作条约》,将不结盟、不对抗、不针对第三方的新兴国家关系和世代友好理念用法律形式固定下来。2011年,两国元首共同将中俄关系提升至全面战略协作伙伴关系的新阶段。时至今日,中俄关系发展成为系统性、全面性的双边关系。双方在政治、经济、军事、文化等各领域建立起一系列多层次、多级别、多部门的定期会晤及合作机制。可以说,中俄关系处于历史最好时期。

中俄人文交流机制的建立是两国关系与时俱进的成果,开辟了中俄合作的崭新领域。随着两国政治、经济关系的不断加强,两国在科技、文化、教育、体育等方面的合作和交流日益增多。人文合作丰富了中俄全面战略协作伙伴关系的内涵,有力推动了中俄关系长期健康稳定发展。在两国各领域合作中,人文合作越来越彰显出强基固本的独特优势,为深化务实合作增添新动力。

人文合作是一项民心工程,有助于夯实中俄全面战略协作伙伴关系的民意基础。尽管中俄两国有4300公里的共同边界,两国的交往史已跨越四百余年,但两国人民之间的相互认识并不深入。两国的历史发展进程不同,两国人民的历史记忆不同,特别是复杂的历史纠葛、迥异的文化传统、经济实力此消彼长的现实状况导致两国不少民众对庞大的邻国充满了误解、警惕甚至敌意。俄罗斯社会曾长期流传"中国威胁论""中国企图悄悄占领远东和西伯利亚"、俄罗斯沦为"中国小弟"和能源附庸的不友善的声音。而在中国的大众社会意识中,俄罗斯继承了沙俄的侵略性和苏联的专制僵化,俄罗斯是不稳定、不安全的没落国家。这样的民意基础使中俄关系各个层面互信不足,经常出现非理智行为并伴随强烈的感情色彩。这无助于两国关系的深入发展,与两国不断深化的政治经济关系并不相称，甚至成为两国务实合作的障碍。

为消除类似的偏见和误会，改善普通民众之间的相互认知，必须加深互相了解。人文合作是打开民心的金钥匙。只有创造机会加强人与人之间的直接交流，才能有机会认识对方、了解对方、尊重对方，培养对另一方的好感，为两国之间更好的发展合作奠定基础。此外，在多元文化彼此交汇的当今时代，为进一步发展和深化中俄关系，必须向未来一代传承中俄"世代友好、永不为敌"的理念。建立普通民众间紧密的联系，培养青年一代的好感，这是未来两国和平共处的基础。

人文合作是落实"一带一路"倡议的重要举措。2013年，习近平主席提出"一带一路"的伟大构想。"一带一路"建设秉持共商共建共享原则，弘扬开放包容、互学互鉴的精神，坚持互利共赢、共同发展的目标，奉行以人为本、造福于民的宗旨。"一带一路"建设强调沿线国家民心相通，强调文化先行，通过深化与沿线国家的文化交流活动，促进区域合作，实现共同发展，让命运共同体意识在沿线民众心里落地生根。俄罗斯是"一带一路"沿线重要国家。2015年，习近平主席和普京总统签署并发表《丝绸之路经济带建设和欧亚经济联盟建设对接合作的联合声明》，强调两国将共同推进丝绸之路经济带与欧亚经济联盟对接合作。丝绸之路是经贸合作之路，更是人文交流之路、友谊之路。民心相通是两国发展战略有效对接的基石。在推进"一带一路"建设的背景下，中俄人文合作的前景将更加广阔，契合点将更多，将继续为双边关系的健康可持续发展打造深厚的根基。

（三）顺应国际发展大势

当今世界正处在大发展、大变革、大调整时期。世界多极化、经济全球化、信息网络化深入发展，国际格局发生新变化，国际力量对比出现新态势，综合国力竞争和各种力量较量更趋激烈。综合国力的内涵日益多元化，除传统的经济、军事等硬实力外，由文化、价值观、意识形态、对外政策等组成的软实力也成为国家核心竞争力之一，在国际竞争中发挥不可替代的作用。软实力代表一个国家的吸引力，既包含对本国民众的凝聚力，也体现国际舞台的竞争力和吸引力。在当今文化与价值观的影响力愈发凸显的时代，国家发展需兼顾硬实力与软实力，国家的崛起需要文化和意识形态做支撑。

因此，传统国际关系正逐渐从经济关系、政治关系拓展至人文关系、文化关系。在现代国际关系中，两个国家建交初期更多关注政治合作、经济合作、安全合作等传统领域，但随着双边关系的逐渐发展，最终需要借助文化和人文纽带促进上述各领域合作的顺利进行。"国之交在于民相亲，民相亲在于心相通"，人与人之间的交往与联系日益成为维系国家间关系的重要支柱。人文合作在增进两国人民的了解和友谊、促进国家关系持久稳定健康发展方面发挥着不可替代的作用。世界各国均越来越重视人文合作。人文合作成为双边关系的重要领域。

二 中俄人文合作发展历程与成就

21世纪以来，中俄两国人文交流的广度和深度不断加强，合作逐渐机制化。中俄人文合作机制自2000年建立以来，从最初只涉及教育、文化、卫生、体育四个领域合作的中俄教文卫体委员会，逐步发展成为今日涵盖教育、文化、卫生、体育、旅游、媒体、电影、档案、青年九个领域的人文合作委员会。在两国政府的引导下，中俄人文合作渠道更宽、领域更广、程度更深、成果更多，影响力、亲和力、感召力不断显现，成为大国间文明对话的典范。

（一）中俄人文合作发展历程与成果

中俄关系长期稳定发展、两国人民世代睦邻友好，符合双方根本利益，也有利于世界的和平、稳定、繁荣和发展。2000年12月，为进一步推动中俄战略协作伙伴关系的全面发展，统筹规范中俄在教育、文化、卫生、体育领域的合作，并使其机制化，中俄两国在总理定期会晤机制框架下成立了副总理级中俄教文卫体合作委员会，下设教育、文化、卫生、体育四个合作分委会，并商定每年举行会晤。之后，各分委会相继召开了第一次会议，制订了各领域合作计划，并积极组织实施，取得了显著成效。中俄教文卫体委员会的成立是两国人文合作机制化的开端。中俄教文卫体委员会在促进两国人民思想、感情和心灵的交流，增进相互理解和信任，巩固中俄战略协作伙伴关系的社会基础方面的作用，随着时间的推移而愈发显现。

2001年，中俄两国签署《中俄睦邻友好合作条约》。该条约的签署标志着中俄关系进入新的发展阶段，在中俄关系发展史上具有里程碑意义。条约贯穿两国"世代友好、永不为敌"的和平思想，为中俄永做好邻居、好伙伴、好朋友奠定了牢固的法律基础。《中俄睦邻友好合作条约》确定了未来发展两国合作的优先方向，其中包括人文和文化领域合作。在此背景下，中俄教文卫体合作委员会召开第二次会议。除已有的四个分委会之外，委员会决定成立旅游合作工作小组，并将逐步拓展其他领域的合作，创造条件使各领域的具体机构建立起直接的交流合作关系。会议对中俄双方合作开展教育、文化、卫生、体育、旅游领域的具体合作项目进行了讨论，并达成共识。

之后，中俄教文卫体委员会的工作稳步推进，不断挖掘人文领域新的合作潜力，扩展新的合作项目。2002年，中俄教文卫体合作委员会举行第三次会议，决定在委员会框架内成立中俄广播电视电影合作工作小组和中俄媒体合作工作小组。2003年,中俄教文卫体合作委员会第四次会议批准成立中俄档案合作工作小组,并将其纳入委员会的工作机制。经过四年的实践和发展,两国人文交流扩大至八个领域,合作层次不断加深,人文合作内涵日益丰富。

2005年,两国首创性地提出互办"国家年"的倡议,自此创造中俄互办大型主题年活动的新传统。2005年7月,时任中国国家主席胡锦涛访俄期间与普京总统共同宣布,中俄两国将于2006年在中国举办"俄罗斯年",2007年在俄罗斯举办"中国年"。中俄互办"国家年"是双方为增进两国人民世代友好,全面提升中俄战略协作伙伴关系水平采取的重要举措,是中俄关系史上的一个创举。"国家年"为一项系统性工程,涉及范围广,活动规模大,参与层次高。历时两年的中俄"国家年"举办了包括八项国家级大型活动在内的500多项活动,其中包括俄罗斯文化节、北京—莫斯科中俄友谊汽车拉力赛、俄罗斯高校展、中俄科学合作论坛、中国国家展、中国文化节、丝绸之路展、当代中国电影周、京剧巡演、西藏文化周等丰富多彩的活动。两国民众广泛参与,在直接交流中增进了相互了解和友谊,加深了两国政治互信,推进了务实合作,以丰硕的成果在两国关系史上写下了辉煌的一页。

2007年7月,中俄教文卫体合作委员会更名为中俄人文合作委员会,并举行第八次会议。委员会下设教育、文化、卫生、体育、旅游、媒体、电影、档案八个领域的合作分委会和工作小组,秘书处设在中国教育部和俄罗斯教育科学部。双方一致同意将中俄"国家年"人文领域重要活动机制化,进一步推动中俄人文领域各项合作。"国家年"活动成为人文领域机制化项目,成为增进两国人民友谊、深化两国各领域合作的重要平台。

2009—2010年,中俄两国分别举办"俄语年"和"汉语年"活动。这是中俄继成功举办国家年之后,为推动中俄世代友好,促进各领域战略协作的又一重大举措。语言年框架内,两国举办了一系列文化和教育领域竞赛、节日、研讨会、展览、音乐周、文化周等活动。俄罗斯超过130所高校开始教授汉语,20所中学把汉语作为第一外语。两国100余所高校的数千名大学生直接参与到语言年活动中。两年时间里,俄罗斯新开设5家孔子学院,中国新设5家俄语中心。语言年掀起两国人民对对方语言的学习热情,打破两国各行业专家之间的语言障碍,进一步促进了两国文化的交流。

2010年,在中俄人文合作委员会第十一次会议上,中俄人文合作扩大至青年交流领域。双方决定在委员会框架内成立青年合作分委会。同年9月,俄罗斯文化中心在北京成立。

2011年,恰逢《中俄睦邻友好合作条约》签署10周年和中俄战略协作伙伴关系建立10周年,中俄人文合作开始向多边合作拓展,中俄人文合作委员会第十二次会议决定共同推动上海合作组织框架内包括人文在内的各领域多边互利合作，继续加强在人才联合培养方面的合作，并成立"中俄人文交流专项奖学金"。

2012—2013年，中俄相继举办俄罗斯旅游年和中国旅游年，旅游成为两国人文合作的新亮点。在旅游年框架内，两国共举办600余项内容丰富、形式多样的活动，包括中俄旅游投资项目论坛、莫斯科—北京汽车拉力赛、千名俄罗斯游客游览中国、中俄名校大学生节、精彩中国国家文化研究之旅等。两年之内，中俄游客达到330万人，中国成为俄罗斯游客的第三大旅游目的地。在两国旅游部门的共同努力下，两国旅游交流合作日趋深化，由单纯的游客互访向全方位产业合作发展，由国家和省级层面合作向二、三线城市推进，由边境地区先行向内陆更大范围延伸。除传统旅游线路外，旅游线路和目的地大幅扩展，旅游机构间的合作蓬勃发展。双方将红色旅游作为旅游合作的新增长点。中俄旅游合作明显加深了两国人民对对方国家的了解，提升了中俄两国作为旅游目的地在国际旅游界的影响力。2012年，中俄人文合作委员会召开第十三次会议，共同制定《中俄人文合作行动计划》，为此后十年中俄人文合作提供了行为准则。同年12月，中国文化中心在莫斯科成立。

2014—2015年，中俄相继举办青年友好交流年。两国共计开展600余项活动，为两国青年搭建了互动互信、互学互鉴的平台，增进了两国青年的友谊，使中俄世代友好理念薪火相传，为两国青年未来参与中俄合作奠定了基础。2015年，中俄人文合作委员会组织了一系列活动纪念第二次世界大战胜利70周年，激发了两国民众的爱国主义精神和历史荣誉感。通过这些活动，两国民众对双方在战争中凝结的深厚友谊产生了更加深刻的理解，共同铭记历史，缅怀先烈，共同开创更加美好的未来。

2016—2017年，中俄相继举办中俄媒体交流年。媒体担负着传播信息、沟通交流的重要责任，是事件的记录者、见证者和传播者，能够更广泛、更深入地向两国人民做深入介绍。"中俄媒体交流年"为两国媒体扩大交流与合作提供了良好机遇。两国媒体积极开展合作，为推进中俄各领域互利合作营造更加有利的舆论环境。在中俄媒体交流年框架内，中国国际广播电台联合俄罗斯卫星通讯社推出"丝路中俄"全媒体采访活动；中俄媒体论坛实现机制化、常态化；中俄合拍纪录片《这里是中国》《你好中国》等一批批优秀作品相继播出。

经过十余年的实践和探索，中俄人文合作领域不断拓宽，合作内容日益深入，合作质量不断提高，两国文化的影响力、亲和力、感召力不断显现。

（二）中俄人文合作的显著特点

第一，政府主导多方参与，人文合作高度机制化。一方面，中俄两国政府始终主导两国人文合作，引领两国人文合作的发展方向，指导具体项目的实施。中俄建交以来，两国建立起与双边关系相适应的高效、务实的合作机制，包括元首互访机制、中俄总理定期会晤机制等。自2000年起，中俄人文领域合作被纳入总理定期会晤机制，为人文合作建立起制度化保障。人文合作每一具体领域均有专门的分委会或工作组推动实施。另一方面，在两国各级政府的带动下，社会各界各领域积极广泛参与，大多建立起直接对话合作渠道，民间人文交流同样机制化发展。1997年，为加深中俄人民的相互理解和传统友谊，中俄成立中俄友好、和平与发展委员会，有力补充了中俄人文合作委员会的工作。中俄人文合作渠道宽、领域广、程度深、形式多、成果优。

第二，主题年活动日趋多样化。近年来，在中俄副总理级人文交流机制的引领下，大型主题交流年活动成为中俄人文合作的重要顶层设计形式，双方相继互办了"国家年""语言年""旅游年""青年友好交流年""媒体交流年"。主题年活动覆盖面广，参与主体广泛，社会反响热烈。"国家年"期间，两国首次全方位向对方国家人民介绍本国历史和文化，展现发展成就。得益于国家年活动的成功开展，两国在各领域的合作得到进一步拓展，两国及两国人民的友谊进一步深化，两国人民对彼此历史文化的了解和兴趣不断提升。国家年为其他大型主题年活动的成功举办打下了良好的社会基础，积累了宝贵的组织经验。大型主题年活动已成为中俄人文合作的最大亮点之一，表明两国不仅在政治经济方面，也在人文交流方面构筑起稳固的支点。

第三，人文合作参与主体多元化，合作规模愈加扩大。民心相通和文化相融是两国世代友好的根基。当前，中俄两国人民友谊不断增进，人员往来密度持续增强，中俄关系的社会和民意基础日益巩固。2016年，俄罗斯公民来华197.6万人次，同比增长24.9%。2017年第一季度，该数字达到51.47万人次，同比增长32.7%。俄罗斯是中国入境旅游第六大客源国，中国是俄罗斯入境旅游第一大客源国，也是俄罗斯游客第二大出境旅游目的国。到2017年，俄罗斯在华各类留学人员总数近18000人，中国在俄各类留学人员总数超过3万人，双方教育领域各类长短期交流人员数量约3万人。两国长短期留学交流人员已近8万人，距实现2020年10万人留学交流计划的目标更近一步。俄罗斯超过100所中小学开设中文课程。深圳北理—莫斯科大学将于2017年9月正式开课。

第四，双边关系重要历史事件助推人文合作发展。两国以共同纪念和庆祝第二次世界大战胜利70周年、中俄（苏）建交60周年、中俄建立战略协作伙伴关系15周年等重要事件为契机，共同举行纪念活动。两国元首相互出席"5·9"庆典和"9·3"纪念活动，双方共同举办学术研讨会、主题展览、专题文艺演出等多项活动，引导两国人民铭记历史，缅怀先烈，珍爱和平。纪念双边关系重要事件不仅使两国民众重温了中俄传统友谊，更向外界传递出两国携手并进的决心。

第五，区域互动拓展人文交流的地理空间，人文合作之树根深蒂固。近年来，中俄各地开展了内容丰富、形式多样的区域互动：黑龙江、新疆、内蒙古等省区相继开展对俄卫生合作；黑龙江省与俄伊尔库茨克州、外贝加尔边疆区、萨哈共和国、布里亚特共和国等联邦主体建立体育交流联系和交流；黑河市和布拉戈维申斯克市共同举办中俄文化大集；同江市和哈巴罗夫斯克市联合举办中俄地震灾害卫生应急联合演习；中国长江中上游流域和俄罗斯伏尔加河沿岸地区不断加强文化合作与交流。人文合作在两国遍地开花，让两国友谊的种子真正落地生根，深入民众心中。

三 中俄人文合作的绩效分析

中俄人文合作不仅促进了中俄两国的互相理解和友谊，同时推动了各领域务实合作，与政治互信、经贸合作一起，构成中俄关系的三大支柱，为巩固中俄世代友好奠定了坚实的社会民意基础，越来越彰显出强基固本的独特优势，中俄人文合作业已成为大国间文明对话的典范。下文将通过深入研究实践案例与社会统计数据，论证人文合作的多重效益。

（一）提升相互认知，巩固两国合作的社会基础

在心理学中，认知是指通过形成概念、知觉、判断或想象等心理活动来获取知识的过程。而在国际关系领域，认知是一种文化对另一种文化的结构、态度、行动与反应的解读过程，对于构建双边和多边关系发挥着特殊而重要的作用。从一个民族的角度出发，谈及另一个民族的叙事、艺术作品、新闻、传言等认知形式，可以感受到该民族对另一个民族的认知态度。这些认知形式所塑造的解读，会形成不同民族对彼此的偏见与同情，并不断传承下去。北京外国语大学俄语学院前院长李英男教授曾在《中俄文化差异对于相互认知与相互关系的作用与影响》中举了这样的例子："17世纪后半叶中俄关系刚刚起步，双方相互认知甚少，遇到相当严重的语言文化障碍。1618年，彼特林（И. Петлин）一行来华，带回明朝皇帝致俄国沙皇的国书，但因偌大一个莫斯科国竟无人懂得汉字，在外务衙门搁置了近半个世纪，直到1675年才有一名在西伯利亚服役的军士勉强译出大意。"从此以后，俄文出现一句成语：китайская грамота（"中国文字"），意为"无法读懂的文字""天书"。这一成语成为俄语中的"活化石"，生动体现了当时中俄之间宛如天涯海角的文化距离。另外一个例子更广为流传。1656年，抵京提交沙皇国书的俄罗斯特使巴依科夫（Ф. И. Байков）因拒绝行跪拜礼而始终未获准觐见皇帝。巴依科夫声称："根据我们的信仰，没有这种风俗，即一见皇上的面便屈膝下跪。我国皇帝立下的规矩是应站到皇上面前脱帽鞠躬。"

双方因此僵持不下，巴依科夫认为，中方的要求是对沙皇的荣誉及其本人人格的污辱，而中方又将其言行视作"自傲自大""狂言无礼"。结果是清廷退回了俄国政府的礼品，并责令使团尽快离境，巴依科夫的使命宣告失败。《清史稿》中记载："十三年，俄国察罕汗遣使入贡，以不谙朝仪，却其贡，遣之归。"显然，这一著名历史事件不是一个简单的礼仪纠纷，而是反映了不同民族在行为伦理和文化心态上巨大差异的典型事例。

300多年过去了，中俄人文交往随着两国关系的曲折前进而日益密切。特别是进入20世纪后，两国的现代化进程和由"阿芙乐尔"号一声炮响送来的马列主义拉近了中国和俄罗斯（苏联）之间的关系和民间情感，为两国交流建立了宽广的平台。20世纪50—60年代，中国"以俄为友，以俄为师"，对苏联怀有真诚的崇敬和向往，苏联大力宣传无产阶级国际主义，"俄罗斯人和中国人永远是弟兄"。60年代后，中苏关系持续紧张，双方采用高度政治化的语言进行大论战，两国民众对彼此的认知也出现了扭曲和丑化。但伴随着中苏关系正常化和苏联解体，中俄双方吸取了历史经验教训，努力使两国关系非政治化、非意识形态化，保证了两国关系稳定、健康地向前发展。与此同时，非政治化、非意识形态化的取向和中俄两国的重大变迁改变了两国人民原有的共同语境。通过人文交流与合作，两国人民对对方悠久历史、灿烂文化和经济发展成就的了解不断加深，为中俄关系的健康发展营造了有利的社会和舆论氛围，使中俄世代友好的和平思想深入人心，加固了中俄战略协作伙伴关系的社会基础。

2007年8—10月，中国社会科学院俄罗斯东欧中亚研究所课题组以发放调查问卷和网上征询的方式对中国20多个省市的2500名受访者进行题为"中国人眼中的俄罗斯"的舆论调查。在回答"什么是您心中的俄罗斯形象"时，"普京""列宁和斯大林"名列前两位，说明中国民众充分肯定普京总统执政功绩，也高度评价列宁和斯大林作为苏维埃社会主义国家创建者、捍卫者和领导者的地位。在关于"俄罗斯形象其他标志"的问题上，14.67%的人选择"红场"，12.31%的人选择"白雪覆盖的大地"，11.34%选择"芭蕾舞"，10.47%选择"反法西斯的卫国战争"，说明俄罗斯在中国民众心目中的形象是较为丰富而多元的。此次问卷共列出10位历史人物和当代名人，回答者认为"了解最多"的人物依次是：列宁、斯大林、高尔基、托尔斯泰、赫鲁晓夫、彼得大帝、莎拉波娃、叶卡捷琳娜二世、托洛茨基和勃列日涅夫。极少人（0.24%）选择了"以上人物都不知道"。可见中国民众对俄罗斯（苏联）历史和现实的了解程度达到了较高的水平。在回答对苏联解体的看法时，有45.38%的受访者选择"惋惜"，表明近一半人对该事件持一定程度的否定态度，这与中国国内宣传的主流口径是一致的。

关于中国在俄罗斯人眼中的形象，则经历了一系列巨大的变化。自1994年以来，俄罗斯科学院远东分院坚持对俄中边境地区的社会舆论动向进行跟踪调查，研究俄罗斯居民对中国的态度及其变化。俄罗斯科学院远东历史、考古和民族研究所所长拉林在其著作中指出，在2003年以前的调查数据中，俄罗斯人认为中国人具有的特征主要有勤劳（65%）、进取性（48%）、狡猾（41%）、攻击性（21%）等。俄罗斯阿穆尔大学扎比亚科教授主持的问卷调查以开放形式提出问题："中国人有哪些典型的性格特征？请列举主要特征。"前十名的回答是：勤劳（20.5%）、蛮横（13.4%）、不讲卫生（9.4%）、狡猾（8.6%）、精明有进取性（6.6%）、集体主义（2.8%）、粗野（2.8%）、有志向（2.6%）、文化素质低下（2.4%）和固执（2.3%）。以上调查结果显示，尽管中俄关系获得了长足发展，但直到21世纪初期，中国人形象在俄罗斯仍没有太大改观。一方面，"俄罗斯人眼中的中国人"虽保留部分正面特征（勤劳、有进取性等），但同时贬义词（狡猾、粗野、文化素质低下）也并不在少数。另一方面，远东分院对1997年、2002年、2003年调查结果的分析比较显示，远东地区俄罗斯人对中国人的印象在七年之内基本未有改变，并呈现一种固化的趋势。

但伴随着中俄近10年来不断开展的各种"主题年"活动，两国人文交流高潮迭起，教育、文化、卫生、体育、媒体、旅游等人文领域合作蓬勃发展，两国人民的相互了解和友谊不断加深，俄罗斯人对中国人的印象也在持续好转。根据2011—2012年全俄社会舆论研究中心的数据显示，29%的俄罗斯受访者称对待中国友好，对中国人民怀有好感："他们友好，干起活来量多质优""中国人民工作起来比我们好，这和我们不同""他们是一个友善的民族"等（8%）。一些受访者高度评价中国的经济成就："能在短时期内提振经济""在艰难条件下获得成功的国家""人民福利逐年改善，技术得到发展，并决定自己征服宇宙"（5%）。其他人则从实用主义方面看待中国的成就，论据包括"多亏中国我们才有这许多商品""给我们衣服穿""用中国货""多数商品是中国制造，撤掉它们就几乎什么也不剩了"（3%）。

目前，中国茶文化、中医、武术、气功、风水等在俄罗斯广为流行；孔子、老子的名字人人皆知；在中餐厅请客吃饭成为社会时尚。中国的十二属相已进入普通人民的生活中，并派生出具有俄罗斯特色的新风俗：每当新年（阳历年）来临，俄罗斯人都要相互赠送代表来年属相的吉祥物，表示美好的祝愿。善于从他国文化吸取养分的人，还可以从中俄行为伦理的不同之处习得一些好的东西。如：长期旅居俄罗斯的中国人接受了男性对女性的一些礼仪；经常同中国人打交道的一些俄罗斯人很欣赏中国人"三思而后行"，并努力照此行事等。

2017年7月，习近平主席访问俄罗斯时与普京总统发表《中俄关于进一步深化战略协作伙伴关系的联合声明》。其中高度评价了两国人文交流的作用。声明指出，民意相通和文化相融是两国世代友好的根基，将积极致力于扩大中俄人文领域交流合作，巩固中俄关系的社会和民意基础。

（二）增信释疑，深化政治互信

积极拓展并深化的人文交流与合作对于强化两国政治互信，推动中俄战略协作伙伴关系持续健康发展具有不可替代的作用。普京总统在接受中国媒体采访时，曾特别强调两国在人文领域的交流与合作。他指出，人文合作是俄中关系，包括双方政治、经济合作必不可少的基础。只有在人文合作的基础上，两国才能建设双边关系最重要的基石——相互信任。没有这个基础，就无从谈及其他领域的合作。

回顾中俄（苏）交往的历史便不难发现，当前中俄关系的持续、稳定和健康发展来之不易，两国政治互信的建立和巩固更非一日之功。冷战时期，中苏关系在经历了短暂的"蜜月期"后便陷入长期对抗与冲突，历史遗留问题、意识形态矛盾和国家利益冲突导致两国分歧走向公开化、严重化。直到20世纪80年代末期，中苏关系才逐步恢复正常。

苏联解体后，尽管中俄两国迅速建立了面向未来的新型国家关系，但冷战时期长期的反华宣传在俄罗斯人心中留下了挥之不去的"中国怪影"。随着两国边界地区交往增多，远东地区的中国劳工和移民引发俄罗斯人极大不安。"中国扩张论""中国威胁论"逐渐浮出水面。据不完全统计，仅1992年中期至1995年，在俄罗斯《消息报》《共青团真理报》《太平洋之星报》《文学报》《符拉迪沃斯托克报》等重要媒体中发表的有关"中国扩张"问题的文章、报道不下百篇。2001年7月《中俄睦邻友好合作条约》签订后，"中国扩张论"并未烟消云散，反而出现愈演愈烈的趋势。俄罗斯大众媒体采用方便、快捷的现代化信息手段，对该"论调"进行大肆渲染，甚至有人声称"俄罗斯远东地区将是中俄发生冲突的焦点"。俄罗斯媒体的煽风点火引发俄罗斯社会的巨大恐慌。2000年，俄罗斯"社会舆论基金"的调查显示，60%的被调查者表达了对中国人移民远东的警惕。俄罗斯科学院远东分院的调查结果也不容乐观：远东地区南部居民认为中国是俄罗斯在东亚和亚太地区利益的主要威胁，46%的受访者认为威胁的根源是中国执行的"扩张政策"。这种意识形态化的言论在一定程度上影响了中俄的政治互信，进而对两国关系的发展产生了负面影响。

作为促进中俄两国民族感情交流的重要渠道，中俄人文交流为改变这一现状做出了积极的贡献。近十几年来，通过多层次、多领域的人文合作，两国民众获得了对彼此更深层次的了解，进而以实际行动证明中俄永远是值得相互信赖的好邻居、好朋友、好伙伴：教育领域，双方开展高校交流互访，共同推动俄语和汉语研究，提出到2020年前将两国留学交流人员规模扩大到10万人；文化领域，两国定期共办文化节、文化日、电影节和电视节等大型文化活动，加深对彼此文明和文化的认知；体育领域，加强体育交流与合作计划，打造亮点活动，并以筹办 2020 年北京冬奥会为契机，推动两国运动水平的共同提高；青年领域，鼓励和加强中俄青年友好交流，以百名青年代表团互访项目推动两国青年互学互鉴，传承中俄世代友好理念；电影和档案领域，进一步完善工作机制，加强沟通，扩大合作领域，深化合作内容。特别值得一提的是，2016—2017 年被确立为中俄媒体交流年，两国通过在这一最敏感、最微妙的领域举办一系列大型媒体活动、推动广播、电影与电视节目、翻译出版图书等活动，成功营造了对中俄各自发展和深化两国关系有利的舆论环境。

多层次、多领域的相互沟通交流，有利于化解矛盾、减少冲突、消除误解并缩小中俄民族心灵间的距离。近年来，俄罗斯民众对中国的认知、对中俄关系的定位发生一系列积极的变化。2011—2012 年全俄社会舆论研究中心的调查显示，中国在俄罗斯的亲密友邦中居第四位，已上升到仅次于白俄罗斯、哈萨克斯坦和德国的地位。29% 的受访者认为中国是俄罗斯的伙伴，27% 的人认为中国是俄罗斯的竞争对手，6% 的人认为中国是俄罗斯的盟国，只有 7% 的人认为中国是俄罗斯的敌国。

2014 年乌克兰危机的爆发加速俄罗斯战略"东移"的步伐。在此背景下，全俄社会舆论研究中心当年 11 月的调查数据显示，49% 的俄罗斯人认为中国是俄罗斯首要经济合作伙伴；36% 的人认为两国拥有"坚固的友好关系"（2009 年为 19%）；认为中国是俄罗斯的经济竞争者和政治对手的人从 2009 年的 24% 下降到 8%；只有 1% 的人认为中国是俄罗斯的敌人；43% 的人将中国视为未来对俄友好的国家（2009 年只有 20%）；36% 的人将中国视为紧密的合作伙伴（2009 年为 27%）；只有 10% 的人不看好两国关系的未来（2009 年为 29%）；60% 的俄罗斯人认为，中俄经济合作是互利共赢的；74% 的俄罗斯人认为，与中国的合作使俄在某种程度上弥补了俄与西方国家关系破裂产生的负面影响。

2016 年 4 月，全俄社会舆论研究中心数据显示，俄罗斯人心中最为友好的国家依次是白俄罗斯（68%）、中国（56%）与哈萨克斯坦（50%）。2017 年 2 月，该中心调查显示，37% 的受访者认为中国在未来 10 年都将是俄罗斯盟友，38% 的人认为两国是"亲密伙伴"，只有 14% 的人认为中国将成为俄的"危险邻国"，仅 2% 的人认为中国将是"敌人"。同时，在中美关系紧张的背景下，支持俄保持中立、不给予任何一方支持的人占 53%，29% 的人认为可"谨慎支持中国，但不干预中美冲突并致力于发展与双方的关系"，只有 6% 的人认为应给予美国某种支持。2017 年 6 月，全俄社会舆论研究中心以"如果明天爆发战争"为主题的调查显示，超过 1/3 的俄罗斯人感到了军事威胁，潜在的威胁者首先来自美国（63%）和乌克兰（31%），选择中国的只占 5%。与此同时，41% 的俄罗斯人认为，中国将在俄罗斯困难时期给予"盟友般的支持"，选择白俄罗斯和哈萨克斯坦的人数仅名列第二、三位，只占到25%和18%。这从一个侧面说明，中俄多年来人文合作的积淀对于两国形成牢固的政治互信发挥了特殊而重要的作用。全俄社会舆论研究中心主任费德洛夫（Валерий Федоров）指出，比起10年前，今天的俄罗斯人对中国更加友好，基本上不存在对中国的恐惧心理。

（三）强化务实合作，促进战略对接

20世纪90年代至21世纪初期，中俄经济合作长期徘徊于低水平线上，难以实现突破性进展，这与俄罗斯社会盛行的"中国扩张论"有密切联系。一些俄罗斯精英和民众对发展与中国的经济合作颇有顾虑，一方面担心俄罗斯会变成中国的"资源附庸"；另一方面，害怕大量的中国商品涌入并冲垮俄罗斯的民族企业。中俄经贸关系面临的这一严峻问题同俄罗斯人对中国缺乏信任及恐华心态有着直接关系。

俄罗斯政府在对华能源合作方面的态度就是很好的例子。中俄早在1994年就开始磋商从俄罗斯修建对华供油管道的项目，但由于一些俄罗斯精英担心俄将沦为向中国提供廉价自然资源的"附庸"，强调俄罗斯并不想做中国的"原材料基地"，而导致俄罗斯当局长期拖延并几经修改输油管线走向（从"安大线"到"安纳线"再到"泰纳线"），反映出俄罗斯对自身利益的多番权衡。2003年5月，《中俄原油管道原油长期购销合同》最终得以签订，中俄计划联合修建自俄罗斯安加尔斯克到中国大庆长达2400多公里的输油管道。然而，由于日本的介入及俄罗斯国内某些势力的反对，该合作项目的谈判过程一波三折。俄罗斯持"中国威胁论"者及俄罗斯东部地方政府曾向国家杜马提交一份议案，主张将这条输油管道经由俄罗斯远东境内通抵太平洋沿岸，导致该项目最终搁浅。直到2009年俄罗斯深陷国际金融危机，中国向俄罗斯提供250亿美元贷款，俄罗斯才正式决定修建对华供油管道（自2011年起每年对华供应30万桶原油，为期20年）。该事件表明，俄罗斯对中国及中国人缺乏信任是中俄经贸关系实现突破性进展的重要障碍。

此外，中俄劳务合作也步履艰难。事实上，俄罗斯地广人稀，劳动力短缺，而中国劳动力尚有富余，两国在这一领域的合作有着很强的互补性，合作潜力巨大。苏联解体后，中俄关系进入新的发展时期，两国在各个领域的交往日益增多。在这一背景下，一些俄罗斯媒体借机大肆炒作，称在俄罗斯的中国人多达200万—500万人（事实上，根据俄罗斯统计数据，直到2004年在俄长期居住的中国公民总数不超过15万—20万人）。许多俄罗斯专家认为，邀请中国劳务进入西伯利亚和远东荒废的农业领域或处于萧条中的俄罗斯城市是"极其危险的"。少数俄罗斯政治势力甚至将所谓的"中国移民"视为洪水猛兽，借"黄祸论"达到自己的政治目的。这些声音都对中俄劳务合作产生了一定的负面影响。

近年来，俄罗斯在引进外国劳动力方面实行配额制度，每年由俄罗斯联邦卫生和社会发展部根据用人企业上报的计划来确定额度。2008年国际金融危机后，俄罗斯引进外国劳动力配额逐年大幅缩减，特别是远东地区针对中国劳工的配额限制越来越多。这为中俄在该地区的合作制造了不小的人为阻碍。

在边境合作方面，中俄也产生过因互信不足而流产的教训。早在1993年，吉林省就提出参与建设和开发俄罗斯滨海边疆区的扎鲁比诺港。为此中方准备投资6.1亿美元发展珲春基础设置，通过修建至扎鲁比诺港的铁路建立国际运输走廊。这一项目对中俄双方均有利可图：吉林省需要通向日本的出海口，物流可从大连转向扎鲁比诺港，不仅能够节省费用，还能缓解中国铁路的压力。对俄而言，如果不吸引中国外贸巨大的过境物流，置于西伯利亚大铁路之外的扎鲁比诺港就会继续处境艰难。然而直到2002年11月，扎鲁比诺港务局和吉林省图们江开发办公室才进入第一轮磋商。中方提出长期承租该港口49年的建议，立即引起俄方疑虑而遭到拒绝。尽管中方提议与俄罗斯法律并不违背，但这一极有前景的项目一度搁浅。这一教训说明，政治心理因素在中俄经济合作中仍是重要的变量。中方的诚信、热情和慷慨解囊不但无助于促成合作，反而导致俄方多余的顾虑。从根本上说，这一问题还是源于俄罗斯精英阶层尚未建立起对中国的信任感。中俄务实合作正是在这样的背景和条件下曲折向前发展的。

近十年来，得益于人文合作不断深化推进，中俄两国民心日益交融，互信逐步提升，"中国威胁论"逐渐在俄罗斯丧失市场，两国务实合作也在此基础上渐入佳境，迎来大发展的战略机遇期。中俄双边贸易额快速攀升，从2000年的80亿美元增加到2014年的950亿美元，增长近12倍，双方正致力于在2020年前将双边贸易额提高到2000亿美元。两国在能源、科技、金融、地方等重点领域相继实施了一批大项目，务实合作正向纵深推进，质量和规模协调发展。中俄关系的物质纽带日益牢固，务实合作正成为两国实现共同发展振兴不可或缺的促进因素。2013年秋，习近平主席与哈萨克斯坦总统纳扎尔巴耶夫会晤时提出了"丝绸之路经济带"的倡议。2015年，习近平主席与普京总统签署了两国《关于丝绸之路经济带建设和欧亚经济联盟建设对接合作的联合声明》，多年中俄人文合作的积淀为促成这一重大战略对接成果贡献了积极的力量。

四　中俄人文合作存在的主要问题

当前，中俄人文合作已涵盖教育、文化、卫生、体育、旅游、媒体、电影、档案及青年九大领域。但人文交流与合作并非一时之功。为进一步推动中俄人文务实合作，奠定坚实基础，进而提升国家软实力，还必须直面一些当前亟待解决的问题。

（一）相互认知不足，还残存某些误区和刻板印象

长期以来，中俄人文合作对于巩固两国政治、外交、经济、军事、科技和其他领域合作，加深中俄民众相互理解，增加互相接触发挥了不可或缺的作用。但多年来，受到两国巨大的文化差异、截然不同的民族心理和复杂曲折的交往历史影响，中俄民众在相互认知上仍有一些误区和刻板印象挥之不去。俄罗斯学者拉林曾一针见血地指出，两国大部分政府官员、政治家、大众传媒、实业界人士以及广大居民群众尚未走出以往特定历史条件下所形成的阴影，也没有摆脱在对中俄关系、世界政治和区域政策理解中所存在的误区。这里指的是，在俄罗斯仍存在"中国威胁论""黄祸论"，而在中国人的观念中"沙俄侵略成性"，而苏联领导人（斯大林、赫鲁晓夫）则曾对中国采取非建设性和傲慢的态度。2014年，俄罗斯国际事务委员会在题为《改善俄罗斯在中国形象的建议》报告中指出，尽管两国关系处于"历史最好时期"，但俄罗斯在中国的形象并非只有美好的一面。俄罗斯科学院远东研究所所长卢贾宁（Сергей Лузянин）表示，俄罗斯在华形象受到"两国从沙俄和清朝起的争议领土历史"的影响。尽管中俄边界问题已彻底解决，但"两国社会关于领土问题的负面情绪一直持续至今，并深植于中国社会民族主义者心中"。俄罗斯汉学家加列诺维奇（Юрий Галенович）也指出，冷战时期中苏关系破裂影响了俄罗斯在中国的形象。此外，俄罗斯独立后的国家发展并不顺利，中国人一度将俄罗斯视为一个"政治和经济改革的失败案例"。同样的，俄罗斯民众对中国历史文化、国家体制等国情不仅知之甚少，并且有天然的疏远感和排斥感。从文化角度上看，俄罗斯人显然把中国人划为"异己"。

（二）深层次交流不够，人文合作的形式主义多于实质内涵

近些年，中俄人文领域交流蓬勃发展，文化中心、孔子学院和友好城市相继成立并迅速推广，文化节、艺术节和电影周等一系列活动大获成功。但一些文艺演出、竞赛往往流于形式，走马观花地展示了中俄文化的代表性符号，如中国功夫、剪纸、戏剧脸谱和俄罗斯芭蕾舞等，满足两国观众一时的好奇心，却无法真正表达出中俄文化的深层次内涵。长期以来，俄罗斯书市关于中国的图书主要是《易经》《武术》等，而在中国书市中常见俄罗斯古典文学，鲜有俄罗斯现代文学作品。特别是两国青年一代对彼此的现代文化、艺术、社会、生活、思想、精神等方面了解浮于表面，对西方文化的兴趣都超过对彼此文化的兴趣。这些问题都造成中俄人文交流"看上去很美"，却难以真正深入人心，充分滋润中俄全面战略协作伙伴关系的社会根基。中俄对彼此的文化缺乏深入了解而妨碍民间交流与友好情感的一个典型案例是：2007年黑河市为增进中俄友谊、突出自身特色，

把街道的垃圾桶改为俄罗斯套娃状,未料这一举动引起俄方强烈不满,彼岸的布拉格维申斯克东正教区首领还为此发函提出了交涉,原因是有些套娃状的垃圾桶上绘出了带有十字架的东正教教堂,而且把教堂的葱头顶涂上了黑色,这些图案被认为是对东正教信仰的不敬。因此,无论是两国人员之间的交往、大众传媒,还是专业学术杂志等都应注重人文交流与合作深层次的因素,即文化本身的作用,在全面、真实、正确、准确提供中俄政治、经济、文化等社会信息的基础上,发扬光大中俄文明本身所具有的魅力和吸引力。要将两国人文交流进一步落到实处,通过交流活动尽快拉近两国人民的心灵距离,增强了解和互信,达成文化认同、共识,进而推动政治、经济领域的合作。大力提升中俄两国人文交流与合作的文化内涵,彰显中俄文明魅力的文化。

(三) 人才保障不力,难以充分滋养两国人文交流之花

一方面,语言人才仍显不足。当前,尽管中俄重视推动人文交流与合作,在中国和俄罗斯学习俄语和汉语的人数也在持续增加,但随着中俄经济、政治的快速发展,两国青年学习彼此语言的人才仍然不足,特别是专业优秀的语言人才极度匮乏。受中国"一带一路"倡议和中俄全方位对接合作影响,近两年来中俄企业对汉语、俄语人才的需求更加旺盛,出现汉语、俄语翻译"千金难求"的情况,缺口巨大。然而,语言类人才受到师资、生源、就业等方面的制约,出现培养速度慢、专业性不足的问题,难以满足市场需要。与此同时,中俄在涉及商务领域、跨国企业经营中,懂外语又懂经济、法律方面的复合型人才更为稀缺。

另一方面,缺乏真正的汉学家和"俄罗斯通"。开展中俄人文交流与合作,文化研究是必经之路。中俄两国同为文化大国,传统文化各具特色,但中俄通晓对方历史、文化乃至民族精神的人才尚显不足。在俄罗斯,中国问题研究环境正在逐步退化。俄罗斯各大院校和学术机构的中国问题专家总数不超过200人(在美国则超过1.5万人),全国范围内经常发表有关中国问题论文的学者不到50人。整个俄罗斯中国问题研究界每年发表的学术论文只有几十篇,专题著作更是不超过10部,水平(除极个别情况外)很难同每年发表研究中国问题的数百篇一流英文文章相比。专家的平均年龄日渐增长,而平均工资却始终没有超过500美元。中国问题专家抱怨经费短缺,而以国家和大公司为代表的用户抱怨专家人数和研究成果太少的恶性循环情况已存在多年。与此同时,俄罗斯年轻的汉学家们却无法找到专业对口的工作,因此不得不改行或出国谋生。与此同时,中国学界对俄罗斯问题的研究也存在年龄老化、观点固化和思维僵化的问题,因此难以产生真正的"大家"。

五 推进中俄人文合作可持续发展的建议

推进中俄全面战略协作伙伴关系深入发展，必须得到两国人民支持，必须加强人民友好往来，增进相互了解和传统友谊，为开展全方位合作奠定坚实的民意基础和社会基础。正如习近平主席所言，作为"山水相连的好邻居，守望相助的好朋友，精诚合作的好伙伴""巩固中俄世代友好的任务任重道远，没有休止符"。2016年中俄总理定期会晤联合公报首次以文件形式指出，"人文合作是两国关系最重要的组成部分之一"，为未来两国人文合作确定了总基调，要以此为契机扎实落实推进各领域交流，促进人文合作继续向广度和深度发展，为中俄关系持续高水平发展做出新贡献。

（一）加强顶层设计、完善交流机制，以长效机制推动人文合作

继续发挥中俄副总理级人文交流机制的引领作用，未来双方可进一步完善相关交流机制，在合作中要注重准确定位，务求合作成效，拓展延伸相关主题年活动效应。同时要继续保持交流热度，吸引各级政府、企业和社会团体广泛参与到未来活动当中，为两国持续交流增砖添瓦，为提升中俄软实力打造坚实基础。同时，以品牌项目为依托，实现合作运营常态化。两国各部门以合作项目为依托，不断扩大合作成果，提升合作水平。目前，奥林匹克竞赛"留学俄罗斯正当时"日益成为遴选中国中学生赴俄高校留学的主要机制之一；深圳北理—莫斯科大学的建设为扩大两国高校合作树立了榜样；中俄青少年运动会的举办为两国体育合作注入新活力；红色旅游的深入开展极大丰富了两国旅游合作；互办文化节、文化大集等活动已成为两国文化交流中规模最大、影响范围最广、受众人群最多的品牌项目；定期派遣百人青年代表团互访、成立中俄青年企业家俱乐部打造了两国青年长期化、机制化交流合作平台。多领域的品牌项目不但可成为两国人文合作的"新亮点"，将逐渐演化为固定机制，持续滋养着中俄人文合作之花。

（二）开拓创新，持续挖掘人文合作"新亮点"

只有与时俱进，充实新内容、丰富新形式，人文交流的长河才会源源不断、滚滚向前。21世纪以来，信息网络技术的发展大大缩短了人们的距离，各国已形成相互依存的命运共同体。数据显示，俄罗斯16岁以上公民互联网使用率已达70.4%，19—29岁公民网络使用率高达97%。中国10—39岁网民占全体网民之比也达73.7%。下一阶段，两国应加强双方媒体及青年工作部门之间联动，组建相关研究团队，定期进行大数据分析，结合重大活动节点，积极推动各类青年组织的线上线下互动和对接。互学互鉴，引导青年人认同执政理念，夯实两国

社会民意基础，扩大两国人文交流的影响力和覆盖面。

（三）厚植民间，夯实人文交流根基

中俄人文交流根基在民众。未来应推动民间各领域、各阶层的人们进行交往，使之成为双方民众的自发行为，为更多的家庭之间、个人之间建立友好关系创造条件。只有这样，中俄才能实现真正的"世代友好""永不为敌"。因此，中俄人文交流要进一步支持和鼓励两国人民之间开展交流，要更多支持两国民众走进对方国家旅游、休闲和生活，深入了解彼此的历史文化、发展方式和现实状况；要持续加强两国科学家、艺术家、学者和媒体工作者的合作，努力拓展中俄人文交流的广度和深度；要进一步服务两国青年的未来发展，建立健全教育、培训、社会实践等青年交流机制；要始终坚持以人为本，面向民众，形成官方引导，全民参与的良好局面，力促人文交流覆盖更加广泛、主体更加多元，进入寻常百姓家。

（四）主动作为，加强舆论引导

中国可以大力推进专门人才培养，做好中俄人文合作中的对外宣传和公共外交，讲好中国故事，传播中国声音，提升"软环境"层级。充分发挥广播、电视等传统媒体的外宣作用，应从历史上的友好交往传统、反法西斯战争的贡献和情谊、探索各自发展道路的共同感受等情感点出发，接近心理距离，多输送现代化影视听作品，让俄罗斯民众更加了解现在的中国，打造正面中国形象，促使俄民众增强对华了解。大力挖掘网络等新媒体平台功能，抓住当代青年人的兴趣点，推出有代表性的好产品，赢得广大青年群体的喜爱，使之真正融入其生活，就有可能使青年人彼此喜爱对方国家，进而渴望了解彼此国家的历史、文化和社会。

（五）积极推动智库高校合作，拓展民间外交

中俄智库高校可在推动两国合作中发挥积极作用，可进一步加强智库高校学术交流，特别是官方背景智库，构建二轨交流平台。一是加强政府与对象国智库的互动，政府可向对方智库提供材料，阐释己方主张、政策，通过智库将立场传递给政府和相关部门；二是通过开展共同研究、举办国际会议和论坛等活动，获取一手材料，充分沟通彼此的政策意图和深层思考，协调双方立场，扩大共同关注，寻找共同利益；三是加强智库政策性、前瞻性、战略性研究，为政府决策提供建议；四是发挥民间外交功能，利用智库自身的影响力，通过各种传播媒介，使公众深入认识和理解对方国家，向民间传递理性思考，增进友好往来。

（六）以"一带一盟"对接为平台，推动合作主体日趋多元

当前，中俄关系发展势如破竹，"一带一路"建设与欧亚经济联盟对接也开展得如火如荼，并已在一些领域取得早期收获。两国发展战略的对接不仅是经济项目和基础设施建设合作，更是促进民心相通的历史性工程。这为中俄人文合作提供了更广阔的合作空间，带来了新的发展机遇。在这一崭新的历史背景下，中俄人文合作可吸纳"一带一路"沿线国家参与，实现合作主体多元化。目前，多个示范性项目正稳步推进：在"媒体交流年"的框架下，中国（新疆）—俄罗斯—中西南亚电视共同体正式成立，这是中国与俄罗斯、哈萨克斯坦、吉尔吉斯斯坦、乌兹别克斯坦和巴基斯坦电视台联合组建的首个国际电视媒体联盟；2017年来自30个国家和地区的125辆赛车和270名车手穿越俄、哈、中三国，共同完成了丝绸之路国际汽车拉力赛；2016年7月，中俄蒙"万里茶道"国际旅游联盟正式成立。中俄还计划举办"一带一路"沿线国家和欧亚经济联盟国家框架内的大学联盟论坛。可以说，多边人文合作的开展不仅可促进中俄两国民心交融，也可深化中国与"一带一路"沿线国家人民的友谊。

第二编：学术论文篇

论中俄美新三角关系

赵华胜

【提　要】 中俄美新三角关系是客观现实，它在性质、结构、内容、功能、影响力等方面都与历史上的中美苏"大三角"有所不同。中俄美关系没有已确定的变化轨道，现阶段它的前景仍具有开放性。中俄美新三角的变化有多个变量，它们可分为背景性变量和直接变量两大类。中俄美三角的变化不是机械的、孤立的、线性的，而是取决于多个变量的相互作用。中俄美三角在理论上存在多个可能的模式，模式的确定不仅是主观的选择，它在更大程度上取决于形势和现实需要。联盟亦有工具属性，在理论上没必要把它从外交工具库中完全排除。在中俄美关系中，中俄结伴不结盟是黄金模式，联盟只能是迫不得已的形势下选择。中俄结盟即意味着美国已是公开的敌人，虽然通过联盟可以减轻它的威胁，但一个大国成为敌人本身就构成巨大战略压力。对中国来讲，防止出现敌人尤其是不使伙伴变成敌人是更大的战略成功，能与其他两国都保持更好关系则是更高外交境界。虽然中俄结盟的可能很低，但如果中美和俄美关系持续恶化，形势有可能把中俄推向某种亚联盟状态。中国拒绝冷战思维和"零和游戏"，但可以合理、有效、建设性地运用中俄美三角结构。

【关键词】　"大三角"　中俄美新三角关系　变量　模式

在当今国际政治中，中俄美仍是最具地缘政治影响力的三个大国，中俄美关系也是最为引人注目的大国关系，其变化发展在相当大程度上也影响着国际格局和世界形势的变化发展。

---

* 《俄罗斯东欧中亚研究》2018年第6期。

美俄无疑是对中国最重要的两个大国，也是中国大国外交的核心内容。美俄对中国有着十分不同的政治、经济和安全含义。恰当处理与美俄的关系，合理和有效地利用中俄美三角框架，发展其建设性，降低其破坏性，这对中国外交有着战略性重要意义，也是中国外交需要长期面对的挑战。

那么，中美俄关系将会如何构建？中美苏历史上曾有过著名的"大三角"，现在的中俄美关系会是"大三角"的重现吗？如果会的话，它的合理性及表现形式是什么吗？如果不会的话，那中俄美关系将呈现什么形态和什么性质？它与"大三角"有什么不同？影响中俄美关系的主要变量是什么？三国关系未来有哪些变化的可能？中国对中俄美关系的政策选择是什么？这些都是本文试图回答的问题。

中俄美"大三角"会否再现？

中美苏在20世纪70年代曾有过一段"大三角"的著名历史，这段历史对中俄美关系的影响如此之深，以至于它也成为后来认识中俄美关系的习惯途径。查阅有关中俄美关系的资料，可以看到大量以"大三角"为题的文章，也可以看到许多以"大三角"为名的研讨会，这都反映了"大三角"仍是看待中俄美关系的重要视角和思维模式。那么，现今的中俄美关系是"大三角"吗？或者说它是否会成为新的"大三角"？对于理解中俄美关系的性质和走向，有必要从回答这个问题开始。

首先，需要对"大三角"有一个清晰的解释和定义。

在现代国际关系的词汇中，"大三角"是特指20世纪70年代的中美苏关系。其他国家也可以构成三角关系，但"大三角"约定俗成是指中美苏。这就如同"大游戏"是特指大国在中亚的竞争一样，大国在其他地区的竞争也不称之为"大游戏"。

"大三角"的基本性质是大国间的对峙和博弈，它的理念基础是地缘政治竞争，它默认的规则是"零和游戏"。从根本上说，"大三角"是制衡结构，不是合作关系，合作不是"大三角"的最终追求，它选择性的合作是基于竞争与博弈的动机和目的。因此说，三边合作不是"大三角"，它在内涵上与"大三角"不是同一概念，不能与"大三角"相混淆。当然，三国联盟更不是"大三角"。

还可以对三角关系和三边关系再做区分。一般说，三角关系是指三个独立主体构成的具有内在联动关系的平衡和互动结构，它是一个矛盾体，可以包含竞争、冲突、博弈、合作的内容；而三边关系是三个国家由共同兴趣和议题组织起来的机制，它在性质上是合作指向，没有或较少制衡的内涵。因此，谈到合作时通常是说三边合作，而不说三角合作；谈到平衡和制衡关系时会说三角鼎立，不会说三边鼎立。

中美苏"大三角"虽然有三个主角，但它的结构不是三足鼎立，而是两极对峙。"大三角"存在的时间实际上很短暂，只有 20 世纪 70 年代 10 年左右的时间。在此之前的 20 世纪 50 年代，中国向苏联"一边倒"，中美苏不存在"大三角"。20 世纪 60 年代中苏关系破裂，中国实行"反帝又反修"的"两个拳头打人"的政策，这个时期中国虽是独立的角色，与美苏都对立，但因其置身于两极对抗之外，因此虽有三足鼎立之态，但没有密切联动，所以也没有"大三角"。而在 20 世纪 80 年代中苏关系正常化之后，中国与美国和苏联同时发展关系，"大三角"也随之悄然消失。在从 20 世纪 50 年代到 80 年代的整个期间，国际格局的基本结构都是美苏两极对立，中国只是两极格局之下的一个最有分量的独立角色。

中美苏"大三角"的基本效应是导致两极格局的天平发生倾斜，而不是推动三极结构的加强。中国在"大三角"中获得了战略安全利益，不过它的途径是与两极结构中的一极联手，而不是作为单独的一极与美苏形成鼎立。事实上，在"大三角"中，战略机动空间只存在于在美苏两极之间，而不是平行地存在于中美苏三端之间。简单说，就是只能是中国在美苏两极结构之间的战略机动，或是美苏与中国的战略协作，而不可能是美苏针对中国结成战略联盟，因为它们是对立的两极。

"大三角"形成于特别的国际环境即冷战时期。美苏冷战不仅是两个国家的对立，它实际上也是两个世界的对立：两个政治体系、两个意识形态体系、两个军事集团、两个经济市场、两个世界发展的方向。它们之间的隔绝、对立、不可调和是冷战的基本特征，也是那个时代的基本特征。

还应该看到，中国作为"大三角"中的弱小角色之所以能起如此之大的作用，与当时的特别局势是分不开的。"大三角"只是在中苏面临战争威胁的形势下才出现的。1969 年珍宝岛事件后中苏走到了战争的边缘，两国在 7600 多公里的漫长边界上陈兵百万，战争的阴影笼罩在中苏上空。在这种情况下，中美联手使苏联腹背受敌，面临两线作战的风险。不管从战略还是从现实看，这对苏联来说都不啻是一个噩梦，中国对国际格局和中俄美关系的作用也因此成倍放大。换句话说，"大三角"的突出作用在于它首先直指国家的军事和战略安全，如果没有美苏全面军事对抗的背景，如果中苏关系没有恶化到战争的边缘，"大三角"也产生不了如此巨大的影响。

在确定了"大三角"的基本性质和特征后，可以看出，在当今条件下，冷战式"大三角"的复制几乎是不可能的。

可能会有这样的疑问，认为俄罗斯综合国力太过弱小，不能与中美并驾齐驱，因此无法形成"大三角"。不过，这否定的实际上是三足鼎立结构的可能，而不是"大三角"本身。如前所述，中美苏"大三角"的基本结构是两极对立，而不是三足鼎立。现在俄罗斯的综合国力虽不能与中美比肩，但相对而言，它比当年中国在"大三角"时还是强很多。那时更为弱小的中国可以与美苏形成"大三角"，现在的俄罗斯也足以与中美形成"大三角"，俄罗斯的相对弱势不是问题，问题只在于其他条件是否具备。

应该看到，国际政治中的三角关系并不一定是力量对称的三角形。它有多种类型，既有对称三角，也有不对称三角。不对称三角可以是两强一弱，也可以是两弱一强。当然，这里的对称和不对称都是相对而言，对称不可能完全等量，不对称也不能差距大到失去实质性意义。在对称和不对称三角之下还可能是不同的结构，它可以是三角鼎立，也可以是两极结构。实际上，当代国际政治中力量完全对称的三角是很少的，特别是只要有中国或美国参与，就不可能形成对称三角。对于不对称三角关系来说，两强一弱不是阻止它形成的障碍。从中美苏"大三角"的情况来看，这恰恰是它产生的条件。至于以合作为导向的三边关系，主体的强弱差别则对它完全不是问题。

冷战式"大三角"之所以难以再现，其根本原因在于已不具备相应的条件和环境。

大国间的地缘政治对峙和对抗是"大三角"形成的前提，没有大国间的地缘政治对抗关系，也不会有"大三角"的产生。在自冷战结束以来的这些年里，这个大前提不充分具备。在现今的中俄美关系中，矛盾和冲突主要发生在俄美和中美关系中，但就其基本性质而言，它尚维持在竞争与合作的框架之下，与冷战时期有明显不同。在双方的理念上，对抗与合作皆有；在相互定位上，竞争者与合作者并存；在利益关系上，相互交织而非泾渭分明；在国际事务中，冲突利益和共同利益兼具。因此说，在目前阶段，尽管中美和俄美关系的战略竞争性在增加，但无论是俄美还是中美都还未达到整体性的敌对和对抗关系。

"大三角"的历史还有一个重要提示，那就是只有在两国都受到另一国威胁的情况下，而且这种威胁通常是关系到国家战略和军事安全时，才会出现"大三角"。如果两个国家没有受到同一个国家的安全威胁，或是其中一个国家受到的威胁达不到严重程度，那这个国家虽然与另外两个大国疏密有别，但通常会选择保持一定的战略机动空间，而不是完全加入其中一边，与另一边形成敌对。这也符合三角关系的一般规律，即每个国家都力图与另两国的关系好于它们之间的关系。

另外，国际环境也发生了深刻改变，不复是冷战时代的样子，总的来说它对中俄美"大三角"的形成有更多的政治和结构性限制。从政治上说，"大三角"与时代潮流所背离；从结构上看，冷战时两极强大，几乎代表了大半个世界，有分量的变量只有中国一个。现在的国际形势则不同，如以中美为最大的两极，还存在众多其他重要变量，除了俄罗斯之外，还有欧洲、印度、日本，以及许多地区组织、区域机制、非国家行为体等。它们都比在冷战时期有更高的国际地位，也有比在冷战时期更独立的政策和更大的影响，这使新"大三角"不可能具有冷战时的国际地位，也不可能有冷战时的覆盖性影响，这对出现具有冷战时期的地位和影响的新"大三角"是结构性的制约。

还需要指出，中国的立场也是制约"大三角"形成的重要因素。中国不追求集团政策，不认同"零和博弈"，不仅无意地缘政治竞争，而且反对地缘政治竞争，主张开放包容的国际合作。① 因此，"大三角"不是中国的选项，至少不是中国的主动选项。

如以上所论为实，"大三角"难以复现，那现在的中俄美是什么关系？这是否意味着中俄美不可能再形成三角关系？

并非如此。"大三角"难以重现不等于中俄美三角关系不能出现。如上所述，"大三角"有着特别的性质和功能，它与不具这一特征的三角关系是两回事，这两个概念应有清楚的分野。事实上，冷战结束之后，在经历了最初一个短暂的模糊时期后，中俄美很快进入了新三角关系的形成过程。② 中俄美三角关系已是客观存在，认为中俄美不是三角关系的看法不符合现实。

三角关系本身只是一种结构形式，它是客观的，具有工具属性，并不带有价值判断。它的价值取向只有在被使用时才出现，换句话说，它的价值属性是由使用者赋予的，它能产生正面积极的效应，也能产生负面消极的效应。三角关系在国际政治中极为普遍和常见，任何三个存在内在制约和互动关系的国家都可能形成三角关系。就中俄美关系来说，在中俄、中美、俄美关系中，第三方不是其全部背景和内容，但却都是其背景和内容的重要部分，它们之间的互动和传导作用非常明显，由此说，中俄美是三角关系无疑。

但是，这不是"大三角"的复活，把中俄美关系看作"大三角"的翻版同样不正确。虽然"大三角"和中俄美新三角不可避免地会有某些相似之处，但它们有重要的不同特征，概括地说，主要表现在以下方面：

从性质来说，如许多论者都曾指出过的，"大三角"是对立对抗关系，在其

---

① 王毅：《新时期中美俄关系不是你上我下的跷跷板》，http：//www.fmprc.gov.cn/web/wjbzhd/t1443999.shtml。

② 这个过程可以认为是从1996年中俄宣布战略伙伴关系开始。1996年，在美俄关系不断恶化的背景下，俄罗斯外交发生转变，反对单极世界、主张多元化成为俄罗斯外交的主基调。同年4月，在前往中国访问的飞行途中，叶利钦接受了新任外长普里马科夫的建议，向中国提出建立战略伙伴关系。在随后的"上海五国"峰会期间，叶利钦在即兴讲话中还说到要让其他国家看看俄罗斯加中国的潜力。笔者作为工作人员当时也在场。中俄战略伙伴关系虽不指向反美，但俄美和中美关系的背景是显而易见的。参见 Ельцин в Китае, "Пара Россия и Китай — нет такой пары в мире!" 27.04.1996. https：//www.kommersant.ru/doc/132001Кирилл Барский,《Восточный вектор》внешней политики России начертил Евгений Примаков, 15.11.2016. http：//www.infoshos.ru/ru/? idn = 16172。

背后存在对立的政治集团、对立的军事集团、对立的意识形态体系，两者壁垒分明，利益分割清晰，"谁战胜谁"是它的本质。而中俄美三角是竞争与合作关系的融和，其利益关系错综交织，没有泾渭分明的边界，既有冲突性利益也有共享性利益。中俄美三角也相对单纯，基本上只限于三个国家之间，都不能完全代表其所参与的组织或集团。这也就是说，中俄美三角没有使世界变成冷战时期那样的两个阵营和两个体系。

从内容上说，"大三角"以军事战略安全为核心，确立军事优势和保证军事战略安全是主要目标。在中俄美三角中，军事战略安全因素也存在，但最显著层面的内容是国际秩序建设和国际战略平衡及安全，中俄美三角主要是围绕着这一中心展开，应对军事威胁还不是它的主要功能。

以上这两点，应是"大三角"与中俄美新三角关系的本质性差别。

从结构来说，"大三角"是两极结构，而中俄美是三极结构。尽管有观点认为俄罗斯经济总量与中美差距太大，不能与中美并列为三极。但中俄美三角关系主要是表现在地缘政治意义上，不是在经济意义上。而对地缘政治来说，重要的是综合影响，而不仅是经济指标。俄罗斯的地缘政治影响远超其经济指标的比重，在某些方面甚至强于中国，足以与中美相提并论。而且，俄罗斯定位于独立的世界力量中心之一，实行独立的外交政策，坚持与中美平起平坐，这也是它能够作为一极的重要因素。三极结构与两极结构的基本区别在于：两极结构是以两个坐标为中心的运动组合，三极结构则是在三个坐标之间的运动组合。两极结构是两强一弱，三极结构是三强并立。具体说，在中美苏"大三角"的两极结构下，战略机动只是在美国和苏联两个坐标之间，战略联合只能在中美或中苏之间形成；而在中俄美三极结构下，战略机动可以发生在中俄美三个坐标的相互之间，这意味着中俄、中美、俄美都可以形成战略联合。

从对国际政治的影响来说，中俄美三角没有"大三角"那么"大"。"大三角"是世界格局的结构性框架，甚至可以说它本身就体现着当时的世界格局，因此"大三角"对世界格局的影响是最高层面和整体性的，"大三角"的变化也即世界格局的变化。而中俄美三角虽是世界格局最主要的结构性因素，但它本身构不成世界格局的整体框架。在国际政治更为多极化的条件下，世界格局的形成中受到其他力量中心的制约和塑造，中俄美不能完全代替其他力量中心的作用，包括欧洲、印度、东盟、阿拉伯世界等，中俄美也不能决定它们的发展。而欧洲和印度很可能成为三国争取的主要对象，从而使其介入到中俄美结构之中，并对中俄美结构产生重要作用，既可能影响中俄美三角的平衡状态，也能够对中俄美结构形成一定制衡。

最后，从在三国外交中的地位来看，"大三角"要高于中俄美三角。"大三角"在中美苏三国外交中都占有显著地位，是撬动战略大格局的最重要杠杆。

而中俄美三角在内部结构上比"大三角"松散，联动的效应有一定局限，作为一种外交工具的运用还有些遮遮掩掩，不像"大三角"那样明确和彻底，在功能上也不似"大三角"有大刀阔斧的效果。因此，中俄美关系在三国外交中虽然十分重要，但还达不到"大三角"的程度。

中俄美三角的变量和变化

如果要对中俄美关系现状做一个简要的描述，可以这样说：当今中俄美三角的基本特征是中俄为战略伙伴，在国际政治上与美国构成两大思想和主张。但结构性的两国针对一国的框架并未形成。中俄都希望与美国合作，都希望避免与美国为敌，两国都视其战略合作为防御性质，而不是反美联盟。中俄美相互都保持着独立定位，都留有进行战略机动的余地，中俄美三角仍存在一定的变化弹性。

那么，中俄美三角变化的主要变量是什么？

中俄美关系没有已确定的变化轨道，现阶段它的前景仍具有开放性，它的变化有不止一种可能，其结果取决于多个变量。这些变量可分为背景性变量和直接变量两大类。背景性变量是指国力对比的变化、国际形势的变化、国内政治的变化，它们具有本源性，不过它们的作用是间接的，并且在作用方向上存在多向性。直接变量是指中俄、中美、美俄三对双边关系。背景性变量的变化最终会反映到中俄、中美和美俄关系上，它们的互动和变化直接决定着中俄美三角的形态。中俄美三角的变化不是机械、孤立、线性的运动，它是多边互动的结果，取决于多个变量的相互作用。

国力对比变化作为变量是逐渐积累的，因为国力对比的变化通常不是突然发生的，而且它只有在积累到一定的量后才会发生效应。因此，这个变量相对稳定。

国际形势是一个不确定性很大的变量。与历史上相比，当代国际政治的一个重要特点是变化多、幅度大、影响广。特别是难以预料的重大事件的突发几乎成了常态，导致国际形势变幻莫测，难以预料。苏联解体、"9·11"事件、伊拉克战争、乌克兰危机、英国"脱欧"，以及特朗普的出现等都是这类所谓"黑天鹅"事件，都会使国际形势发生突然的巨变。因此，对国际形势只能做常规的预设，无法做准确的预估，特别是对突发事件及其影响无法预知。

国内政治的变化也有较大的不确定性。如美国的"特朗普现象"及其内外政策的变化都超出了通常的政治想象。在俄罗斯有"普京现象"。普京在俄罗斯享有的权威之高，使他成为俄罗斯国家的化身。但"普京现象"也有给俄罗斯的未来带来不确定性的一面。与"特朗普现象"相反，"普京现象"的不确定性不是因为他的到来，而是因为他未来的离去。正因为普京对俄罗斯的影响至深，因此他未来离去留下的变化空间也就越大，也越不易预测。

中俄关系、美俄关系和中美关系是影响中俄美三角的直接变量。

中俄关系。中俄关系对中俄美三角具有关键意义，它有深刻改变中俄美三角的潜能。具体说，中俄关系如发生逆转，则中俄美三角的形态就可能出现颠覆性变化，这将为俄美联合制衡中国创造条件。反之，如中俄保持友好，则中俄美三角中的中俄战略合作结构将基本上保持并可能发展。

自 1996 年建立战略伙伴关系以来，中俄关系经历了近代以来持续时间最长的友好合作时期。两国解决了世纪难题边界争端，在 20 多年的时间里没发生过任何重大政治性冲突，建立起了高层交往的制度性机制，在国际领域持相近理念并相互协作，军事技术领域的合作长期保持，建立上海合作组织解决了两国在中亚的关系问题，大欧亚伙伴关系解决了两国在欧亚地区的合作问题，两国还正在形成能源战略伙伴，并努力推动两国经济利益的扩大。曾经有许多领域被认为是中俄关系的"雷区"，如中亚能源输出、中亚"大博弈"、所谓中国对远东的扩张等，但这些问题都得到消解或缓和。展望中近期未来，看不到有使中俄关系逆转的严重矛盾，两国之间也存在问题，特别是在实务合作领域，但基本上属于技术性性质，不是政治性质。

未来 10 年左右，对中俄关系的最大挑战不是现在看得见的某一具体矛盾，而是两国地位关系的转型，即两国将如何面对国力对比的大幅变化，也就是中国国力的快速上升和俄罗斯国力的相对下降，以及如何使中俄关系平稳地适应这一新的条件。这一转型的结果将决定未来中俄关系走向何方。

有学者认为不平衡发展是中俄关系的最大问题，[①] 这当然也正确，但还不是问题的最实质。不平衡发展是国际政治的常态，国家实力的此消彼长也是客观过程，不是可以人为停止的，问题在于如何适应和对待，这是可以主观选择的。换言之，对于中俄关系来说，不平衡发展是客观趋势，但它对两国关系不是指向一个结局，而是可以有不同的结果，关键在于如何适应和选择。

中俄关系的转型之所以特别复杂，是由于在过去的几百年中，两国经历过特别的历史，形成了特别的相互认知和思维，也习惯了特别的相互关系模式。它的核心概念可概括为"强大俄罗斯—贫弱中国"，如果再向文化上延伸，那还有"文明西方—落后东方"的潜意识。

在近代中俄关系中，俄罗斯强大中国贫弱是客观事实。由此形成的对两国关

---

① 莫斯科卡内基中心主任特列宁较早提出这一观点。参见 Dmitri Trenin, "Challenges and Opportunities: Russia and the Rise of China and India", in The National Bureau of Asia, *Strategic 2011 – 2012*, pp. 228, 242。

系的认知在俄罗斯的思维中根深蒂固，对中国人的思维也有很深影响，它也反映在两国关系的构建和相互的政治心理中。

历史性转折开始于20世纪90年代。它有两个标志性事实：一个是中国的改革开放，另一个是苏联解体，这两个事实构成了中俄关系史上一个不寻常的进程：中国向上，俄罗斯向下，差距迅速拉开，两国的位置发生历史性交替。按照世界银行的数据，苏联解体之时，中国与俄罗斯的国内生产总值相当，10年之后，中国已是俄罗斯的4倍。① 到2017年，中国国内生产总值达到12万亿美元，俄罗斯为2.2万亿美元，中国的经济总量已是俄罗斯的近5倍半。从2011年算起，中国的纯增量为4.69万亿美元，俄罗斯才约3500万美元。②

军费开支对大国来说也是一个十分重要的指标。按照斯德哥尔摩国际和平研究所的资料，在苏联解体前的最后一年1990年，尽管苏联的军费已经大大减少，但仍达1907亿美元，而同年中国是210亿美元。1992年俄罗斯独立后军费锐减到407美元，当年中国是271亿美元。2017年俄罗斯军费恢复到663亿美元，而中国已经增长到2282亿美元。③ 斯德哥尔摩国际和平研究所的统计方式我们不一定认可。按照中国官方的宣布，2018年中国国防预算是11070亿元人民币，约合1700多亿美元。④ 按照俄罗斯官方的数据，2018年俄罗斯国防预算是27700亿卢布，约合480亿美元，⑤ 与中国也已有三倍多的差距。

可以预期的是，由于中国经济的基数大，增长速度快，正常情况下未来中俄经济总量的差距将会更悬殊。在这种状态成为两国关系的基本环境后，它将使中俄关系面临一系列不曾有过的可能的潜在挑战。这里所谓挑战并不是指危机形势，而是指可能遇到并需要解决的重大问题。

挑战之一是在政治关系上，中俄关系面临的挑战是如何保持平等。平等是中俄关系中十分敏感的问题，甚至可以说是不能触动的政治神经。由于历史及其他原因，中俄在相互交往中民族自尊心特别强，把不平等视作不可接受的屈辱。20世纪60年代中苏关系的破裂也与此有关。

---

① Dmitri Trenin, "Challenges and Opportunities: Russia and the Rise of China and India," in The National Bureau of Asia, *Strategic 2011 - 2012*, pp. 228, 242.

② 按照世界银行的数据，2011年俄罗斯国内生产总值为1.858万亿美元，中国为7.318万亿美元。这里都是按购买力平价计算。

③ "Military expenditure by country, in local currency, 1988 - 2017" (see below for 1998 - 2017), SIPRI, 2018, https://www.sipri.org/sites/default/files/2_Data%20for%20all%20countries%20from%201988%E2%80%932017%20in%20local%20currency.pdf.

④ 《关于2017年中央和地方预算执行情况与2018年中央和地方预算草案的报告》，http://www.xinhuanet.com/politics/2018-03/23/c_1122582420.htm。

⑤ Бюджет РФ на 2018 год и на плановый период 2019 - 2020 гг. Досье, http://tass.ru/info/4679765.

不平等的物质根源是国家实力的差距。这不是说国力差距一定导致不平等，但它一定是不平等的物质基础。国家总是根据自己的资源和能力制定战略目标，选择实施手段，并形成认知和思维习惯。国家强盛总是使其在对外政策上更有进取性，这是自然的。反映在中俄关系上，中国在双边对话中会更有优势、更为自信、更加主动，这也是自然的。与此同时这也易导致自觉或不自觉的自负心理的产生。而对俄罗斯来说，如何适应这一巨大落差对它是一个痛苦矛盾的过程。而且，由于弱势地位，它对平等会更为敏感或过于敏感，乃至正常的事情也可能被理解为不平等，使两国关系在政治上变得脆弱，中苏关系中也有这方面的教训。现在已有把中俄说成是"老大哥与小弟弟"的舆论，认为俄罗斯是中国的小伙伴，中国主导着中俄对话的议程。① 未来这种舆论将会长久存在，如果它上升为某种政治意识，将会是中俄关系的严重隐患。②

挑战之二是在安全关系上，它的实质是如何在中国军力快速增长的情况下继续保持安全上的互信。中俄相互是最大邻国，有4300多公里的漫长边界，又都是军事大国，安全问题始终是两国关系的基石。换句话说，相互不构成安全威胁是两国关系最深层的基础，这个基础一动摇，中俄关系就会发生基础性的变化。

挑战的产生源于中俄军力对比的变化。强大的军事一直是俄罗斯的立国之本，在过去几百年里，俄罗斯对中国一直保持着巨大优势。不过，近年来，随着中国综合国力的增长，中国的军力快速增长，两国的军力对比在悄悄发生变化。如前面已经说到的，中国现在的军费已是俄罗斯三倍多，将来差距还会继续拉大。毫无疑问，中国的军事能力将继续保持快速发展。可以预测，未来中国在常规军事力量方面将赶超俄罗斯。中国常规军事力量不仅规模比俄罗斯大，而且武器装备的现代化水平迅速提高，俄罗斯的优势将主要是保留在战略核武器领域。

当然，这不意味着中国将威胁俄罗斯，也不意味着俄罗斯将视中国为军事威胁。在面临共同安全威胁的情况下，这一因素受到抑制，两国相互支持以应对共同威胁是更可能的选择。中俄不断发展的军事合作已经显示了这一点。但如果共同威胁降低或消失，或是中俄政治关系受到损害，这一因素在两国关系中就会更多显现。军事力量不同于一般其他因素，它有其特殊性，它对国家关系的影响也

---

① Bo Bolo, *A Wary Embrace. What the China – Russia Relationship Means for the World*, Lowy Institute for International Policy, Penguin Random House, 2017, p. 18.

② 在回答俄罗斯是不是中国小兄弟的问题时，俄罗斯知名学者卡拉干诺夫说，俄罗斯不会是任何国家的小兄弟，历史上也从来不是，藐视俄罗斯的国家都被俄罗斯打败了。由此可见俄罗斯对平等问题的敏感。参见 Сергей Караганов,《Китай и Россия — почти союзники... Россия и Индия ведут серьезный диалог по стратегическим вопросам только на высшем уровне》, 7 марта 2018. http://www.globalaffairs.ru/pubcol/Kitai-i-Rossiya--pochti-soyuzniki-Rossiya-i-Indiya-vedut-sereznyi-dialog-po-strategicheskim-voprosam。

有其特殊规律，并不是一方发展越快对两国关系的促进作用就越强，有时甚至相反。大国对军事力量的变化尤为看重，任何大国都不希望身边出现一个军事强国，特别是远强于己的军事大国。① 当然，"能力"不等于"意愿"，良好的政治关系可以缓解和化解由此引起的焦虑。但"能力"是客观实在的常量，它本身即包含重要的战略意义，是大国进行战略安全规划的重大要素。因此，军力对比的变化自然会导致对军事战略安全的思考。需要强调，这只是指出存在这样一种因素，并且认为这一因素应使中俄更加重视军事战略安全互信的长期和持续建设，而不是说它一定会导致两国在安全关系上出现逆转。

挑战之三是在国际合作上，其核心问题是中俄国际合作的基础如何继续保持。冷战结束后，中俄美在后冷战时期的国际秩序建设上持不同理念，中俄主张多极化，美国坚持单极霸权，这使中俄与美国分道扬镳，同时也成为中俄国际合作的重要基础。它的逻辑关系是：美国是唯一的超级大国，中俄都远弱于美国；中俄的国际地位相似，因此诉求相近；两个较弱的大国联手抵制单极霸权、推动多极世界是自然的选择。

不过，随着中国的持续崛起，美国独大的格局逐渐解体，中俄美在其中的位置都发生移动。中国的地位上升，与美国的位置接近；美国的地位相对降低，单极霸权动摇；俄罗斯地位下降，虽仍保持作为一极，但国力特别是经济体量与中美拉开了差距。② 俄罗斯学术界已经提出中美两极结构的可能和俄罗斯的地位问题。③

这就产生了一个问题：中俄国际理念的相近是由于国际地位的相似，促使中俄合作的条件是两国相对于美国的弱势地位，现在中国的情况发生变化，从弱势地位转为强势地位，未来甚至可能成为世界最大经济体，如果说经济基础决定上

---

① 俄罗斯《独立报》主编、莫斯科市公众院（Общественная палата，为政府咨询机构）主席 К. Ремчуков 在评论美国退出《中导条约》时说，在俄美恪守《中导条约》的同时，中国却悄悄大量增加了这类导弹，打破了平衡。参见 Константин Ремчуков: Пока мы и Америка в целом соблюдали ДРСМД, Китай по-тихому наделал столько ракет этого класса, что все балансы полетели, 22.10.2018 http://www.ng.ru/politics/2018-10-22/100_echo22102018.html。

② 根据世界银行的数据，以现价美元计算，2017 年中国国内生产总值为 12 万亿美元，俄罗斯 2.2 万亿美元，美国 20 万亿美元。参见 https://data.worldbank.org.cn/country/china?view=charthttps://data.worldbank.org.cn/country/russian-federation?view=charthttps://data.worldbank.org.cn/country/united-states?view=chart。

③ 目前认为将形成中美两极的观点还不是主流，但问题已经提出，并且随着中国国力的上升可能将引起越来越多的讨论。参见 Александр Крамаренко, О «новой биполярности» и месте России в постмодернистской конфронтации, 8 ноября 2018, http://russiancouncil.ru/analytics-and-comments/analytics/o-novoy-bipolyarnosti-i-meste-rossii-v-postmodernistskoy-konfrontatsii/Дмитрий Мосяков, Мы вновь идем к борьбе двух систем? 30 октября 2018. http://russiancouncil.ru/analytics-and-comments/analytics/my-vnov-idem-k-borbe-dvukh-sistem/。

层建筑的话，中俄的国际理念是否将因此出现差异？中国成为世界两强之一，它已不是弱国，中俄两弱对一强的前提不再存在，中俄国际合作将立足于什么基础？

美俄关系。美俄关系也是中俄美三角的重大变量，不管向好还是向坏，它的变化都会对中俄美三角产生重要含义。如果美俄关系向坏，并不意味着会形成中俄反美同盟，这还取决于中美关系的状况和中国的选择，但这客观上推动俄罗斯加强与中国的合作，而且它完全排除了美俄针对中国联手的逻辑上的可能性。如果美俄关系向好，也不自然导致美俄联合制衡中国，这还取决于中俄关系的状况和俄罗斯的选择，但这客观上打开了俄罗斯在中美之间战略机动的空间。

显而易见，在推动美俄关系变化的因素中，负面因素远多于正面因素，美俄关系的现状本身就已充分表明了这一点。

自1991年俄罗斯独立以来，美俄历任总统都曾尝试过使两国关系走上良性发展的轨道，但都以充满希望开始，以沮丧失望结束。

俄罗斯独立之初，在叶利钦和克林顿的热心推动下，俄美关系开始了"蜜月时期"，1993年两国宣布为战略伙伴，美俄关系达到高峰。[1] 但此后不久，由于北约东扩、科索沃战争、伊朗、伊拉克、军控、车臣等问题，美俄关系进入了"冷和平"。

2000年小布什和普京分别就任总统，美俄对两国关系重燃希望。2001年6月小布什在卢布尔雅那与普京首次会见时说，他看着普京的眼睛，能感觉到他的心灵，觉得普京是值得信任的人。[2] 同年7月，在热那亚与普京第二次会晤后，小布什说他可以与普京推心置腹，开诚布公地讨论所有问题。"9·11"事件后，美俄关系再掀热潮。2002年5月，小布什访俄，两国宣布将建立新战略伙伴关系。[3] 所谓新战略伙伴关系，是相对于1993年宣布的战略伙伴关系而言。不过，这次热潮持续的时间也不长，2003年美国发动伊拉克战争后，美俄关系再次转冷。

2008年美俄总统换届，奥巴马和梅德韦杰夫分别出任总统。美俄关系又出现乐观期望。当时普京刚刚结束了第二任期，新总统梅德韦杰夫被认为有较明显的西方主义色彩，这似乎是改善美俄关系的机会。因此，奥巴马政府提出了

---

[1] 1993年4月3—4日，克林顿和叶利钦在加拿大温哥华会见，并发表联合声明，宣布两国为战略合作伙伴。

[2] 这是小布什在和普京的记者招待会上说的。参见 Совместная пресс-конференция с Президентом Соединенных Штатов Америки Джорджем Бушем, 16 июня 2001 года, http://www.kremlin.ru/events/president/transcripts/21263.

[3] Московская декларация о новых стратегических отношениях между Российской Федерацией и Соединенными Штатами Америки, 24 мая 2002 года, http://www.kremlin.ru/supplement/3477.

"重启"战略。2009年3月,美国时任国务卿希拉里·克林顿和俄罗斯外长拉夫罗夫在日内瓦同时按下象征重启的红色按钮,标志着美俄关系开始重新启动。重启后的美俄关系稍有起色,但动力不足,踟蹰徘徊,在梅德韦杰夫总统任期结束之前即已难以为继,到2012年普京重回克里姆林宫后,"重启"彻底结束。[①] 随后发生了乌克兰危机,一系列冲突和制裁接踵而至,美俄关系跌入深渊。

2016年特朗普成为美国新总统,由于他不加掩饰的亲俄立场,舆论曾普遍预测他将会给美俄关系带来新局面。特朗普也确实做出了很大努力。2017年7月和11月,在20国集团汉堡峰会和APEC岘港领导人会议期间,特朗普与普京进行了非正式接触,2018年7月,特朗普与普京在赫尔辛基举行了首次正式会晤。但与预测相反,迄今为止,美俄关系不仅没有起色,反而愈加恶化。而且,这次重启的难度超过以往,不仅是因为两国关系的状态更差,更主要的是在美国国内遇到了建制派的激烈抵制。现在虽然还不能说特朗普的亲俄路线已死,但前景并不乐观。美国国内的政治斗争已压倒了正常的外交理性,在这一背景下,美俄关系也成为建制派反特朗普的牺牲品。建制派反俄、反普京、反特朗普三流合一,使得特朗普改善美俄关系的前景黯淡,而且特朗普为美俄关系做得越多,招致的反对和阻力反而越大。这变成一个怪圈和悖论,也许,这个怪圈只有在特朗普或普京之后才能打破。

纵观1993年以来20多年的美俄关系,它呈现出的是一条下降的曲线。历届美俄政府都做出过努力,两国智库无数次指点迷津,但都不能把美俄关系推入到平稳发展的通道。可见,美俄关系中存在深层的、系统性、结构性的问题。至于这些问题是什么,需要专门的论述。如果用最简单的话概括,可以称之为两国在利益结构和相互认知上的深刻冲突,相互信任严重缺失。这些问题极难克服,并且不是随着时间逐渐消失,而是越积累越沉重。

中美关系。中美关系对中俄美三角也有特别意义。在中美为建设性关系的情况下,形成针对第三国的双边结构的可能性基本排除,因为中国不会与美国形成针对俄罗斯的联合,美国与俄罗斯联合针对中国的必要性也将减低。而如果中美关系恶化,则会出现形成两国集团的结构性可能,其一是中俄对美国,其二是美俄对中国。当然,这只是技术和结构条件的假设,并不是现实。它还取决于中俄关系和美俄关系,而且更主要的是取决于它们的内容而不仅是外在结构。在中美交恶的情况下,从一般规律说,中美应更重视俄罗斯的角色,俄罗斯的地位会相对提高。

在中美俄的三对双边关系中,中美关系有最大变化幅度的可能。中美关系正

---

① Andrew C. Kuchins, "Russia in 2013, Critical Questions for 2013: Regional Issues," January 25, 2013, http://csis.org/publication/critical-questions-2013-regional-issues#g.

在经历着也许是建交以来最深刻的调整。这次大调整与以往的风波不同,许多人们熟悉的有关中美关系的概念似乎过时,许多基本判断似乎失灵,许多规律规则似乎失效,许多分析框架也似乎不再可靠。中美关系变得越来越难以认识,更难以预测。

　　从根本上说,中美综合国力对比的变化是这次大调整的基本背景,虽然在综合国力上美国仍超越其他大国,但由于中国的快速崛起和国际形势的发展,美国霸权地位的相对下降是客观事实,更重要的是这被认为已成未来的趋势。对这次中美关系大调整的具体成因、性质及美国的目标还是有不同的判断。越来越多的看法认为,它的实质是美国对中国"幻觉"的破灭,① 美国国内各界已形成共识,认定中国是最大威胁或最大威胁之一,美国对华政策开始发生根本性转变。美国副总统彭斯在 2018 年 10 月发表的美国对华政策讲话中,把中国完全置于对手的位置,对中国进行了全面指责,语气激烈,信任荡然无存,并誓言对中国坚决反击。讲话有浓烈的冷战气息,尽管这一讲话可能与美国中期选举有关,但也再次印证了美国对中国态度的改变。而且,彭斯对中国的国内政策进行了全面攻击,这已是从意识形态角度看待中美关系,尤为令人不安。②

　　不过,还需观察的是美国精英界的对华共识将转化为什么战略和政策。更重要的问题是,这次大调整将把中美关系带向何方?它会重新回到原来的轨道吗?或是经过调整和相互适应后形成"双头政治"?抑或是走向美苏冷战模式甚至更糟?此外,在"特朗普旋风"过后,美国外交又会发生什么变化?这些问题都还没有确定的答案。但无论如何,中美关系的前景不容乐观,虽然有转圜和缓和的可能,但两国关系的性质已有重要变化,乐观和信任都难以重回中美关系。而更可能的是,中近期中美关系的差别是在差和更差之间,而不是在差和好之间。中国官方也认为形势严峻,指出中美关系正处于新的十字路口,一步不慎就可能使未来的中美关系南辕北辙。③

---

　　① 有学者指出中美在过去这些年相互都发生了战略误判。参见 Глобальный треугольник: Китай развернулся к России от США, 06. 04. 2018. https://russianpulse.ru/continentalist/2018/04/06/1703761 - globalnyy - treugolnik - kitay - razvernulsya - k - rossii - ot - nbsp - ssha。

　　② "Remarks by Vice President Pence on the Administration's Policy Toward China", October 4, 2018, https://www.whitehouse.gov/briefings - statements/remarks - vice - president - pence - administrations - policy - toward - china/.

　　③ 《中美关系再次走到了十字路口——王毅国务委员兼外长在美国对外关系委员会的演讲》,2018 年 9 月 9 日,http://www.mzfxw.com/m/show.php?classid = 18&id = 108786&style = 0&cpage = 0&cid = &bclassid = 4。

中俄美三角的变化趋向和可能

上面分析了中俄美三角的主要变量，接下来的问题是：中俄美三角将向什么方向发展？

从理论上说，存在多种可能的模式：其一，中俄美形成三边合作；其二，美俄战略合作，平衡和制衡中国；其三，中美达成战略妥协，形成所谓的"G2"，俄罗斯被抛在一边；其四，基本延续现今格局，中俄保持战略合作，但中俄美相互保持独立，维持着三极结构；其五，中俄结为联盟或亚联盟，与美国形成公开的对垒。

首先看第一个模式即中俄美三边合作的可能。毫无疑问，这是最佳的模式，也是最应争取的模式。这一模式如能实现，三角关系也将变为三边合作，它不再是均势制衡的结构，而是合作的机制。

不过，三边合作虽好，但它更多是一种理想主义的愿景，在现今的形势下很难成为现实。中俄美三国几乎看不到捐弃前嫌、消除矛盾、坦诚合作的可能。美国对中国和俄罗斯的定位是竞争对手和威胁来源。这在美国2017年的《国家安全战略报告》、2018年的《国防战略报告》以及特朗普的相关讲话中都有清楚的阐述。[①] 国际形势也是在向不利于中俄美合作的方向发展。在冷战结束后的20多年里，在大国合作的条件和氛围远较今天为好的过去，中俄美三国都没有形成三边合作，那么现在，在美俄被认为进入新"冷战"、中美也有可能走进新"冷战"的情况下，[②] 有什么因素使中俄美合作变得可能？而且，中美和俄美甚至连稳定的双边合作关系都难以保持，三边合作就更遥不可及。

中俄美也难以找到真正能使三国携手的合作议题。反恐是最经常被提及的可合作领域之一，但事实上中俄美虽在反恐上有过共识与合作，但最终反恐没有成为三国的合作平台。国际反恐不是纯粹的，它掺杂着复杂的地缘政治和其他内容。反恐与地缘政治之争交织在一起，难解难分，有时甚至使反恐沦为地缘政治的工具，伊拉克战争和叙利亚战争都是这样的典型事例。美国的双重标准也是中

[①] 在这些报告和讲话中，美国把中国和俄罗斯定位于战略竞争对手，是对美国的影响、价值观和财富的挑战。参见 National Security Strategy of the United States of America, DECEMBER 2017, p. 2. Summary of the National Defense Strategy, Sharpening the American Military's Competitive Edge, 2018, p. 1. Remarks by President Trump on the Administration's National Security Strategy, December 18, 2017. https：//www.whitehouse.gov/briefings－statements/remarks－president－trump－administrations－national－security－strategy/。

[②] 郑永年：《贸易摩擦升级，中美新冷战真的要来了吗？》，2018年8月2日，https：//known.ifeng.com/a/20180802/45098513_0.shtml。

俄美反恐合作的重大障碍，这使反恐甚至成为双边关系中的矛盾，而不是合作的基础，这在新疆和车臣问题上都有反映。其他被认为最可能的议题如地区安全、网络安全等也有类似情况。由于大国不同的地缘政治利益追求，地区安全问题往往成为大国地缘政治博弈的舞台。以朝鲜核问题为例，中俄美在朝核问题上都有重大利益，三国都介入其中也有合作，却并没有形成三边合作关系，可见形成三边合作关系之难。

这不否认中俄美关系中会有合作的内容，但这更多是战术和技术层面或局部的合作，不足以使中俄美关系成为整体的合作框架。因此，中俄美三边合作虽最为理想，但作为现实政治目标比较渺茫。

再看第二种模式即美俄形成针对中国的战略合作的可能。这种模式的可能性也很小，它有三个基本制约因素：美俄关系的低质；中俄关系的稳固；俄罗斯的外交理念。

从三角外交的一般规律讲，通过改善与一国的关系达到对另一国的对话优势是它的要义，但美国现在做的是相反。这不是美国政府不想这样做，而是无法做到。美国的尴尬在于：一方面，国内政治分裂使美俄关系被绑架；另一方面，美国同时面临着两个都很重要的"挑战者"，一个也放不下。

特朗普有地缘政治意识，他在竞选时曾抨击奥巴马政府，认为其将俄罗斯和中国推到一起是外交愚蠢，反映出特朗普已经有分化中俄的想法。① 美国地缘政治外交元老基辛格认为，同时激怒俄罗斯和中国是美国最严重的外交错误，在基辛格看来，中俄联手是美国的"噩梦"，他主张与俄罗斯发展关系，虽然他并未说美俄联手制衡中国，但平衡中国也是其言下之意。② 这与特朗普的想法不谋而合，因此基辛格也是特朗普的座上宾。但是，建制派意想不到的强烈阻挠和国内政治斗争，使特朗普分化中俄的想法难以实施。

美国的另一尴尬是它同时面对中俄两个"对手"。中美苏"大三角"时期，美国虽也同时面对中国和苏联，但实际上中国并不是美国的担忧，美国的真正对手是苏联。③ 因此，美国做出与中国战略妥协的选择相对简单。现在的情况不

---

① "Interviews, Donald Trump Running for President", June 17, 2015, http://www.foxnews.com/transcript/2015/06/17/donald-trump-running-for-president.html.

② "Kissinger's Nightmare: How an Inverted US-China-Russia May Be Game-Changer", September 11, 2015, http://valdaiclub.com/publications/valdai-papers/valdai-paper-33-kissinger-s-nightmare-how-an-inverted-us-china-russia-may-be-game-changer/.

③ 尼克松当时对基辛格说，他对中国一点也不担忧，他真正关注的是苏联。参见"Synopsis: The United States, China and Russia: Relations Between the World's Great Powers in the Age of Trump, Richard Nixon Presidential Library and Museum", July 27, 2017, https://www.nixonfoundation.org/2017/08/synopsis-united-states-china-russia-relations-worlds-great-powers-age-trump/.

同，美国认为中俄都是战略竞争对手，只是在谁主谁次的判断上有所不一，既有把中国作为最大威胁的看法，也有认为俄罗斯是最危险敌人的观点。其实，差异的产生主要在于角度的不同。从军事和战略安全的角度，俄罗斯被认为是最大威胁，而中国次之。因此，美国军界多持这种观点。① 而从国际政治和维持世界霸权的角度，中国又往往被认为是最大威胁，俄罗斯次之。② 但无论如何，中国和俄罗斯都被认为是对美国主导的自由国际秩序的挑战。在俄罗斯被认为是美国最大威胁之一并且两国关系极差的情况下，把俄罗斯作为抑制中国的战略伙伴显然是很困难的选择。

虽然俄罗斯愿意看到大国之间形成平衡的关系，这对相对弱势的俄罗斯更为有利，但俄罗斯不会与美国结成反对中国的阵营。这不符合俄罗斯的利益，也不符合俄罗斯的外交理念，俄罗斯也没有这样做的必要性。中俄关系在俄罗斯外交中有不可替代的重要价值和地位，为改善俄美关系而毁掉与中国的关系，这对俄罗斯代价太大，俄罗斯因此将遭受重大政治经济和安全利益损失，得不偿失。从外交上说这也是不明智的，其结果很可能是为他人火中取栗。从俄罗斯的外交理念来说，它追求独立自主的角色，假使美俄关系恢复到正常，俄罗斯更可能选择在中美之间保持自由机动，而不是加入美国阵营。因此说，即使采取分化中俄的政策，俄罗斯也不会接受美国安排的角色。只有在一种情况下俄罗斯才愿与美国联手制衡中国，那就是中国被认作严重威胁的时候。

第三种模式是中美形成"两驾马车"。美中是世界第一和第二大经济体，中美也是两个幅员辽阔、有强大金融力量和军事力量的大国。毫无疑问，中美关系是最重要的双边关系，对国际政治有最大的影响。因此，有人认为世界正在形成新的两极结构，美国有学者提出了中美"G2"结构的设想，它的核心是中美共

---

① 例如，美国国防部长马蒂斯、美军参联会主席邓福德和原美国陆军参谋长 Ray Odierno 都认为俄罗斯和中国是美国最大的外部威胁，但俄罗斯居首。分别参见 "Remarks by Secretary Mattis at the Virginia Military Institute, Lexington", Virginia, Sept ember. 25, 2018, https：//dod. defense. gov/News/Transcripts/Transcript-View/Article/1645050/remarks-by-secretary-mattis-at-the-virginia-military-institute-lexington-virgin/source/GovDelivery/; Dunford, Russia, "China Pose Similar Challenges to U. S. Rules-Based Order", October 2, 2018, https：//dod. defense. gov/News/Article/Article/1651328/dunford-russia-china-pose-similar-challenges-to-us-rules-based-order/Kristina Wong, "Top US general: Russia is most Dangerous Threat," August 12, 2015, http：//thehill. com/policy/defense/250962-odierno-russia-is-the-most-Dangerous-Threat-to-us.

② 如美国国务卿蓬佩奥认为从长远来看中国是最大威胁。参见 "Interview With Laura Ingraham of The Laura Ingraham, Michael R. Pompeo, Secretary of State", October 31, 2018, https：//www. state. gov/secretary/remarks/2018/10/287031. htm.

治，即中美联合共同治理世界。① 这种观点在中国学术界也引起一些反响。不过，这种模式的可能性也极低，原因是中国不同意，美国不情愿，其他大国不接受。

中国官方并不接受"G2"的理念。中美作为世界最大经济体，两国关系对世界有最大影响是自然的，两国也应担负起更多责任，但中国既不赞成一国也不赞成两国统治世界。中国主张世界政治多极化，接受"G2"思想即意味着放弃多极化。

中美也不可能合体成为世界领导，它们之间的矛盾使它们不能成为一体。"G2"虽由美国学者首先提出，但这不表示美国官方能够接受。"G2"意味着美国承认中国与其平起平坐的地位和权力，而这正是美国竭力防止的。事实上，中美关系紧张的基本根源就是美国不能接受中国的崛起。

中美与美苏两极不一样，中美只是两个国家，不能代表整个世界。在中美之外，还存在多个力量中心，它们不会接受中美联合治理世界，不会承认它的领导地位，不会服从中美为它们做出的安排。

不过，中美对撞的过程也是重新磨合和适应的过程，未来中美既可能更加对立，但也可能在一定程度上相互接受。不过，这与"G2"思想不是同一含义，它不是中美共治，而是更接近于准两极结构。这种准两极结构是一种客观的结构形态，它不等于政治选择上的两极模式。

在可见的将来，中俄美三角最可能的模式是第四种，即延续现今的结构，并有所发展。

中俄美现今结构延续的基本要素是中俄保持战略合作、中美和俄美关系或好或差，但战略信任低于中俄关系，美国对中俄的战略压力不同时达到危险的程度。

中俄关系过去20多年的发展积累了大量的正资产，为两国关系打下了良好基础。冷战结束以来，中俄关系经历了多次国际形势的剧烈变化，也经历了多次国家领导人的更替，但两国关系没有发生过方向性改变，并且保持着向上的发展轨迹，这说明了中俄关系具有很强的稳定性。

如前所述，未来中俄关系要解决的主要问题就是适应两国关系的转型，这要求中俄两国都做出努力，中俄关系的未来仍需两国去塑造。

从中国来说，最重要的是不管俄罗斯恢复还是衰落，都要保持战略定力和冷

---

① "G2"概念被认为是首先由美国彼得森研究所所长弗雷德·伯格斯滕在2008年提出。参见 Fred C. Bergsten, "A Partnership of Equals: How Washington Should Respond to China's Economic Challenge?", July 1, 2008, https://piie.com/commentary/speeches-papers/partnership-equals-how-washington-should-respond-chinas-economic.

静，心态平和、给予尊重、防止膨胀、不失耐心。要做到这一点并不容易，国力快速增长自然会增强国家的自信，但一旦走得过头就容易变成不自觉的自大。另一方面，这个过程很可能伴随着民族主义情绪的高涨，尤其是年青一代，他们对俄罗斯的认知是在新的历史环境下形成的，具体说是在中国崛起和俄罗斯衰落的过程中，他们对俄罗斯较少感情色彩，对"强大俄罗斯"的形象感受不深，它们更为自信和更具进取性。这会给国家外交政策和社会情绪带来某种影响，如果这个过程再伴有俄罗斯的继续衰落，还可能刺激社会上去算历史旧账的冲动。这一般不会进入到外交政策层面，但即使是在社会和舆论层面，也足以给两国关系造成严重的内在紧张。在这一方面，邓小平提出的"向前看"是大智慧。国家关系都会有复杂的过去，历史虽不能忘，但往回走没有出路，只有向前看才有希望。

从俄罗斯来说，需要的是理性地对待中国的发展，通过发展合作和增加信任来巩固自己的地位，促进经济发展，保障安全利益，减轻相关忧虑，而不是通过抑制中国的方式以求平衡。应该看到，国力对比的变化使俄罗斯纠结的一些问题处于不同的语境下，诸如所谓中国经济扩张、远东移民威胁、中国在原苏联地区的发展等，这有可能使俄罗斯精英和社会的担忧加深，做出消极的解读，这对俄罗斯外交也将是一种压力。①

中俄平等是指政治平等，即相互尊重对方的平等地位，相互尊重对方的合理利益，平等地解决两国间的问题。政治平等不意味着事事退让，也不意味着不坚持自己的原则和利益。

在经济关系上，中国应与俄罗斯形成更深的交织和互惠，通过使两国发展战略相互的接洽，使俄罗斯愿意借助中国的经济之帆，把中国的发展作为俄罗斯经济发展的机遇，形成共同发展。中国应不断推动以中俄为中心的大亚欧经济的经济一体化，持续实施"一带一路"与欧亚经济共同体的对接，完成中国与俄罗斯和欧亚经济工体自贸区谈判，使中俄在经济上发生深度的连接和融合，最终与俄罗斯和其他亚欧国家形成大亚欧经济区，或说大欧亚经济区。

经济利益十分具体，对得失的评估经常不同。但在整体上，中俄应有平衡的利益观。利益是可以交换的，一种利益的获得可能需要另一种利益的损失为代价，反之，一种利益的损失可以通过其他利益的获得为补偿。从国家的角度，不仅要看一时一事之得，更重要的是保持整体利益的平衡。这种平衡是综合平衡，

---

① 俄罗斯官方现在对此持理性的立场。在回答如何看待中俄关系未来前景时，俄罗斯外长拉夫罗夫说加深战略合作是两国关系最好的保障，如果现在不这样做，10年或20年后就可能面临风险。参见 Интервью Министра иностранных дел Российской Федерации С. В. Лаврова в прямом эфире радиостанций 《Спутник》,《Эхо Москвы》,《Говорит Москва》, Москва, 22 апреля 2015 года, 22 – 04 – 2015, http://www.mid.ru/brp_4.nsf/0/A5D21E41F0E773EF43257E2F005A8B5A。

一方面是在某一领域不同方面之间的综合平衡,如在经济领域的不同项目中;另一方面是在不同领域之间的利益综合平衡,如在经济、政治、安全、国际利益等领域之间;还有一方面是在更高的层次上,在具体利益与中俄关系带给中国外交的整体利益之间的综合平衡。

在安全关系上,两国需要为相互战略和军事安全建立起稳定的基础。保持政治友好是最大的安全保证,同时,需要有可靠的制度安排,不断完善和发展两国的安全保障和信任机制。密切军事交流和深化军事合作是加深相互理解和信任的重要途径,这不仅使两国可以提高应对外部战略威胁的能力,共同维护地区安全,而且也能使两国在战略和军事安全上相互安心。①

在国际领域,在综合国力优势越来越大的情况下,中国在政治上应继续坚持多极化,继续站在新兴经济体的立场上,这是中国与俄罗斯国际合作的基础,不应改变。在当今世界,政治上的单极或两极结构都会导致自我孤立,中国不应追求这种政策。在中俄美关系变化的情况下,中国也应适当调整政策,在需要时更坚定地表达自己的立场,在必要时更明确地对自己的伙伴给予支持。中国很少因中俄关系在与其他国家关系中失去什么,中美矛盾源于中美两国自身的问题,既不是因俄罗斯而起,也不是因中俄关系而起。相互合作必然会有某些相互妥协和照顾,但从根本上说,中国与俄罗斯的国际合作是基于自己的立场和利益,并不是为了迎合俄罗斯。中国从中俄国际合作中获益良多,它大大丰富了中国的外交资源,优化了中国在国际战略格局中的地位,增加了中国推动国际新秩序建设的力量,增强了中国的国际战略安全。中美关系的改善与否并不取决于中俄关系,以牺牲中俄关系来为改善中美关系创造条件的想法是缘木求鱼,结果只会适得其反。

国家关系就是利益关系——这是国际政治中备受推崇的经典名言。从最根本上说,这话当然不错。不过,不能对此做机械的理解,不能认为国家利益中没有人的因素的参与。国家关系虽然是利益关系,但也是人的关系,国家是人的代表,并最终通过人来体现。不能把国家关系看作冷冰冰和没有情感的公式算计,否则人文外交也就失去了意义。在国家关系中,过于依赖情感因素显然不可靠,情感用事当然不应该,但忽视和否定情感因素也不正确,毫无情感也不可取。国家利益既是客观的,但也有主观的属性,国家利益都要通过人的认识来形成。国家利益作为概念是抽象的,没有争议,但在现实政治中国家利益是具体的,对于

---

① 2018年9月,中国派出约3200名军人、900多台武器装备、30架飞机参加俄罗斯"东方-2018"战略军演,显示出两国的军事合作在循着这个方向发展的迹象。参见《中国军队将赴俄罗斯参加俄军"东方-2018"战略演习》,2018年8月20日,http://www.mod.gov.cn/topnews/2018-08/20/content_4822915.htm。

具体的事物不同人会有不同的认识，对国家利益也是如此。在国际政治中，由于国家政权或领导人更替而导致国家关系变化的事例比比皆是，严格地说，这不一定是客观的国家利益发生了变化，而是对国家利益的认识出现了改变。情感与理性有复杂的关系，相互影响和相互交织，有时甚至难以分清其彼此的转化。情感因素有正面的，也有负面的。对于国家关系来说，重要的是相互培养正面的情感因素，并爱护和珍惜这种情感，同时避免负面情感因素的发生。国家之间、民众之间、精英之间、领导人之间的相互理解和友好，对于相互国家利益的维护有重要作用，甚至可说是国家利益的一部分。友好感情的培养需要多年，但毁掉可以在一瞬间，而要再恢复难上加难。中俄在这方面的资本并不深厚，尤其需要双方珍惜。

美国因素是中俄关系中一个不能回避的问题。这一问题若明若暗，但实际上一直存在，它表现在两国都对对方同美国的关系不太放心，对方与美国关系的升温往往会引起另一方的疑虑和不安。

在中国学术界有一种对美俄关系过于敏感的反应，总是把美俄改善关系同针对中国联系起来。这是一种片面和简单化的思维方式。美俄发展关系是正常的，不能期望美俄不发展关系，不能把恶劣的美俄关系当作正常状态，也不能期望美俄关系永远坏下去。美俄作为两个大国特别是核大国，有着广泛的国际、地区、双边关系的对话内容，中国只是其议题之一。中国学术界对美俄关系常常有一种不安，总认为美俄明里争斗，暗通款曲，因此对"美俄联手"保持高度警觉，这虽有其理由，但以此作为判断美俄关系的不变根据，而不是依据具体和实际情况，就不免总是做出美俄会达成交易的预测。

基于美国因素，也有认为中俄关系取决于俄美关系的看法，其基本逻辑是中俄合作的基石是共同应对美国的战略威胁，如果美国对俄罗斯战略压力减小，中俄关系将失去合作的基石，两国关系也将疏远。

这种判断有其逻辑和道理，如前所述，美国因素确实对中俄关系有重要影响，否则中俄美也就不存在三角关系了。不过，需要指出的是，这种观点把中俄关系的基础大大简化了。首先，中俄关系的基础远不止于美国因素，美国因素对中俄关系虽然重要，但它既不是中俄关系基础的核心，更不是它的全部。中俄关系的保持和发展不是以美俄关系为前提，也不是以美俄关系恶劣为条件。美国因素对中俄关系的影响主要是在中俄美关系的结构和状态上，美俄关系的状态不同，中俄美关系的结构和状态也会不同。其次，在俄罗斯受到美国战略压制的情况下，俄罗斯对东方战略空间会更加倚重，中俄之间有更大的结构性合作空间。最后，美俄关系的紧张可降低俄国内存在的对中国的某些消极看法和担忧，双边关系出现严重问题的可能也相应降低。但是，就中俄关系的整体而言，美俄关系不是决定性因素，不管美俄关系是什么状态，中俄关系都可以保持和发展。另外，中俄美关系也不是机械性的互动关系,两个国家的正向互动必然导致与第三国的负向发展。而且,即使美国对俄罗斯的战略威胁降低,中俄在国际秩序建设上仍持相近看法和立场,两国在维护国际和地区安全上的合作需求并不因此消失。

不应仅从中俄美的角度看中俄关系,把三角关系作为唯一的解释框架。中俄关系的基础不是单一的,它是一个复合和多层级结构。中俄美关系不是中俄合作的唯一因素。在中俄关系的基础中,它的最深层级是双边安全,作为两个相邻的大国,相互安全最为重要,这一点现在经常被忽视。在此基础之上才是国际战略平衡、地区安全和稳定、能源和经济利益等。仅仅从中俄美角度看待中俄关系不仅是片面的,而且从外交上说,将中俄关系完全置于取决于第三国的基础上,这也是不明智的。

最后是第五种模式,即中俄结为联盟或亚联盟的可能。前文已述,传统的"大三角"不可能恢复,那么,把联盟作为中俄关系的一种可能是否与此相矛盾呢?确实存在这个问题。就中俄美关系来说,在中俄都主张不结盟的情况下,一旦两国结盟,就表明国际环境发生重大恶化。因此,这是对在极端形势下的一种假设。如果世界出现大倒退,中俄美关系进入全面对抗,那将是世界的大颠覆,国际政治将处于完全不同的语境下,超出了现在的常规分析框架。如果出现这种形势,那不仅是中俄美关系、现在国际政治的许多基本概念和判断都需推倒重来了。即使如此,新联盟与"大三角"性质和特征仍会有明显差别,毕竟时代和国际环境已经不同。

中俄关系现在的模式是结伴不结盟,这是历史经验教训的总结,是两国找到的黄金模式。在正常形势下,结盟不是两国关系的合适形式,它对中俄关系和中俄美关系都弊大于利。[①] 中俄都没有结盟的打算,中国明确将坚持结伴不结盟的政策,两国舆论界中主张结盟的只是零星的声音,远不是主流,这个问题也从没提到过两国对话的议事日程上。

不过,在理论上,把结盟从两国关系的可能模式中完全排除也无必要。广而扩之,也没必要把它从对外关系的可能形式中完全排除。从理论上说,联盟是一种外交工具,不必然在政治上不正确。中国当初实施不结盟政策的主要目的是保持独立和主权,不被卷入大国集团的争斗,现在中国已不担心这样的问题。不结盟不对抗是中国的政策,不结盟是形式,不对抗是实质。实质不应变,但形式可灵活。结盟可以有多种原因和目的,与不同国家的结盟也会有不同的含义和性质。结盟不一定都是为了对抗,防御和自卫也可能是结盟的目标。中俄不会主动选择联盟,不会为了对抗结成联盟,但如果出现严峻的形势,当联盟成为必要的

---

① Zhao Huasheng, "Should China and Russia Become Allies?", in Shao Binhong, ed., *China under Xi Jinping*, Leiden/Boston, Brill, 2015, pp. 220 – 241.

防御手段时,这也不是不可以考虑的选择。从外交上说,保留这种选择可使自己的外交工具箱更丰富,应是益处更多。当然,这不意味着自动和一定结盟。

中俄结成联盟的基本要素是美国同时对中俄构成严重的直接安全威胁,出现可能发生军事对抗的形势,安全利益成为中俄最迫切的战略需求,两国结成某种形式的同盟以遏制危险事态的发展和自我防卫。这种情境的出现虽然不是绝对不可能,但一般说可能性很低。中俄美都是核大国,理解大国间发生战争的后果,对于直接军事对抗会非常谨慎。五角大楼虽有与中俄同时作战的计划,[①] 但在政治决策上美国是否准备和有勇气同时与中俄全面军事对抗是另一个问题。

尽管全面军事对抗的可能很小,但中俄美关系和国际形势的趋势是中俄被推得越来越近,这不仅是在政治和外交上,也包括在军事合作领域。[②] 它或许不会把中俄推到结盟那么远,但却有可能使中俄形成强化的战略伙伴关系,这种关系可称之为亚联盟。在战略伙伴模式之后,这是中俄美关系又一种可能的模式。所谓亚联盟,是指介于联盟与非联盟之间的一种状态,它没有条约形式的约束,不是全面的联盟,但两国达成政治共识,形成一定的"君子协定",并自觉和有意识地进行某种深层战略合作。亚联盟的性质和功能与联盟也有差别,它主要针对综合的战略性竞争,包括军事战略安全,但不一定是应对直接的军事危险。亚联盟可以是一种新的国家关系模式概念,它在结盟和不结盟之间创造出独立的外交关系空间,国家无须在结盟和不结盟之间做出极化选择,并可得两者之利而避免两者之弊。对于某种特定国家关系状态来说,这是一种适用的概念和形式,有存在的必要。战略伙伴关系概念有巨大的外交价值,但它的适用面过于宽泛,不能显示出具有特别重大战略功能的战略伙伴关系的特征。亚联盟概念还有一个优点,即它不会超越不结盟的政治原则,从形式上说,亚结盟仍不是正式结盟。

联盟虽可以成为一种可能的选择,但这是迫不得已的选择。在中俄美关系的语境下,一旦中俄结盟,即意味着美国已是公开的敌人,虽然通过联盟可以减轻它的威胁,但一个大国成为敌人本身就构成巨大的战略压力。这就如同中美苏"大三角"一样。"大三角"虽然减轻了来自苏联的安全威胁,但并没有解决中国面临的根本问题,因为它没有消除威胁本身,而只是增加了应对这一威胁的能力。这一威胁在中苏恢复正常关系后才真正消除。从这个意义上说,"大三角"对中国是亡羊补牢,它是在与苏联成为敌人这一重大战略挫折背景下的被动选

---

① Aaron Mehta, "The Pentagon is planning for war with China and Russia — can it handle both?", https://www.defensenews.com/pentagon/2018/01/30/the-pentagon-is-planning-for-war-with-china-and-russia-can-it-handle-both/.

② 2018年9月美国宣布因中国从俄罗斯购买"S-400"防空导弹和Su-35战机而对中国军方进行制裁,这使中俄两国第一次因军事合作而共同受到美国的制裁。这只会使中俄的共同利益感更强,促使两军走得更紧密。

择，况且中苏当时并没有实质性国家利益冲突，两国没有成为敌人的充分理由。由此对中国来讲，在中俄美关系中，乃至在整个大国关系中，防止出现敌人尤其是不使伙伴变成敌人是更大的战略成功，能与其他两国都保持更好关系则是更高外交境界。从这个角度来看，中俄关系的意义又有不同。中俄是战略伙伴，这是20多年积累下来的宝贵战略资产，无论对中国还是对俄罗斯来说，削弱两国的战略伙伴关系都是极大的战略错误和浪费，更不用说变为战略竞争对手了。中美关系也是如此。尽管美国把中国定位于竞争对手，但中美关系对中国有巨大利益，对中国的发展和安全极其重要，中美的位置和目标不同，中国不应接受和使用与美国同样的思维和行为逻辑，尽可能避免使中美关系进入全面对抗轨道不仅在政治和战略上是正确的，在外交和经济上也是成本更低的。

结　语

在冷战结束后近30年的今天，世界虽仍处在和平与发展的时代，但正在进入后"后冷战"时期。一方面，向前的力量在推进；另一方面，向回倒退的迹象也来越明显。冷战结束之时的浪漫主义光彩已淡去，大国在国际秩序理念上渐行渐远，世界在政治上趋于"碎片化"，现实主义和地缘政治强势回归国际关系，对安全利益的担忧逐渐超越对经济利益的追求，大国竞争性加强，军备竞赛抬头，以不同形式表现出的意识形态因素增加，原有国际规则不断失灵。尤其令人不安的是新冷战的幽灵在悄悄叩门，欲重新分裂世界，使世界在政治、经济、价值观、国际秩序、国际机制上形成新的阵营和体系对立。

国际形势的这种发展趋势，为中俄美关系提供了新的生态环境，使中俄美关系的互动性越来越突出。从中国的角度，与俄美都发展良好关系是最佳选择，这也是中国的政策，但结果不完全取决于中国的愿望。现实是形势在推动着中俄与美国的战略隔阂越来越深。如果这种趋势持续发展，将推动中俄美关系的形态发生进一步的演变，其方向是中俄关系的更加紧密化，两国的战略伙伴向更高层次发展。

中俄美三角是客观存在，是一种自然的结构形态，在现实的国际政治中已是难以避免，不应忽视，也没有必要拒绝。中国摒弃冷战式的"大三角"思维模式，不搞"零和游戏"，不寻求与任何国家对抗，但可以合理、有效、建设性地运用中俄美三角框架，以创造外交主动，增加战略资源，抑制大国冲突，维护战略稳定，推动新国际秩序建设。

中国安全视野中的欧亚地区[*]

赵华胜

在中国的观念中,欧亚更多的是一个政治地理概念,而非单纯的地理概念,也不是单纯的思想和文化概念。中国所理解的欧亚通常是指原苏联地区,中国外交部设有欧亚司,专门负责原苏联地区国家事务,包括波罗的海三国。同时还有亚洲司和欧洲司,负责原苏联国家以外的亚洲和欧洲国家事务。

中国对欧亚地区的这种概念是苏联解体的产物,随着原苏联国家内部关系的变化和它们与周边国家关系的密切,"原苏联"对欧亚地区的界定作用减弱,原苏联国家与非原苏联国家之间的界限淡化,欧亚地区的概念开始发生演变,出现了狭义的欧亚地区和广义的欧亚地区的概念。狭义的欧亚地区仍然是指原苏联国家,而广义的欧亚地区超出了原苏联地区,它主要是亚洲大陆方向延伸,也即所谓大欧亚地区。狭义欧亚概念和广义欧亚概念虽同出一源,但广义欧亚不简单是狭义欧亚的地理扩大,它们已具有不完全相同的属性和功能。狭义欧亚概念的核心内容是俄罗斯与原苏联国家的关系,它以恢复以俄罗斯为中心的一体化为主要功能;而广义欧亚概念的主要内容是欧亚大陆国家之间的关系,以及这一地区与世界的关系,它的主要功能是构建欧亚大陆国家的联合体,并塑造新的国际地缘政治和经济版图。

欧亚地区对中国国家安全有特别的意义。在中国历史上,直到19世纪中叶之前,来自欧亚内陆的草原民族一直是中国中原政权的重大安全关切。19世纪中叶之后,来自海上的威胁出现,并且变得极其严峻,与此同时,来自陆上的安全威胁依然存在。在此后的一个多世纪里,来自海洋和大陆的力量交替构成中国最严重的外部安全威胁。这种状况一直到20世纪80年代中苏关系改善后才发生

---

[*] *Eurasia on the Edge: Managing Complexity*, Piotr Dutkiewicz, Richard Sakwa, and Fyodor Lukyanov, ed. s. , Lanham: Lexington Books, 2018, pp. 91 – 113.

根本性改观。自此之后，来自欧亚方向的大规模军事威胁消除。

在现今时期，欧亚地区对中国安全的意义仍然十分重要。不过，与历史上其他时期相比，现在欧亚地区对中国的安全意义有十分不同的特点。一方面，传统安全威胁不再是最主要的安全威胁，在某些传统安全问题仍然存在的同时，非传统安全威胁上升为国家的最大担忧；另一方面，军事安全不再是安全威胁的唯一内容，随着中国国家利益在这一地区的扩展，中国对安全概念的理解也发生变化，从较为单一内容的概念演变为综合性内容的安全概念，它包括了对中国利益有重要影响的领域，例如能源安全、海外利益安全、国际通道安全以及丝绸之路经济带建设的安全，等等。

边界和边界地区安全

在安全问题上，中国看欧亚的方向与欧洲相反。欧洲看欧亚时，首先看到的是波罗的海和东欧地区，而中国首先看到的是俄罗斯远东、蒙古、中亚和阿富汗等。换句话说，中国首先关注的是有共同边界和周边地区。这对中国安全观念的形成有重要作用。

一个经常被忽视的事实是，边界安全在中国与欧亚关系中有着重要地位。中国与欧亚地区有着极其漫长和复杂的边界线，从东面的俄罗斯远东到西面的帕米尔高原，中国的边界线长达11000多公里，[①] 这对中国国家安全有着持久的意义。事实上，中国与俄罗斯和中亚国家的密切关系乃至上海合作组织的出现都是从边界安全合作开始的。

直到20世纪90年代，中国与俄罗斯和中亚长达7000多公里的边界线仍然是不稳定的，并且潜伏着风险，不仅已经持续了一个多世纪的边界领土争端没有解决，而且中苏对峙所造成的边界地区军事化问题依然存在。1991年苏联解体之时，中苏边界谈判仍在进行之中。中苏东段边界问题已经基本解决，1989年，中苏草签了《中苏东段边界协定》。东段边界是中国与苏联在苏联远东和中国东北地区的边界线，它是相对于中苏西段边界即两国在中国新疆和苏联中亚地区的边界而言。苏联解体时，中苏西段边界问题的谈判尚未结束。苏联解体后，在全长3000多公里的中苏西段边界中，属于中国与俄罗斯的边界只有约54公里，

---

① 从1689年中俄《尼布楚议界条约》起，至1915年中俄《霍尔果斯河划界文据》止，划定中俄国界线总长约11000公里。1946年1月5日国民政府正式承认外蒙古独立，中苏北段国界大部分成为苏蒙边界后，中苏边界全长约7600公里，东段长4200多公里，西段长3300多公里。李丹慧：《同志加兄弟：1950年代中苏边界关系》，2005年6月28日，http://www.coldwarchina.com/wjyj/zsct/001401.html。

其他都成为中国与哈萨克斯坦、吉尔吉斯斯坦和塔吉克斯坦的边界。①

由于各方都有继续解决边界问题的意愿，中俄哈吉塔五国决定以中国为一方、以俄哈吉塔为另一方继续进行边界谈判，主要是解决中国与哈萨克斯坦、吉尔吉斯斯坦和塔吉克斯坦的边界问题。1994 年 9 月，中国与俄哈吉塔四国就原中苏西段边界最终达成协议，双方签署了《中俄边界西段协定》，这意味着原中苏西段边界问题的基本解决。

在边界问题基本解决之后，边界地区的安全保障问题提上了议事日程。边界地区安全是双方通过建立信任措施和机制，来限制双方在边界地区军事存在的规模和活动，增加双方在边界地区的安全感，减少发生摩擦和冲突的可能。中苏 1969 年在边界发生武装冲突后，双方都在边界地区部署了庞大规模的军队和装备，时称屯兵百万，中苏边界地区成了一个高度军事化的地区，包括在中苏西段边界地区。中苏双边关系在 20 世纪 80 年代逐渐缓和以后，双方在边界地区的军事力量已经大大减少，但还需要建立保障边界地区安全的制度性机制，使边界地区的安全和稳定得到制度性的保障。

在这一背景下，1996 年 4 月，中俄哈吉塔五国签订《关于在边境地区加强军事领域信任的协定》。次年 4 月，中方与俄哈吉塔又签署了《在边境地区相互裁减军事力量的协定》。这是中国与俄罗斯和中亚国家在边界安全问题上两个非常重要的文件，对于边界安全有着基础性的意义，这两个文件的达成标志着中国与俄罗斯和中亚边界安全问题得到了制度性的解决和保障。

边界安全和稳定始终是中国在欧亚地区的重要利益。中国在欧亚地区有着最长的陆地边界线，它从中国的东北经过内蒙古一直延伸到新疆，是中国陆上最漫长和难以守卫的边界。这条边界曾经是中国周边边界中比较薄弱的环节，历史上也是中国边界中的多事地带，它在中国在欧亚的利益构成中占据着不可缺少的一席地位。还应看到，边界安全和稳定也是中国与欧亚国家发展深层信任与合作的必要条件和基础，没有边界地区安全和稳定的保障，中国要与它们发展深层次的关系是困难的。由此可见，边界安全对中国有着十分重要和多方面的战略性利益，许多人在评估中国在欧亚的利益时往往忽略了边界安全和稳定，这是不应该的。

---

① 中哈边界 1782 公里，其中争议领土 944 平方公里，537 平方公里归属哈萨克斯坦，407 平方公里归中国。В. Парамонов, О. Столповский, Погранично - территориальные проблемы в китайско - центральноазиатских отношениях: решены окончательно и бесповоротно. Часть 2. 08.08.2010, http://www.ceasia.ru/bezopasnost/pogranichno - territorialnie - problemi - v - kitaysko - tsentralnoaziatskich - otnosheniyach - resheni - okonchatelno - i - bespovorotno - chast -2. html. 中吉边界为 1096 公里，在中吉 2844 平方公里争议地区中，东南部 860 平方公里划归中方，占全部争议区 30%，其余 1984 平方公里归吉方，占全部争议区 70%。中塔边界长 497 公里，在争议的 28000 平方公里的土地，1000 余平方公里交给中国，占争议领土的约 3.5%。参见徐海燕《中国和中亚国家三次边界划分：历程与启示》，《新疆社会科学》2010 年第 1 期，http://euroasia.cass.cn/news/405478.htm。

稳定的地缘战略后方？

地缘战略安全是从国家战略安全的角度评估欧亚地区对中国的安全意义。欧亚地区从北面覆盖着中国的东北、华北和西北地区，在中国的战略安全格局中占有特别重要的地位。简单说，欧亚地区直接关系到整个中国北部地区的战略安全。

在当前，欧亚地区对中国构不成战略威胁。这一地区对中国战略安全的意义不在于它是战略压力的来源，而在于它是中国的战略后方。从中国战略安全的全局看，中国的安全环境复杂且严峻。在东北亚地区，朝鲜半岛问题长期无法解决，形势持续紧张。发生军事冲突的危险一直存在。由于朝鲜事实上已拥有核武器，一旦发生军事冲突，可能引发难以预料的严重后果。在东海，中日存在钓鱼岛争端。更深层的问题是，日本欲改变第二次世界大战后形成的国际秩序，修改和平宪法，不承认或歪曲侵略中国的历史，使中日关系陷入紧张。台湾问题在民进党执政后再度进入不稳定时期，台海局势的危险增加。在南海地区，虽然中国与南海岛屿当事国的争端有了缓和，但域外国家的介入使南海问题复杂化，南海问题也将是中国长期面临的挑战。在南亚方向，中印关系虽在发展，但领土问题难以解决，成为中印关系深入发展的障碍。缅甸不断爆发的内部武装冲突，也使得中国相邻地区不安。在这一背景下，欧亚地区的安全和稳定使中国拥有一个可靠的战略后方，对中国战略安全的重要性尤为明显。

在现在和今后相当长时间里，从中国要解决的主要战略任务和所承受的主要战略压力方向来说，重点都是在东北和东南方向，具体说台湾、南海、东海、东北亚问题的挑战，中国在这些地区将承受主要的战略压力。由此出发，中国在战略上十分需要在其他战略方向保持基本稳定和安全。欧亚作为中国战略后方的定位，决定了中国的地缘政治利益是维持这一地区的战略稳定，保证这一地区不出现对中国的战略威胁和挑战。

中国的欧亚战略安全的基础是中国与欧亚国家的良好关系，其中中俄关系是关键。中俄关系的基础是多层次的，而相互安全是最基础的层次。中俄相互是最大邻国，有着复杂的历史，曾经全面军事对峙，没有相互安全的保障两国关系难以有稳固的基础。中俄已解决了困扰了两国百年之久的边界问题，1996年两国宣布为战略伙伴，2001年两国签署了《中俄睦邻友好合作条约》，宣布两国间不再有领土争议，彻底消除了两国关系中最大的隐患。[①] 中俄还联合中亚国家，在

---

① 《中俄睦邻友好合作条约》，2001年7月16日，http://news.xinhuanet.com/ziliao/2002-08/21/content_532202.htm。

2001年成立了上海合作组织,①为中俄在中亚和欧亚的合作提供了多边平台。2015年,中俄决定实施丝绸之路经济带与欧亚经济联盟建设的对接,这形成了中俄两大区域项目的合作模式,表明了两国决定在欧亚区域建设中进行战略合作。简言之,俄罗斯对中国不构成地缘政治威胁,中国对俄罗斯也不构成地缘政治威胁,欧亚地区是两国战略合作的区域,而不是战略竞争和对立的区域。

美国是评估欧亚地区对中国战略安全的又一主要因素。由于中美存在战略竞争关系,特别是中国认为美国对中国有战略遏制的意图,中国对美国在欧亚特别是在邻近中国的中亚地区发展军事存在保持警觉。2001年阿富汗战争爆发后,美国军事力量大规模进入这一地区,并且在乌兹别克斯坦的汉纳巴德和吉尔吉斯斯坦的玛纳斯建立了军事基地。虽然美军的作战目标是阿富汗,但这客观上使美国军事力量出现在中国的背后,这对中国是从未有过的战略态势,而且玛纳斯机场靠近中国,中国西北地区都暴露在它的监视范围。这种形势增加了中国对美国在军事部署上包围中国的担忧,对中国的战略安全构成潜在威胁。因此,中国虽然接受美军在中亚驻军的现实,但中国从一开始即表明只接受美国在中亚的短期军事存在,换句话说,中国不欢迎美国在中亚军事存在的长期化。②

2005年7月5日,上海合作组织在哈萨克斯坦的首都阿斯塔纳召开首脑会议。在会后发表的声明中,上海合作组织成员国首脑表示,鉴于阿富汗安全形势好转,美国有必要就从上海合作组织成员国领土上撤出军事基地拿出时间表。③这一声明在国际上引起了广泛关注,特别是美国对此反应强烈。7月29日,乌兹别克斯坦正式向美国提出照会,要求美国在180天内从在乌兹别克斯坦的军事基地撤出。2005年11月,美国在乌兹别克斯坦的汉纳巴德基地关闭。

中国赞成上合组织的元首声明,不过,迫使美国军事基地关闭的最主要原因是美国与乌兹别克斯坦关系的恶化。2005年5月安集延事件④后,美国激烈指责乌兹别克斯坦政府,要求追究乌政府的责任,乌兹别克斯坦则回应以关闭美军基地。汉纳巴德基地关闭之后,轮到了吉尔吉斯斯坦的玛纳斯基地,经过数次反复之后,被改名为玛纳斯转运中心的美国基地也最终在2014年关闭。这样,美国在中亚的军事基地不复存在。

在美国在中亚的直接军事存在基本撤出后,美国在中亚军事存在问题已经消

---

① 上海合作组织的创始国包括中国、俄罗斯、哈萨克斯坦、吉尔吉斯斯坦、塔吉克斯坦和乌兹别克斯坦。
② 《2002年1月17日外交部发言人在记者招待会上答记者问》,2002年1月17日,http://www.scio.gov.cn/xwfbh/gbwxwfbh/xwfbh/wjb/Document/312154/312154.htm。
③ 《上海合作组织成员国元首宣言》(*Declaration of Heads of Member States of Shanghai Cooperation Organisation*),2005年7月5日,http://www.sectsco.org/CN/show.asp?id=169。
④ 2005年5月12日,乌兹别克斯坦东部的安集延市发生大规模骚乱,造成大量人员伤亡。

失,美国在这一方向对中国的战略威胁也基本消除。应该看到的是,尽管中美在中亚存在矛盾,但两国没有出现过直接对抗。在过去的二十多年里,中美在中亚总体可说比较平静。美国没有把中国作为主要战略对手,它的政策更多是针对俄罗斯而不是针对中国的。美国对中国在中亚的发展较少批评,甚至给予谨慎的欢迎。对于修建从中亚到中国的油气管道,美国不持反对立场。[①] 对于丝绸之路经济带,美国持谨慎欢迎的态度。美国副国务卿安东尼·布林肯(Antony J. Blinken)曾表示,中国在中亚的基础设施建设与美国一致,美国支持中国在中亚的投资建设。[②] 美国国务院对与中国在中亚合作持积极态度,也与中国外交部进行过相关问题的磋商。前国务卿克里在访问中亚时说,他曾直接向习近平主席提议两国在中亚合作。[③] 美国国务院负责解决事务的高级官员科特认为"一带一路"有助于高加索和中亚与亚欧的联通,对丝绸之路经济带表示支持。[④] 美国和俄罗斯的观察家都注意到了美国的这一姿态。[⑤]

恐怖主义:达摩克利斯之剑

恐怖主义是中国在欧亚地区最现实的安全威胁。它的特别复杂性在于:在中国的内部也就是新疆地区,恐怖主义、极端主义、分裂主义势力极其顽固,难以彻底根除;在外部,这一地区又与国际恐怖主义势力活跃的地区相连,从克什米尔、南亚、阿富汗、中亚、高加索一直到中东,形成了一个相互连通和呼应的地带。

中国反恐的根本目的是打击"东突"恐怖主义,维持西北地区的安全稳定,防止国家分裂。新疆的恐怖主义、极端主义、分裂主义合称"三股势力"困扰中国多年。其危害性极大,不仅直接破坏新疆地区的和平生活和生产建设,而且对国家稳定有严重影响。在过去这些年,"三股势力"在新疆地区制造的暴力恐

---

① 美国认为修建从中亚到中国的油气管道有利于中亚能源输出多元化。参见 Robert O. Blake, Jr., Assistant Secretary, Bureau of South and Central Asian Affairs, Press Conference, December 14, 2009, http://www.state.gov/p/sca/rls/remarks/135046.htm。

② Antony J. Blinken, "Deputy Secretary of State, Diplomacy in Action", March 31, 2015, http://www.state.gov/s/d/2015/240013.htm。

③ John Kerry, "Secretary of State, Interview With Askar Alimzhanov of Mir TV", November 2, 2015, http://www.state.gov/secretary/remarks/2015/11/249070.htm。

④ Kurt Tong, "Principal Deputy Assistant Secretary, Bureau of Economic and Business Affairs, The Potential of the Trans – Caspian Trade Route", April 28, 2016, http://www.state.gov/e/eb/rls/rm/2016/256782.htm。

⑤ 俄罗斯和美国的分析家都指出了这一点。Иван Сафранчук, Эволюция позиции США в отношении роли Китая в Центральной Азии. https://interaffairs.ru/jauthor/material/1354; Catherine Putz, "The US Prefers China to Russia in Central Asia", June 3, 2015, http://thediplomat.com/2015/06/the-us-prefers-china-to-russia-in-central-asia/。

怖袭击频频发生，并且把恐怖活动蔓延向内地，在中国的北京、昆明、沈阳等都曾发生过恐怖事件。①

恐怖主义是一种国际现象，并且越来越成为一种无国界的力量。现在恐怖主义的活动已不是局限在各自的地区，而是形成了相互流动的国际恐怖主义联合势力。网络等现代新科技通信手段使极端主义思想的传播大为快速便捷，而且传统的控制方式和手段如边界检查等或是作用降低，或是完全失效。同时，新科技通信手段也使策划和组织恐怖主义活动更为简单和有效。中国政府虽然能够控制局势、保持新疆地区的基本稳定，但在国际恐怖主义泛滥的背景下，在极端主义思想可以轻易地通过新通信手段四散蔓延的情况下，新疆地区的安全形势仍面临严峻挑战。

中国的恐怖主义是国际恐怖主义的一部分。它们与国际恐怖主义相联系，参与国际恐怖主义活动。美国在阿富汗战争中曾俘获中国籍的俘虏。在中东战乱中也有中国籍极端分子。有许多中国籍极端分子在"东突厥斯坦伊斯兰运动"的组织下，通过中国西南部的云南、广西等边境地区非法出境，辗转到土耳其后被"东伊运"招募，从土耳其进入叙利亚参加实战。根据中国官方的信息，在叙利亚参战的中国籍极端分子约有300人。② 这些极端分子以后可能回流到中国，他们已受过训练，参加过实战，会给中国带来新的危险。

新疆周边地区的安全形势对新疆有重要影响，特别是与新疆直接接壤的中亚和阿富汗。由于历史、民族、文化、语言、宗教等原因，中国新疆与中亚地区有着千丝万缕的联系，易于相互受到影响，这也包括在安全方面。如果中亚的恐怖主义和极端主义泛滥，中国新疆必受其害。恐怖主义和极端主义对中亚的威胁从没有消除，现在形势仍然不能乐观。2016年6月5日，哈萨克斯坦阿克托别市发生恐怖分子袭击武器商店和军营事件，恐怖分子与军警交火，造成至少17人死亡，22人负伤。③ 2016年8月30日，一辆携带炸弹的汽车冲进中国驻吉尔吉斯斯坦大使馆，在馆区内发生爆炸。袭击者当场死亡，两名警卫和部分工作人员受伤。④

---

① 2013年10月恐怖分子在北京驾车冲撞人群，造成2人死亡，40人受伤。《北京警方破获冲撞金水桥暴力恐怖袭击案》，2013年10月30日，http://news.sina.com.cn/c/2013-10-30/184528574815.shtml。2014年3月在昆明火车站发生暴力恐怖袭击，造成29人死亡，43人受伤。《昆明暴恐案3暴徒案发前在红河落网》，2014年3月11日，http://news.sina.com.cn/c/2014-03-11/103529679119.shtml。2015年6月3名恐怖分子在沈阳持刀袭击民众。《沈阳警方击毙3名持刀拒捕暴恐分子》，《新京报》2015年7月14日。

② 《国家反恐局：300名中国籍极端分子在叙利亚参战》，2015年5月15日，http://news.sina.com.cn/c/2015-05-15/144031836890.shtml。

③ Вблизи Актобе произошла новая перестрелка, трое нападавших ранены, 06.06.2016, https://tengrinews.kz/crime/vblizi-aktobe-proizoshla-novaya-perestrelka-troe-napadavshih-295930/.

④ 《中国驻吉尔吉斯斯坦大使馆遭袭击，至少一人身亡》，2016年8月30日，http://news.sina.com.cn/2016-08-30/doc-ifxvixer7466566.shtml。

由于中亚地区对新疆安全有重要作用,从 1998 年开始,中国就开始与中亚国家和俄罗斯进行安全合作,联合打击"三股势力"。2001 年 6 月成立了上海合作组织,它对中国的主要功能之一就是反恐和维护中国新疆的安全稳定。上合组织对中国起到了很好的作用。它提高了地区的安全保障,对新疆外部安全环境是一种改善。它在上合组织框架内形成了反对"三股势力"的共同空间,把打击"东突"从中国延伸到了中亚和欧亚。它形成了多层次和综合的反恐合作机制,可保证反恐合作长期进行。与此同时,中国还与中亚国家和俄罗斯在双边层面上进行反恐合作,包括举行联合军事演习。

阿富汗也是新疆安全稳定的重要因素,而且也是地区安全稳定的关键变数之一。中国与阿富汗边界虽然不长,只有 90 多公里,但阿富汗形势对中国影响很大,而且也影响到中国的周边地区,特别是中亚。中亚与阿富汗有长达 2300 多公里的边界,① 又与中国有 3300 多公里的边界。阿富汗不稳定发生外溢,首先受到影响的是中亚和中国。中国与阿富汗的边界短,易于控制。中国与三个中亚国家接壤,线路长,通道多,人员往来频繁,不可能封闭,更容易为恐怖主义和极端主义渗透。

2014 年以来,随着美军和国际安全援助部队(ISAF)从阿富汗撤出,中国明显加强了在阿富汗问题上的活动。这既是中国对阿富汗未来形势感到担忧的反映,也表明中国准备在阿富汗问题上承担更大责任。中国的基本目标是推动阿富汗国内政治和解,通过阿富汗政府与塔利班和平谈判的方式实现民族和解。为此,中国加强了与阿富汗双边联系,增加了对阿富汗的援助。2014 年一年中国向阿富汗提供的无偿援助就达 5 亿元人民币,并承诺在今后 3 年再提供 15 亿元(约 3.3 亿美元)② 同时,中国努力促成阿富汗政府和塔利班的谈判,并且取得了一些进展,2015 年 7 月,阿富汗政府与塔利班代表在巴基斯坦举行第一次正式谈判,中国代表也出席了会议。

与此同时,中国加强了与其他国家的协作,主要是巴基斯坦、俄罗斯、印度、伊朗和美国。这五个国家都是解决阿富汗问题不可缺少的角色。巴基斯坦和伊朗是阿富汗的邻国,都对阿富汗国内局势有重要影响。特别是巴基斯坦,它与阿富汗有 2670 公里的边界,边界两侧都有大量普什图族居民,两国历史文化宗教联系密切,阿富汗塔利班和巴基斯坦塔利班相互交织,南北呼应。没有巴基斯坦的合作,解决阿富汗问题将极其困难。俄罗斯和印度虽不与阿富汗接壤,但它

---

① 其中,与塔吉克斯坦 1357 公里,与土库曼斯坦 804 公里,与乌兹别克斯坦有 144 公里,https://www.cia.gov/library/publications/the-world-factbook/geos/af.html#Geo。

② 《中华人民共和国与阿富汗伊斯兰共和国关于深化战略合作伙伴关系的联合声明》,2014 年 10 月 29 日,http://www.fmprc.gov.cn/mfa_chn/zyxw_602251/t1205144.shtml。

们都是阿富汗的近邻，也都是这一地区的大国。而美国在阿富汗问题上仍有重大影响力。中国与这五个国家启动了多个双边和多边阿富汗问题对话，包括中国—巴基斯坦双边机制、中国—伊朗双边机制、中国—俄罗斯—印度三边机制、中国—俄罗斯—巴基斯坦三边机制、中国—阿富汗—巴基斯坦三边机制。2016年1月，中国、阿富汗、巴基斯坦、美国四方协调组启动，并在不到半年里举行了5次会面。① 2016年12月，中俄巴举行了第三次阿富汗问题磋商。②

在可见的未来，欧亚地区的恐怖主义将长期是中国的安全担忧。这是由多重因素决定的。

从全球角度看，国际恐怖主义仍处于上升期，在可见的未来，看不到国际恐怖主义活动衰退的前景。

欧亚地区自身也不安定。高加索和中亚都是恐怖主义和极端主义活跃的地区，现实和潜在的恐怖主义威胁将长期存在。此外，欧亚地区存在多处冲突热点，包括阿塞拜疆和亚美尼亚之间纳戈尔诺－卡拉巴赫冲突，摩尔多瓦的德涅斯特河沿岸问题，俄罗斯和乌克兰之间的冲突，俄罗斯与格鲁吉亚在南奥塞梯和阿布哈兹问题上的对立，等等。欧亚国家间的对立和冲突不利于它们联合反恐，而混乱的局势有利于恐怖主义和极端主义的生存和发展。

阿富汗问题仍是悬在地区头上的"达摩克利斯之剑"，对地区安全构成威胁。虽然在中国等国家的努力下，塔利班和阿富汗政府进行了正式对话，但通过谈判实现民族和解还没有成为双方的共同接受的解决方式。阿富汗仍有发生更大混乱的可能，它在相当长时期都不会安宁。

中国新疆的恐怖主义、极端主义、分裂主义势力也将长期存在，中国政府可以控制局势，但无法将其完全消除。以上这些因素的叠加，就使得恐怖主义将长期是对中国的严重威胁，也将长期是中国的严重担忧。

安全的能源基地

欧亚地区对中国的又一意义是它越来越成为中国能源安全的重要保障。

中国已是世界上最大的能源进口国之一，2009年，中国对进口石油的依赖度首次突破50%，能源安全对中国具有了战略性意义。传统上中国能源进口主要来自中东和非洲。未来中东和非洲也仍将是中国主要的能源进口来源。不过，

---

① 《外交部阿富汗事务特使邓锡军出席阿巴中美四方协调组第五次会议》，2016年5月19日，http：//www.fmprc.gov.cn/web/wjbxw_673019/t1364757.shtml。

② О проведении в Москве трехсторонних консультаций по Афганистану, 27.12.16, http://www.mid.ru/ru/maps/af/-/asset_publisher/gehUa6O4gSTV/content/id/2580783.

中东和非洲地区形势不稳，动乱频发，运输线路长，并且必须经过漫长的海路，安全性没有保障，因此，形成能源进口的多元化格局是中国的战略任务。在这其中，欧亚地位占有重要地位。

欧亚对中国能源安全的重要性并不是从一开始就存在的。中国在1993年变成了石油净进口国。不过，在这时期，中国对国际能源的需求并不强烈，对国际市场的依赖还远达不到严重的程度。同时，国际石油市场价格低廉，20世纪90年代一桶石油的价格不过十几到二十几美元。市场上能源供应充分，国际上对能源的竞争还不特别紧张。因此，这一时期中国在能源进口方面没有感到特别大的压力。能源安全也没有上升到国家经济安全的高度。20世纪90年代，中亚地区报告发现了越来越多的油气资源，舆论认为中亚将成为国际能源供应的重要后来者，甚至有观点认为它将是第二个波斯湾。中国尽管与中亚近在咫尺，但似乎并未对中亚能源感到特别兴奋，没有表现出直接参与开发中亚能源的迫切愿望。只是迟至1997年，建设从中亚到中国的石油管道计划才提出来，而且是由哈萨克斯坦方面提出来的。俄罗斯早在1994年就提出了修建中俄石油管道的建议，中国对此有兴趣，但心态上并不着急。

2001年后，国际能源市场突变，能源竞争日趋激烈，价格飞速上涨，与此同时，中国对能源的需求也快速增加，欧亚地区对中国能源安全的重要性开始凸显。欧亚地区与中国陆路相连，能源运输安全性高；欧亚地区相对比较稳定，不像中东那样动荡不定；欧亚国家与中国都保持着良好关系，有较好的政治基础。这都是欧亚地区吸引中国的地方。

中国在欧亚地区的主要能源合作伙伴首先是俄罗斯。俄罗斯是世界上最主要的能源生产国和出口国之一，石油和天然气储量都非常丰富。中俄自1996年建立战略伙伴关系，两国关系一直保持在高水平，能源合作有良好的政治保障。而且，俄罗斯与中国直接接壤，不经过第三国和公海，又靠近中国经济发达的东部地区，运输便利，安全有充分保障。

2001年1月，中俄首条石油管道正式投入运行。这条管道从俄罗斯远东进入中国的东北地区。在此之前，两国的石油运输主要是通过铁路，运量受到较大限制。2014年5月，中俄签署了被称为"世纪项目"的天然气合同。在30年里（从2018年开始）中国每年将从东西伯利亚获得380亿立方米天然气。为此，将修建被命名为"西伯利亚力量"的天然气管道。现在这条管道还在修建中。2015年5月，中俄又签署了修建西线天然气管道项目协议，俄罗斯通过这条管道每年向中国提供300亿立方米天然气，为期30年。[①]

[①] Западный маршрут в Китай пошел по пути восточного, 12.05.2015, http：//www.kommersant.ru/doc/2724381.

俄罗斯被认为已是中国最大、最安全、最便利的油气供应基地。2015年俄罗斯向中国出口石油4240万吨，占中国进口石油总量的12.6%。2016年，从俄罗斯进口原油5238万吨，占中国当年总进口量的13.75%，比上年增加23.44%，为全年进口第一大来源国。① 俄罗斯现在向中国出口天然气还不多，中国每年只从俄罗斯进口少量的液化天然气。到2020年，预计俄罗斯每年可向中国出口石油4900万吨（管道输送3000万吨，经中哈管道1000万吨，由科兹米诺港船运900万吨）。如果东西线两条天然气管道都能够实现，共可向中国出口天然气680亿立方米。② 届时，俄罗斯将当之无愧地成为中国最大的能源战略伙伴，在中国的能源安全结构中占据特别重要的地位。

哈萨克斯坦是中国另一个重要的欧亚能源伙伴。中国1997年开始进入哈萨克斯坦石油领域，到2012年，中国至少在哈萨克斯坦的23个油气项目中有份额不等的股份。如果把管道运输和石油加工、服务及加油包括在内，中国在哈萨克斯坦享有股份的公司约40家。中国在哈萨克斯坦参与的多是中小油田项目，但在2013年得以进入卡沙干油田。一般估计，中国在哈萨克斯坦的石油生产中占约24%，在天然气生产中占约13%。③

2006年7月，首条中哈石油管道投入运营。2010—2016年，中哈石油管道每年向中国输送石油超过1000万吨，到2016年年底累计达到1亿吨。④ 中国也从哈萨克斯坦进口少量天然气。

迄今为止，土库曼斯坦是中国最重要的天然气来源国。2009年12月，中国—中亚天然气管线正式向中国输送天然气。现在这条管道已经建成A、B、C三条支线，第四条支线D线也在建设之中。到2016年12月，中国—中亚管道共向中国输气1645亿立方米。⑤ 2016年一年输气341亿立方米。在中国的天然气进口中，中亚天然气占全部进口的一半，而管道天然气进口几乎全部是来自中亚。中国被认为是土库曼斯坦能源领域最成功的投资者，是唯一获得陆上气田开

---

① 《2016年中国进口原油排行：俄罗斯总量傲视群雄》，2017年2月9日，http：//mt.sohu.com/20170209/n480258815.shtml。

② 刘贵洲、徐刚：《关于中俄油气合作几个战略性问题的思考》，《国际石油经济》2016年第10期，第9页。

③ К. Л. Сыроежкин. Нужно ли Казахстанский бояться Китая, Мифи и Фобии двусторонних отношений. ИМЭП, Алматы - Алматы, 2014, сс. 348 – 350.

④ 《中哈原油管道向我国输油达亿吨》，2017年3月30日，http：//oil.in - en.com/html/oil - 2639936.shtml。

⑤ 《2016年中国—中亚天然气管道向中国输气量增逾一成》，2017年1月5日，http：//www.chinanews.com/ny/2017/01 - 05/8115166.shtml。

采权的国家，而且还是土库曼斯坦天然气最大的销售市场。①

如果把俄罗斯、哈萨克斯坦、土库曼斯坦、乌兹别克斯坦等作为一个整体来看，则欧亚地区对中国能源安全的意义更为凸显。来自俄罗斯和哈萨克斯坦的石油合计占中国石油进口的近20%，而且仍有进一步提高的可能。如果中俄东线管道投入运营，每年可向中国出口天然气380亿立方米，超过土库曼斯坦现在向中国出口的数量。俄罗斯和土库曼斯坦合计可向中国出口的天然气数量将达700多亿立方米。如果中国与土库曼斯坦和俄罗斯达成的下一步的天然气项目能够落实，则两国向中国提供的天然气数量还可以大幅度增加，超过1000亿立方米左右。而中国2016年全年天然气产量是1371亿立方米，全年消费天然气为2058亿立方米。② 欧亚地区对中国能源安全的贡献之大由此可见。

西向发展：畅通的通道

中国学术界有过"西进战略"之说。它的基本思想是中国在东亚地区的发展空间受到美国的限制，日益形成零和格局。而西部的中亚、南亚、西亚等地区不在美国的严格控制范围，又是中国利益快速增长的地区，因此中国应该战略西进。战略西进对中国的利益是：可为西部大开发提供支持；可建立更为平衡的中美关系，避免与美国的竞争，增加与美国的互信；有利于中国同西部国家关系的发展。③

西进战略是学术界的说法，不是官方的用语。不过，加强向西发展无疑是中国外交的重要方向，它与"一带一路"的思想是契合的。中国向西发展不仅是出于外交的动机，它也有国内因素的推动，即带动中国西部地区的经济发展。西进战略不是放弃海权，而是以向西的发展支持向东的发展，或者说以陆权的发展支持中国海权的发展。西进战略的目标也不是以陆权对抗西方的海权，它自身没有对抗性的含义。

中国向西发展首先是向欧亚大陆发展。在"一带一路"所规划建设的六大经济走廊中，有5个是在广义的欧亚地区或通过欧亚地区。④ 事实上，中国一直

---

① "U. S. Energy Information Administration – EIA – Independent Statistics and Analysis", Turkmenistan, International Energy Data and Analysis, July 2015, http：//www.eia.gov/beta/international/analysis.cfm? iso = TKM.

② 《2016年全国天然气产销数据分析》，2017年2月22日，http：//market.chinabaogao.com/nengyuan/02222G0322017.html。

③ 参见王缉思《"西进"，中国地缘战略的再平衡》，2012年10月17日，http：//www.guancha.cn/wang‐ji‐si/2012_10_17_104219.shtml。

④ 六大经济走廊分别是中蒙俄经济走廊、新亚欧大陆桥、中国—中亚—西亚经济走廊、中国—中南半岛经济走廊、中国巴基斯坦经济走廊、孟中印缅（孟加拉国—中国—印度—缅甸）经济走廊。

是欧亚合作的积极实践者和推动者，只是使用的概念不同。2001年，中国与俄罗斯和哈萨克斯坦、吉尔吉斯斯坦、塔吉克斯坦、乌兹别克斯坦一起成立了上海合作组织。按照现在对欧亚合作概念的理解，上海合作组织的合作也是欧亚合作，而且是大欧亚合作。它在地域上覆盖了大欧亚的广大地区，在成员上包括了绝大部分欧亚国家。上合组织以地区安全、经济发展和人文关系为主要合作内容，不论在形式还是内容上，它都符合欧亚合作的概念。

丝绸之路经济带也具有欧亚合作的内容。丝绸之路经济带建设的重心是在欧亚地区，包括俄罗斯、中亚、南亚、西亚以及高加索和中东欧。2016年5月，中俄发表联合声明，宣布中国提出的丝绸之路经济带与俄罗斯主导的欧亚经济联盟进行对接。① 这意味着中俄两大区域项目的战略性合作。对中国而言，这是向欧亚深入发展的重要途径。2016年6月，普京总统在圣彼得堡经济论坛上提出大欧亚合作伙伴的思想，② 中国对此持积极态度。③

欧亚地区既是中国发展合作的重要区域，同时它是连接中国与西亚、非洲、欧洲的陆上走廊。作为连接中国与世界的国际通道，它对中国也具有国际通道安全的意义。中国与欧亚、西亚和欧洲虽然陆路相连，但在相当长时期里，连接中国与欧洲的只有一条铁路，即通过俄罗斯的西伯利亚大铁路，而中国与西亚完全没有陆路交通联系。1990年开通了经中亚和俄罗斯到欧洲的第二条铁路，它被称为"新亚欧大陆桥"。随着中国经济的发展和向外"走出去"，对联通的需求不断增加。"一带一路"的核心思想之一也既是设施联通，特别是交通设施的联通。中国制订了宏大的与欧亚地区的联通计划，包括中蒙、中俄、中国—巴基斯坦铁路、中国—吉尔吉斯斯坦—乌兹别克斯坦铁路、中国—哈萨克斯坦双西公路（中国西部—欧洲西部）、中国—塔吉克斯坦—阿富汗—伊朗铁路等。这些规划的实施将使中国与中亚、西亚、俄罗斯、欧洲、北非形成覆盖广泛的交通网络。这样一个交通网络的形成将产生重要的作用，它会改变中国对外交通结构，不再完全依赖海路运输。同时，这一改变会推动形成新的地缘经济形态。交通的发展将密切中国与这一地区的经济联系，使中国与这一地区在经济上更大程度融和，并带动中国西部和这一地区的经济发展。

不管作为中国向西发展的区域，还是作为中国向西发展的通道，欧亚的安全

---

① 《中华人民共和国与俄罗斯联邦关于丝绸之路经济带建设和欧亚经济联盟建设对接合作的联合声明》，2015年5月9日，http：//www.fmprc.gov.cn/mfa_chn/zyxw_602251/t1262143.shtml。

② Владимир Путин выступил на пленарном заседании Петербургского международного экономического форума. 17 июня 2016 года, http：//www.kremlin.ru/events/president/news/52178.

③ 中俄2016年6月26日联合声明提出在开放、透明和考虑彼此利益的基础上建立欧亚全面伙伴关系。参见《中华人民共和国和俄罗斯联邦联合声明》，2016年6月26日，http：//news.xinhuanet.com/politics/2016-06/26/c_1119111908.htm。

稳定对中国都是重要的，这也是中国正在大力推动的丝绸之路经济带建设必备环境和条件。欧亚地区的安全形势并不令人安心，这里既存在现实的冲突，也存在潜在冲突的可能；既有传统的民族、领土争端，也有非传统的恐怖主义和极端主义势力；既有本地区国家之间竞争，也有大国之间的博弈。

中国是维护欧亚安全稳定积极的参与者，而且会越来越积极。在欧亚地区发生安全稳定危机时，特别是在邻近中国的地区发生动荡时，中国不应是旁观者，而应实施建设性介入。中国主张不干涉内政的政策，但建设性介入与不干涉内政不相矛盾。在尊重国家主权、领土完整的前提下，帮助调停矛盾、缓和危机、防止事态进一步恶化、引导事态向和平稳定方向发展、提供人道主义援助和帮助——这是建设性介入的内涵。建设性介入是国际社会特别是大国的责任。建设性介入可有多种形式，它既需多边途径，也需双边途径。地区多边机制是建设性介入最有利的途径，与其他大国协作也是建设性介入的可选方式。①

欧亚安全治理的途径

欧亚安全问题纷杂，类型多样，其最突出的问题是大国的地缘政治竞争、恐怖主义、地区冲突，以及阿富汗问题等，而安全治理的基本途径即是缓解大国竞争、抑制恐怖主义、消除地区冲突和解决阿富汗问题。

在冷战结束以来的时间里，欧亚是大国地缘政治竞争的重要场所，这主要是由于苏联解体后这一地区出现的地缘政治真空，大国对处理苏联的"帝国遗产"有不同的思想。欧亚地区的大国地缘政治竞争主要是在俄罗斯与美国和西方之间。这一竞争摇动着整个欧亚地区的安全框架，而且是欧亚许多地区冲突难以解决的重要原因。

俄罗斯与美国和西方在欧亚的地缘政治竞争集中反映在乌克兰危机中。乌克兰危机不是一次简单的冲突，而是一场关系到欧洲未来政治、经济乃至安全分界线划分的争夺。在乌克兰危机中，西方和俄罗斯站在对立的两边，在冷战之后俄罗斯与西方的所有冲突中，没有一次像这次那么激烈和尖锐。俄罗斯与西方在乌克兰的冲突不是孤立的事件，它是俄罗斯与美国和西方地缘政治矛盾长期积累的爆发。从北约轰炸南斯拉夫到北约东扩，从阿富汗战争到伊拉克战争，从"颜色革命"到"阿拉伯之春"，都推动了俄罗斯与美国战略不信任的加深。

乌克兰冲突对欧亚地区的消极后果显而易见。它使俄罗斯与西方在过去多年建立的安全合作机制和游戏规则失去作用，欧洲大陆在政治上形成壁垒分明的阵营，世界走向新的"冷战"，而乌克兰陷入内战、动荡不宁。

---

① 赵华胜：《不干涉内政与建设性介入》，《中国外交》2011年第6期，第47—52页。

欧亚大国竞争的另一个地区是中亚。人们习惯把它称为新的"大游戏"。许多人认为中俄是中亚"大游戏"的主角，但两国在中亚关系的基本特征是共存与合作。所谓"大游戏"，应是大国为争夺中亚而进行的相互排斥性的地缘政治竞争，正常的大国关系不在其列。因此，中俄关系不是"大游戏"。中美关系同样不是中亚"大游戏"的主要内容，两国虽互有战略猜疑和戒心，但战略竞争表现不明显。

中亚"大游戏"的真正主角美国和俄罗斯。这不是说美俄在中亚没有任何合作。在反恐和非传统安全等方面，美国和俄罗斯有过合作。但美俄在中亚持有对立的地缘政治和地缘经济目标，这是两国在中亚战略竞争的根源。美国的目标是防止俄罗斯重新控制中亚，降低中亚国家对俄罗斯的依赖，打破俄罗斯对中亚任何形式的垄断，消除中亚是俄罗斯势力范围的概念。俄罗斯的目标正相反，在所有这些方面，它与美国都针锋相对。

不过，在特朗普执政后，美国的政策预期有重大变化，中亚"大游戏"会否继续也成为疑问。有两个因素会使"大游戏"难以为继：其一是美俄和解。如果美俄关系在特朗普政府执政期间显著改善，则两国在中亚的对立之态也将缓解或化解，"大游戏"也会弱化。其二是美国退出。美国在战略上已经大幅度退出中亚，表现在它在中亚的军事基地已经关闭，它对中亚的援助大幅度减少，它对中亚的兴趣也明显降低，如果美国的角色缺失，"大游戏"也就无法继续。

在这一背景下，中俄关系将成为关注的焦点。有一种流行的观点，认为美国是中俄在中亚合作最大的刺激因素，一旦美国因素消失，中俄合作就失去了动力，而且两国还将变成主要竞争对手。笔者一向认为，美国因素不是中俄在中亚合作的全部和根本原因，即使美国因素大幅度减弱，中俄在中亚仍有充分的合作基础。这两种观点在今后一个时期将得到检验的机会。

中国在中亚"大游戏"中虽不能完全置身事外，但不是主动和主要的参加者。在某些领域中国或多或少会被卷入，但中国没有参与"大游戏"的意图。中国不以任何其他大国为战略对手，不以与他国地缘政治竞争为目标。中国与俄罗斯为友，与美国不为敌。中国提出的"一带一路"没有排他性，中国与俄罗斯进行丝绸之路经济带和欧亚经济联盟的对接，把欧洲作"一带一路"建设的重要伙伴，同时欢迎美国加入"一带一路"。[①]

恐怖主义将是长久笼罩在欧亚上空的乌云。欧亚是国际恐怖主义势力的重要来源地，这里存在多个恐怖主义集中产生的地区，包括高加索、中亚、阿富汗、克什米尔、新疆等。解决恐怖主义问题将是欧亚未来许多年都要面临的挑战。对于国际恐怖主义需要有新的认识，以往人们认为恐怖主义是暂时的存在，国际社

---

① 《习近平同特朗普举行中美元首第二场正式会晤》，2017年4月8日，http://www.fmprc.gov.cn/web/ziliao_674904/zt_674979/dnzt_674981/xzxzt/xjpdfljxgsfw_689445/zxxx_689447/t1452231.shtml。

会可以消灭恐怖主义。但现在应当认识到，恐怖主义不是暂时的，国际恐怖主义不可能很快被消灭，甚至不可能完全被消灭。在过去的二十多年里，尽管国际社会持续不断地反恐，但国际恐怖主义不仅没有减少，反而是急剧蔓延和壮大，同时，也没有一个国家消灭了恐怖主义。这表明反恐是极其艰难的，也说明过去的国际反恐是低效的。

国际反恐低效的一个原因是国际社会的不团结。要提高反恐的成效，需要有真正的国际合作，没有真正的国际合作无法抑制恐怖主义的蔓延。而真正的国际合作需要有认识的一致，不能有双重标准。一些国家在反恐上的双重标准是国际反恐合作的阻碍。

稳定和有效的政府对于反恐有关键作用。恐怖主义与有效的政府之间存在反向联动关系，应该从两方面看问题，不能孤立地看恐怖主义的强弱。国家是反恐的主体，政府有效，恐怖主义就相对弱；政府低效，恐怖主义就相对强；政府瘫痪，恐怖主义就会不可抑制。这在伊拉克和中东都看得很清楚。因此，要反对以非宪法的方式推翻合法政府，不支持通过街头政治的方式夺取政权，这不仅违反国际法，而且必然导致国家混乱和失控，出现社会动荡、经济危机乃至民族冲突，恐怖主义和极端主义必然因势快速膨胀。

欧亚地区没有全面的反恐合作机制。可以通过现有机制的连接，实现反恐的大欧亚合作。上合组织和欧安组织都是欧亚地区的重要机制，两个组织覆盖了整个欧亚。上合组织与欧安合作组织可以就反恐问题进行对话，逐步实现反恐合作。只有大欧亚反恐合作才能有效地阻断国际恐怖主义的跨地区流动。

上合组织与集体安全条约组织应有更密切的协调，在功能上进行互补，使两个机制在反恐中形成协调的力量。上合组织和集体安全条约组织各有优势。上合组织是这一地区最有代表性的政治组织，能够反映成员国的政治意志，但它没有军事能力。集安组织有军事力量，但它是单纯的军事组织，两个组织的合作可以优化地区反恐资源的配置，这是提高地区反恐能力简单实用的途径。与此同时，上合组织也需要增强自身的反恐能力。

应特别注重综合反恐，包括军事、政治、经济、法律、社会、宗教、文化、教育等各个领域的协同，以便从根本上消除恐怖主义产生的土壤。要增强政府的良治，发展经济，消除贫困，减少社会不公，克服贪污腐败，也要增强地区和国际合作。

欧亚地区存在多个冲突热点，它们有的是历史宿怨问题，有的是冷战遗留问题，还有的是苏联解体后"帝国综合征"的反映。这些冲突热点有的已持续几十年，迅速解决的难度很大。由于这些冲突热点的存在，欧亚安全稳定的框架也难以稳定。在这一方面，中亚的情况比预料的好。中亚一些国家之间存在边界领土、水资源、民族矛盾，曾有许多中亚国家发生冲突乃至战争的预测，但在过去的二十多年里，中亚一些国家之间虽然关系紧张，也有冲突，但没有发生大规模国家间冲突。而且，现在形势在向好的方向发展。

阿富汗问题仍是欧亚地区的安全难题。在整个欧亚地区，阿富汗是政府有效控制最弱的国家，在可见的将来，情况不会有根本改观。政治和解是阿富汗问题的根本出路，但实现政治和解非常困难，还看不到隧道尽头的亮光。阿富汗现在对地区安全有双重风险：一是阿富汗仍存在重新陷入混乱和内战的可能，二是由于阿富汗缺乏有效的政府控制，"伊斯兰国"转移到阿富汗发展。

帮助阿富汗政府是推动解决阿富汗问题的重要路径，因为如果阿富汗政府垮台，一切希望也都失去了可能，包括政治和解，国家也必将陷入大混乱。

解决阿富汗问题需要国际社会的合作，周边国家更需要做出努力。上合组织在阿富汗问题上拥有不可忽视的能力和潜力。它的最大优势是它在所处的地区，与阿富汗相邻，并且阿富汗也是它的观察员国。这使上合组织在阿富汗问题上拥有了独一无二的资源。阿富汗的6个邻国中有4个在上合组织之内，它们是乌兹别克斯坦、塔吉克斯坦、中国和巴基斯坦，伊朗则为上合组织观察员国。唯一不在上合组织内的是土库曼斯坦。俄罗斯、哈萨克斯坦、吉尔吉斯斯坦、巴基斯坦、印度虽不与阿富汗直接接壤，但它们不仅是阿富汗的近邻，而且都在阿富汗问题上有重要作用。上合组织虽然拥有可观的资源，但这些资源尚未充分使用。上合组织需要把潜力转化为现实的能力，并有效地运用这种能力。

在欧亚安全的治理中，中俄关系具有特别重要的作用，也是非常重要的途径。

结　语

在安全的意义上，欧亚地区对中国的意义是多方面的，并且具有地区特点。不过，不同方面安全的急迫性是不一样的。中国在这一地区的边界曾是世界上最危险的边界之一，但现在这段漫长的边界线安全而稳定，已不再使中国感到担忧。同样，欧亚地区也曾是中国最沉重的地缘战略包袱，但现在它是中国安定的战略后方，它对中国不构成现实地缘战略威胁。欧亚在中国能源安全结构中已占有稳定的重要地位，并且它的重要性还有大幅度提高的潜力。但是，在恐怖主义威胁和中国海外利益安全方面，中国有理由感到不安。欧亚地区对中国最大的安全问题是恐怖主义和极端主义，这一地区恐怖主义和极端主义的活动直接或间接地对中国新疆的安全稳定造成影响。阿富汗问题迟迟不能解决也使中国忧心忡忡。欧亚地区各种矛盾交织，存在众多冲突热点，一些国家经济不好，社会问题严重，容易发生动荡，这对中国构建良好的周边环境是长期的挑战，对中国海外利益的安全具有潜在威胁，对中国实施"一带一路"计划也造成困难。

美俄关系新发展及中国的政策选择[*]

冯玉军　尚　月[**]

【提　要】 特朗普执政一年多来，美俄关系不仅未能"解冻"，反而进一步跌入"冰点"，美国对俄罗斯持续加重制裁，双方"外交战""媒体战"和在中东的地缘政治争夺日趋激烈。美俄关系持续恶化既是两国实力对比悬殊、相互认知错位以及互信锐减的结果，也受到各自国内政治因素的强烈影响，折射出美俄矛盾正在加速从外源性向内生性转变。在未来相当长时期，"有限对手"将成为美俄关系的"新常态"。在国际局势深刻调整和复杂多变的背景下，中国需要更主动地引领中美俄三边关系的良性互动，避免大国竞争升级为进一步的冲突，以中美俄三边协作共同应对日益严峻的全球性挑战。

【关键词】 美俄关系　中美俄三边关系　大国关系

特朗普上台之初，对普京赞赏有加并表示要改善美俄关系，俄罗斯高层也曾对俄美关系"解冻"寄予厚望。但他执政一年多来的现实表明，美俄关系不仅没有实现"重启"，反而几乎进入"死机"状态，两国在诸多领域"互怼""死掐"，双方关系呈螺旋型下滑。美俄关系的现状受到多重因素影响，既反映了两国实力对比和相互认知的巨大落差，也折射出美俄之间的矛盾和冲突正发生从外源性向内生性的重要变化。未来一段时期，美俄关系将围绕"有限对手"（the limits of opponent）的基轴发展演变。美俄关系的持续恶化给中国运筹大国关系带来了新的变量，引导中美俄三边关系实现良性互动而不是走向更严重的冲突甚

---

[*]《国际问题研究》2018 年第 4 期。
[**] 冯玉军，复旦大学国际问题研究院副院长，教授；尚月，中国现代国际关系研究院俄罗斯研究所助理研究员。

至对抗,应成为中国的重要战略选择。

一 美俄关系跌入"冰点"

特朗普上任以来,美俄两国在诸多领域针锋相对、激烈较量,两国关系跌入了冷战结束以来的最低谷。

首先,美国对俄制裁更加严苛。自2014年乌克兰危机以来,美国已对俄施加了多轮制裁。特朗普执政后,曾一度与同为"强人"的普京"惺惺相惜",试图改善两国关系。但伴随着国际形势和美国国内政治的发展演变,特朗普对俄政策受到了国内不同政治势力的强大压力,美国对俄罗斯制裁的势头不仅没有减弱,反而一浪高过一浪。2017年7月,美国众、参两院分别以压倒性多数通过对俄新制裁的法案。[①] 同年8月,特朗普被迫签署该法案。该法案的严厉性体现在五个方面:一是列出了十类可受制裁的对象,比此前的"精准"制裁宽泛许多,俄罗斯相关能源行业、军工企业、银行以及被美指控干预2016年美国总统大选的机构都被列为制裁目标。二是制裁的理由更加宽泛,除乌克兰问题之外,还扩展到"腐败""侵犯人权""逃避制裁""向叙利亚提供武器""俄罗斯在欧亚地区的行为"等,几乎涵盖了美国对俄内政、外交不满的所有方面。三是宣示永不承认俄罗斯任何以武力改变领土现状的行为,其中包括阿布哈兹、南奥塞梯、克里米亚、乌克兰东部和德涅斯特河沿岸地区,这也为彻底取消制裁划定了难以逾越的"红线"。四是规定总统在做出包括解除对俄制裁或归还被查封外交财产等涉及美对俄外交政策"重大改变"时,均需向国会提交报告,国会有权否决总统的决定。国会对总统外交权的这种限制,在美国历史上是十分罕见的,无疑极大地压缩了特朗普政府调整对俄政策的空间。五是制裁被纳入美国的公法体系,这意味着即使美俄双边关系真出现重大转机,修改这部反俄法案也远比修正行政命令困难许多。1974年通过的"杰克逊—瓦尼克修正案"直到2012年才被废止就是最好的例证。可以预见,2017年的这部制裁法案将成为横亘在美俄两国之间的一道重大障碍,将对美俄关系的改善形成重要制约。2018年1月底,美国财政部以俄罗斯"干涉"美国2016年总统大选为由再次扩大制裁名单,将包括总理梅德韦杰夫、外长拉夫罗夫在内的114名俄罗斯政要和96名富商列入

---

① Ben Jacobs, "US House Decisively Votes to Approve New Sanctions against Russia", *The Guardian*, July 25, 2017, https://www.theguardian.com/us-news/2017/jul/25/us-house-representatives-sanctions-russia.

该名单。① 4月6日，美国又一次挥动制裁"大棒"，俄罗斯联邦安全会议秘书帕特鲁舍夫、内务部长科洛科利采夫、俄罗斯天然气工业公司总裁米勒、En+公司总裁杰里帕斯卡以及外贸银行行长科斯京等24人和14家公司"上榜"。此次制裁对象多是普京"核心圈子"成员，其在美资产将被冻结，美国公民被禁止与其进行交易。美国财政部表示，这些人和企业"或多或少"与乌克兰和叙利亚局势有关联。② 这被认为是特朗普政府迄今为止对俄罗斯采取的最严厉的一次制裁措施。截至目前，俄罗斯已有189个实体与个人受到制裁。

其次，双方"外交驱逐战"轮番升级。2016年年底，奥巴马总统在离任前就以俄罗斯对美进行恶意网络攻击并干预美国总统大选为由，一次性驱逐35名俄罗斯在美"情报人员"，关闭两处俄罗斯在美外交办公场所。为了向新总统特朗普传递善意，普京暂时"按下不表"，并没有立刻做出对等回应。然而，俄美关系的"春天"并未能如期降临。2017年7月，在美国出台对俄新制裁的背景下，作为"迟到的报复"，俄罗斯政府要求美国驻俄使领馆削减工作人员至455名，与俄罗斯在美使领馆人数相当，并从8月1日起停止美国使馆对莫斯科两处房产的使用权。美方继而要求俄方关闭驻旧金山领事馆及在华盛顿和纽约的两处外交机构，并极大压缩甚至一度暂停办理俄罗斯公民赴美签证，俄罗斯驻旧金山和华盛顿的外交机构还遭到了美方的搜查。2018年3月，俄罗斯前特工斯克里帕尔及其女儿在英国离奇"中毒"再次挑动了俄美关系的紧张神经。3月29日，美国下令60名被指"从事间谍活动"的俄罗斯外交官员一周内离开美国，并关闭了俄罗斯驻美国西雅图的领事馆。俄罗斯也不甘示弱，随即对等驱逐了60名美国外交人员并关闭了美国在圣彼得堡的领事馆。

再次，两国"媒体制裁战"愈演愈烈。双方加紧运用本国的"外国代理人法"，相互将对方媒体确定为"外国代理人"，并极大压缩其在本国活动空间。2017年11月13日，美国根据其"外国代理人登记法"将俄罗斯国家资金资助、每周收视人数达200万的"今日俄罗斯"电视台定为外国代理人，并取消其进入美国国会采访的资格（2018年4月1日，"今日俄罗斯"电视台正式在美停播）。作为回应，普京于11月25日签署了有关媒体外国代理人地位的法律修正案。根据该法案，获得外国或境外组织财政支持的媒体被定为外国代理人。俄罗斯司法部于12月5日将包括"美国之音"电台等9家美欧媒体确定为外国代理

---

① "Treasury Sanctions Additional Individuals and Entities in Connection with the Conflict in Ukraine and Russia's Occupation of Crimea", *U. S. Department of the Treasury website*, January 26, 2018, https://home.treasury.gov/news/press-releases/sm0266.

② "Treasury Designates Russian Oligarchs, Officials, and Entities in Response to Worldwide Malign Activity", *U. S. Department of the Treasury website*, April 6, 2018, https://home.treasury.gov/news/press-releases/sm0338.

人,并采取相应限制措施。俄罗斯总统新闻秘书佩斯科夫指责美国当局"恣意妄为",严重违背其宣扬的"自由、民主和言论自由"价值观。① 美俄大打"媒体制裁战"反映出双方在价值观和宣传领域的较量进一步升级,在双方"信息战"的对垒中,媒体既充当了急先锋,也成为最终的受害者。

最后,双方"逐鹿中东"进入新阶段。自2015年9月30日出兵叙利亚以来,俄罗斯以强势的军事行动实现了其在中东的多重目标,既打击了"伊斯兰国"、挽救了摇摇欲坠的巴沙尔政权,也逐渐掌握了叙利亚局势主导权、保住了在地中海东岸的重要地缘战略支点。更为重要的是,俄罗斯在中东地区纵横捭阖,巩固了与伊朗的战略合作关系,进一步拉住土耳其,并借机与沙特走近,有效提升了其在中东地区的地缘政治影响。但与此同时,伴随着叙利亚反恐形势的逐步好转,美俄在该地区的反恐"红利"几乎释放殆尽,两国掩盖在"反恐"旗帜下的矛盾与分歧逐渐浮现,原本就根基不牢的反恐合作面临崩盘危险。2018年伊始就有报道称,美军在叙利亚袭击并炸死了200余名俄罗斯雇佣军。4月8日,叙利亚反政府武装控制的东古塔地区最大城镇杜马镇遭毒气攻击。美国国务院随即声称,若事件涉及致命化学武器,俄罗斯"应负起全部责任"。② 之后,美英法三国对叙利亚的三处目标设施发动突袭。俄美在叙利亚的代理人战争已经呈现出越来越复杂和危险的状况,双方在叙利亚面临擦枪走火的巨大风险。此外,伴随着伊朗近年来在中东的异军突起,美国、以色列和沙特的战略合作也在进一步提升。未来,中东是否会形成对垒分明的两个阵营,美俄在中东的地缘政治博弈如何演变,还需要拭目以待。

二 美俄关系持续恶化的内在逻辑

美俄关系持续恶化既非一蹴而就,也非"阴差阳错",其发展变化有着深刻的历史逻辑和现实根源。回顾特朗普执政一年多美俄关系的变化,可以发现美俄两国的结构性矛盾正在从地缘政治、战略平衡问题向国内政治、价值观等领域扩展。

首先,美俄两国实力对比进一步扩大、战略安全关系加速失衡。国家实力永远是决定国家利益边界和对安全威胁判断的首要因素。2008年国际金融危机后,"美国衰落论"风行一时。然而,美国是否真的"衰落"了呢?纵向看,美国的

---

① Песков назвал лишение аккредитации RT в США нарушением свободы слова. // Российская газета. 30 ноября 2017,https：//rg.ru/2017/11/30/peskov－nazval－lishenie－akkreditacii－rt－v－ssha－narusheniem－svobody－slova.html.

② США возложили на Россию ответственность за возможную химатаку в Сирии. // РБК. 8 Апреля 2017,https：//www.rbc.ru/politics/08/04/2018/5ac96b8f9a79472a5ceef7aa.

霸权影响力的确无法与冷战刚刚结束时同日而语；但横向看，美国的综合国力水平并没有实质性衰减。就美俄而言，两国实力对比的落差不是在缩小，而是在日益加大。经济上，2008—2017 年，美国国内生产总值（GDP）除金融危机头两年出现负增长外，其余 8 年增幅均在 1.5%—3% 之间，① 2017 年美国仍以 19.7 万亿美元的 GDP 规模稳坐世界经济头把交椅；② 反观俄罗斯，10 年来经济发展饱受金融危机发酵、国际油价暴跌、西方制裁和卢布狂跌等一系列负面因素影响，以美元计价的 GDP 总量几乎原地踏步（约 1.3 万亿美元）。③ 2017 年，俄罗斯 GDP 总量只相当于美国的 6.6%，人均 GDP 指标（不足 9000 美元）仅为美国（逾 6 万美元）的 15%。军事上，美国 2018 财年用于国家安全的预算开支达到 6391 亿美元④，而俄罗斯 2018 年的国防预算开支却从 2015 年顶峰时的 664 亿美元锐减到 460 亿美元⑤，仅为美国的 7.2%。尽管美国仍对俄罗斯的战略核武库心怀芥蒂，但以上数据表明，作为昔日势均力敌的两个对手，今天的俄罗斯即使是在军事安全领域也与美国不在一个等量级上，两国战略力量对比的"天平"在加速失衡。

其次，美俄相互认知错位、互信锐减。回顾 21 世纪以来的美俄关系互动，可以发现两国无论是在看待冷战后的国际政治、经济秩序和安全形势，还是在评价各自的国家利益及国际地位等问题上，态度和观点总是格格不入，甚至可以说是南辕北辙。国际战略观、世界秩序观以及政治价值观的"三观不合"从根本上导致美俄难以平等相待、和平相处，分歧、矛盾和冲突始终是双方关系的"主旋律"。

出于对俄罗斯这一"庞大帝国"的疑惧及对其行事不确定性的反感，美国实际上从未真正把俄罗斯视为"正常国家"和"合作伙伴"。早在 20 世纪初期，美国的孤立和干涉政策便一直伴随着"十月革命"后的苏俄。美苏在第二次世界大战中复杂的同盟关系在战后不久便一拍两散。冷战时期，历届美国政府均不

---

① "Real GDP growth of the United States from 1990 to 2017", *Statista Website*, https: //www. statista. com/statistics/188105/annual – gdp – of – the – united – states – since – 1990/.

② "National Income and Product Accounts – Gross Domestic Product: Fourth Quarter and Annual 2017 (Third Estimate), Corporate Profits: Fourth Quarter and Annual 2017", *The Bureau of Economic Analysis Website*, March 28, 2018, https: //www. bea. gov/newsreleases/national/gdp/gdpnewsrelease. htm.

③ Сергей Шелин Гордитесь неудачами！. // Росбалт. 16 марта 2018, https: //www. rosbalt. ru/blogs/2018/03/16/1689297. htm.

④ "DoD Releases Fiscal Year 2018 Budget Proposal", *U. S. Department of Defense Website*, May 23, 2017, https: //www. defense. gov/News/News – Releases/News – Release – View/Article/1190216/dod – releases – fiscal – year – 2018 – budget – proposal/.

⑤ "Russia to Shell out $46 bln on Defense Spending in 2018", *TASS*, December 22, 2017, http: //tass. com/defense/982575.

同程度承袭了"遏制战略之父"乔治·凯南的思想衣钵,奉行防俄、弱俄和遏俄政策。冷战的"凯旋"更加剧了美国的胜利者心态,其政治精英认定俄罗斯已失去全球性大国地位、沦落为二流国家。近年来,美国战略界对俄格战争、乌克兰危机等事件进行分析,多断定俄罗斯是现行国际秩序的"颠覆者",并将俄美一系列矛盾归咎于俄罗斯精英内部不断上升的扩张情绪,特别是"新沙皇"普京的帝国野心。

更为重要的是,随着"通俄门"调查的不断深入,美国对于俄罗斯的担忧不再局限于其"地缘政治野心",而是扩展至俄罗斯对美国及其盟友的政治体制和价值观念的挑战以及对美国主导下的国际秩序的多重威胁等方面。2017年12月出台的《美国国家安全战略报告》列举了俄罗斯的多重"罪状":挑战美国的实力、影响和利益,企图侵蚀美国的安全和繁荣,意图通过削弱经济自由和公平、扩展军队以及控制信息和数据来压制社会和扩大其影响力;开发先进的武器装备,投资新的军事能力以及破坏网络空间稳定的能力,包括对美国构成最大威胁的核武器系统;将秘密情报行动和虚假的网络角色与国家资助的媒体、第三方中介机构以及付费的社交媒体用户或"巨鳄"结合在一起,利用信息操作作为其攻击性网络计划的一部分,以影响全球公众舆论;利用信息工具破坏民主政体的合法性,以媒体、政治进程、金融网络和个人数据为攻击目标,通过现代化的颠覆策略干涉世界各国的内政事务;帝国野心和日益增长的军事实力相结合,试图恢复其大国地位,在其边界附近建立势力范围,在欧亚地区形成了一个不稳定的前沿地带,增加了冲突的风险;将北约和欧盟视为威胁,试图挑拨离间美国及其盟友和合作伙伴之间的关系,从而削弱美国在世界上的影响力;作为"修正主义国家",俄罗斯正在积极挑战美国及其盟友和伙伴,在政治、经济和军事领域与美国竞争,并根据其自身利益改变国际秩序,塑造一个与美国价值观和利益背道而驰的世界。① 可以说,新版《美国国家安全战略报告》中的阐述反映了绝大多数美国精英的对俄认知,这种认知成为美国国内反俄情绪的思想基础,根深蒂固,短期之内难以化解。

俄罗斯精英则有另一番视角。俄罗斯向来自视为"全球性大国"和"世界独立一极",自认为肩负着"第三罗马"的神圣使命,仍希望像苏联一样与美国"平起平坐地解决国际问题"。客观上讲,从彼得大帝时期俄罗斯就"一心向西",但西方并未将其视为"同宗兄弟"。② 特别是苏联解体后,俄罗斯曾一度视美国为未来的盟友和伙伴,但在从计划经济向市场经济体制过渡的艰难转型期,

---

① The White House, *National Security Strategy of the United States of America*, December 2017, https://www.whitehouse.gov/wp-content/uploads/2017/12/NSS-Final-12-18-2017-0905-2.pdf.

② 参见冯玉军《俄罗斯与西方:文明冲突的历史考察》,《亚洲评论》(香港)1999年秋冬卷。

美国不仅未伸出援手帮助俄罗斯顺利度过"阵痛期",反而通过北约东扩、"颜色革命"等一次次不断扩大在"后苏联空间"的存在和影响,压缩俄罗斯的战略空间。这极大地打击了俄罗斯精英的自尊,也令其对美国及其西方盟友产生了强烈的失望与不满。2007 年,普京在慕尼黑安全会议强烈指责美国的单边主义政策和在全球各地滥用武力的行为,① 之后,俄罗斯采取了一系列恢复在原苏联地区地缘政治影响、挑战北约和欧盟东扩的举措。有俄罗斯专家指出,尽管俄罗斯精英对美不甚友好,但俄美隔阂主要是"以美国为首的西方国家对俄政策的后果",如西方对俄罗斯国家利益的忽视和蔑视、对俄罗斯盟友和伙伴的挑衅政策以及习惯性将俄罗斯视为"失败者"。②

时至今日,俄罗斯精英对美政策的极度怨恨和失望已经积重难返。不久前,普京的政治智囊、被誉为当代俄罗斯政治"灰衣主教"的苏尔科夫撰文表示,尽管俄罗斯试图融入西方已有四百年的历史,特别是从 20 世纪末开始,俄罗斯再次请求西方接纳,但即便俄罗斯的人口、工业、军事实力皆已腰斩,变得如此卑微和逆来顺受,它仍然没能迈入西方的门槛。他强调,俄罗斯领土地跨亚欧、价值观东西杂糅,是一个东西方混血国家,其文化及地缘政治归属类似于异族联姻家庭中出生者所迷失的个体认同感,跟所有人都有亲缘关系,却又不被视为亲人,俄罗斯需要探索第三条道路、第三种文明、第三个世界、第三个罗马……。③苏尔科夫的观点突出反映了在俄罗斯与西方关系全面恶化的背景下俄罗斯政治精英的极度失望、愤懑与彷徨,它可能标志着俄罗斯国家发展和身份认同的历史性转向,那就是从苏联解体后追求再度融入西方转向独特的"欧亚文明"。

最后,俄罗斯对美国 2016 年总统大选的"干预"以及在美国国内引起的强烈反弹使美俄矛盾加速从外源性向内生性转变,进一步增加了两国关系的复杂性。美国惯于干涉别国内政,此番俄罗斯"干涉"美国总统大选令其朝野上下倍感"蒙羞",对俄罗斯恶气难平。美国国会的四个委员会、司法部任命的特别检察官穆勒对特朗普竞选团队涉嫌"通俄"一事展开全面调查,"知俄派"总统国家安全事务助理弗林、国务卿蒂勒森先后去职,新任国务卿蓬佩奥和国家安全顾问博尔顿等"鹰派"对俄态度强硬。可以说,当下俄罗斯已是美国高度敏感

---

① Выступление и дискуссия на Мюнхенской конференции по вопросам политики безопасности. 10 февраля 2007, http: //www.kremlin.ru/events/president/transcripts/24034.

② Eduard Ponarin and Boris Sokolov, "The Russian Elite's View of Global Politics", *Russia In Global Affairs*, December 18, 2014, http: //eng.globalaffairs.ru/number/The – Russian – Elites – View – of – Global – Politics – 17222.

③ Владислав Сурков Одиночество полукровки. // Россия в глобальной политике. 9 апреля 2018, http: //www.globalaffairs.ru/global – processes/Odinochestvo – polukrovki – 14 – 19477.

的内政议题,"反俄"已成为某种"政治正确"。而在俄罗斯,反美也成为当局塑造"外部敌人"、凝聚国内政治共识的重要工具。

实际上,美俄矛盾的内生性演化有着必然的逻辑:由于实力对比的落差加剧,两国昔日以全球战略稳定对话为核心的议事日程已经日趋空心化,而虚弱的经济联系又令双方很难展开双赢式合作,因此试图干预对方的国内政治成为两国迫不得已的游戏规则选项,这使双方的结构性矛盾从全球安全、地缘政治延伸到了国内政治,从而进一步恶化了双方的相互认知,致使美俄关系陷入了每况愈下的"负循环"。

三 有限对手:美俄关系的"新常态"

美俄关系的螺旋型下降使很多专家惊呼"新冷战"的到来。这一表述似不恰当。冷战是一个特定的概念和形态,它意味着两个超级大国全方位的竞争、两种意识形态的全面对立、两大军事集团的全面对抗和两个平行市场的互不往来。目前的美俄关系完全不具上述特征:国家实力上,俄罗斯与昔日的苏联已不可同日而语;意识形态上,俄罗斯已经基本接纳了西方的意识形态,尽管近年来俄罗斯国内政治保守主义盛行,但也不存在向西方"输出革命"的问题;军事层面上,尽管俄罗斯建立了以其为核心的集体安全条约组织,而美国领导的北约和亚洲同盟体系也依然存在,但双方不可能爆发全面的军事对峙;经济层面上,俄罗斯已在世界经济体系中处于相对边缘的位置,以"经互会"为核心的平行市场也早已不复存在,俄罗斯不可能重建一种封闭的经济体系。应该说,国际局势的演变和美俄关系的现状早已超越了冷战的边界。

美国学者安吉拉·斯登特认为,"有限伙伴"是 21 世纪美俄关系的新常态。[①] 然而,乌克兰危机以来的事态发展表明,美俄非但没有成为伙伴,反而成了对手,双方在地缘政治、战略安全以及国内政治领域开展了越来越激烈的较量。但同时也要看到,这种较量无论从烈度、广度还是从影响而言都是有限的,它更多地带有区域而非全球、个别而非整体的性质。鉴于世界格局和美俄两国的发展大势,"有限对手"正成为未来相当长时期美俄关系的"新常态"。

首先,美俄两国的实力对比差距明显,俄罗斯已不可能成为美国的全球性对手。经济上,俄罗斯无论是在经济总量还是人均 GDP 方面都与美国落差巨大,日益处于世界经济和国际分工体系的边缘位置;科技上,美国仍是世界头号创新大国,特别是在商业航空器、半导体、生物技术、特种化工和系统软件等核心技

---

① Angela Stant, *The Limits of Partnership: US‑Russian Relations in the Twenty‑First Century*, Princeton: Princeton University Press, 2013.

术领域和前沿行业遥遥领先,而俄罗斯的科技实力不仅受到苏联解体的极大冲击,科技人才流失严重,经济发展长期严重依赖原料出口,加之国际油价低位徘徊导致其财力捉襟见肘,在很大程度上丧失了大力发展创新产业的客观条件;军事上,与美国强势引领全球军事变革浪潮相比,俄罗斯在军事战略、军事技术和军队建设上均处于下风。

其次,由于双方矛盾与冲突难解,美俄关系在未来几年仍将严重对立。地缘政治方面,美国对俄罗斯传统"势力范围"的藐视与俄罗斯强烈的大国自尊和不安全感之间的矛盾难消,"后苏联空间"仍是双方角力的主战场;军事战略平衡方面,美国加速发展空天武器、高超音速武器、反导系统及网络战能力,俄罗斯也以壮大核武库和信息战部队等为重点作为非对称回应,双方擦枪走火的风险不减;国内政治方面,"通俄门"调查在美国回音不绝,俄罗斯国内的反美情绪亦达巅峰,美俄关系走向将继续受到两国内政因素的强力制约;价值观方面,西方宣扬的普世价值观与俄罗斯日趋明显的保守主义倾向之间的竞争也异常激烈,双方将继续通过"媒体战"抢夺国际舆论和话语权的高地。俄罗斯学者德米特里·苏斯洛夫预测,在 2020 年美国大选之前,美俄关系持续保持低位、难以明显回暖的趋势不会有大的变化。①

最后,美俄在主观上并未将对方视为最主要的威胁。从美国方面看,尽管 2017 年年底陆续出台的《国家安全战略》《核态势评估》《国防战略》等报告都认为,大国竞争已取代恐怖主义成为美国国家安全面临的主要外部威胁,并称中俄两国为"修正主义国家"和"战略竞争对手",但考虑到中俄两国的现实情况,美国认为俄罗斯是现实而紧迫的威胁,而中国则是长期的挑战。2017 年 7 月,时任美国中央情报局局长的蓬佩奥在首次接受媒体采访时表示,中国、俄罗斯和伊朗都将在未来对美国造成重大挑战,但"由于中国有良好的经济和不断加强的军事实力,正在全球范围内削弱美国的影响,中国是最大威胁"。② 2018 年 1 月 30 日,蓬佩奥在接受英国广播公司(BBC)采访时再次宣称,中国对西方产生隐蔽影响的能力和俄罗斯的"颠覆行为"一样令人担忧,而中国的覆盖影响力比俄罗斯要大得多。③ 鉴于蓬佩奥现已出任美国国务卿,他的这种观点将在很大程度上影响美国的战略决策。近来,从特朗普执意发动对华贸易战可以看

---

① 《俄罗斯:外交喜忧参半 经济复苏缓慢》,参考消息网,2017 年 12 月 19 日,http://ihl.cankaoxiaoxi.com/2017/1219/2248381.shtml。

② Stephen Lendman, "CIA Director Pompeo Sees Nonexistent Threats Everywhere", *Stephen Lendman website*, July 27, 2017, http://stephenlendman.org/2017/07/cia-director-pompeo-sees-nonexistent-threats-everywhere/.

③ "CIA Chief Says China 'as Big a Threat to US' as Russia", *BBC*, January 30, 2018, http://www.bbc.com/news/world-us-canada-42867076.

出，美国对中国的实力和影响力上升更加忌惮，中美战略竞争的大幕已经拉开。从俄罗斯方面看，莫斯科实际上对西方一直抱有向往之情，普京也不是彻头彻尾的"反美主义者"。即使在乌克兰危机后的多次讲话中，普京仍表态俄罗斯始终"敞开大门"，希望与美国发展"建设性关系"。有专家甚至认为，当前俄罗斯精英高涨的反美情绪是一种求而不得的"怨妇"心理作祟，在美国主动寻求改善对俄关系的前提下，"这种情绪很可能在短时间内被抚平"。① 况且，普京连任后面临的最主要挑战在于发展国内经济，他已在多个场合表示要将工作重点转移到国内议程上来。

6月27日，美国总统国家安全事务助理博尔顿访俄，双方商定特朗普和普京于7月16日在芬兰首都赫尔辛基会晤。这是特朗普在朝核问题上取得重要进展、正着手对伊朗施加更大压力的背景下，着眼中期选举和连选连任，试图在外交上取得新突破的尝试性动作；也体现了普京为减缓来自美国的战略压力、改善俄罗斯面临的国际环境的急切诉求。可以预计，双方在叙利亚局势、延长"第三阶段限制进攻性战略武器条约"期限等问题上可能达成某种妥协，但双方的国力对比、相互认知没有发生根本性变化，在克里米亚危机、干涉选举等重大问题上的分歧尚未消除，因此还远远谈不上美俄关系整体性转暖或者"再重启"。

四　中美俄三边关系与中国的政策选择

在美俄关系持续恶化、中美关系也进入"深水区"之际，中美俄三边关系重新成为战略界热议的话题。一些中国学者主张"联俄抗美"，俄罗斯也有人倡议与中国等国构建"反美统一战线"，美国政界和学术界关于中俄"结盟"的议论也不绝于耳。在这种语境里，中美俄三边关系仍类似于冷战时期的中美苏三角关系，没有跳出"二对一"对抗的窠臼。按照传统的地缘政治学说和博弈理论，中俄事实上的同盟肯定会削弱来自美国的压力并带来其他收益，但当代国际关系的复杂性使这种传统的大国对抗从目标、运行和效果而言，都带有虚幻的性质。更何况，中俄两国官方都明确表示不会结盟。因此，尽管中俄进一步联手客观上会对美国产生一定的刺激和压力，但其实际收益无法准确估量，更难以控制其负面效应的外溢。

第一，国家利益的多重性决定了"二对一"对抗模式无法满足三国的现实利益需求。权力是现实主义国际关系理论的核心概念，但在现实生活中，任何一

---

① Eduard Ponarin and Boris Sokolov, "The Russian Elite's View of Global Politics", *Russia In Global Affairs*, December 18, 2014, http：//eng. globalaffairs. ru/number/The‐Russian‐Elites‐View‐of‐Global‐Politics‐17222.

个国家都面临着促进经济发展、保持社会稳定、维护国家安全、提升治理水平的复合性任务。较之于前四个任务，对国际权力的角逐只能是从属性的，一旦这种所谓的地缘政治竞争影响到更为重要的国家利益时，角逐国际权力的任务终须让位。当前，中美俄三国都面临着更加紧迫的经济、社会问题，中俄联手抗衡美国无助于解决各自面临的经济转型与发展、保持国内政治稳定等更为优先的问题，对于美国而言同样如此。

第二，现实运行效果的有限性决定了"二对一"对抗模式并未实现其倡导者的预期。按照中俄结盟论者的设想，中俄联手抗美可以在很大程度上减少来自美国的压力，扩大各自的战略回旋空间。但实际上，中俄的这种战略协作既没有阻止美国在东欧地区持续增强军事存在，也没有迫使美国停止在南海的战略巡航，中俄在"萨德"问题上的合作也没有让美国放弃在韩国部署"萨德"系统。

第三，国际议事日程的复杂性决定了"二对一"对抗模式无力解决紧迫的国际和地区问题。今天的国际关系不仅仅是地缘政治，更包含气候变化、科技革命、金融与贸易投资规则重塑等诸多议程，每项议程都有自身的特点、属性、逻辑和规则，用笼统而含糊的地缘政治思维和简单的"二对一"对抗模式无助于解决复杂的国际问题。比如，中俄加强本币互换并不对削弱美元霸权构成直接影响。

第四，联手抗美也有悖于中俄关系的原则基础和两国的主观意愿。中俄关系建立在平等、互利、互惠、双赢、互相尊重、互不干涉内政的基础之上。两国在大量的政治声明中多次重申"不结盟、不对抗、不针对第三方"的基本原则，坚持中俄关系的非结盟性。作为战争年代和冷战时期的产物，"结盟"一词早已失去了存在的基础。在国际形势复杂多变的背景下，结伴同行、携手并进是当下中俄最合适和最舒适的交往模式。至少目前，中俄两个大国谁也没有意愿、没有能力去领导另一个国家，在彼此之间确立自己的"领导地位"。

当代中美俄三边关系的松散性表明三国之间还缺乏紧密的互动，实际上，中美、俄美、中俄三组双边关系各有各的价值、问题和发展逻辑，中俄联手实际上很难帮助解决中美或者俄美关系中的问题。在经济领域，中俄经济合作的加强并不能充分消除美国对俄制裁的影响。在安全领域，中俄之间的互动也无法解决中美之间的安全关切，美国对中国的安全担忧不会因此而减少，美国对中国的安全压力也不会因此而放松。

综上所述，传统的"二对一"对抗模式不符合中美俄任何一个国家的利益，无论是从解决自身发展的角度，还是从维持国际与地区和平与稳定的角度，三国都应探索构建起一种良性的互动模式，通过三边合作解决自身面临的问题并承担起维护国际和平、促进世界发展的重任。正如俄罗斯驻华大使杰尼索夫先生所言：" 俄中美在解决国际问题时的互动可以为改善国际形势带来显而易见的益处。"① 当然，从旧模式向新模式的转变将是一项艰巨的任务，不可能一蹴而就。但只有树立这样的目标并采取切实的行动，中美俄三个大国才能超越地缘政治，真正发挥建设性作用，和世界上其他国家一道共同应对全球性挑战。

具体而言，中美俄三国可在以下领域逐步开展合作：

一是共同为维护东北亚安全，提供整体性解决方案。三国相关部门可先建立专家级机制，共同探讨朝鲜核导开发可能带来的风险、讨论部署"萨德"系统的实际效果以及可能引发的后续效应。要在细致探讨危机场景和应对方案的基础上，寻求政治妥协，就建立地区核不扩散机制、核大国向无核国家提供安全保障、部署反导系统对地区战略平衡构成的挑战等广泛议题进行综合性讨论与协商，并为维护地区安全提供一揽子解决方案。在近来朝鲜半岛局势迎来转机的情况之下，中美俄更应就半岛未来走向和东北亚的长远安全保障展开磋商。

二是开展切实的反恐合作，借非传统安全合作培育安全互信。正视反恐双重标准带来的危害，进一步加强在联合国、二十国集团等框架下制定统一的恐怖主义组织与人员名单，切断恐怖主义组织获取资金渠道的合作，共同探讨打击"伊斯兰国"残余势力的合作路径，就防止极端主义的全球蔓延共商对策。

三是遏制军备竞赛风险，寻求维护国际战略平衡的新方案。当前，新一轮军事革命正加速到来，美俄都在加速实现核武库的现代化，中国的战略核力量也取得了相应进展。与此同时，三国在全球快速打击系统、反导系统和网络战领域也都不同程度地展开了竞争。受多种因素影响，既有的国际军控和裁军机制日益碎片化，其效能正迅速递减。为避免新的军备竞赛、巩固国际安全，中美俄三国应协同其他军事大国在核、太空、网络等领域开展切实的军备控制与裁军谈判。

四是从开展三边智库交流入手，通过"二轨对话"和开展共同研究寻求合作点并培育相互信任。类似的交流曾经有过，但要改变过去开过会后没有下文的做法，应当建立由三国专家组成的研究小组负责深入研究三边关系存在的问题、寻求合作的空间与路径，并为三国政府提供相应政策参考。

当前，国际秩序正加速转型，全球和地区性挑战日益增多。但与此同时，全球和地区治理缺乏有效的解决方案，大国关系仍很大程度上陷于传统的地缘政治模式，未能担负起应对全球性挑战的任务。现实的挑战摆在中美俄三国面前，走不出"囚徒困境"将使我们面临更大的安全威胁。探索实现中美俄良性互动的具体路径，须三国政、学界共同努力。

---

① 《俄驻华大使：俄中关系完全去意识形态化》，俄罗斯卫星网，2017 年 2 月 8 日，http://sputniknews.cn/russia_ china_ relations/201702081021806921/。

大国竞逐新军事革命与国际安全体系的未来[*]

冯玉军 陈 宇[**]

【内容提要】 伴随着第四次科技革命的浪潮,一场世界性的军事革命正紧锣密鼓展开。美国、俄罗斯、中国等主要大国竞相追赶新军事革命浪潮,加速新军事技术与装备的研发和部署。世界新军事革命对国际安全体系产生重要影响,导致既有裁军与军控体系加速崩塌、大国战略竞争加剧、地区冲突频发,世界动荡的风险上升。国际安全的未来既取决于技术革命的广度、深度与速度,也有赖大国能否在关键问题上放下分歧、控管分歧、避免冲突,构建起一个适应新现实与新趋势的国际安全新体系。在这一过程中,中国应当也必须发挥更大且更具建设性的作用,这不仅有利于维护世界和平与发展,也是中国奠定在未来国际体系中地位的必由之路。

【关键词】 新军事革命 国际安全 国际战略 军备竞赛 裁军与军备控制

当前,世界新军事革命迅猛发展,各主要大国加紧开发新型军事技术和军事装备,一场新型军备竞赛隐然若现。这对国际安全体系构成了深刻影响,导致既有军控体系加速崩塌、大国战略竞争加剧、地区冲突频发,世界动荡的风险上升。国际安全体系的未来将取决于技术发展的前景和大国是否能进行有效的合作。随着中国在国际安全体系中地位与影响的日益提升,未来应发挥更大作用并承担更多责任,以"新安全观"不断参与和引领国际安全合作的规则与机制构

---

[*] 《现代国际关系》2018年第12期。
[**] 冯玉军,复旦大学国际问题研究院副院长,教授;陈宇,中国现代国际关系研究院助理研究员。

建，推动国际安全体系的更新与转型，以使其能更好地维护国际安全与世界和平。

一 世界新军事革命迅猛发展

世界新军事革命呈现出全方位发展、大国争相参与的特征，一些领域即将取得突破性进展，将重塑未来战争形态和国际安全格局。具体看，主要体现在以下几方面：

（一）大国加速推进核武器现代化

竞争首先发生在美俄两个核大国之间。尽管两国签署了三个削减战略核武器的条约，大幅削减了核武库的数量，但这并不意味着停止了核竞争。相反，由于数量受到限制，两国都将提升核武库的质量作为重点，努力实现核武库的现代化。

特朗普上台后，十分重视核力量建设，美国的核政策也变得更具进攻性。他公开宣称，美俄两国在2010年签署的《第三阶段削减和限制进攻性战略武器条约》是"坏交易"，而美国要在核竞争中领先就必须加强核武库建设。[1] 2018年初公布的美国新版《核态势评估》报告要求推动美国核武器、核基础设施和运载系统的现代化，在拥有大量战术核武器的情况下，还要发展新型小威力战术核武器，并放宽了美国核武器的使用条件，准备用核武器应对模糊不清的所谓"非核战略攻击"。[2] 美国将在未来30年更新其"三位一体"核武库：推出"哥伦比亚"级战略导弹核潜艇、新一代战略轰炸机B-21、用于替代"民兵Ⅲ"的新型洲际弹道导弹、新型空射弹道导弹等。

鉴于自身军费开支捉襟见肘，同时出于维持与美国战略平衡的需要，俄罗斯也把军备建设的重心放在了核武器的现代化上。普京2018年5月连任后表示，俄罗斯将继续巩固武装力量，优先方向是战略核盾牌和空天军。[3] 俄罗斯国防部副部长鲍里索夫透露，俄罗斯《2018—2025年国家武器装备计划》的首要优先方向就是发展战略核力量。[4] 根据《经济学人》的评估，俄罗斯重整

---

[1] "Trump Wants to Make Sure U. S. Nuclear Arsenal at 'Top of the Pack'", *The Reuters*, February 24, 2017, https://www.reuters.com/article/us-usa-trump-exclusive-idUSKBN1622IF.

[2] "2018 Nuclear Posture Review", *U. S. Department of Defense*, February 2017, https://media.defense.gov/2018/Feb/02/2001872877/-1/-1/1/EXECUTIVE-SUMMARY.PDF.

[3] 《Путин: Россия продолжит укреплять свои Вооруженные силы》, *ТАСС*, 23 февраля, 2017, http://tass.ru/armiya-i-opk/4048082.

[4] 《Минобороны рассказало о приоритетах программы вооружений》, *Военное обозрение*, 31 октября 2017, https://topwar.ru/128546-minoborony-rasskazalo-o-prioritetah-programmy-vooruzheniy.html.

战略力量的工作大约已经完成了一半①：陆基方面，俄罗斯正批量生产"亚尔斯"新型洲际弹道导弹，井式部署的"萨尔马特"重型洲际弹道导弹也在2017年年底进行了首次试射，"边界"公路机动型战略导弹已完成5次试射，这些导弹将构成未来俄罗斯陆基战略核力量的中坚；空基方面，升级后的首架图－160M2 战略轰炸机于 2017 年年底下线，预计 2023 年开始批量装备；海基方面，已有 3 艘最新型的"北风之神"级战略核潜艇交付海军，5 艘正在建造，6 艘计划建造。② 随着技术的完善，最新型的"布拉瓦"海基洲际导弹的试射成功率也在不断提高。

除了俄罗斯和美国，中国、巴基斯坦、印度等其他拥核国家也都在努力改善核力量的质量和规模。③

（二）大国加紧部署反导系统

有锐利的矛，就会有坚固的盾。美俄等世界大国均在努力发展反导系统，试图抵消对手的战略进攻能力，打破现有战略平衡。

美国是反导防御领域的翘楚，经过几十年的发展，美国已经拥有了世界上最全面的弹道导弹防御系统。2004 年，美国正式在阿拉斯加部署陆基拦截导弹。2010 年，美国决定在欧洲分阶段扩大部署反导系统，加强与英国、法国、德国、罗马尼亚、波兰、捷克等国的合作。2016 年 5 月，美国启动位于罗马尼亚的导弹防御系统，并在波兰开建第二个导弹防御系统，计划 2018 年内启用。2012 年，美国又提出分阶段建设亚太反导系统，除与日本、韩国、澳大利亚等盟国加强合作外，还积极寻求与印度合作开发反导预警系统。2017 年，美国借助朝鲜半岛局势紧张在韩国部署"萨德"系统，把导弹防御系统的部署范围从欧洲伸延到亚洲。《经济学人》评估认为，目前美国的导弹防御系统尚无力应付洲际弹道导弹的大规模攻击，然而实质性的改进正在进行。④ 2017 年 7 月，美国成功进行了洲际弹道导弹拦截测试。9 月，美国成功发射电子侦察卫星，对北半球进行电子信号监控和弹道导弹红外光学监控。

在反导方面，其他国家与美国的差距很大。较领先的俄罗斯目前仍然沿用苏联时期部署在莫斯科周边的 A－135 导弹防御系统。苏联解体初期，该系统因为

---

① "Threats to nuclear stability – Not so MAD", *The Economist – Special Report*：*The Future of War*, January 27 – February 2, 2018, p. 12.
② 《Источник: Россия построит еще шесть атомных стратегических подлодок класса "Борей－А"》, *ТАСС*, 21 мая 2018, http：//tass.ru/armiya－i－opk/5218417http：//tass.ru/armiya－i－opk/5218417.
③ "Threats to nuclear stability – Not so MAD", *The Economist – Special Report*：*The Future of War*, January 27 – February 2, 2018, p. 12.
④ Ibid., p. 13.

预算等原因拦截能力大幅下滑。近年来,俄罗斯部分恢复了A-135系统的拦截能力,并研发第三代战略反导系统A-235,已多次试射成功,一些组件逐步开始在莫斯科附近部署。A-235系统可拦截多弹头导弹,射程达1500公里,其中层拦截导弹射程1000公里,近层拦截导弹射程350公里。俄罗斯发展反导能力的一个重要措施是整合反导和防空系统,从而形成"高低搭配"的空天防御布局,因此正加快部署S-400防空系统,并加紧研发新一代的S-500系统。同时,俄罗斯也在加快导弹预警、空间监视系统发展步伐,"沃罗涅日"型雷达的探测距离可达6000公里,新型预警军用卫星也在加速研发。

(三)大国争相研发高超音速武器

高超音速武器是世界新军事革命的热点。这种武器可分为两类:一类是高超音速滑翔飞行器(HGV),它由载具发射到大气层外或边缘施放,利用地心引力和自身发动机加速冲向地表,同时做出滑翔机动对准目标,理论速度能突破10马赫。另一类是高超音速巡航导弹(HCM),它类似传统巡航导弹,但利用高超音速飞行设计也能达到6马赫以上。高超音速武器的威力在于,能以极高的精确度和高超音速,穿越防守最为严密的空域。[1] 目前的任何拦截系统都无法对其进行有效拦截,而且超高速度的动能物体自身击中目标时就威力巨大,甚至不需搭载火药弹头。高超音速武器可以较低预算达到天基动能武器的类似效果,轻易穿越反导系统,摧毁对方核设施,从而打破战略平衡,因此成为大国竞争的焦点。

美国是高超音速武器概念的发明者,早在20世纪60年代中期,美国就试验了超燃冲压发动机,最高速度达到7.3马赫。2002年,美国提出并开始实施"常规快速全球打击"计划,加快了高超音速武器的研发步伐,意图以非核武器在1小时内高精度打击全球任意目标。美国正在研发的高超音速武器包括空军"高超音速打击武器"(HSSW)、空军和国防高级研究计划局"高超音速吸气式武器"(HAWC)和"战术助推滑翔器"(TBG)、陆军"先进高超音速武器"(AHW)等。这些项目已积累不少成果,并在试验中取得了部分成功。美国"防务内情"网站报道,美国国防部承诺将在2018—2022财年间率先给欧洲司令部和太平洋司令部装备高超音速武器,以形成一定的"常规快速全球打击"能力。[2]

除美国外,中、俄等国也在竞相研发高超音速武器。

---

[1] "The New Battlegrounds", *The Economist – Special Report: The Future of War*, January 27 – February 2, 2018, p. 4.

[2] Jason Sherman, "DOD Promises 'Certain' Conventional Prompt Global Strike Capabilities for EUCOM, PACOM", *Inside Defense*, February 22, 2017, https://insidedefense.com/daily-news/dod-promises-certain-conventional-prompt-global-strike-capabilities-eucom-pacom.

2014年1月15日，中国国防部证实正在研制高超音速飞行器。① 美方当时将其命名为WU-14，《华盛顿自由灯塔报》称，该飞行器是由一枚弹道导弹运载的HGV武器。② 2017年年底，美国《国家利益》杂志网站又报道，中国的高超音速飞行器东风-ZF（又称东风-17，即此前美方所称WU-14）已成功完成7次试射，速度在5—10马赫之间。③

俄罗斯在高超音速武器研发方面也有不少成果，并将其列入《2018—2025年国家武器装备计划》的重点发展装备。《华盛顿自由灯塔报》称，俄方早在2015年2月就成功试射了YU-71高超音速飞行器，属于HGV武器，速度可达每小时10马赫。④ 近期俄国防部确认，"先锋"超高音速飞行器（即此前美方所称YU-71）已开始批量生产，最高速度能达到20马赫，"匕首"高超音速巡航导弹（速度可达10马赫）也已投入战斗值班。⑤

（四）网络战已从构想走向现实

通过网络战的方式可以摧毁对手的战时指挥系统，从而在战争爆发早期就取得巨大优势，同时网络战本身也可成为一种新的战争形态，使对方的军事和经济体系瘫痪，产生巨大的破坏力。因此，各国都十分重视提升网络战能力。

美国很早就开始研究网络战。1993年，兰德公司的约翰·阿奎拉（John Arquilla）和大卫·罗费（David Ronfeldt）就撰写了题为《网络战就要来了！》的文章，对"网络战"的概念和作战理念进行了探讨。⑥ 2009年，美军成立了网络司令部，开始统管全军网络安全和网络作战指挥。2011年和2015年，美军分别推出了《网络空间行动战略》和《国防部网络战略》两份报告，明确了网军的任务和建设目标，统筹各军种网军力量的建设。2016年10月，美国国防部宣布，美军网络司令部下属的所有133支行动部队已全部具备初步作战能力，到2018年

---

① 《国防部回应"中国试射超高速导弹"》，《南方都市报》2014年1月16日第A23版。

② Bill Gertz, "Chinese Defense Ministry Confirms Hypersonic Missile Test", *The Washington Free Beacon*, January 15, 2014, http：//freebeacon.com/national-security/chinese-defense-ministry-confirms-hypersonic-missile-test/.

③ Dave Majumdar, "Nuclear War: Could China's Mach 10 Hypersonic Weapons Unleash the Unthinkable?", *The National Interest*, November 16, 2017, http：//nationalinterest.org/blog/the-buzz/nuclear-war-could-chinas-mach-10-hypersonic-weapons-unleash-23228.

④ Bill Gertz, "Russia Tested Hypersonic Glide Vehicle in February", *The Washington Free Beacon*, June 25, 2015, http：//freebeacon.com/national-security/russia-tested-hypersonic-glide-vehicle-in-february/.

⑤ 《Минобороны впервые опубликовало видео с новейшим оружием》, *РИА Новости*, 17 июля 2018, https：//ria.ru/arms/20180719/1524954261.html.

⑥ John Arquilla and David Ronfeldt, "Cyberwar is Coming! ", *Comparative Strategy*, Vol. 12, No. 2, 1993, pp. 141-165.

规模将扩充至6200人。① 2017年8月,美国总统特朗普宣布,美军网络司令部将升格为美军第十个联合作战司令部,地位与美国中央司令部等主要作战司令部相同。② 美国近年还搞了多次网络战演习。如在2016年6月,美军网络司令部举行了持续一个月的"网络守卫16"(Cyber Guard 16)网络攻防演习,涉及美国军方和多个政府机构。2012年以来,北约成员国及伙伴国每年都会举行世界上规模最大、技术最前沿的"锁定盾牌"(Locked Shields)网络攻防演习。

俄罗斯也把提升网络攻防能力提高到战略高度。早在2000年,俄罗斯就出台《俄罗斯联邦信息安全学说》,2013年又公布了《2020年前俄罗斯联邦国际信息安全领域国家政策框架》。2017年2月,俄罗斯国防部长绍伊古公开承认,俄军已经建成信息作战部队,其主要任务是管理和保护军用计算机网络,保护俄军事指挥通信系统免受网络攻击,对该系统的信息进行保密防护。③ 俄罗斯《生意人报》披露,俄罗斯网军有大约1000人,每年耗资约3亿美元,拥有大型"僵尸网络"、无线数据通信干扰器、扫描计算机软件、网络逻辑炸弹等多种网络攻击手段。④

除美、俄外,许多国家都在网络军事力量建设领域投入重金。例如,以色列有10多个网络战小组,为各种军事、情报和政府机构服务。据《华盛顿邮报》援引美方官员称,著名的"震网"和"火焰"病毒就是由以色列和美国共同开发。⑤

事实上,在各国扩充网军力量的同时,国家间的网络战早已从构想走向现实。1991年的海湾战争中,美军通过激活隐藏病毒致使伊拉克防空系统瘫痪,这是在传统战争中运用网络战手段的最早已知案例。随后,1999年的科索沃战争和2003年的伊拉克战争中,美国和北约同样对对手发动了网络攻击。在2008

---

① "All Cyber Mission Force Teams Achieve Initial Operating Capability", *U. S. Department of Defense*, October 24, 2016, https://www.defense.gov/News/Article/Article/984663/all-cyber-mission-force-teams-achieve-initial-operating-capability/.

② "Statement by President Donald J. Trump on the Elevation of Cyber Command", *The White House*, August 18, 2017, https://www.whitehouse.gov/briefings-statements/statement-president-donald-j-trump-elevation-cyber-command/.

③ Иван Петров, "Шойгу объявил о создании войск информационных операций", *Российская газета*, 22 февраля 2017, https://rg.ru/2017/02/22/shojgu-obiavil-o-sozdanii-vojsk-informacionnyh-operacij.html.

④ Мария Коломыченко, "В интернет ввели кибервойска – Аналитики оценили количество хакеров на госслужбе", *Коммерсантъ*, №2, 10 января 2017, стр. 1.

⑤ Ellen Nakashima, Greg Miller and Julie Tate, "U. S., Israel developed Flame computer virus to slow Iranian nuclear efforts, officials say", *The Washington Post*, June 19, 2012, https://www.washingtonpost.com/world/national-security/us-israel-developed-computer-virus-to-slow-iranian-nuclear-efforts-officials-say/2012/06/19/gJQA6xBPoV_story.html?noredirect=on&utm_term=.9457ffe83567.

年俄格冲突中,俄军对格政府与媒体网站实施了网络致瘫攻击,很好地配合了军事行动。近年来,网络战已经不再仅限于传统战争的辅助形式,而是可以单独发挥重要作用。比如在2010年后,美国运用"震网"和"火焰"病毒,重创了伊朗的铀浓缩系统。2016年来,美国情报部门指责俄罗斯通过黑客攻击影响美国大选,并借此帮助特朗普当上总统,网络战作为美俄间"混合战争"的一个重要元素,已经成为两国之间最敏感的话题。英国、德国、法国、荷兰等国也指责俄罗斯对其发动类似的黑客攻击。

(五)人工智能技术蓬勃发展,在军事领域得到广泛应用

近年来,大数据、云计算和深度学习技术日新月异,人工智能在感知智能领域和认知智能领域取得了重大进展。各大国争相抢滩,意图占据技术高地,并将其运用于军事领域。

美国很早就开始探索人工智能在军事领域的应用。美国国防高级研究计划局于2007年启动了"深绿"(Deep Green)计划,启动了大量基础技术研究项目,目标是建立智能指挥控制系统。2014年,美国国防部提出了"第三次抵消战略",将自主武器、机器人、新型导弹等前沿技术视为美国反制未来数十年威胁的关键。① 美国的目标是比竞争对手更快、更好地掌握机器人、自主系统、大数据等技术,从而不断恢复和巩固军事优势。②

当前,美国的无人机已在军事行动中大规模应用,其数量超过了有人战斗机。美国的陆上、海上无人装备也在迅速发展。新美国安全中心自主武器专家保罗·沙雷(Paul Scharre)认为,大量无人设备群可能给军事行动带来更加剧烈和颠覆性的改变,无人设备可以形成更大的规模、更好的协作、更高的智能和更快的速度。③ 目前,美国正在努力提升无人作战平台的智能化水平,并成功研制了能够自动发现和摧毁目标的无人机。④ "第三次抵消战略"的设计师罗伯特·沃克(Robert Work)在离任国防部副防长前组建了一支算法战队伍,研究如何使用人工智能技术帮助搜捕在叙利亚的"伊斯兰国"武装分子,定位朝鲜的移

---

① "Secretary of Defense Speech – Reagan National Defense Forum Keynote", *U. S. Department of Defense*, November 15, 2014, https://www.defense.gov/News/Speeches/Speech-View/Article/606635/.

② "The New Battlegrounds", *The Economist – Special Report*: *The Future of War*, January 27 – February 2, 2018, p. 4.

③ "Military robotics: War At Hyperspeed", The Economist – Special Report: The Future of War, January 27 – February 2, 2018, p. 15.

④ Matthew Rosenberg and John Markoff, "At Heart of U. S. Strategy, Weapons That Can Think", *The New York Times*, October 26, 2016, P. A1.

动导弹发射平台。① 当前，美国国防部正在大力推进主战装备及大型网络使用人工智能技术，以此作为其一揽子战略的一部分，加速利用和整合最新的人工智能技术，并与新的作战概念有效结合，从而支持美军的军事行动。

除美国外，其他国家也在加紧发展人工智能并应用到国防领域。2017年7月，中国发布了新一代人工智能发展规划，明确表示人工智能是支撑未来经济和军事实力的革命性技术，要让中国到2030年在人工智能领域达到世界领先水平，特别提到要"推动形成全要素、多领域、高效益的人工智能军民融合格局。以军民共享共用为导向部署新一代人工智能基础理论和关键共性技术研发，建立科研院所、高校、企业和军工单位的常态化沟通协调机制。促进人工智能技术军民双向转化，强化新一代人工智能技术对指挥决策、军事推演、国防装备等的有力支撑"。② 俄罗斯也将人工智能技术在军事领域的广泛运用视为"弯道超车"、实现其常规军事力量跨越式发展的重要途径。普京坦言，"人工智能是未来。谁能成为这个领域的领导者，谁就能成为世界的主宰"。③ 俄罗斯认真吸取了在俄格战争中无人机发展滞后的教训，调动所掌握的资源，积极研发能够自动识别对手、进行摧毁的战斗机器人、智能导弹、智能指挥系统，已有俄罗斯的战斗机器人被应用到叙利亚战场。④

二 世界新军事革命的影响

随着世界新军事革命的不断推进以及大国对安全威胁认知的变化，世界主要大国竞相加大军备发展力度，大国战略竞争趋于激烈，既有的国际安全体系面临空前挑战。

（一）既有裁军和军备控制体系正加速崩塌

在世界军事革命的大背景下，新技术、新武器、新作战理念发展迅速，既有的裁军和军备控制体系多建立于冷战时期，早已跟不上时代的变革。许多裁军和军控协议要么被撕毁，要么名存实亡，要么即将失效，实际上已经无法发挥有效

---

① "Military robotics: War At Hyperspeed", *The Economist – Special Report: The Future of War*, January 27 – February 2, 2018, p. 14.
② 《国务院关于印发新一代人工智能发展规划的通知》，中华人民共和国中央人民政府网，2017年7月20日，http://www.gov.cn/zhengce/content/2017-07/20/content_5211996.htm。
③ "Путин: лидер в сфере искусственного интеллекта станет властелином мира", *РИА Новости*, 1 ноября 2017, https://ria.ru/technology/20170901/1501566046.html。
④ "Russia Mulls Sending Uran-9 Combat Robots to Syria", *Sputniknews*, January 9, 2017, https://sputniknews.com/russia/201701091049401239-russia-syria-robots/.

作用，这为未来国际安全形势蒙上了一层阴影。

第一，《反导条约》早已失去约束力。2001年美国单方面退出了《反导条约》后，开始在本土、欧洲和亚太地区积极部署反导防御系统。2017年5月30日，美军首次洲际弹道导弹拦截测试获得成功。这次成功测试不但是美国的第一次，同时也是全球的第一次。这种反导拦截器导弹的名称是GBI，它是陆基中段防御系统（GMD）的子武器系统，主要负责拦截并摧毁弹道导弹，采用动能撞击直接击毁来袭导弹。美军正在扩充GBI拦截弹部署规模，2017年年底已达到44枚，未来部署规模将增加到100枚以上。这样的防御能力可以极大削弱潜在对手的核威慑能力特别是二次核反击能力，这也将使全球战略稳定加速失衡。

第二，美俄核裁军协议即将到期，延期难度不小。俄美之间的《第三阶段削减和限制进攻性战略武器条约》将于2021年到期，如双方同意还可再延长5年。但特朗普政府对核武器的热衷使此条约前景堪忧。路透社报道，在普京和特朗普首次通话时，普京就要求将该条约按规定延长5年，但特朗普予以拒绝，认为达成该协议就是奥巴马的错误。① 特朗普还公开宣称，这项协议是"单边的"，像伊朗核协议一样是美国达成的"另一项坏交易"，而美国要在核武器竞争中胜出，必须加强核武库建设。② 2018年2月，美国发布了新版《核态势评估》报告，认为虽然削减核武器这个长期任务依然存在，但是为了适应国际形势，保持威慑水平，美国需要为现有的核弹头延长寿命，研发制造新的核弹头。③ 这与奥巴马时期对核武"做减法"的态度截然相反。美俄关系的恶化也使双方军事部门的交流陷于停滞，双方在履约问题上相互指责。在《核态势评估》报告中，美国公开指责俄罗斯不遵守《第三阶段削减和限制进攻性战略武器条约》以及在东欧的扩张行为，认为这是导致大国关系恶化的主要原因。④ 俄罗斯外长拉夫罗夫则指出，美方实质上绕过了条约规定的程序，单方面将相当数量的运载工具从其核武库记录中划走；美国新的核战略提升了对核武器的重视，提出建造和部署"小当量"核弹头，这会降低使用核武器的门槛。⑤ 如此看来，双方一方面更加重视核力量的作用及其现代化，另一方面又缺乏沟通的管道和政治意志，未来

---

① Jonathan Landay, David Rohde, "Exclusive: In Call with Putin, Trump Denounced Obama – era Nuclear Arms Treaty – Sources", *The Reuters*, February 10, 2017, https://www.reuters.com/article/us – usa – trump – putin – idUSKBN15O2A5.

② Steve Holland, "Trump Wants to Make Sure U. S. Nuclear Arsenal at 'Top of the Pack'", *The Reuters*, February 24, 2017, https://www.reuters.com/article/us – usa – trump – exclusive – idUSKBN1622IF.

③ "2018 Nuclear Posture Review", *U. S. Department of Defense*, February 2017, https://media.defense.gov/2018/Feb/02/2001872877/ – 1/ – 1/1/EXECUTIVE – SUMMARY. PDF.

④ Ibid..

⑤ "Лавров: США готовят Европу к применению ядерного оружия против России", *РИА Новости*, 28 февраля 2018, https://ria.ru/world/20180228/1515460467.html.

条约延期的难度不小。7月16日,普京与特朗普在芬兰首都赫尔辛基实现两人的首次正式会晤,普京向特朗普提交了一份有关维护国际战略稳定问题的清单,但具体内容如何、美国将做出怎样的回应尚不得而知。

第三,《中导条约》名存实亡。《中导条约》由美、苏两国在1987年签署,要求双方均不再保有、生产或试验射程在500—5500公里的陆基巡航导弹和弹道导弹。该条约虽然没有像《反导条约》那样被撕毁,但俄美双方都在指责对方违约。美国对俄罗斯的指责主要有:第一,发展SSC-8陆基巡航导弹;第二,将"口径"巡航导弹改装为地面发射;第三,在加里宁格勒部署"伊斯坎德尔"战术导弹。该导弹突防能力强,精度高,而且可以轻易将射程增加到500公里以上,直接威胁到欧洲国家的安全。①俄罗斯则指责美国:第一,从"民兵2"洲际导弹发展而来的导弹防御系统靶弹,在安装战斗部位之后就是中程弹道导弹;第二,美国装备的"死神"等攻击型无人机应该被视为陆基巡航导弹;第三,美国部署在罗马尼亚的"宙斯盾"反导系统能从地面发射巡航导弹,因而违反了《中导条约》规定,另外美军在该国部署的SM-3拦截导弹也存在类似问题。②事实上,双方的指责都不无道理,两国也都曾威胁要退出条约。此外,当今拥有中短程弹道导弹的国家越来越多,加上层出不穷的新技术及带来的新威胁,《中导条约》存在的基础正不断受到侵蚀。

第四,《核不扩散条约》屡遭挑战、千疮百孔。越来越多的国家谋求拥有核武器,印度、巴基斯坦、以色列、朝鲜等国都已经成为事实上的拥核国家。拥有核武器的行为主体越来越多、不确定性更强,给地区和国际安全带来的冲击和挑战前所未有。如果一个不负责任的国家拥有了核武器,后果将难以预料;而一旦核技术、核物质、核材料乃至核武器落入恐怖主义分子手中,威胁更不容小觑。

(二)一场非对称的隐性军备竞赛正在展开

要在军事革命的浪潮中不落伍,无疑需要大量的资金投入。近年来,各大国纷纷调高军费预算,促使世界军费恢复增长,一场军备竞赛已经悄然展开。根据瑞典斯德哥尔摩国际和平研究所(SIPRI)的评估,2017年全球军费开支达1.739万亿美元,同比增长1.1%,是1999年以来首度显著增长,达到冷战结束后的最高水平。③简氏信息集团预测,2018年世界军费总额将达到1.67万亿美

---

① 赵玉明:《〈中导条约〉30年:美俄都想废了它?》,《世界知识》2018年第6期,第31页。
② 同上。
③ Dr Nan Tian, Dr Aude Fleurant, Alexandra Kuimova, Pieter D. Wezeman and Siemon T. Wezeman, "Trends in World Military Expenditure, 2017", *SIPRI*, May 2018, https://sipri.org/sites/default/files/2018-04/sipri_fs_1805_milex_2017.pdf.

元，比2017年增长3.3%，将是冷战结束后的最高水平。① 尽管两家机构的评估数值有出入，但都认为世界军费正在快速增长，超越冷战后峰值。

新军事革命的领头羊美国是这场隐性军备竞赛的主要推动力量。特朗普上台后重拾里根时期"以实力求和平"的理念，大幅增加国防开支，力图重振美国军力。2017年1月27日，特朗普造访五角大楼，签署了"重建美军"的行政命令。2017年12月，特朗普签署《2018年国防预算法案》，美国军费大幅增至6920亿美元，创近年新高。② 中国的军事现代化进程也在提速，根据斯德哥尔摩国际和平研究所评估，中国2017年的军费开支为2280亿美元，近十年增长了110%，占全球的份额增至13%。③ 军费的提升正推动中国的军事力量在各领域实现全方位、跨越式发展。排在第三、第四和第五的沙特阿拉伯、俄罗斯和印度的军费也快速提升，近十年增幅分别达到34%、36%和45%。④

值得注意的是，这场隐然若现的军备竞赛具有显著的非对称特征。财政资源充裕的美国正投入巨资扩展各方面的军备和技术，重点在兵力投送、核力量升级、反导体系建设、太空力量布局和网络实战化等方面，重塑美国战略威慑力量体系，建设一支"更加强大的美军"。特别是美国要巩固在核领域的优势，美国国会预算办公室报告称，未来30年美国将在核力量建设上花费1.2万亿美元的巨资，更新其"核三位一体"中的每一部分。⑤

除增强军事预算投入外，美国还加紧重塑其作战指挥体系以适应新条件下的军事竞争。8月9日，美国副总统彭斯在五角大楼发表讲话时宣布，美国将在2020年前组建一支太空军，作为第六个独立的作战军种。为此已向国会申请拨款80亿美元，用于在今后几年内推动太空军计划实施。根据计划，国防部将于近期设立"太空司令部""太空作战部队"和"太空开发局"三个机构，其中"太空司令部"是太空军的指挥部门，"太空作战部队"将整合美军各军种太空作战专业人员，"太空开发局"的任务是"开发并测试"下一代太空作战技术。

---

① Zachary Keck, "Report: In 2018, Global Defense Spending Will Reach Highest Level Since Cold War", *The National Interest*, December 23, 2017, http://nationalinterest.org/blog/the-buzz/report-2018-global-defense-spending-will-reach-highest-level-23763.

② "President Donald J. Trump will Make the American Military Great Again", *The White House*, December 12, 2017, https://www.whitehouse.gov/briefings-statements/president-donald-j-trump-will-make-american-military-great/.

③ Dr Nan Tian, Dr Aude Fleurant, Alexandra Kuimova, Pieter D. Wezeman and Siemon T. Wezeman, "Trends in World Military Expenditure, 2017", *SIPRI*, May 2018, https://sipri.org/sites/default/files/2018-04/sipri_fs_1805_milex_2017.pdf.

④ Ibid..

⑤ "Approaches for Managing the Costs of U.S. Nuclear Forces, 2017 to 2046", *Congressional Budget Office*, October 31, 2017, https://www.cbo.gov/system/files?file=115th-congress-2017-2018/reports/53211-nuclearforces.pdf.

与此同时，美国陆军也新设立了"未来司令部"，这是美国陆军"1973年以来规模最大的机构变化"，它每年可能需要花费300亿至500亿美元，以推动陆军现代化。

相对而言，俄罗斯的经济较为困难，但仍试图抓住新军事革命的契机实现"弯道超车"，与美开展不对称竞争，着力巩固、发展核打击能力，避免美国获得单方面的核优势，维持双方的战略均势，同时积极研发高超音速武器等前沿科技，争取在全球新军事革命中不落伍。2018年3月，普京总统在发表国情咨文时展示了一系列新型核武器，包括"萨尔玛特"洲际导弹、核动力巡航导弹、机载高超音速巡航导弹、"先锋"高超音速飞行器和水下潜航器等，并称这是对美国退出《反导条约》并无限制追求单方军事优势的回应。[①] 也有一些西方学者认为，中国试图在整体军力和科技实力相对落后的情况下，通过重点研发高超音速武器、反卫星武器、电磁脉冲武器、网络战武器等新型军备来获得对美国的不对称军事优势。[②]

（三）全球反恐进入间歇期，大国战略认知发生变化，战略竞争回潮

"9·11"后，打击恐怖主义一度成为国际安全领域的主要议程，"反恐"合作一定程度上弱化了大国间传统地缘政治竞争，这一趋势持续了近20年时间。然而，随着"伊斯兰国"溃败、国际反恐退潮，大国战略竞争重又成为国际安全体系的主基调。大国战略认知发生变化并纷纷调整安全战略、军事战略、外交战略，重新把大国竞争摆到重要位置。美国新版《国家安全战略》报告明确指出，"国家间战略竞争，而非恐怖主义，现在已经成为美国国家安全的首要忧患"，并把中国和俄罗斯视为"战略竞争对手""修正主义国家"，指责两国"想要将世界纳入其威权主义模式轨道，同时攫取干涉其他国家经济、外交和安全决策的权力"。[③] 美国提出了"印太战略"，意图在印度洋—太平洋地区压制中国，同时进一步加强北约在东欧地区的军力，不断在战略上遏制俄罗斯。俄罗斯新版《国家安全战略》《军事学说》等重要战略文件则用尖锐的词汇批评美国和

---

① Послание Президента Федеральному Собранию, *Сайт Президента России*, 1 марта 2018, http://kremlin.ru/events/president/news/56957.

② Larry M. Wortzel, "Is America Prepared to Battle China in an Asymmetric War?", *The National Interest*, November 18, 2017, http://nationalinterest.org/feature/america-prepared-battle-china-asymmetric-war-23260?page=show.

③ "National Security Strategy of the United States of America", *The White House*, December 2017, https://www.whitehouse.gov/wp-content/uploads/2017/12/NSS-Final-12-18-2017-0905-2.pdf.

北约，并且认为国家间竞争日趋激烈，"武力因素在国际关系中的地位并未下降"。①

世界军事革命是大国战略竞争的主要推动力量之一。大国争相研发、部署新型武器，使大国竞争的"火药味"日浓。俄美都在叙利亚试验最新军事装备，推高了相互间擦枪走火的风险，2018 年年初美军在叙利亚重创俄罗斯雇佣军，使两国面临"加勒比海危机"后最大的直接对抗风险。俄美等大国不断更新核武库和反导力量，使全球战略失衡的风险日益上升。特别是美国的战略威慑体系已经不单单局于核武器，而是进一步拓展到新型战略核武器、全球快速打击武器、导弹防御武器、反卫星武器、网络战等领域，其战略威慑的概念范畴也因此扩展至核威慑、常规威慑、太空威慑、网络威慑等。② 美国试图在潜在对手核反击力量不断增强的情况下，追求对对手进行"一次打击"能力，即首次突击就能摧毁对方的主要工业中心、核基地和战略轰炸机基地，使对方丧失核反击能力，在短期内取得战争胜利。有分析认为，高超音速武器如果与先进的导弹防御力量配合使用，将严重破坏国际战略稳定。③

（四）国际热点有增无减，"混合战争"越来越成为国家间争夺的重要形式

随着军事科技和军事理论的发展以及全球化的深入，大国越来越可以利用各种形式的代理人战争、网络战、信息战、情报战、舆论战、心理战、贸易战、制裁战等手段展开充分的竞争，传统的"大规模常规战争"和"小规模非常规战争"正逐步演变成一种战争界限更加模糊、作战样式更趋融合的"混合战争"。

维基百科将"混合战争"（hybrid warfare）定义为"是敌对行动的一种，进攻方并不采取传统的入侵，而是综合使用颠覆行动，暗中破坏，网络战，支持敌人领土上的叛乱分子等方法摧毁对方。"④ 而近年来多次成功运用"混合战争"策略的俄军总参谋长瓦列里·格拉西莫夫（Valery Gerasimov）曾撰文强调，"战争规则已经改变，利用非军事手段达成政治和战略目标的重要性增加了"，"广泛使用这些手段，再加上'隐蔽的军事手段'，它们的威力甚至可能会超过实际

---

① Указ Президента Российской Федерации от 31 декабря 2015 года N 683 "О Стратегии национальной безопасности Российской Федерации", *Сайт Президента России*, 31 декабря 2015, http://kremlin. ru/acts/news/51129.

② 罗曦：《美国战略威慑体系的调整与中美战略稳定性》，《国际关系研究》2017 年第 6 期，第 33 页。

③ "The New Battlegrounds", *The Economist – Special Report：The Future of War*, January 27 – February 2, 2018, p. 4.

④ Гибридная война, *Википедия*, 13 июня 2018, https://ru. wikipedia. org/wiki/Гибридная_ война.

武器的力量"。① 2015 年版的美国《国家军事战略》明确提出"混合冲突"概念，认为常规军队以非国家行为体身份展开的行动将成为未来战争的新模式，这种冲突将传统战斗行动同非常规战斗行动相结合，通过创造更大的不确定性来掌握主动权。②

当然，"混合战争"并非什么新生事物，它如同"特洛伊木马"诡计一样古老。但在当代技术条件下，今天的"混合战争"规模更大、速度更快、强度更高，其对地区与国际安全也带来了新的挑战。

一方面，"混合战争"已可以部分实现传统战争才能实现的效果，使大国对抗的门槛大大降低。于是，人们看到大国在乌克兰、叙利亚、朝鲜半岛、阿富汗等地展开了激烈的地缘竞争，频繁、交替地使用"混合战争"手段。俄罗斯军事专家康斯坦丁·西夫科夫（Konstantin Sivkov）认为，俄罗斯与西方已经进入深度对抗阶段，西方明白无法对俄罗斯展开传统形式的入侵，因此运用的主要手段就是"混合战争"。③格拉西莫夫在俄罗斯军事科学院会议上作了专题报告，系统阐述了俄军对"混合战争"的认知与应对举措，并表示俄将动用国家的全部潜力防范可能针对俄的"混合战争"。④而促使美国将"混合战争"理论纳入国家军事战略的主要原因在于，美国认定俄罗斯 2014 年在克里米亚以及此后在乌克兰东部地区的军事行动属于"混合战争"范畴，因此美军必须调整战略，以应对俄罗斯的这一现实威胁。

另一方面，这些新型争夺手段多游走在传统战争的边缘，推升了传统冲突的风险。俄罗斯与西方在叙利亚和乌克兰的代理人战争、双方的网络战随时可能擦枪走火，引发大国间意外的军事冲突。还有分析认为，在极端情况下，自 1945 年以来基本上一直充当稳定器的核武器，也可能会使危险增大。核武器的指挥控制系统越来越容易受到采用新型网络武器的黑客攻击，或者针对核武器的卫星"致盲"攻击，使核力量暂时丧失能力。遭受这种攻击的国家可能会面临压力，要么失去对核武器的控制权，要么动用核武器。⑤最麻烦的是，袭击者的身份可

---

① Герасимов Валерий., 《Ценность науки в предвидении: Новые вызовы требуют переосмыслить формы и способы ведения боевых действий》. *Военно - промышленный курьер*, 26 февраля 2013, https://vpk - news. ru/articles/14632.

② "National Military Strategy", *U. S. Department of Defense*, July 1, 2015, http://www.jcs.mil/Portals/36/Documents/Publications/National_ Military_ Strategy_ 2015. pdf.

③ Анатолий Молчанов, Россия ответит ядерным ударом на вторжение НАТО, *Геополитика*, 27 октября 2017, http://geo - politica. info/rossiya - otvetit - yadernym - udarom - na - vtrzhenie - nato. html.

④ Ирина Нагорных, "Цветным революциям" ответят по законам гибридных войн, Военные теоретики готовы разработать концепцию "мягкой силы", *Коммерсантъ*, 1 марта 2016, стр. 3.

⑤ "The Next War", *The Economist*, January 27 - February 2, 2018, p. 9.

能是模糊的,因而使遭受袭击的一方没有把握如何做出反应。① 这无疑将对国际安全体系构成十分严峻的威胁。

三 国际安全体系的未来

随着新军事革命的推进和大国战略关系的新变化,国际安全体系面临着诸多挑战,也存在重构的可能。其前景取决于以下因素:

一是技术发展和扩散的速度与范围。这是新军事革命发展的最重要变量,也将对国际安全体系的未来产生根本影响。

首先,少数国家可能率先实现决定性的技术突破,从而在国际安全体系的重构中占据主动。科技革命往往会使率先掌握新科技的国家与其他国家之间的力量差距进一步扩大。新一轮军事革命将可能成为"热核武器时代"后的又一次重大突破,如果一国率先取得决定性的技术突破,其他国家将很难用数量堆砌或战略战术来弥补差距,特别是人工智能的不断发展及其在军事领域的应用,将使得掌握这一技术的国家几乎不可能在战争中被尚未使用该技术的对手击败,从而在未来的国际安全体系占据绝对主动。

其次,国家行为体无法独自发展尖端技术,非国家行为体对国际安全体系的影响将不断上升。新技术的研发门槛很高,需要诸多条件的密切配合,有赖于巨额且长期的资本投入。当前人工智能研究的成果多出自少数互联网巨头,它们实际上掌控了人工智能领域的重要话语权。美国政府在研发尖端军事技术时积极与私人企业合作,中国也历史性地推出了宏大的"军民融合"战略。大型私人企业、企业主在新军事革命中的重要地位决定了他们将拥有更强的军事政策影响力,甚至自身就可以拥有武力,从而对国际安全体系的未来产生重要影响。

最后,一些仍然有强大破坏力,但不再尖端的技术可能被更多国际行为体掌握。正如上文所述,由于核武器这一具有极大破坏力的武器技术门槛的降低,使得越来越多的国家铤而走险,试图拥核。核扩散会令一些非国家行为体,甚至恐怖组织获得核武器的风险显著提升。

二是大国关系是进一步走向敌对还是能够谋求合作。当前国际安全体系遭遇挑战的重要原因就是大国战略竞争态势上升。一方面,虽然参与国家安全体系的行为体日益多元化,但大国凭借其强大的政治、经济、军事和科技实力,仍在国际安全体系中占据举足轻重的地位,"大国就像歌剧院中的首席女主角,在国际

---

① "The New Battlegrounds", *The Economist – Special Report: The Future of War*, January 27 – February 2, 2018, p.4.

舞台上的进进出出都惊天动地"。① 另一方面，大国的竞争往往在所谓的地缘政治断层线周围造成冲突，乌克兰东部战乱、叙利亚战争等就是明证。

国际安全体系的未来，很大程度上取决于大国未来是采取合作还是进一步敌对的态势。只有大国协同合作，才能为当前急迫安全问题的解决提供必需的条件，才能使达成的协议具有较高的执行力。在传统安全领域，需要大国来制止地区冲突与战争、更新和完善军备控制体系。在新安全空间和技术领域，需要大国来主持创设新的规则。相反，如果一些大国继续斗争性的政策，将使国际安全体系更加动荡。

既然在冷战高峰期能够达成军控协议，那么当下，美国、俄罗斯和中国等大国当然也可以相互协作、避免冲突，以合作的姿态完善国际安全体系。大国应当客观理性地看待彼此的战略意图，尊重彼此的利益和关切，通过对话合作而非对抗冲突的方式妥善处理矛盾和分歧。正如中国所倡导的，大国应当"不冲突、不对抗，相互尊重，合作共赢"。②

三是新的裁军与军备控制体系能否建立。当前，既有的裁军与军备控制体系已经千疮百孔，而网络、太空等"新边疆"还存在诸多"安全真空"，缺乏明确的全球治理规则与体系。中美俄等大国在高超音速武器、空天武器、网络战、人工智能等战略领域竞争日趋激烈。这是因为各方都想在这些新领域早于竞争对手实现决定性突破，从而打破现有的战略均势，已有许多有识之士对此表达了担忧。不久前去世的著名物理学家斯蒂芬·霍金（Stephen Hawking）认为，人工智能的发展"要么是人类历史上最好的事，要么是最糟的"。③ 科技大亨埃隆·马斯克（Elon Musk）警告，国家间人工智能的军备竞赛，有可能成为第三次世界大战的起因。④ 普林斯顿大学生物伦理学教授彼得·辛格（Peter Singer）不像马斯克那么悲观，但他也认为争夺人工智能领域的主导权将推动一场军备竞赛，从而引发动荡；这场军备竞赛十分危险，最大的问题是这种竞赛能否得到遏制，能否制定控制自主武器的规则。⑤

---

① ［美］法里德·扎卡利亚：《后美国世界——大国崛起的经济新秩序时代》，赵广成、林民旺译，中信出版社2009年版，第109页。

② 《习近平：为构建中美新型大国关系而不懈努力》，新华网，2016年6月6日，http：//www.xinhuanet.com/world/2016-06/06/c_1118996126.htm。

③ "Stephen Hawking: AI will be 'either best or worst thing' for humanity", *The Guardian*, October 19, 2016, https://www.theguardian.com/science/2016/oct/19/stephen-hawking-ai-best-or-worst-thing-for-humanity-cambridge.

④ "Elon Musk says AI could lead to third world war", *The Guardian*, September 4, 2017, https://www.theguardian.com/technology/2017/sep/04/elon-musk-ai-third-world-war-vladimir-putin.

⑤ "Military robotics: War At Hyperspeed", *The Economist - Special Report: The Future of War*, January 27 - February 2, 2018, p.15.

国际安全体系的未来需要各国共同努力，更新和完善国际裁军与军备控制体系。在核安全领域，既有核国家应当共同努力，阻止核技术、核材料、核专家进一步扩散，努力防止新的核国家出现，防范核技术和材料落入恐怖分子手中。同时，核裁军不仅是数量的问题，还应对"质量"进行限制，对核大国的核武现代化步伐做出相应的约束。在新技术方面，目前针对自主武器军备控制的动议已经提上联合国若干军控机制的正式议程，并得到部分国家的支持。然而，主要国家推动自主武器军控的意愿并不强烈。分析认为，在权力政治与道德政治的博弈下，自主武器军控在可预见的未来将难以达成实质性成果，稍有可能的是通过"软法"等非约束性方式塑造一定的国际规范。① 事实上，类似自主武器军控的问题在其他新技术领域同样存在，当给予高度重视。

总而言之，世界各国尤其是大国应当汲取第一次世界大战后"二十年危机"的教训，当时的《华盛顿海军协定》《白里安—凯洛格公约》等文件虽然在一定程度上规定了军备的规模，并对战争行为进行了规范和限制，但规定过于笼统且缺乏约束力，事实上并没有阻止军备竞赛的升温，最终导致了第二次世界大战的爆发。未来，无论是针对传统武器，还是新型武器的军备控制都应有明确的国际条约约束，并且建立有力的约束机制，这样才能保证国际安全体系的稳固，为人类共同的未来打下基础。

四是如何避免地区冲突演化为大国直接对抗。当前在叙利亚、乌克兰等地的武装冲突，以及在朝鲜半岛、伊核问题上的地缘政治博弈均有鲜明的大国背景，大国已经深度卷入地区冲突当中。在叙利亚，俄美不仅分别支持当地势力，还有两国的士兵、教官、大量雇佣兵直接参与军事行动。2018 年 2 月美军对叙利亚政府军阵地的打击中，至少有上百名俄罗斯雇佣兵身亡。② 这些雇佣兵来自俄罗斯"瓦格纳"集团，该集团在乌克兰和叙利亚战场上十分活跃。③ 同样，来自美国的情报人员和雇佣兵也广泛活跃在叙利亚战场上。

可见，一些地区冲突已经成为大国博弈的主战场，这种现实已经越来越成为大国争夺的"新常态"。一定程度上，美俄这样的核大国已经在一些地区冲突中深度"碰撞"，只差正规军之间交火了。两国关系的冷淡也使原先固有的军事沟通渠道和规则不再有效。俄罗斯科学院美加所所长瓦列里·加尔布佐夫（Valery Garbuzov）认为，现在的俄美关系甚至可能比冷战时期更加危险，因为当时有许

---

① 刘杨钺：《全球安全治理视域下的自主武器军备控制》，《国际安全研究》2018 年第 2 期，第 49 页。
② Neil Hauer, "Russia's Mercenary Debacle in Syria: Is the Kremlin Losing Control?", *Foreign Affairs*, February 26, 2018, https://www.foreignaffairs.com/articles/syria/2018-02-26/russias-mercenary-debacle-syria.
③ Sebastien Roblin, Did Russia and America Almost Go to War in Syria?: A scary account of a battle that could have ended in a showdown like no other, *The National Interest*, June 16, 2018, http://nationalinterest.org/blog/the-buzz/did-russia-america-almost-go-war-syria-26279?page=show.

多规则和沟通渠道,而现在许多已经失效。① 地区冲突与大国的卷入将为国际安全体系的未来带来巨大的不确定性。大国应当避免过度卷入地区冲突,抑制利用代理人战争、"混合战争"等方式博弈的冲动,建立或修复起有效的沟通渠道和行事规则,避免地区冲突演化为大国直接对抗。

四 中国的战略选择

随着国力的不断提升,中国无论是在世界新军事革命的发展、还是在国际安全体系的重构中,都不再只是被动的客体。在这场世界大变局中,崛起中的中国应当做出正确的战略选择,积极参与国际合作,成为国际安全体系改革与重构的参与者、塑造者和引领者。

(一)把握好军事现代化与军事政策透明度之间的平衡

军事透明度是指有关国家表述其军事意图、原则或公开其军事能力和军事活动的措施。这类措施常以政府声明、文件等方式承诺某项义务、放弃某些权力或公开有关安全政策。② 大国间保持合理的军事透明度是防止猜疑和误判的有效方式。冷战时期,尽管美苏两国剑拔弩张地进行军备竞赛,但在古巴导弹危机后,为避免因误判而发生直接冲突,双方对加强军事透明度做出过一些努力。特别是20世纪70年代美苏关系有所缓和,欧安会在欧洲提出并倡导"建立信任措施"理念,军事透明度被确定为信任措施建设的重要内容之一。在欧安会达成的《赫尔辛基最后文件》等文件中,信任措施建设是四个组成部分之一,涉及军事透明度的事项包括提前通报重大军事行动、交换军事信息、增加军事交流、公开军费开支。事实证明,这些措施是美苏两国防止军事竞争失控的有益尝试。在当前大国争相研发新型武器装备,谋求在世界新军事革命中占得先机的大背景下,仍然具有现实意义。

改革开放以来,中国的军事透明度水平不断提高,定期发布相关信息,初步建立起军事透明制度。但仍有一些西方国家对中国的军事透明度横加指责,主要集中在质疑中国军费数据、认为中国核力量现代化以及研发新型武器不透明等方面。这些质疑不乏意识形态色彩,有些甚至是毫无根据而荒谬的,但仍然值得我们重视,因为在大国战略竞争加剧、科技争夺日益激烈的情况下,任何误判都可能导致灾难性的结果。为了防止大国发生误判,避免他国对中国和平发展的意图产生误解,避免国际上对中国的军事现代化发出不实之声,我们应当继续把握好

---

① 2018年4月笔者在莫斯科与其的座谈。
② 滕建群:《论中国的军事透明度》,《国际问题研究》2009年第3期,第47页。

军事现代化与军事透明度之间的平衡。在不断推动中国军事现代化、赶上世界新军事革命大潮、提升维护国家安全能力的同时，也要继续以恰当的方式不断提升军事透明度水平，提升外界对中国军事战略、军费投入、军队体制、规模数量、武器装备发展的合理了解。

（二）坚持不结盟政策，独立自主应对国际安全挑战

在当前大国战略竞争趋于激烈、世界新军事革命风起云涌的大背景下，中国运筹国际战略格局的难度也在加大。有学者提出，"随着国际安全体系的日益两极化，中国应放弃不结盟政策，特别是应该与俄罗斯结盟"。[1] 诚然，与俄罗斯结盟或许在表面上有助于我们对冲美国压力，但从长远看并不利于中国的国家利益，也无助于世界的和平与稳定。

首先，结盟会极大压缩中国外交和国防政策的空间。当前俄罗斯与西方之间存在深刻的结构性矛盾，其中重要一点就是两者在欧洲安全问题上的战略认识鸿沟。俄罗斯视北约为冷战时期的过时产物，认为北约东扩是在压缩俄的战略空间，对俄安全构成巨大挑战；美欧则认为俄罗斯无权干涉要求"入约"的国家独立自主的选择，特别是乌克兰危机后，北约成员国更将俄罗斯视为威胁欧洲安全的现实威胁，加大了在东欧的前沿军事部署。俄格战争、乌克兰危机等的根源都是俄罗斯与西方在地缘断层线上的矛盾，这种矛盾也决定了双方的关系很难实质转圜。现有的叙利亚、乌克兰冲突尚未解决，俄罗斯与西方未来仍有可能出现新的冲突点。在这种情况下，中国要与俄罗斯结盟，无疑是十分危险的，会极大压缩中国的外交和国防政策的空间，甚至可能带来难以预料的风险。

其次，当前的俄罗斯难以扮演优质的军事盟友角色。俄罗斯帝国外交传统深厚，善于见风使舵，其政策机动性很强，近代外交史表明俄罗斯无论在欧洲还是在亚太都不是一个"值得依赖的盟友"，与其结盟将极大考验我国的运筹能力。事实上，乌克兰危机后，俄罗斯的传统战略盟友哈萨克斯坦、白俄罗斯等对其的担忧都与日俱增，逐渐拉开了与其的距离。与此同时，俄罗斯的国际战略观陈旧，极端重视势力范围、地缘博弈，这一点与中国倡导的人类命运共同体等理念相悖。再则，当前俄罗斯的军事力量虽然仍居世界前列，但由于国力衰退，其军力总体上也呈现颓势，与俄结盟对中国维护安全的助力有限。

最后，与俄罗斯结盟会把国际安全体系进一步推向两极对抗的深渊。西方已将俄罗斯划到对立面，视其为国际秩序的挑战者，对中国的误判也在上升。如果

---

[1] 阎学通：《俄罗斯可靠吗》，《国际经济评论》2012年第3期，第21—25页；易心：《专访阎学通（上）：安全领域两极化趋势已凸显》，凤凰大参考，2016年7月3日，http://pit.ifeng.com/dacankao/zhuanfangyi/1.shtml。

中俄结盟，西方无疑将把中国与俄罗斯同时视为敌人，从而使得世界重回集团式的两极对抗，这不但无助于完善国际安全体系、克服层出不穷的新问题，还可能使世界陷入进一步的动荡局面。

因此，未来中国仍应坚持不结盟政策，特别是与俄罗斯要结伴而不结盟，这符合我国的国家利益，也有助于大国协调，共同克服国际安全变局带来的挑战。

(三) 把握好捍卫国家核心利益与承担国际责任之间的平衡

中国正日益走进世界舞台的中央，而这个舞台的中央并不平静。在国际安全体系的大变局下，中国的国家利益日益拓展，我们维护自身核心利益并不轻松。同时，身为世界级大国无疑要承担相应的国际责任，这也对中国的对外政策和安全政策提出了新的任务。未来我们要处理好这两者间的平衡。

一方面，要坚定捍卫国家核心利益，巩固关键领域、关键地区的国防能力，"扭住能打仗、打胜仗这个关键"[1]。另一方面，在维护国家核心利益的同时，要勇于承担国际安全责任，严格遵守国际法的基本准则，为国际安全提供更多公共产品，不断强化中国负责任大国的国际形象，促进国际安全体系的完善和发展。尤其在东北亚、东海、南海等事关中国核心利益地区与相关国家加强沟通协调，管控潜在冲突，争取构建大家一致认可的安全架构。"大国要有大国的样子"，中国要处理好维护国家利益与承担国际责任、维护地区与国际安全之间的平衡。在国际安全体系深度调整的今天，"负责任大国"国际形象的重要性丝毫不亚于国防能力建设。特别是在美俄等国大国责任感显著降低的情况下，如果我们能成为国际安全的积极贡献者，将为中国在未来国际安全体系乃至整个国际秩序中的地位打下坚实基础。

(四) 不断落实好新安全观

新安全观诞生于冷战后期，它有别于传统安全观，主张以综合安全、合作安全、共同安全等概念取代过去单一以国家为主体审视国际安全的对抗性安全观。中国的新安全观最早于1995年在东盟地区论坛上提出，之后的历届中国领导人、党和政府的文件都对此有过阐释。2009年9月，时任国家主席胡锦涛在联大发表演讲，提出"应坚持互信、互利、平等、协作的新安全观，既维护本国安全，又尊重别国安全关切，促进人类共同安全"[2]。2014年5月，习近平主席又在亚

---

[1] 《习近平：强化备战打仗的鲜明导向 全面提高新时代打赢能力》，新华网，2017年11月3日，http://www.xinhuanet.com/politics/leaders/2017-11/03/c_1121903813.htm，访问时间：2018年7月3日。

[2] 《胡锦涛在第64届联大一般性辩论时的讲话（全文）》，中华人民共和国中央人民政府网站，2009年9月24日，http://www.gov.cn/ldhd/2009-09/24/content_1424772.htm。

信峰会的主旨讲话中明确提出了"共同、综合、合作、可持续"的亚洲安全观。① 中国还发起成立了上海合作组织,通过近20年的实践,该组织已成为各国共同落实新安全观的成功范例。可以看到,中国的新安全观超越了冷战思维,摒弃以对抗求安全的思想,主张以合作的方式谋求共同利益和解决冲突。

在当前世界新军事革命风起云涌、大国竞争日益加剧、军备竞赛隐然若现、地区冲突愈演愈烈的情况下,这种新安全观的价值更加凸显,它是避免大国间走向冲突、维护世界和平发展和中国国家安全的切实可行途径。因此,我们应当继续贯彻新安全观,不断将其落到实处,在处理军备发展、战略安全关系、地区热点问题等问题时要以新安全观作为准绳。同时,我们还要进一步发展完善新安全观,使其能够不断回应时代提出的问题,并通过率先垂范、国际合作将新安全观向全球范围推广,使其成为未来国际安全体系的坚实基础。

---

① 《习近平:积极树立亚洲安全观 共创安全合作新局面》,新华网,2014年5月21日,http://www.xinhuanet.com/world/2014-05/21/c_126528981.htm。

丝绸之路经济带核能合作及其全球治理意义：以中哈铀资源合作开发为例[*]

徐海燕[**]

【摘要】 "一带一路"建设面临着如何将中国与沿线国家的利益紧密结合，综合实现市场利益、政策效益、治理成效的结构性挑战。中亚铀资源在世界能源格局中具有举足轻重的地位。本文论述了"丝绸之路经济带"建设中中哈核能合作的广阔前景，指出，中国公司因秉承"共建丝绸之路经济带，打造周边命运共同体"的理念，履行"行义在先"的互利合作准则，加之核能开发前沿技术支撑，而后发先至，率先成功与哈萨克斯坦开建了高端铀产品——铀燃料棒合资生产企业，在激烈竞争中胜出，凸显了引领作用，其创新示范意义在于：一是力倡经济全球化，将互利合作融入命运共同体建设是中国在复杂竞争环境中得以胜出的战略依托；二是全球治理理念融合前沿高新技术是推进人类命运共同体建设的重要创新路径。本文还具体提出在中亚应周全近期与长远，核能与可再生能源的兼顾开发，发展核电与农业现代化建设挂钩的开发路径建议。这一案例将为国际经济体系结构性调整和大国经济博弈形势下，推进"一带一路"建设和中国版的全球治理理念的实施提供宝贵经验。

【关键词】 中亚核能 能源开发新起航 中国引领

---

[*] 《复旦学报》2018 年第 6 期。本文是教育部人文社会科学青年基金项目"丝绸之路经济带可持续发展研究——基于中国与中亚能源'双轨'合作的视角"（项目批准号：15YJCGJW009）和中国科学院重点部署项目"一带一路典型区域地缘环境系统演化模拟研究"专题三"中亚铀矿的地缘配置格局对国家核安全的影响"（项目批准号：ZDR-ZS-2016-6）的阶段性成果。

[**] 徐海燕，复旦大学国际问题研究院俄罗斯与中亚研究中心研究员、能源经济与战略研究中心副主任、中国科学院中亚生态与环境研究中心特聘研究员。

中亚铀资源，无论是年产量还是探明储量，都处于世界前列。① 自20世纪90年代因油气资源为世界瞩目之后，中亚能源资源又一次吸引世界关注，随之而来的是核电大国在此后的又一次能源争夺。中亚一不搞核军备，② 二无核电站，铀矿产出全部都用于铀贸易创收。因而谋求铀出口利润最大化，寻求在国际铀价低位徘徊状况下能与之共担风险并能提供铀资源高端加工技术，从而提高铀产品附加值的合作伙伴，成为中亚主要产铀国哈萨克斯坦、乌兹别克斯坦的多年企求。此间，中亚曾先后与美国、加拿大、日本、意大利、法国、俄罗斯、韩国等国家公司进行过多年谈判，历经周折也未能尽如其愿。尤其是在2011年日本福岛核泄漏事件引发"核电安全警示"后，中亚寻求理想核能合作伙伴的努力更是变得举步维艰。

2013年9月7日，中国国家主席习近平于哈萨克斯坦首都阿斯塔纳郑重提出"共同建设丝绸之路经济带"的同时，向哈方提出"在民用核能、新能源、清洁能源领域打造新的合作亮点"③，开启了中哈民用核能合作的新领域。2014年12月14日李克强总理在阿斯塔纳出席中哈总理第二次定期会晤时，与时任哈萨克斯坦总理马西莫夫就"打造合作新亮点和共同发展新引擎，推动两国务实合作升级换代"交换意见，提出"落实好核工业领域合作谅解备忘录"④，中哈核能合作由此落到了实处。

中国公司进入中亚核能资源合作开发领域较晚，因秉承"共建丝绸之路经济带"及打造周边命运共同体的理念，奉行"睦邻、安邻、富邻"的新型大国周边外交，信守"行义在先，义利兼容"的准则，加之又有核能开发前沿技术支撑，在竞争中后发先至，先于所有外国公司，与哈萨克斯坦建立了生产高端铀产品——铀燃料棒合资企业。由此可见，中亚国家逐渐认可了中国公司的合作诚信和技术实力，指望在中国帮助下走出困境，哈萨斯坦媒体发出了"期待着借力中国帮助以走出死穴"的赞叹⑤，确认了中国在中亚铀资源开发合作中的引领

---

① 见后文表1数据。

② 2006年9月8日，哈萨克斯坦、吉尔吉斯斯坦、乌兹别克斯坦、塔吉克斯坦和土库曼斯坦五国代表在哈塞米巴拉金斯克签署了《中亚无核武器区条约》。参见陈志新、于宏建、席来旺、吴云《〈中亚无核武器区条约〉正式生效》，2009年3月23日，http：//news.xinhuanet.com/mil/2009-03/23/content_11055386.htm。

③ 赵学亮：《习近平在哈萨克斯坦演讲：共建丝绸之路经济带》，2013年9月8日，http：//news.china.com.cn/world/2013-09/08/content_29959774.htm。

④ 钱中兵：《李克强：以中哈高水平政治互信为依托，推动两国务实合作升级换代》，2014年12月14日，http：//www.xinhuanet.com/world/2014-12/15/c_1113636769.htm。

⑤ "Остаётся надеяться, что с помощью Китая дело сдвинется с мёртвой точки.", См. Сергей Смирнов, "Урановый шанс Казахстана", informburo.kz, 29-06-2016, http：//www.atomic-energy.ru/SMI/2016/06/29/67140.

作用。中国与它的中亚伙伴在分享中国传统能源转型以及新能源开发的理念与成果，共同迈出打造周边命运共同体的步伐。

一 中亚核能资源在世界能源格局中的优势地位

（一）中亚核能资源是其油气资源的升级版接替

中亚核能资源在世界能源格局中占有举足轻重的地位。一是中亚的铀年产量居世界第一。自2009年哈萨克斯坦铀年产量首超加拿大，成为世界第一产铀大国后，一路高位领先，2016年产铀2.4575万吨，占全球39%。此时，处于第二位的加拿大年产铀1.4039万吨（见表1），[①] 前者比后者多出1.0536万吨，超过75%，为其他所有后随者遥不可及。二是中亚铀探明储量处于世界前列。澳大利亚拥有探明铀储量166.41万吨，居世界第一位，哈萨克斯坦拥有铀的探明储量74.53万吨，居世界第二位，占比13%（见表1），对于整个中亚来说，还需加上乌兹别克斯坦的13.11万吨和塔吉克斯坦及吉尔吉斯斯坦的数万吨。

20世纪90年代，中亚油气资源被普遍认为是"21世纪能源库"。事实上，中亚的油气，连同煤炭资源在全球能源格局中的地位是无法与其核能资源相比的。中亚第一石油大国，同时也是煤炭资源大国哈萨克斯坦的石油探明储量只占世界的2.3%，排名第12位，而产量排在第17位；探明煤炭储量占世界的3.5%，排名第9位，产量占世界的1.5%，排在第9位，对于世界全局来说，谈不上举足轻重。但中亚的核能资源在世界能源格局中却是名副其实的举足轻重者。正如中亚学者所说"不论是石油，还是天然气，甚至连同里海大陆架的油田在内，都不能产生实质性影响，煤炭也是如此。但有一种能源资源在世界能源体系中却具有极端重要性，这就是铀资源"[②]。如再考虑到1公斤金属铀发出的热量与1500吨石油相当，即铀的热功当量是石油的150万倍，那中亚的探明铀储量能抵得上其探明石油储量的百倍，中亚核能资源才是名副其实的"21世纪能源库"。在"烃经济时代慢慢走向终结"的今天，中亚的核能资源是其油气资源的升级版接替。

[①] 2016年乌兹别克斯坦产铀2400吨，还未计入在内。

[②] "но надо отметить, что в общем производстве, как нефти, так и газа регион даже с учетом освоения месторождений шельфа Каспия не играет существенной роли. Тоже самое и с углем. Но есть один энергоресурс, который играет крайне важную роль в мировой энергосистеме – это уран.", См. Марат Шибутов, "Казахстан и Средняя Азия – ведущий регион добычи урана", http: //ostkraft.ru/ru/articles/250.

表1　　　　　　2016年世界十大产铀国的铀产量及探明储量

国家	2016年铀产量		2015年探明储量	
	产量（万吨）	排名	储量（万吨）	排名（世界占比）
哈萨克斯坦	2.4575	1	74.53	2（13%）
加拿大	1.4039	2	50.98	3（9%）
澳大利亚	0.6315	3	166.41	1（29%）
尼日尔	0.3477	4	29.15	6（5%）
纳米比亚	0.3315	5	26.70	9（5%）
俄罗斯	0.3004	6	50.78	4（9%）
乌兹别克斯坦	0.2404	7	13.11	11（2%）
中国	0.1616	8	27.25	8（5%）
美国	0.1125	9	6.29	14（1%）
乌克兰	0.1005	10	11.58	12（2%）

资料来源：笔者依据世界核能协会公布的数据整理而得，http://www.world-nuclear.org。

（二）中亚能源开发依托铀资源再次扬帆起航

自20世纪末以来，哈萨克斯坦曾经依托其丰富的油气资源，实施"油气兴国"战略，使经济得到快速增长，1999年至2013年，人均GDP增长了12.66倍，由此石油产业也被称为"经济增长的火车头"。但与此同时，却带来了经济产业结构失衡、油气产业压挤了农业、机械制造等基础产业的发展，使国民经济的基础单一化、脆弱化。2008年国际金融危机致使全球经济不振，石油需求大幅下降，油气贸易收入锐减，使其自2000年开始至2007年维持的8年10%左右的GDP增长率滑落到2008年的3.3%，继而于2009年下滑到1.2%。2010年由于调整了产业结构才使得GDP有所回升，2012年以来的国际油价持续走低，又致使其逐年下滑到2015年的1.2%。[1]

依托油气振兴经济增长的模式已经结束。2008年的国际金融危机使哈萨克斯坦尝试到经济过度依赖油气资源出口的弊端和风险，于是出台了一系列调整产业结构的措施扶正经济发展，使其摆脱对油气产业的过度依赖。哈萨克斯坦总统纳扎尔巴耶夫于2013年9月10日在阿斯塔纳举行的发展中市场欧亚论坛上明确提出"油气开采应支持国家经济发展，但不应继续成为国家的主要收入来源"。

---

[1] GDP数据来自"ВВП Казахстана 2015, 2016 и 2017 год"，2017年3月24日，https://seosait.com/gdp-kazaxstana-2015-2016-2017/。

哈萨克斯坦学者也指出"依靠石油利润,进一步提升哈萨克斯坦的经济增长,已是不可能的事了,依托油气振兴经济增长的模式已经结束"。① 因而需要"寻求新的经济增长点,其中之一就是铀工业"②。关注铀资源开发是哈萨克斯坦资源开发的一次战略调整,是中亚能源开发一次新的起航,是对其经济振兴的一次新的驱动,同时也为中亚开辟了对外经济合作的一个新领域。

(三) 核电大国乐于首选投资中亚核能资源开发

哈萨克斯坦铀资源开发开放程度较高,将其相当一部分便于使用地浸法开采的大型、特大型砂岩质铀矿转入了合资开采,如哈拉桑、英凯(加拿大矿业能源公司等),莫英库木、托尔特库杜克(法国阿海珐公司等),西门库杜克(日本三井集团等),扎列切诺伊(俄罗斯技术设备出口公司)铀矿等。这些铀矿主要集中在哈南部铀矿黄金地段,占其探明铀储量的一半以上,合计产量也超过哈萨克斯坦铀总产量的一半,这促使了该国铀产量跃居世界第一。相比之下,乌兹别克斯坦的铀资源对外开放政策显得较为保守。1992 年美国核化学冶金公司、2006 年韩国资源公司进入乌兹别克斯坦,2006 年俄罗斯技术设备出口公司、2007 年日本伊藤忠株式会社也先后跟进。但乌兹别克斯坦提供的合资开发铀矿多为不便于使用地浸法开采的硬岩质中小型铀矿,开采成本高,经济效益差,投资动力驱使不足,合资开发进展乏力,乌日③、乌俄④、乌韩谈判⑤无大的突破和

---

① "Ситуация, сложившаяся с нефтяными котировками на мировом рынке, показала, что дальнейший экономический рост Республики за счёт нефтяной ренты невозможен. Эта модель развития себя исчерпала, необходимы новые точки роста. Одной из них может стать урановая промышленность.", См. Российское атомное сообщество, "Урановый шанс Казахстана", informburo. kz, 29 – 06 – 2016, http: //www. atomic – energy. ru/SMI/2016/06/29/67140.

② Там же.

③ 2007 年 10 月乌兹别克斯坦与日本伊藤忠株式会社 (Itochu Corp.) 签约,在克孜尔库姆沙漠中部"矿山"铀矿进行工业开发的技术经济论证。2009 年达成建立年采铀 700 吨的合资企业协议,后因缺乏经济效益而夭折。2008 年,乌兹别克斯坦又与日本三井物产株式会社 (Mitsui & Corporation) 及双日株式会社 (Sojitz) 签署了在西—括克帕塔地区的括帕塔铀矿及中—克孜尔库姆"第 4 区段"铀矿床合资开采意向书。但在国际经济危机的背景下铀价格走低,日本公司以无前景可言而退却。参见 См. Максим Старчак, "Урановый потенциал Узбекистана", 2011 年 6 月 11 日, http: //csef. ru/ru/ekonomika – i – finansy/431/uranovyj – potenczial – uzbekistana – 2079。

④ 2006 年俄罗斯技术设备出口公司 (Техснабэкспорт) 与纳瓦依矿山联合企业 (НГМК) 签署了建立铀矿地质勘探与采掘合同,开发"阿克陶矿" (Актау) 黑页岩型铀矿。后俄罗斯以无大利可图为由,提出要求换矿,遭到乌方拒绝,俄乌铀资源开发合作由此陷入僵局。См. Максим Старчак, "Урановый потенциал Узбекистана"。

⑤ 2006 年乌兹别克斯坦开始与韩国资源公司 (Korea Resources Corporation) 签订了铀供应协议,对储量为 0.72 万吨的"准图阿尔铀矿" (Джантуарского) 进行开发,因为国际铀价低迷而至今未能实施。2008 年乌韩两国签署了于 2011—2016 年向韩国供应 2600 吨铀的协议,合同额 4 亿美元,被乌兹别克斯坦总理比作如同"只不过是猫的眼泪"的小项目,而"乌兹别克斯坦需要更大的项目"。См. Максим Старчак, "Урановый потенциал Узбекистана"。

实质性进展，加之安集延事件影响，乌美谈判实际上中断。① 哈铀资源对外合作政策开放，哈乌两国成鲜明对照，但乌兹别克斯坦与中国的铀资源合作却取得成功。

二 中哈铀资源开发合作现状透析

（一）中国公司率先与哈萨克斯坦建立了高端铀产品合资企业

尽管中国公司涉入哈铀资源开发较晚，但先于日本等国公司，与哈萨克斯坦建立了高端铀产品——铀燃料棒生产的合资企业。2014年12月14日，中哈签署了《关于扩大和深化核能领域互利合作的协议》，2015年同日，在国务院总理李克强、哈萨克斯坦总理马西莫夫的共同见证下，中国广核集团有限公司（下称"中广核"）与哈萨克斯坦国家原子能工业公司（下称"哈原工"）在北京签署了《关于在哈萨克斯坦设计和建设燃料组件制造厂和在哈萨克斯坦共同开发铀矿的商业协议》。② 在乌斯卡缅建设核燃料组件（TBC）生产工厂，进行了核燃料组件试制，2017年开始正式装配生产线，2019年正式推出批量产品。③ 这将哈萨克斯坦原本计划于2025年生产"核燃料组件"的预想时限提前了6年。多年来哈萨克斯坦的铀矿资源开发一直停留在铀矿石开采和天然铀的初级转化上，④ 价格受限于缺乏高新技术含量，与"中广核"的合作使哈萨克斯坦铀产品一步跃升到铀产品链条的终极高端产品——核燃料棒组件上，这无疑是哈萨克斯坦铀资源开发模式的一次跨越式升级。对此，哈萨克斯坦铀专家感慨："否则，哈萨克斯坦关于铀贸易的多元规模化拓展的后续计划只能是纸

---

① 1992年美国核化学冶金公司（Nukem Inc）率先进入乌兹别克斯坦铀资源市场，1996年在美国和日本召开了组建乌兹别克斯坦核生产基地新闻发布会，向世界宣示了其为乌兹别克斯坦铀矿专属性购买者的身份，欲独揽乌兹别克斯坦铀产品进入国际市场。而乌兹别克斯坦则更希望能建立与之共担风险的铀开采合资公司，对此Nukem Inc公司并不热衷，在双方投资份额和股权分配方面提出苛刻条件，致使谈判中断。尽管双方后来达成协议并宣布，到2005年年末由Nukem Inc公司投资2500万美元，2006年再提供600万美元，全额用于纳瓦依矿山联合企业（НГМК）的现代化改造，并同时向乌兹别克斯坦提供2600万美元贷款，以换取Nukem Inc公司将乌兹别克斯坦的铀产品推向国际市场的专营权延长到2013年。但Nukem Inc公司并未兑现承诺，于是乌美第二次铀资源开发合作仍然没能成功。乌兹别克斯坦得出结论，美国公司的商业垄断并没给乌兹别克斯坦带来商业利益。安集延事件后，乌铀资源合作实际上停顿。См. Максим Старчак, "Урановый потенциал Узбекистана".

② 杨漾：《中广核布局铀矿大国哈萨克斯坦 打破垄断谋求核燃料自主》，和讯网，2015年12月15日，http://news.hexun.com/2015-12-15/181199460.html.

③ Российское атомное сообщество, "Урановый шанс Казахстана", informburo.kz, 2016年6月29日，http://www.atomic-energy.ru/SMI/2016/06/29/67140/.

④ 由铀矿资源低端产品到高端产品，大致需要经历铀矿开采、天然铀转化、核燃料芯块制作、核燃料组件生产等若干提升环节。

上谈兵。"① 与中国合作为哈萨克斯坦赢得了 10 年人才培养时间。当哈日高端核能合作还停留在纸面上，中哈合资生产的铀燃料棒已在中国核电站运行成功。对此，哈方舆论发出了"期待着借力中国帮助以走出死穴"的反响。事实证明，中国核电技术国际竞争力强劲，在中亚赢得诚信。中国在中亚新能源开发国际合作与竞争中显示出引领作用。

（二）中亚核能开发对外合作中的日、俄因素

中国—中亚核能合作是在国际竞争局面中进行的。哈萨克斯坦自然会将中国与其他参与国进行对比筛选，尤其是会与日本、俄罗斯等进行对比。日本是世界核电装机容量仅次于美国和法国的第三核电大国，核能发电量占国内发电总量的30%，铀需求全部依赖进口，看中哈萨克斯坦的铀矿易采和价廉，因此日本较早地积极寻求合作与哈的合作机会；同时哈方也看中了日本先进的核电技术，把日本作为寻求铀资源高端开发合作伙伴的首选，曾认为日本是当之无愧的高新技术强国，② 哈日核能合作"一拍即合"。2008 年 6 月，纳扎尔巴耶夫访问日本，表达了以铀资源换取日本核电技术的愿望，③ 于是两国签署了《哈日核合作备忘录》。④ 继而又签署了《哈日关于在哈萨克斯坦建造轻水反应堆核电站的合作协议》等一系列协议。就协议本身而言，哈日核合作已经达到相当高的水准。但 2011 年日本福岛"3·11"核泄漏事件使日本一夜间回归到"零核时代"，同时引起世人对日本核电技术的高端性、完备性，尤其是抗击重大自然灾害的安全性能的疑虑，这当然也撼动了哈萨克斯坦此前对日本核电技术先进性的认知。于 2015 年重启谈判时，希望导入预防重大核事故的完善措施已成为哈方的一个特别强调的要求，后达成由东芝公司提供最新第三代核电

---

① Иначе очередныепланы Казахстана по масштабной диверсификации уранового бизнеса так и останутся лишь на бумаге. См. Российское атомное сообщество, "Урановый шанс Казахстана", 2016 年 6 月 29 日，http://www.atomic-energy.ru/SMI/2016/06/29/67140。

② Глава государства также подчеркнул, что Япония по праву является державой высоких технологий., См. Н. Назарбаев, "Казахстан заинтересован в поставках урановой продукции на рынок Японии"（纳扎尔巴耶夫语："日本是当之无愧的高新技术强国"），https://primeminister.kz/ru/news/integratsiya/kazahstan-zainteresovan-v-postavkah-uranovoj-produktsii-na-rynok-japonii-nnazarbaev。

③ Олег Сидоров, "Япония и Казахстан － кому уран, кому высокие технологии", 2008 年 6 月 26 日，https://www.caravan.kz/articles/yaponiya-i-kazakhstan-komu-uran-komu-vysokie-tekhnologii-369752/。

④ 两国相关部门于 2010 年 3 月 2 日，在东京又签署了《和平利用核能的合作协议》，由哈萨克斯坦每年向日本提供稳定的铀供应（4000 吨），并由日本向哈萨克斯坦转让核能和平利用的相关技术，并由此确立了哈萨克斯坦与日本的"战略伙伴"关系。

设备 AP1000 水压反应堆（装机容量 100 万千瓦）的协议。① 无独有偶，对哈日合作产生负面影响的还有另一件事，即福岛核泄漏事件后，美国加利福尼亚州核电站因蒸发器换热组件故障导致反应堆废炉，美方已就此向制造商日本三菱公司提出索赔要求②，表明即便是日本三代核电技术也不尽安全，其在中亚参与核电开发的信度和力度都将受到影响。至今又时过两年，有关哈日铀高端产品生产合作协议仍未得到哈方政府批准。

俄罗斯进入中亚进行铀资源合作开发有轻车熟路之便。俄对中亚的铀资源开发有历史影响，中亚国家都曾是苏联的加盟共和国，而且是其战略后方与自然资源库。早在20世纪50年代，为发展核武器，苏联即已在中亚开采铀矿。起初是在吉尔吉斯斯坦、塔吉克斯坦，当其发现哈萨克斯坦和乌兹别克斯坦是更有前景的铀矿产地后，将铀资源开发的重点移向了哈、乌两国，形成庞大的铀工业体系。苏联解体，留下了一大批铀矿矿山和铀产品加工企业，对铀原料进行深度加工的乌里滨冶金厂等即为其中的特大型企业之一。这些企业的改造翻新成为今日俄罗斯再次涉足中亚核资源开发的实际切入点，2016年哈俄两国达成协议，就乌里滨冶金厂进行恢复和扩建就是一个明显的例证。俄罗斯倡导的欧亚联盟也是促成这一合作的现实推动，因此中国与中亚的核能合作需周全考虑俄罗斯因素。

（三）中亚认可中国高端铀开发技术的前沿地位

近年来，中国核电技术突飞猛进，在总体上处于世界前沿。一是中国已是世界上能独立出口三代核电技术的国家之一，有在海外建设核电站的成功经验。除巴基斯坦瓜达尔核电站已由中国承建外，英国、罗马尼亚、南非等都有引进中国核反应堆的意向。而且，宝钢特钢厂更是全球唯一具备核电蒸发器用镍基耐蚀合金生产能力的企业。二是中国核电的安全性能已跃居世界前列。在建的三门三代核电站就是为应对福岛核泄漏事故设计的，可抗击民用飞机的恶意撞击，能顶住福岛核电站所经受的地震和海啸的双重打击。三是中国核电技术表现出明显的后发优势。在 AP1000 基础上消化、创新，形成具有完全自主知识产权的 CAP1400

---

① 达成由东芝公司提供最新第三代核电设备 AP1000 压水反应堆（装机容量 100 万千瓦）的协议。毕文元：《哈萨克斯坦有意采购日本东芝的核电反应堆》，国防科技信息网，2015 年 1 月 5 日，http://www.dsti.net/Information/News/92258。

② 暴露出即便是日本的第三代核电技术的部件也不尽安全。王欢：《美加州核电站因故障废炉 拟向日三菱提出索赔》，环球时报网，2013 年 7 月 19 日，http://world.huanqiu.com/exclusive/2013-07/4149976.html。

核电技术,单机功率更大,技术更加先进,安全标准更高,① 此外还有华龙一号。② 继而起步研发第四代核电技术,全球首座四代核电站蒸发器换热组件完成交货。③ 四是中国铀地浸开采法已处于世界领先地位。在国内实现了铀矿的绿色开采,在矿区既见不到露天矿山的剥离工程和巨大采坑,也见不到坑道开采留下的废石场、尾矿库等,能见到的只是地面上的注液井和抽液井的进出口装置。整个矿区为树木、草坪覆盖,④ 这里注入地下的浙取溶液也不是通常所用的酸性溶液,而是溶有二氧化碳和氧气的水溶液,不仅成本大为降低,尤其是不造成地下及地面环境污染。这是一场处于世界领先地位的铀矿采掘工艺革命。中国公司之所以能在乌兹别克斯坦承接其他外国公司不愿承接的较难开采的黑色页岩铀矿⑤开采,是因为有先进技术作为支撑,由此改变了乌兹别克斯坦对西方技术的青睐。这就是中国能在与中亚国家核能资源合作中取得优势的技术层面原因。哈萨克斯坦从认为日本是当之无愧的新技术强国到寄希望与中国开发高端铀产品,是对中国在中亚核能开发中引领地位的认知。中国公司在中亚新一轮的能源开发中的地位与20世纪90年代油气资源开发时已不可同日而语。那时在卡沙干油田的

---

① 中国在AP1000基础上消化创新后形成的CAP1400,具有完全自主知识产权,目前正准备到阿根廷进行投标。与AP1000相比,CAP1400机组功率更大,单机功率超过140万千瓦;机组可利用率更高,达到93%;技术更加先进,安全标准也更高,"对于中国'建设核电强国'意义重大"。王仁贵、孙婷婷、杨彬钶:《中国核能2050年一次能源供给将提高到15%》,中国能源网,2012年9月12日,http://www.china5e.com/news/news-244572-1.html。

② 中核集团与巴基斯坦原委会于2013年2月签订了卡拉奇2、3号核电项目华龙一号出口合同。2号机组已于2015年8月20日实现核岛浇筑第一罐混凝土(FCD),3号机组预计2016年6月中旬实现核岛浇筑第一罐混凝土。2015年2月,中国和阿根廷签署了《关于在阿根廷合作建设压水堆核电站的协议》,标志着华龙一号自主三代核电技术成功出口拉丁美洲。此外,中核集团还与英国、苏丹、巴西、埃及、加纳、马来西亚等国家达成了合作意向,目前正在积极推进核能领域合作。蒋建科:《华龙一号 原创三代核电技术引人瞩目》,《人民日报》2016年6月11日第1版。

③ 蒋梦蝶:《全球首座第四代核电站蒸汽发生器换热组件"宜兴造"》,无锡新传媒网,2016年4月8日,http://epaper.wxrb.com/paper/wxrb/html/2016-04/08/content_555840.html。

④ 提炼地下的铀,通过注液钻孔将溶浸液注入地下矿层,使其在矿层与赋存在矿石中的铀发生反应,形成含铀溶液,再通过抽液钻孔用潜水泵将含铀溶液提升至地表,然后进行水冶处理,加工成铀的初级产品;提取铀之后的尾液又配置成溶浸液再注入地下矿层,这种技术称为二氧化碳—氧气浸采铀法,其实就是CO_2和O_2含量更高的水,注入矿层后既不会像酸性溶液那样对地下水环境有较大的改变,也不会对原有地层结构形成大的破坏,更不会在地表造成大面积的尾矿渣堆存、地面塌陷和次生环境污染,还节约了大量的矿山建设用地。孙浩:《铀绿色开采让人耳目一新——新疆中核天山铀业应用地浸采矿技术把环保工作推上新高度》,2016年10月11日,http://nnsa.mep.gov.cn/zhxx_8953/yjzx/201610/t20161011_365326.html。

⑤ 黑色页岩铀矿孔隙度和渗透率都较砂岩质铀矿差许多,开采成本较后者高出许多。中国公司之所以能接受部分黑色页岩铀矿开采是因为有相应的开采技术手段——二氧化碳及氧水溶液灌注,较之国际上通用的酸溶液有较好的渗透性能,能穿透相对致密的地层。是因为有了技术底气,才有了接受的勇气。

外国股东一共有六个，中国公司占股 8.4%，排在第 5 位，是后来者、跟跑者。①今天在中国—中亚能源合作中，中国正经历着由跟跑者向引领者的转变。

三 中国—中亚核能合作中的思索与启示

（一）核能的洁净与廉价使其成为烃能源的替代趋势不会改变

尽管发生了福岛"3·11"核泄漏事件，但核电站事故给人类更多的是警示，促使着人类提高核电的安全性能、理性对待核电发展，并不会改变核电复兴的趋势。这已为世界核电发展的历史所证实，从 1979 年 3 月 28 日美国三哩岛核电站核泄漏事故到 1986 年 4 月 26 日苏联切尔诺贝利核电站 4 号反应堆发生爆炸历经 7 年，此后到 2011 年 3 月 1 日日本福岛第一核电站事故历经 25 年，特别重大核电站事故发生的周期成倍延长，表明核电的安全性能的提高。这段过程中，核电技术已由第一代安全性能较低的沸水堆发展到第三代安全性能较高的压水堆，直到出现 AP1000 强化第三代核电技术，安全性能更高的高温气冷堆第四代核电技术已开始试验性运行。实际上，日本在福岛核泄漏事件历经了两年多的"零核时代"之后，于 2014 年在其最新版的《能源基本计划》中，又再次将核电定位为"基干电源"，也表明了这一点。事实上，在挺过了"3·11"核泄漏事件的艰难时刻之后，国际铀价已开始回升，专家预测其大幅增长期也将接踵而来，世界核能协会预测 2050 年核能将供应全球 25% 电力。

（二）中国在中亚的成功是全球治理理念融合高新技术的综合效应

如果中广核不掌握领先于世界的铀开采地浸技术以及先进铀燃料棒生产技术，在科技强国竞相出手的环境中，中国的引领地位是无法得到中亚国家认可的。除铀矿开采地浸技术、第四代核电技术外，中国能跟进世界技术前沿，或已处于领先地位的技术还有高铁、常温中低速磁悬浮轨道交通、量子通信、超级计算机、云计算、大数据、物联网 5D 研发、可再生能源开发、超级稻及其他农作物杂交、智能排灌等。这些都可作为走出国门的世界级品牌，其与全球治理新理念的融合将为我国走向世界带来更多的机遇。但正如习近平主席所指出，在一些科技领域，我国正在由"跟跑者"变为"同行者"，甚至是"领跑者"，同时也指出"我们也要清醒地看到，中国在发展，世界也在发展。与发达国家相比，

---

① 股东意大利 ENI、美国埃克森美孚、荷兰壳牌、法国道达尔以及哈萨克斯坦国家石油公司都分别持有卡沙干油田 16.81% 的权益，日本的 Inpex 持有 7.56% 的权益，而根据中哈两国达成的协议，后续来自美国康菲石油的 8.4% 股权将通过哈萨克斯坦国家石油公司转入中石油名下。

我国科技创新的基础还不牢固，创新水平还存在明显差距"。① 今天，新一轮的经济全球化是与新一轮的科技创新相并而行的，纳扎尔巴耶夫在2017年的国情咨文中已经提出《数字哈萨克斯坦》的战略目标，瞄准了3D打印技术、在线商务、移动银行、数字化服务、光纤通信、IT产业等。② 这为中哈经济合作提供了高新技术层面上的利益汇合点。

（三）秉承打造人类命运共同体，力倡"经济全球化"的理念是中国在复杂的经济环境中得以胜出的战略依托

受到2008年国际金融危机严重冲击的西方国家公司越来越陷入经济保护主义，从经济全球化上退缩，在技术上变得自守"家业"。正如习近平主席所说，"当前，世界经济复苏势头仍然脆弱，全球贸易和投资低迷，大宗商品价格持续波动，引发国际金融危机的深层次矛盾远未解决。一些国家政策内顾倾向加重，保护主义抬头，'逆全球化'思潮暗流涌动"。中国公司具有欧美、日韩等国公司所不具备的特质，这就是在"共建丝绸之路经济带"、打造周边命运共同体总框架下"亲、诚、惠、容"的周边外交原则，从而在谈判中能坚持正确的义利观，恪守"见利思义""行义在先、义利兼容"的原则，摒弃了过时的零和思维，懂得在经济全球化、区域一体化快速发展的今天"你中有我、我中有你""只有义利平衡才能义利共赢"的道理。③ 这一理念支撑着中国公司在谈判中能正定方向，不磕碰在一时的既得利益上，同时也给了中国公司承担风险的谋略和勇气，这在与乌兹别克斯坦的谈判中表现得尤为突出。这是中国公司有别于西方公司的根本所在，是隶属于"资本"体系，奉行"逐利在先"信条的西方公司所不具备的。中国在中亚已经扛起了一面治理的旗帜，并且中亚对中国已开始寄以希望。这是中国的全球治理理念在中亚地区的一次成功践行。

---

① 习近平：《习近平在十八届中共中央政治局第一次集体学习时的讲话》，新华网，2012年11月19日，http：//news. xinhuanet. com/politics/2012－11/19/c_ 123967017_ 3. htm。

② Необходимо развивать в стране такие перспективные отрасли, как 3D － принтинг, онлайн － торговля, мобильный банкинг, цифровые сервисы, в том числе в здравоохранении и образовании, и другие. Эти индустрии уже поменяли структуру экономик развитых стран и придали новое качество традиционным отраслям. В связи с этим поручаю Правительству разработать и принять отдельную программу 《Цифровой Казахстан》. См. Н. Назарбаев: Послание Президента Республики Казахстан Н. Назарбаева народу Казахстана, 31－01－2017, www. akorda. kz/ru/addresses/addresses_ of_ president/poslanie － prezidenta － respubliki － kazakhstan － nnazarbaeva － narodu － kazakhstana － 31 － yanvarya － 2017 － g.

③ 习近平：《习近平在韩国国立首尔大学的演讲（全文）》，新华网，2014年7月4日，http：//news. xinhuanet. com/world/2014－07/04/c_ 1111468087. htm。

(四) 打造周边命运共同体与打造人类命运共同体是相互促进的

我国改革开放较之中亚国家先行一步，为后者积累了经验，产能合作也联动兴起。我们需要能源及矿产资源，中亚恰恰具有相应资源优势。哈萨克斯坦实施"走出去"战略，贯彻光明之路新政，疏通东出西往的通道与中国谋求西向通达南亚、西亚、欧洲、非洲的需求是融合一体的。这种深度互利联动将对中国—中亚利益共同体和命运共同体起到强化、夯实作用。中亚处于丝路经济带的核心枢纽部位，具有各向辐射功能，因而中国—中亚共同体将会产生多向扩展效应，这将为打造人类命运共同体提供一条务实切入途径。此间，中亚的新能源将起到推动作用。能源是打造人类命运共体的必需支撑，人类正处于由化石能源向后化石能源时代的过渡，中亚拥有促进这个过渡的雄厚新能源资源，中国—中亚以核能开发打头的新能源合作无疑会助力打造人类命运共同体。

(五) 世界能源结构将出现多形态化，这势必制约以石油美元体现的金融霸权

"共建丝绸之路经济带"、打造人类命运共同体、互惠互利的全球治理的新理念胜过了以金融霸权控制全球和资本唯利是图的传统图谋。核能开发势必影响到国际金融体系的调整、重组。自1945年以来，美国取代英国成为世界金融霸主，美元通行世界，无处不到、无处不起关键作用。美国金融霸权是直接通过掌控世界能源推向世界的，它捆绑在石油上，以石油美元的形态通行天下。在中亚核能开发合作中，美国公司在与乌兹别克斯坦铀资源的合作进程两起两落，① 最终退出，已表明应对乏力，暴露出美元霸主地位衰落的一面。当今，核能正在世界范围复兴，加之可再生能源开发与之相伴兴起，世界能源结构将出现多形态化，这势必会分割石油美元的作用范围，制约以石油美元体现的金融霸权，这会为丝绸之路经济带建设拓展空间，为打造人类命运共同体化解障碍、疏通渠道。

四 核能：中亚能源开发的新起航和中国机遇

(一) 周全近期与长远，核能与可再生能源的兼顾开发

一是拓展与哈萨克斯坦的核电建设。哈萨克斯坦面临改变煤电高比例（68%）的现状，有发展核电的愿望。中哈核能开发合作开局正顺，应顺势推进，以铀燃料棒合资生产取得圆满成功为契机，向核电建设合作推进，并同时拓

---

① Максим Старчак, "Урановый потенциал Узбекистана", 2011年6月11日, http://csef.ru/ru/ekonomika - i - finansy/431/uranovyj - potencjial - uzbekistana - 2079。

展新的铀矿开采合作项目。二是铀资源毕竟是可竭尽的,中亚已探明铀储量约80万吨,按照年采3万吨计,约25—30年即可开采殆尽。因而我们在与中亚的核能合作中应实施核能与可再生能源资源的并举开发方针。三是中亚同时拥有丰富的铀矿资源与风能、太阳能等可再生能源资源。但由于风能、太阳能只能在就地将其转变为电能后,经由高压线路传输才能接入用户,不能像铀矿成品那样可通过物流运输,远去数千上万公里,漂洋过海,满足遍及全球的核电需求。因而世界主要核电国家在中亚更乐于首选投资核资源开发,这在事实上影响到中亚可再生能源开发滞后。有鉴于此,应周全近期与长远,核能与可再生能源的兼顾开发。

(二) 中哈铀资源开发合作重点须南向转移

一是哈铀资源开发黄金地段在其南部楚河—萨雷苏河及锡尔河铀矿成矿带。这里集中了哈萨克斯坦60.5%的铀矿床,且多为大型、特大型铀矿床,如哈拉桑储量16万吨、英凯储量7.5万吨、莫英库木储量3.5万吨、西门库杜克储量2.6万吨、托尔特库杜克储量2万吨。且都是可用地浸法开采的砂岩型铀矿,67%的开采成本在40美元/公斤以下,法、意、俄、日等国公司的投资主要集中在哈铀资源的黄金地段。二是"中广核"与"哈原工"合作的重点项目——铀燃料棒生产基地乌斯卡缅位于哈北部,中哈核能合作重点须扎实在哈南部铀资源开发的黄金地段。因此中国须策划将合作重点向南转移,使中国领先世界的地浸采铀技术得以更好施展,以求得最佳互利经济效益和环境效益。更为重要的是这样会接近农业大开发区,有利于实现共同打造中亚粮仓,开创丝路粮食大通道。①

(三) 发展核电与哈萨克斯坦农业现代化建设挂钩

一是从地理位置来看,中亚耕地资源与铀资源具有地域邻近的特点。伊希姆河流域富饶的黑钙土和栗钙土邻近北哈萨克斯坦的铀成矿带,此处有哈萨克斯坦17%的铀矿资源。哈萨克斯坦南部富饶的楚河平原与费尔干纳谷地邻近楚—萨雷苏铀成矿带,占哈萨克斯坦铀储量的54%。锡尔河及阿姆河下游富饶的图兰低地邻近锡尔河有成矿带,占哈萨克斯坦铀储量的20%,同时靠近乌兹别克斯坦卡拉库姆铀矿成矿带,而且楚—萨雷苏铀成矿及卡拉库姆铀成矿带的铀矿多为砂岩型铀矿,便于使用地浸法开采,成本极低,且生态安全。二是哈萨克斯坦倡导

---

① 中亚具有打造世界级粮仓的潜力。笔者提出开创丝路粮食通道的倡议,其实施条件、方案和综合效益以及重大战略意义参见徐海燕《丝路粮食通道的若干思考》,《国际问题研究》2016年第4期,第66—74页。

"农工综合体"。哈萨克斯坦大力推动农业现代化，遍布垦区的农工综合体对能源巨大而分散的需求是中亚可再生能源规模化兴起的最大推手，应抓住契机，可运筹以"农工综合体"为基点就地进行新能源开发为农业现代化提供动力支持，使中亚可再生能源的规模化开发得到一次新的驱动。三是在这些地区可考虑实施耕地资源与铀矿资源并举开发的方针，探讨在滨咸海地区建铀燃料棒加工厂及核电站的可能性，以核电来支持农业现代化及咸海治理，以取得最佳经济效益，并以此来支持打造中亚粮仓和创建丝路粮食大通道。四是周全考虑俄罗斯因素。可在上合组织框架内运筹多边包容及携手共赢机制。关于哈萨克斯坦第一核电站建设，哈方已经计议多年，初步选址在原塞米巴拉金斯克核试验基地部位，主要为日俄竞标。我们可回避争议，探讨与选择比如滨咸海地区等的建站可能。

（四）防范安全隐患，保障合作正常进行

政府层面积极防范安全和政治等非经营性风险，积极引导企业防范宏观市场风险。通过签订中哈、中乌双边合作文件，将双边关系变动的影响最小化，如中哈已签署开发铀矿的商业协议，未来还可再签约束力更强的互惠条约，收紧法律约束；在中亚伊斯兰教影响面较广，"三股势力"寻机渗入，由此会增添社会动荡风险，对此应有防范意识。比如趁机借中亚水资源纷争等不安因素兴风作浪，引发社会动荡，影响到合法经济合作的正常运行；应与相关国家政府在签订商业协议的基础上再签订具有安全约束力的互惠条约，紧收法律约束；通过加强上合组织等机制框架下的地区反恐合作，将安全风险的影响降到最低，可加大对相关矿区的安全风险调研，有针对性地提出安全防范措施，这方面哈萨克斯坦情况较好，乌兹别克斯坦安全环境相对差一些，可特别加强；及时关注两国政治局势变动，特别是哈萨克斯坦未来或面临领导人交接，乌兹别克斯坦刚刚完成交接后不确定性仍存，防止两国政局动荡给我国相关投资带来重大冲击；盯紧日、欧等在中亚铀矿开采，盯紧美与中亚国家的铀资源贸易，防范这些国家在背后进行破坏；密切关注包括铀矿在内的国际能源市场动向，密切关注全球核能发展动向，为企业长期投资做好信息储备，将能源市场、能源技术、能源金融、能源贸易等方面的信息及时通报相关企业，若信息量过大，可尝试在相应机构内专门组建相关信息处理小组；认真吸取此前在海外开展矿产资源投资的教训，特别是吸取此前铁矿石和铜市场的教训。

中欧班列的发展现状、问题与应对[*]

马 斌[**]

【提要】 中欧班列是"一带一路"建设的重要内容。经过7年多的快速发展,中欧班列不仅在开行规模、覆盖范围、货运品类等方面实现重大突破,而且形成了相对清晰的运营模式和相对稳定的运营格局。这主要得益于中国改革开放的深化,"一带一路"的推进,以及中国与沿线国家建立和完善协调机制。然而,诸多制约中欧班列发展的突出问题也日益显现,主要包括:市场定位不清、协调机制低效、境外基础设施落后等。为此,应从理顺主导逻辑、强化协调机制、优化线路布局、服务地区合作等方面着手推动中欧班列行稳致远。

【关键词】 中欧班列 "一带一路" 地区合作

中欧班列特指"按照固定车次、线路、班期和全程时刻表开行,运行于中国与欧洲以及'一带一路'沿线国家间的集装箱等铁路国际联运列车"。[①] 它是"一带一路"事业的先行者,也是沿线各国共建"一带一路"的典例。"推进中欧班列的有序发展,对提升'一带一路'沿线各国基础设施互联互通和经贸合作水平,适应日益增长的亚欧大陆国际货物运输需求,释放丝绸之路经济带物流通道潜能,将丝绸之路从原来的'商贸路'变成产业和人口集聚的'经济带',

---

[*] 《国际问题研究》2018 年第 6 期。本文是国家社会科学基金青年项目(项目批准号 13CGJ040)、教育部重大攻关课题(项目批准号 15JZD033)的阶段性成果。
[**] 马斌,复旦大学国际问题研究院俄罗斯与中亚研究中心助理研究员。
[①] 参见中国国家发展改革委 2016 年 10 月 8 日发布的《中欧班列建设发展规划(2016—2020 年)》(索引号:000013039-2016-00324),第 1 页。

具有重要意义。"① 梳理中欧班列发展状况，分析其发展的主要动力以及面临的主要问题，对更好地促进其有序发展，具有重要的现实意义。

一　中欧班列的发展现状

2011 年 3 月 19 日，从中国重庆到德国杜伊斯堡的"渝新欧"集装箱货运班列发车，标志着中国和欧洲之间的铁路货运新模式——"中欧班列"正式开通。截至目前，中欧班列已开行 7 年有余，并于期间统一品牌。概括地看，中欧班列的发展呈现出下列主要特点：

（一）开行规模快速增长

班列数量不断增加是中欧班列自开行至今最显著的特点。2011 年，中欧班列全年开行量仅 17 列；2017 年，年开行量已达 3673 列；截至 2018 年 8 月底，班列开行总量已达 10000 列。② 2014 年之前，中欧班列全部为从中国发车的去程班列，从 2014 年开始，相关地方和企业已经开行回程班列。③ 2014 年，回程班列年开行量为 28 列；之后就维持着较快的增长速度，2017 年已达到 1274 列，占班列开行总量的 34.7%。④

（二）运输覆盖范围不断扩大

一方面，中国境内不同省份陆续探索班列新线路；另一方面，班列早期线路在维持主线运营的基础上通过开行支线打造"1 + N"线路布局，⑤ 促使中欧班列联通的国内外地区更加广阔。目前，中欧班列已经开通 65 条线路，连接包括俄罗斯在内的 14 个国家的 42 个城市，初步形成了相对稳定的运营格局，为中国与沿线国家共建"一带一路"提供了有力支撑。在国内，中国地方行政区划中除北京、西藏、海南及港澳台地区外均已开行中欧班列；在境外，中欧班列联通了包括欧盟、俄罗斯、中亚、中东、东南亚等在内的欧亚大陆不同地区和国家。

---

① 《对十二届全国人大三次会议第 2886 号建议的答复》（索引号：000013039 - 2015 - 00244），国家发改委网站，2015 年 6 月 20 日，http：//zfxxgk. ndrc. gov. cn/PublicItemView. aspx？ItemID = % 7bb1602860 - 9bab - 4791 - aaec - f603fec514f5%7d.

② 《中欧班列累计开行数量达到 10000 列》，中国政府网，2018 年 8 月 28 日，http：//www. gov. cn/shuju/2018 - 08/28/content_ 5317228. htm.

③ 2013 年 3 月 18 日，"渝新欧"首趟实验回程班列抵达重庆；2014 年 5 月 23 日，"渝新欧"首趟回程班列才正式开行。

④ 《中欧班列简介》，中铁集装箱网站，http：//www. crct. com/index. php？m = content&c = index&a = lists&catid = 22.

⑤ 《"渝新欧"，为何独占鳌头》，《湖南日报》2015 年 6 月 17 日.

(三) 货品种类持续增多

中欧班列早期所运货物品类相对单一,最早开通的线路"渝新欧"起初主要是将当地生产的笔记本电脑运往欧洲。随着开行规模、覆盖范围不断增加,中欧班列逐渐分化为与当地经济特点相结合的两种类型:一种类型的线路强调当地生产的商品在所运货品中的特殊地位,如"渝新欧"就以服务于当地笔记本电脑、机械制品等企业的进出口作为重要目标;另一种类型的线路重视发挥交通枢纽等区位优势,集结其他地区货物统一运输。在这个过程中,中欧班列所运货物品类扩大到电子产品、机械制品、化工产品、木制品、纺织品、小商品、食品等众多品类。

(四) 运营模式相对清晰

形成相对清晰的运营模式是中欧班列能够不断发展的基础。以国内货物通过中欧班列运往国外为例,其流程一般是:境内货运委托人与地方线路平台公司签订货物运输协议,线路平台公司再与境内外铁路运输承运方签署协议,由它们分别负责境内段和境外段的实际运输业务,并最终将货物交付给境外收货方。地方线路平台公司由开行中欧班列的省份或城市专门成立,比如,"渝新欧"线路的渝新欧(重庆)物流有限公司、"郑欧"线路的郑州国际陆港开发建设有限公司等,除渝新欧(重庆)物流有限公司是合资企业外,其他地方线路平台公司以国有企业为主,同时还包括少量私营企业。它们在地方政府政策和资源支持下负责从国内货运市场揽货,主要向具有货运需求的境内货运委托人提供国际货运代理、多式联运和集运等运输服务。境内铁路运输承运方主要是中国铁路总公司(简称中铁),[1] 境外运输承运方主要是过境国和欧洲的大铁路公司,如俄铁、哈铁、波铁、德铁等。中国、俄罗斯、哈萨克斯坦、波兰、德国等沿线国家的铁路公司是中欧班列集装箱运输的实际承运人,它们通过铺画线路、提供车板、组织换装和运输等完成班列集装箱运输工作。经过7年探索,中欧班列向货运市场提供四种类型的班列,即主要服务于大型出口企业的"定制班列"[2]、常态化开行的"公共班列"、货物随到随走的"散发班列",以及为小微企业服务的拼箱业务。[3]

---

[1] 具体承担铁路运输业务的主要是中铁集装箱运输有限责任公司(隶属于中铁总公司)的全资子公司中铁国际多式联运有限公司。
[2] 如重庆—杜伊斯堡的笔记本专列、大庆—泽布鲁日的沃尔沃汽车专列等。
[3] 《中欧班列(武汉)回程货量第一》,《长江日报》2015年11月9日。

(五) 基本格局相对稳定

中欧班列已形成以"三大通道、四大口岸、五个方向、六大线路"为特点的基本格局。"三大通道"分别是指中欧班列经新疆出境的西通道和经内蒙古出境的中、东通道。西部通道由新疆阿拉山口、霍尔果斯口岸出境,经哈萨克斯坦、俄罗斯、乌克兰、白俄罗斯等国后进入波兰、德国等;中通道由内蒙古二连浩特口岸出境,经蒙古国、俄罗斯、白俄罗斯、乌克兰等国进入欧洲;东通道由内蒙古满洲里口岸出境,经俄罗斯、乌克兰、白俄罗斯等国进入欧洲。"四大口岸"分别是处在三大通道上的阿拉山口、满洲里、二连浩特、霍尔果斯,它们是中欧班列出入境的主要口岸。其中,阿拉山口是班列出入量最大的口岸,其次是满洲里,二连浩特居第三位,霍尔果斯承接的班列数在逐步增长。"五个方向"是中欧班列主要终点所在的地区,目前,这部分地区主要包括欧盟、俄罗斯及部分中东欧国家、中亚、中东、东南亚等。其中,欧盟、俄罗斯、中亚是中欧班列线路最集中的地区和国家,中东、东南亚仅有少量班列线路。[①] "六大线路"是指自开通至今运营质量相对较高的班列线路。在目前运营的所有中欧班列线路中,成都、重庆、郑州、武汉、西安、苏州等地开行的线路在规模、货源组织以及运营稳定性等方面的表现较为突出。

总之,中欧班列为中国与沿线国家的货物运输提供了除海运、空运、公路等方式之外的又一种选择。但客观来看,中欧班列目前并不是中欧之间货物运输的主要方式,其运输规模与中欧货物运输的主要方式——海运无法相提并论,即使与价格更高的空运相比也相对较小。[②] 据统计,2014年海关监管进出境的中欧班列总货值约48.62亿美元,[③] 而同期仅中国与欧洲国家的贸易总额就超过了7751.6亿美元;[④] 另有统计认为,2016年中欧班列货运总值仅为中欧贸易总额的4%左右。[⑤]

[①] 中东地区的中欧班列(义乌—德黑兰)线路于2016年1月28日开通,中欧班列(成都—伊斯坦布尔)线路于2016年9月6日开通,东南亚地区的中欧班列(南宁—河内)线路于2017年11月28日开通。

[②] 2016年,中欧之间的货物运输按重量计算,铁路占比0.9%,空运占比1.8%,公路占比3.0%,海运占比94%。参见 Vladimir Kosoy, "A Future of EU – EAEU – China Cooperation in Trade and Railway Transport", Analysis of Infrastructure Economics Center, 2017, https://www.unece.org/fileadmin/DAM/trans/doc/2017/wp5/WP5_ 30th_ session_ Mr_ Kosoy. pdf.

[③] 《近50亿美元货物搭乘中欧班列》,海关总署网站,2015年1月29日,http://www.customs.gov.cn/publish/portal0/tab67049/info731291.htm。

[④] 《2014年1—12月中国与欧洲国家贸易统计表》,中华人民共和国商务部网站,2015年1月28日,http://ozs.mofcom.gov.cn/article/zojmgx/date/201501/20150100881160.shtml。

[⑤] Jakub Jakóbowski, Konrad Popławski and Marcin Kaczmarski, "The EU – China Rail Connections: Background, Actors, Interests", *OSW Studies*, No. 72, 2018, p. 5.

二　中欧班列的发展动力

中欧班列所具有的比较优势是它能够开行并维持运营的前提。简单地看，中欧集装箱货运直达班列比传统的海运省时间，比空运省运费。[①] 但是，将这种潜在优势转变为现实政策还有赖于整体环境的塑造和相关主体的努力。概括起来，中欧班列不断发展的动力主要包括：中国各地深化改革的尝试、"一带一路"塑造的有利环境，以及不同层次的积极协调。

（一）中国改革开放的深化

进入新时代中央和地方政府试图通过"促进国际国内要素有序自由流动、资源高效配置、市场深度融合，加快培育参与和引领国际经济合作竞争新优势，以开放促改革"[②]，构建开放型经济新体制，为经济和社会全面发展创造条件。在此背景下，中欧班列成为中国地方政府深化改革，扩大开放，提升国内外经济联系的重要抓手。在学习"渝新欧""蓉欧""汉欧"等早期线路经验的基础上，众多地方政府纷纷结合本省情况，积极参与班列的开通和运营。在这一过程中，相关地方政府一方面积极寻求中央政府主管部门的政策许可和支持，协调解决班列开行过程中遇到的国内外政策、制度障碍；另一方面，还出台相关政策，为本地线路的规划、发展提供多种形式的支持。其中，政策便利、财政补贴、税收减免、信贷优惠等是各地培育做大本地班列线路的主要举措。

"一带一路"倡议提出之前，地方政府为中欧班列开通和运营创造有利条件的直接目标主要是降低中欧班列的货运成本、提高中欧班列准点率、增强中欧班列的安全性，从而使中欧班列能够在克服地方发展障碍方面发挥积极作用，培育地方省市新的经济增长点。中欧班列刺激经济增长的功能对受地理区位限制的我国中西部内陆省份作用尤为突出。这也是中欧班列早期线路多由中西部内陆省份开通的主要原因。这部分内陆省份普遍远离沿海港口，它们出口欧洲的商品往往要先利用铁路、公路及内河航运等方式运抵中国东部沿海港口，再由海运运至欧洲。由此产生的时间和经济成本一直被中西部内陆省份视为制约经济社会发展的重要因素。因此，依赖出口导向型经济的中西部省市具有探索铁路运输新模式以

[①] 中铁集装箱公司提供的数据称，中欧班列运时只有海运时间的1/3、航空价格的1/5。参见《丝路上的"钢铁驼队"：写在第1000列中欧班列开行之际》，新华网，2015年10月15日，http://www.xinhuanet.com/world/2015-10/15/c_1116838103.htm。

[②] 人民出版社编著：《中共中央关于全面深化改革若干重大问题的决定》，人民出版社2013年版，第25—26页。

减少发展的地理障碍的动力。"渝新欧"集装箱直达班列所具有的产业集聚效应,① 使国内其他省市认识到,在特定的要素禀赋条件、"既定的产权结构和发展战略的背景下,政府针对特定的部门和企业制定有效的政策",能够起到影响相关产业和企业发展的效果。② 于是,不少地方政府也将开通中欧班列视为深化改革,扩大开放,促进地方经济发展的新路径。

(二)"一带一路"的助推

"一带一路"倡议提出之后,中欧班列被逐步纳入到"一带一路"框架。中国政府 2015 年发布的《推动共建丝绸之路经济带和 21 世纪海上丝绸之路的愿景与行动》中明确提出要"建立中欧通道铁路运输、口岸通关协调机制,打造'中欧班列'品牌,建设沟通境内外、连接东中西的运输通道"。③中欧班列在继续充当刺激经济发展的重要手段的同时,也因能够起到促进中国与"一带一路"其他沿线国家贸易畅通、设施联通等作用而受到重视,从而获得发展的新动力。

政策沟通、贸易畅通、设施联通等"一带一路"倡议的优先发展领域,实际上都与中欧班列发展具有密切联系。中国与沿线国家围绕共建"一带一路"在政策沟通、贸易畅通、设施联通等领域取得的不同进展,都可为中欧班列提供不同程度的支持。反过来,中欧班列的发展本身也是"一带一路"建设的重要成果。中国与沿线国家围绕推动贸易便利化、构建良好营商环境等方面开展的磋商,采取的新技术,实施的新标准,达成的新协议等,对中欧班列扩大货源、便利过境、提升运速等具有积极影响。"一带一路"设施联通领域的进展对中欧班列的促进作用更加显著。中国的中央和地方政府,铁路、海关、边检、商务、外交等众多相关职能部门与沿线国家的对应机构通过单独或联合召开会议、签署协议等途径,协商解决相互之间设施软硬联通的难题,直接推动中欧班列的发展。中欧班列的发展过程实际上也是中国与沿线国家在铁路运输的通关、转接、换装、监控、安全保障等一系列领域进行密切合作,推动相互间基础设施互联互通的过程。

(三)国内外协调机制的不断完善

协调机制的建立和完善是中欧班列能够实现快速发展的重要基础。中欧班列

---

① 关于重庆开通"渝新欧"班列与吸引笔记本电脑产业企业落户重庆之间关系的讨论,可参见高柏、甄志宏等《中欧班列:国家建设与市场建设》,社会科学文献出版社 2017 年版,第 31—34 页。
② 参见 [美] 斯蒂芬·哈格德《走出边缘:新兴工业经济体成长的政治》,陈慧荣译,吉林出版集团有限公司 2009 年版,第 214—215 页。
③ 国家发改委、外交部、商务部:《推动共建丝绸之路经济带和 21 世纪海上丝绸之路的愿景与行动》,人民出版社 2015 年版,第 19 页。

协调机制的建立和完善大致经历了两个阶段：早期，主要是中欧班列最大的国内运营平台和承运方——中铁公司在扮演着关键角色；后来，中央政府职能部门从协调引导、提质增效的角度出发，推动中欧班列的整合。2016年10月8日，中国国家发改委发布《中欧班列建设发展规划（2016—2020年）》（简称《发展规划》），以政府文件形式明确提出了中欧班列整合的具体目标和方向。以《发展规划》发布为标志，中欧班列的整合过程可分为前后两段，即在此之前由中国铁路总公司及主要线路平台公司主导的市场整合阶段，以及在此之后以国家引导为主的优化升级阶段。

中铁公司积极推动中欧班列整合的动力主要来自两方面：一是中欧班列是中铁从主营业务出发参与"一带一路"建设的重要部分；二是中欧班列业务的爆炸式增长为中铁的线路铺画、运输组织等提出了迫切需求。中铁公司牵头的整合重点是在市场层面建立协调机制、协商和颁布班列管理办法等。以国家发改委为代表的政府相关职能部门在进行大量深入调研的基础上，制定出台了《发展规划》，目的是规范和引导中欧班列健康发展，更好地服务于"一带一路"倡议。具体来看，中国政府从国家层面引导中欧班列优化升级的工作主要包括：召开专题会议和开展调研以研究部署相关工作；出台专门文件和法规以引导规范相关业务；创设机制和平台以加强日常运营管理的协调。其中，从国家层面建设机制平台对中欧班列优化升级和长远发展具有关键意义。国家设立了由推进"一带一路"建设领导小组办公室负责的"中欧班列专题协调机制"，承担对中欧班列发展进行规范、指导、协调的工作。一方面，该机制要协调外交部、财政部、交通运输部、商务部、海关总署、质检总局、铁路总公司、邮政局等成员单位做好与中欧班列相关的业务工作；另一方面，该机制还要指导2017年5月成立的中欧班列运输协调委员会在企业或市场层面开展协调工作。在国际上，根据2017年4月沿线七国签署的《关于深化中欧班列合作协议》成立"中欧班列联合工作组""专家工作组"，及时协调解决班列运输过程中遇到的问题。正是得益于上述努力所构建的管理协调机制，中欧班列才能有效应对和克服遇到的部分障碍和困难，从而实现快速发展。

三　存在的主要问题

中欧班列在过去7年取得了令人瞩目的成绩，但也面临着不少阻碍发展的问题。目前国内外为数不多的研究成果均把货源不充足、回程班列少、价格竞争激烈等视作中欧班列面临的主要挑战。具体来看，货源不充足主要是指中欧班列大部分线路很难单纯依靠本地货源支撑班列开行规模的不断增长；回程班列少主要是指从欧盟、俄罗斯、中亚等地区或国家开往中国的班列数量远少于从中国开往这些地区的班列数量；价格竞争激烈主要是指一部分线路为在市场上招揽货源采取压低报价的手段对其他线路造成冲击。还有分析认为，中国和欧洲之间的贸易不平衡、其他运输模式的竞争，以及缺乏可靠、集中的货物运量、速度、频率等基本信息是中欧班列面临的突出难题。① 实际上，上述各类问题是市场定位不清、协调机制低效和基础设施瓶颈等根本性难题对班列发展形成制约的具体体现。

（一）中欧班列市场定位不清

市场定位不清是指中欧班列在运营过程中没有明确应服务的细分目标市场。尽管地方政府财政补贴、中铁公司运价下浮等因素在中欧班列过去的发展过程中发挥了关键作用，但是，中欧班列的基础功能是运输，其长远发展最终是依赖市场原则向特定对象提供货运服务，以形成自我支持的可持续发展模式。与海运、空运和公路运输相比中欧班列尤其自身优势、缺点，它应该据此确定合适的运输服务对象，也即明确其市场定位。通常情况下，附加值低、规模大、时间要求低的商品会采取海运方式；附加值高、规模小、时间要求高的商品会采取空运方式。铁路运输作为中欧货物海运和空运的重要补充，与海运相比的优势是速度快，缺点是运输规模小、价格高；与空运相比的优势是运输规模大、价格低，缺点是速度慢。因此，中欧班列所服务的细分目标市场应是具有较高附加值但不足以支持空运、对运时有一定要求但又不是极其敏感，而且又具有一定规模的商品。然而，中欧班列绝大多数线路在过去7年多的发展过程中并未根据商品成本、时间、规模等因素来确定细分目标市场，而是为了维持或增加车次不加选择地运输所有在技术上可行的货物，包括附加值较低的服装、鞋帽以及小商品，这降低了中欧班列的运营质量，制约着中欧班列可持续发展能力，导致部分线路主要依靠低价来争抢货源，形成了中欧班列开行量大幅增长的虚假繁荣"泡沫"。

此外，中欧班列还被很多地方政府视为同其他省份进行竞争的重要领域。部分地方政府认为，在中欧班列事务上赢得先机和优势就可能给当地争取到国家相关政策支持甚至倾斜，从而支持当地发展。在不少开通中欧班列的省份和城市看来，"谁在丝绸之路经济带规划成熟前抢占战略地位，谁就可能在规划中成为节点性城市，享受政策扶持，继而为本省产业升级和对外贸易谋取利益。也就是说，谁成为了中欧货运的集散中心，谁就能掌握未来'新丝路'的商业脉搏"。②

---

① 参见 Jakub Jakóbowski, Konrad Popławski and Marcin Kaczmarski, "The EU – China Rail Connections: Background, Actors, Interests", pp. 29–30; "The Rise of China – Europe Railways", CSIS, March 6, 2018, https://www.csis.org/analysis/rise-china-europe-railways。

② 《开往欧洲的列车：中欧货运班列调查》，《凤凰周刊》2015年第11期。

这种从狭隘地方利益出发看待班列开通和运营的做法，导致相关班列线路的主要定位脱离了其基本运输功能，从而成为制约中欧班列长期可持续发展的根本性障碍之一，也是阻碍中欧班列更好地服务于地方经济发展的关键因素之一。

（二）班列协调机制低效

尽管现有协调机制在推动班列发展过程中已发挥了重要积极作用，但它具有的缺陷同样制约着班列发展。由于中欧班列开行涉及中国中央与地方政府关系、政府与企业关系、中国与沿线国家关系等不同层次，所以，不同行为主体间的关系顺畅就是中欧班列发展和完善的重要前提。在实际业务中，中央与地方政府、线路平台公司、境内承运公司等国内主体之间的突出矛盾是制约中欧班列提升发展质量的主要因素之一。国内各类主体对中欧班列的具体看法、政策倾向等存在很大差异。地方政府和线路平台主要从地方利益角度考虑中欧班列，希望主导本线路运营，并在与其他线路的竞争中占据优势；中铁公司主要从铁路运输业务角度考虑中欧班列，希望统一管理班列业务；中央政府主要倾向于从整体层面规划引导班列发展，提升班列的运营质量。它们之间的这些差异以及由此导致的矛盾是现有协调机制难以完全克服的。

在中欧班列发展早期，中铁公司与地方线路平台公司之间、线路平台公司之间、国内公司与境外运输公司之间，以及班列不同业务主管部门之间（国内不同业务主管部门，以及国内与沿线国家的业务主管部门）的协调较弱，货源、运价等方面的竞争无法得到很好的引导与规范。在中欧班列国内运输协调委员会、中欧班列运输协调委员会、中欧班列专题协调机制等相关机制建立后，此前存在的缺乏协调问题得到一定缓解，但仍未彻底解决。虽然中铁公司在统一品牌后对班列事务的发言权和影响力都在增大，但它既没有强烈意愿也不具备像地方政府那样给班列提供各项资源支持的能力。更重要的是，班列各线路的运营组织主要依赖地方线路平台公司，地方线路平台公司与作为线路主要支持者的地方政府的意愿和政策就成为班列具体运营情况的决定性因素。与此同时，国家层面建立的机制一方面尚未形成常态化的工作安排，另一方面也无法对地方政府和线路平台公司的具体业务进行实时跟踪，因此，现有协调机制更多依靠倡议性的引导而非执行性的规范来发挥影响，很难在解决相关地方利益与行业利益、政治利益和经济利益之间的冲突过程中发挥显著作用。

（三）班列配套设施不足

中欧班列沿线的蒙古国、哈萨克斯坦、俄罗斯、乌克兰、白俄罗斯、波兰、德国等国家不同程度地存在运输基础设施落后的情况。这些国家或者是由于铁路老化、失修等使得班列运行速度低，或者是由于列车车辆不足、换装设备少、线路铺画少等导致班列运力难以跟上中国不断增长的需求。自 2017 年开始，中欧班列境外段基础设施落后及配套能力不足问题对班列发展的制约作用日益明显。一方面，与我国阿拉山口、满洲里、二连浩特、霍尔果斯等主要边境口岸对应的哈、俄、蒙边境口岸换装、仓储能力不足，俄铁、哈铁等境外承运商也无力调配充足的火车车板以承接本国境内段运输，从而造成相应过境国每天接车数有限，大量出境班列只能暂停在国内不同路段，形成国内堵车；另一方面，波兰作为班列进入欧盟市场的主要过境通道，其边境口岸车站的换装、仓储能力同样较低，不能满足班列及时在宽轨段和标准轨段进行换装运输的要求，从而形成境外堵车，降低了班列运行的时效。尽管不少境外路段已开展了基础设施更新改造工作，但仍不能满足班列开行量快速增长带来的庞大需求。在国内，"我国中西部地区的班列始发地口岸功能也有待完善，技术和管理手段相对滞后，信息系统不健全，配套服务能力较弱"。[①] 无论基础设施不完善问题出现在班列运行线路的哪一段，它都会对中欧班列造成不利影响，其后果不仅仅是带来班列线路拥堵、开行数量受限等问题，更重要的是，这将损害中欧班列的运行效率和稳定性，进而拉高班列成本，降低班列运行质量，不利于班列形成真正的市场竞争力。

综上所述，中欧班列在发展过程中遭遇的问题既有源于自身的，也有环境造成的。相比之下，与运营模式密切关联的细分目标市场不明确、协调机制不完善等对班列发展具有更加根本性的制约。正是由于中欧班列大部分线路尚未形成可持续发展的运营模式，它们才在开通和运行班列过程中采取了不具备长期潜力的非理性措施，从而衍生出备受舆论关注的货源少、回程少、线路拥堵、价格竞争等问题。

四 中欧班列的优化路径

中欧班列作为受到中国中央和地方政府以及沿线国家重视的"一带一路"示范项目，中国政府相关职能部门已经通过《中欧班列建设发展规划（2016—2020 年）》对中短期具体工作做出明确设计，《发展规划》对中欧班列短期内的发展环境、总体要求、空间布局、重点任务、保障措施等做了详细阐述，从而对中欧班列的整合进行了明确引导，其核心是立足于推动班列健康发展的长远愿景，从国家层面推动班列管理和运营的优化升级。但从长远来看，推动中欧班列发展应将重心放在培育、形成和巩固市场核心竞争力方面，通过发挥国家和政府的引导、协调作用，完善班列管理机制建设，重点克服制约发展的基础设施瓶颈，从而营造有助于班列健康发展的环境。

---

① 王艳波：《中欧班列建设发展规划研究》，《铁道运输与经济》2017 年第 1 期，第 43 页。

（一）理顺主导逻辑

中欧班列在发展过程中存在地方与中央、政府与市场、国内与国外等多重逻辑。不同主体、不同层次在思考和处理与班列相关的问题时所遵循的逻辑常常存在差异。在特定时段或特定线路上支撑班列发展的主导逻辑可能并不具有普遍适用性。在基础层面，如何理顺政府与市场双重逻辑间的关系对班列发展具有关键意义。在过去很长一段时间内，国家作为行动主体和结构条件对中欧班列发展产生了重要影响，① 地方政府甚至成为中欧班列发展的主导力量。然而，随着中欧班列的高速扩张，中国对班列作的顶层设计与班列运营遇到的现实问题都预示着政府逻辑无法长期主导班列发展进程。在政府逻辑和市场逻辑之间建立良性互动关系将成为班列可持续发展赖以实现的基础。从趋向上看，真正具备竞争力的中欧班列应遵循"政府引导，市场主导"的原则运行。尽管目前中欧班列建设仍需积极发挥政治主动力的支撑作用，但做好经济长动力的培育工作，为稳定发展奠定基础同样是当前必须启动的工作。

（二）强化协调机制

强化协调机制包括机制结构完善和机制作用发挥两个方面。在机制结构完善方面，需要将建立和完善日常办公机制作为重点，以"一带一路"建设推进办公室框架内的专题协调机制为引领，补充和建立跨国、国内以及行业等层次协调机制的具体工作制度、规范；同时，要建立应对突发问题的应急机制，为更好地协调和解决中欧班列运行的障碍提供基础。在机制作用发挥方面，工作重点应在协调地方政府之间、地方政府与中央之间、地方平台公司与中铁公司之间在中欧班列问题上的矛盾，引导地方政府将关注焦点放在中欧班列的基础功能——运输上，推动地方平台公司依据各地实际条件明确所服务的细分目标市场，促使中铁公司从整体发展而不仅仅是利润角度考虑班列运输。同时，协调过程中还应强调中欧班列需放弃单纯追求规模扩张的发展道路，转向主要根据成本、时间、体量等要素挑选出适合铁路运输的货物，并安全、高效地完成运输。毕竟，作为中欧货物运输体系的组成部分，中欧班列的最终目标不是要将原由海运输往欧洲的货物全部改由铁路运输，而是通过丰富运输形式、提升运输质量来改善中欧货运结构。

---

① 关于中欧班列发展过程中国家建设问题的学理论述可参见高柏、甄志宏等《中欧班列：国家建设与市场建设》，社会科学文献出版社2017年版，第4—11页。

(三) 优化线路布局

在中欧班列覆盖国内绝大多数省份的情况下，依据线路开行质量优化其结构和布局是中欧班列发展的当务之急。中欧班列线路优化涉及国内和国外两部分。在国内，可通过线路撤销、合并等方式优化中欧班列结构。开通中欧班列的国内地方省市至少应满足货源充足和交通便利两项条件。如果某地区经济依赖对沿线国家的商品进出口，意味着该地区具有中欧班列潜在细分市场的基础；如果某地区属于国内交通枢纽，意味着该地区可以依赖来自其他地区的货物达到规模效应。目前不满足上述两项条件，主要依靠低价吸揽货物的国内部分班列线路，就属于需要被优化、合并的对象。合理的中欧班列布局应是围绕中西部地区的交通枢纽打造中欧班列的货物集结中心，形成"东中部出口基地+中西部集结中心"的模式；对于存在恶性竞争的部分相邻线路，可考虑进行合并。在国外，针对目前中欧班列主要经波兰进入欧盟市场而导致波兰口岸线路拥堵和较高运价的问题，可以考虑多元化通道布局来提升班列运营质量，主要是开通和发展波罗的海沿岸国家的铁海联运，以及过境斯洛伐克、匈牙利、罗马尼亚等国家的中南部通道，从而形成北、中、南三线布局，降低对波兰线路的过度依赖。根据当地交通运输体系状况建设和发展境外集结中心也是中欧班列优化线路布局的重要内容。此外，国际国内线路的布局还应考虑跨国多式联运，以利用和发挥海运、公路、铁路运输的各自优势，形成有利于经济要素流动的国际运输通道。

(四) 服务地区合作

服务互惠互利的地区合作，使沿线国家能从跨境运输中获益也是中欧班列实现长远发展的基础。具体来看，就是把中欧班列与中国同"一带一路"沿线国家，以及沿线国家相互之间的合作相结合，主要是服务于沿线国家的贸易、投资合作和改善沿线国家的基础设施联通。中欧班列为亚欧大陆远离海岸的内陆地区提供了相对便捷、经济的货物运输方式，对相关地区贸易往来具有促进作用。[①]要想实现中欧班列的长远发展，就需要这种作用不仅体现在促进沿线国家与中国的合作，而且体现为促进沿线国家之间合作。中欧班列要将其发展与建设欧亚运输大通道的国际合作相结合，通过服务于受地理位置约束难以便捷使用海运的欧亚大陆腹地国家，为更广泛的地区合作提供有力支持，从而使处于国际价值链条不同环节的国家都能从这种经济高效的货物运输方式中获益。此外，中欧班列的

---

① "New Rail Routes between China and Europe Will Change Trade Patterns", *The Economist*, September 16, 2017, https://www.economist.com/business/2017/09/16/new-rail-routes-between-china-and-europe-will-change-trade-patterns.

发展还需要与区域内基础设施互联互通结合起来，在改善沿线国家的基础设施状况以为当地经济发展奠定基础的过程中，解决中欧班列发展的设施瓶颈。从长远来看，中国可借助丝路基金、亚洲基础设施投资银行以及国际资本市场的力量来参与沿线国家的铁路线路改造、口岸的扩建和完善以及硬件供应等不同领域的建设，在克服班列发展的基础设施瓶颈的同时，也改善当地的基础设施状况，支持当地的经济发展，从而使参与国实现多赢目标。当前，中国需要把推动俄罗斯、哈萨克斯坦、白俄罗斯、乌克兰、波兰、斯洛伐克等沿线国家边境口岸基础设施建设当作促进中欧班列发展的优先举措，特别是换装设备的更新和增补、仓储堆场的新修和扩建，以及境外分拨中心的建设等都能有效缓解当前中欧班列面临的境内外堵车问题，提升班列运行效率。

总之，到2018年中欧班列经过7年多的发展已经形成相对稳定的格局，已进入到以优化升级为主的深入整合阶段，其关键目标是明晰发展模式，解决迫切问题，推动中欧班列走上可持续发展道路。相较于从技术层面克服具体问题，理顺中欧班列发展逻辑具有更深远影响。未来，中欧班列的发展依赖于其对当地及沿线国家经济发展的带动作用能否得到充分发挥。

"一带一路"倡议与欧亚地区区域性公共产品供给体系重构*

马 斌

【内容提要】 区域性公共产品供给不足是欧亚地区发展面临的重大障碍。后冷战时期的欧亚地区存在两种相互竞争的区域性公共产品供给模式：以俄罗斯为主导的"霸权供给"和以跨大西洋集团为主导的"集体供给"。两种模式因受欧亚地缘战略竞争因素制约无法实现区域性公共产品的有效供给，从而在解决欧亚国家发展诉求过程中作为有限。"一带一路"倡议的强经济性、弱地缘竞争性使它有可能在欧亚地区区域性公共产品供给过程中扮演重要角色。在这个过程中，中国主要通过"1+N""2+N"模式向欧亚地区提供区域性公共产品。中国与欧亚地区国家共建"一带一路"，能对欧亚地区的区域性公共产品供给体系形成有益补充，增加发展型区域性公共产品的供给，但不会从根本上重构该地区的公共产品供给体系。

【关键词】 "一带一路" 区域性公共产品 欧亚地区 中国外交

欧亚地区是"一带一路"建设的核心地区。① "一带一路"倡议提出以后，中国与欧亚地区国家通过双多边途径开展合作；2015 年，中国与俄罗斯签署了《关于丝绸之路经济带和欧亚经济联盟建设对接合作的联合声明》，开启了中国与欧亚地区国家共建"一带一路"的新阶段。过去几年，"一带一路"建设在欧

---

* 《复旦国际关系评论》第二十一辑（2018 年）。
① 欧亚地区在本文是指波罗的海三国以外的原苏联加盟共和国所在地区，主要包括中亚、外高加索和里海、俄罗斯等。

亚地区取得了不少积极进展。其中，欧亚地区的主要板块中亚2017年是中国与"一带一路"沿线国家贸易增长最快的区域；① 欧亚地区的俄罗斯、哈萨克斯坦等已成为中国在"一带一路"沿线投资存量前十的国家。② 欧亚地区国家能与中国共建"一带一路"的重要前提，是这种合作可在一定程度上满足它们的发展诉求，③ 特别是提供后冷战时期欧亚地区国家发展所急需的公共产品。

所谓公共产品，在公共经济学中是指消费过程中具有非排他性、非竞争性等特征的产品；这个概念被应用于国际关系分析后形成了国际公共产品理论。一般说来，国际公共产品的成本分担和受益对象主要以国家或国家集团划分；受益空间超越一国界限乃至覆盖全球；受益时间包括当代和后代，或者至少是在不损害后代需要的基础上满足当代人的需要。④ 有效的国际公共产品供给的重要作用，在于弥补欧亚地区国家发展所面临的资源、技术、秩序等缺口。可供欧亚地区国家消费的国际公共产品在理论上包括国家公共产品、区域性公共产品、跨地区公共产品和全球公共产品等四种基本类型。⑤ 但在现实中，欧亚地区并未被嵌套进有效的国际公共产品供应体系，从而加剧了其发展难题。

当然，国际公共产品供应不足现象并非仅仅存在于欧亚地区，这是世界各地区均面临的普遍性问题。与国内公共产品主要依靠政府供给不同，国际公共产品既可由一国单独提供，也可由多国集体提供。但不管采取何种方式，其供给都要面临成本和收益失衡问题的挑战，出现这一情况的根源，在于国际社会缺乏一个政府或权威机制来克服"免费搭车"带来的成本分担问题和霸权国将国际公共产品"私物化"带来的收益分配问题。⑥ 后冷战时代欧亚地区公共产品供应问题的特殊性在于，它受到俄罗斯和跨大西洋集团主导的两套供应体系之间相互冲突

---

① 2017年，中国与中亚国家贸易总额360亿美元，比2016年增长19.8%，占中国与"一带一路"沿线国家进出口总额的2.5%。参见国家信息中心"一带一路"大数据中心、大连瀚闻资讯有限公司编《"一带一路"贸易合作大数据报告（2018）》，2018年5月，第70—81页。

② 中华人民共和国商务部：《中国对外投资合作发展报告（2017）》，第124—129页，参见 http://fec.mofcom.gov.cn/article/tzhzcj/tzhz/upload/zgdwtzhzfzbg2017.pdf。

③ 本文所提到的发展问题不是以国际发展援助为核心的狭义概念，而是普遍意义上的经济社会发展。

④ Todd Sandler, "Assessing the Optimal Provision of Public Goods: In Search of the Holy Grail", in Inge Kaul, ed., *Providing Global Public Goods: Managing Globalization*, New York: Oxford University Press, 2003, p. 131.

⑤ 关于国际公共产品的分类可参见 Sandler Todd, Public Goods and Regional Cooperation for Development: A New Look, *Integration and Trade*, Vol. 17, 2013, pp. 13 – 24。

⑥ 代表性论述包括 Charles P. Kindleberger, Dominance and Leadership in the International Economy: Exploitation, Public Goods, and Free Riders, *International Studies Quarterly*, Vol. 25, No. 2, 1981, pp. 242 – 254；[美] 罗伯特·吉尔平：《国际关系政治经济学》，杨宇光等译，上海人民出版社2006年版，第69—76页；樊勇明：《区域性国际公共产品：解析区域合作的另一个理论视点》，《世界经济与政治》2008年第1期，第7—8页等。

第二编:学术论文篇

的制约,以致于更一般意义上的地区合作与发展服务的能力较低。本文将以此为切入点,在分析欧亚地区区域性公共产品供应体系冲突问题及其影响的基础上,从区域性公共产品供给体系重构角度探讨"一带一路"倡议在欧亚地区落地问题。

一 欧亚地区的区域性公共产品供给困境

苏联解体让欧亚地区秩序进入动荡、重构期。参与秩序重构事务的区内外大国或国家集团主要按照自己的标准、原则来设计和推行方案,以至于在这个过程中逐渐形成了以俄罗斯为主导的欧亚集团和以美国欧盟为主导的跨大西洋集团。尽管两大集团会围绕欧亚地区的部分问题开展合作,但它们的关系更多是处在相互竞争甚至冲突的状态。受此影响,欧亚地区的区域性公共产品时常被主导国家或国家集团"私物化",成为服务各自特殊政治与战略目标的手段。其最终结果是加剧了欧亚地区公共产品供应不足的困境,不利于地区发展问题的缓和与解决。

简单来看,欧亚集团和跨大西洋集团是过去二十多年欧亚地区区域性公共产品的主要提供者。它们分别设立和维持了一系列地区组织、制度安排,以"在一个较为有限的地理范围"获取"非排他性和非竞争性收益"[1]。俄罗斯主导的欧亚集团创设了独立国家联合体、关税同盟、独联体集体安全条约组织、欧亚经济联盟等;美国主导的跨大西洋集团则以欧盟、北约等地区或跨地区制度安排为基础,一方面通过设立较高的公共产品消费门槛推动欧亚地区国家转型和改革,另一方面通过向欧亚地区国家提供国际援助、安全保障等公共产品增进与欧亚国家之间的关系。在理想状态下,区域性公共产品的供应者增加有利于促进欧亚地区的安全、发展和秩序等基本福利;但过去二十多年的现实情况与理想状态之间存在巨大差距。欧亚地区不仅安全面临巨大挑战,而且,发展难题也一直悬而未决,最严重的时候,甚至出现了一批所谓的"失败国家"或"脆弱国家"[2]。究其原因,在于俄罗斯主导的欧亚集团与美国主导的跨大西洋集团主要从地缘政治战略竞争角度来思考和处理欧亚地区事务以及与此有关的区域性公共产品供给问题。

俄罗斯(苏联)在欧亚地区事务中曾长期占据主导地位,还曾一度将该地

---

[1] Sandler Todd, "Global and Regional Goods: A Prognosis for Collective Action", *Fiscal Studies*, Vol. 19, No. 3, 1998, pp. 221–247.
[2] 关于"失败国家"的论述可以参见 Ashraf Ghani, Fixing Failed States: A Framework for Rebuilding a Fractured World, New York: Oxford University Press, 2008; Wim Naude, Amelia U. Santos-Paulino&Mark McGillivray, Fragile States: Causes, Costs and Responses, New York: Oxford University Press, 2011.

区事务纳入了国内政治范畴；苏联解体以后，俄罗斯与欧亚地区大部分国家的政治、经济和社会文化联系仍然十分密切，再加上把"后苏联空间"纳为"势力范围"是除联合国常任理事国地位、全球核大国地位之外能够证明俄罗斯大国身份的主要支柱，① 因此，它希望继续在该地区享有"特殊地位"。从20世纪90年代中后期开始，俄罗斯追求"大国地位复兴"的战略意图日渐清晰，② 并综合运用政治、军事、经济、文化等手段来巩固和提升其在欧亚地区的影响力。在这个过程中，提供区域性公共产品是俄罗斯吸引和稳定其他国家的重要手段。

近几年，普京政府在欧亚地区的政策重点是通过以欧亚经济联盟为基础的一体化建设和以乌克兰危机为标志的反分化斗争等来重新整合欧亚空间。欧亚经济联盟是俄罗斯从正面推动欧亚地区整合的主要着力点。2015年1月1日，欧亚经济联盟根据俄罗斯、白俄罗斯、哈萨克斯坦三国总统2014年5月签署的《欧亚经济联盟条约》正式启动；随后亚美尼亚、吉尔吉斯斯坦也正式加入，成为成员国。欧亚经济联盟的目标是"保证商品、服务、资本和劳动力的自由流动"，以推动"地区经济一体化"，③ 形成"共同经济空间"④，最终提升成员国国民经济的竞争力，促进成员国经济稳定发展以提高人民生活水平。而打压地区内的激进分化力量也是俄罗斯消除整合障碍的重要举措。欧亚地区的分化力量自苏联解体起就一直存在。它们大多是在苏联国家改革和解体的过程产生和发展起来的，或是奉行民族主义政策，强调国家权力自主，或是要求加入欧盟、融入西方体系，具有比较突出的"去俄罗斯化"特征。当这部分政治势力获得政权后大多主张选择走"脱俄入欧"道路，从而对俄罗斯在欧亚地区的地位和利益形成极大挑战。长期以来，俄罗斯为防止形势进一步恶化，或是许以经济利益，或者提升政治地位，或是实施制裁和干预，甚少采取军事干预等极端手段。然而，2008年俄罗斯与格鲁吉亚发生武装冲突后，2014年俄罗斯再次采取强势出击，介入乌克兰国内冲突并兼并克里米亚，而且，不顾欧盟、美国的制裁坚定支持乌克兰东部武装力量谋取合法政治地位。近年来，跨大西洋集团的主力美国重返亚

---

① Jeffrey Mankoff, "Russia's Latest Land Grab: How Putin Won Crimea and Lost Ukraine", http://csis.org/publication/russias-latest-land-grab-how-putin-won-crimea-and-lost-ukraine.

② 对此问题的代表性论述包括Jeffrey Mankoff, *Russian Foreign Policy: The Return of Great Power Politics*, Lamham: Rowman & Littlefield, 2011; Iver B. Neumann, "Russia as a Great Power, 1815-2007", Journal of International Relations and Development, Vol. 11, No. 2, 2008, pp. 128-151 等。

③ Евразийский экономический союз, *Договор о Евразийском экономическом союзе*, 2014, https://docs.eaeunion.org/ru-ru/Pages/DisplayDocument.aspx?s=bef9c798-3978-42f3-9ef2-d0fb3d53b75f&w=632c7868-4ee2-4b21-bc64-1995328e6ef3&l=540294ae-c3c9-4511-9bf8-aaf5d6e0d169&EntityID=3610.

④ "Обращение Президента России к главам государств – членов Евразийского экономического союза", 18 января, 2018, http://kremlin.ru/events/president/news/56663.

太、欧盟内部问题频发,它们向欧亚地区提供区域性公共产品的能力和意愿有所下降。俄罗斯抓住这一时机在遏制地区分离主义继续蔓延方面取得一定成果。目前,虽然乌克兰国内冲突仍在继续,俄罗斯也承受着美国和欧盟等的经济制裁,但是,俄罗斯已通过强力回应向独联体内激进分化力量及其西方支持者表明了它打击分化力量、整合独联体的决心。如果美国战略重心东移政策没有重大改变,欧盟内部的尖锐问题无法得到缓解,那么,俄罗斯目前奉行的遏制、打压独联体内激进分化力量的政策也将在很大程度上得以延续,从而增强对地区整合事务的影响。

美国欧盟主导的跨大西洋集团对俄罗斯在欧亚地区的整合政策基本持怀疑、反对态度。对于欧亚经济联盟,它们认为俄罗斯是要以俄、白、哈等关税同盟国家为基础,把其他原苏联国家纳入欧亚经济联盟,从而形成"能够与欧盟和美国抗衡的东方政治经济巨人"①;尽管其长期前景并不清晰,但欧亚经济联盟显示了俄罗斯强力重塑后苏联空间的意图。② 在欧盟看来,俄罗斯主导的欧亚经济联盟限制了其东部邻国对于主权的选择。③ 对于俄打压欧亚地区分化势力的政策,跨大西洋集团认为俄罗斯是在用"家长式"的不平等姿态看待欧亚地区事务,没有把其他欧亚国家当成拥有独立、完整主权的国际行为体;俄罗斯对格鲁吉亚、乌克兰等国的"侵略"行为违反了国际法、破坏了国际秩序,应受到惩罚。与此同时,跨大西洋集团还推出一系列措施缓冲和弱化俄罗斯对欧亚事务的影响。美国、欧盟等在支持欧亚地区国家转型和发展的同时,也从自己立场出发整合欧亚空间,其基本出发点是它们对后冷战世界秩序的设想。苏联解体之后,美国与欧盟主导的跨大西洋集团一方面欢呼冷战的胜利,认为"自由民主制度的发展,连同它的伴侣——经济自由主义的发展,已成为最近400年最为显著的宏观政治现象","在所有社会的发展模式中,都有一个基本程序在发挥作用,这就是以自由民主制度为方向的人类普遍史"④;另一方面也努力参与欧亚地区的转型、发展、安全等事务,利用欧盟和北约"双东扩"等途径塑造欧亚地区新秩序。

美国和欧盟基于地缘政治竞争原则鼓励和推动欧亚地区国家走"独立发展"

---

① Abigail Hauslohner, "Russia, Kazakhstan, Belarus form Eurasian Economic Union", *New York Times*, May 29, 2014, http://www.washingtonpost.com/world/europe/russia-kazakhstan-belarus-form-eurasian-economic-union/2014/05/29/de4a2c15-cb01-4c25-9bd6-7d5ac9e466fd_story.html.

② Bruno S. Sergi, "Putin's and Russian-led Eurasian Economic Union: A Hybrid Half-economics and Half-political 'Janus Bifrons'", *Journal of International Studies*, Vol. 9, No. 1, 2018, pp. 52–60.

③ International Crisis Group, "The Eurasian Economic Union: Power, Politics and Trade, Europe and Central Asia Report", No. 240, 2016.

④ [美]弗朗西斯·福山:《历史的终结及最后之人》,黄胜强等译,中国社会科学出版社2003年版,第55页。

道路的政策,"挤压了俄罗斯传统的战略空间,它使俄罗斯产生了一种地缘环境的综合性压迫感和强烈的受挫感"①,让俄罗斯感觉"自己的弱点被美国利用","独联体空间被美国渗透",美国在"后苏联空间"范围内长期"反俄"政策。②双方围绕如何处理欧亚地区事务出现的怀疑、对抗等导致它们合作提供区域性公共产品的前景变得黯淡。欧亚地区存在两大区域性公共产品供给集团的现实,不仅没有大大缓解公共产品供给不足的难题,反而导致资源的重复投入和浪费,并且,进一步限制了部分欧亚地区国家的政策选择范围。欧亚地区近年来发生的重大冲突,如2008年的格鲁吉亚"六日战争"、2013年年底爆发并延续至今的乌克兰危机,在一定程度上都是两种整合方案恶性竞争的结果。

战略竞争主导俄罗斯与西方关系迫使俄罗斯与跨大西洋集团在向欧亚地区提供区域性公共产品过程中,具有将之"私物化"的强烈兴趣,即"为了自己的一国之私,把原本应该服务于整个国际社会的国际公共产品变为本国从国际社会谋取私利的工具"。历史上,霸权国将国际公共产品"私物化"的典型是美国。作为战后国际体系的霸权国,美国在国际公共产品供给中"事实上加上了'最终解释权归美国'的字样,从而将国际公共产品变成美国攫取自身国际展览利益的工具"。③美国在主导跨大西洋集团向欧亚地区提供区域性公共产品的过程中同样存在将之"私物化"的倾向,尤其是当俄罗斯在欧亚地区的行动被认为是挑战和威胁跨大西洋集团利益时,美国及欧盟就倾向于利用新建或调整制度安排等方式,重构欧亚地区国家消费区域性公共产品的权限,减少或阻止俄罗斯从该区域性公共产品供给体系中获利。比如,乌克兰危机爆发后,西方国家暂停了俄罗斯的"八国集团"成员国资格,发起针对俄罗斯的政治外交孤立和经济制裁。从区域性公共产品角度来看,这类措施增强了跨大西洋集团向欧亚地区提供的区域性公共产品的"排他性",削弱或剥夺了俄罗斯消费这类公共产品的能力,从而服务于跨大西洋集团在欧亚地区的战略目标。与之对应,俄罗斯作为欧亚地区综合实力最为强大的国家,它以准"霸权"模式向地区内部提供公共产品,以获得区内国家对俄罗斯"特殊地位"的认可。当俄罗斯提供区域性公共产品获得的边际收益小于边际成本时,它同样愿意采取将公共产品"私物化"的方式,来实现其利益的均衡。

总之,俄罗斯和美欧分别主导的两大集团是欧亚地区主要的区域性公共产品提供者。俄罗斯与西方之间的地缘政治竞争成为制约两大集团供应公共产品的重

---

① 邢广程:《俄罗斯与西方关系:困境与根源》,《国际问题研究》2016年第5期,第108页。
② [俄]叶·普里马科夫:《没有俄罗斯的世界会怎样?地缘战略是否会令美俄重现冷战》,李成滋译,中央编译出版社2016年版,第130—136页。
③ 李新、席艳乐:《国际公共产品供给问题研究评述》,《经济学动态》2011年第3期,第134页。

要因素。在欧亚地区，这种地缘政治竞争突出表现为两种相互冲突的整合：一是强化与俄罗斯关系；二是减少与俄罗斯的纠葛。前者的最新发展是2015年启动的欧亚经济联盟；后者的典型代表是部分独联体国家的"入欧"尝试。强化与俄罗斯关系的地区整合主要由俄罗斯推动；"脱俄入欧"努力则在很大程度上受到跨大西洋集团鼓励。受此影响，两大集团提出的区域性公共产品供给方案很难在推动地区发展方面取得重大成效，① 从而加剧了欧亚地区的区域性公共产品供给难题。由于欧亚地区公共产品供应困境仅靠俄美主导的两大集团很难获得突破，而解决发展问题又是大部分欧亚地区国家近年来日益迫切的要求，因此，调整和重构公共产品供给体系就成为改善欧亚地区区域性公共产品供给状况的现实选择。

二 "一带一路"参与欧亚供应体系的基础

虽然国外政界和学界对"一带一路"倡议的态度相对多元，但中国官方已明确指出，"'一带一路'构想是中国向世界提供的公共产品"②。对存在区域性公共产品供给困境的欧亚地区而言，"一带一路"倡议"不只是中国与周边国家的互动规划和战略，而（且）是中国提出的一个有助于欧亚大陆空间整合的方案和公共产品"。③ "一带一路"倡议之所以具备成为欧亚区域性公共产品供给体系有益补充的潜力，主要是因为它的弱地缘政治属性，既不追求地缘政治层面的格局重组和势力范围。"一带一路"国际合作的弱地缘政治属性恰恰是它避免重蹈俄美供给体系覆辙的内部基础。

自2013年"一带一路"倡议提出以来，中国政府已通过多种方式、多种渠道向世界阐释"一带一路"基本目标、核心原则和主要路径等的发展属性，明确它"不是地缘政治的工具"④。"一带一路"的基本目标是"致力于亚欧非大陆及附近海洋的互联互通，建立和加强沿线各国互联互通伙伴关系，构建全方位、多层次、复合型的互联互通网络，实现沿线各国多元、自主、平衡、

---

① 关税同盟被认为是前苏联国家进行地区经济整合的第一个成功案例。参见 Svitlana Pyrkalo,"Customs Union of Russia, Kazakhstan and Belarus is first success in CIS integration, says EBRD", November 7, 2012, http://www.ebrd.com/news/2012/customs-union-of-russia,-kazakhstan-and-belarus-is-first-success-in-cis-integration,-says-ebrd.html。

② 《王毅："一带一路"是中国向世界提供的公共产品》，中华人民共和国外交部网站，2015年3月23日，http://www.fmprc.gov.cn/web/wjbz_673089/xghd_673097/t1247712.shtml。

③ 邢广程：《"一带一路"的国际区域和国内区域定位及其涵义》，《中共贵州省委党校学报》2015年第3期，第29页。

④ 《王毅：一带一路不是中国独奏曲 而是各方参与交响乐》，中国新闻网，2015年3月8日，http://www.chinanews.com/gn/2015/03-08/7110383.shtml。

可持续的发展"。① "一带一路"的核心原则是秉持共商共建共享的理念,寻求与认同这一理念的国家实现共同发展和共同繁荣。"一带一路"建设的三大支柱是互联互通、产能合作、人文交流。前两者涉及基础设施、贸易、投资等经济事务,"从区域经济学角度来说,'一带一路'从根本上是一种路域经济,是依托重要经济通道形成的产业合作带,以及因道路辐射带动形成的生产力布局和区域经济发展体系"。② 最后一项人文交流强调"不同的文明和文化相互借鉴、相互包容"③,这可为深化中国与沿线国家的双多边合作奠定坚实的民意基础和社会根基。④ 在这个过程中,中国主张各国"要相互尊重、平等协商,坚决摒弃冷战思维和强权政治,走对话而不对抗、结伴而不结盟的国与国交往新路"。⑤

弱地缘政治属性的"一带一路"要想在欧亚地区区域性公共产品供给方面发挥积极作用,不仅需要中国向国际社会准确解释宣传"一带一路"对欧亚地区发展的作用,还需要相关各方,主要是俄美主导的两大集团接受和认可中国的定位。

美欧主导的跨大西洋集团对"一带一路"在欧亚地区进展的看法可归纳为抵制论、怀疑论和支持论三类。第一,"抵制论"。该观点集中关注"一带一路",尤其是"一带一盟"对接给西方国家带来的挑战,特别是对地缘政治格局、地区秩序重构等的影响,并由此断定"一带一盟"对接是美国、欧盟等西方发达国家面临的巨大挑战。这种观点主要基于两项关键判断:其一,"一带一路"是中国向世界输出"发展模式"的手段,将挑战传统的西方发展模式;其二,"一带一盟"对接是中俄联合"对抗西方"的表现。⑥ 第二,"怀疑论"。该观点并未把"一带一路"和"一带一盟"对接当作既成事实或必然会前景,而

---

① 国家发改委、外交部、商务部:《推动共建丝绸之路经济带和21世纪海上丝绸之路的愿景与行动》,人民出版社2015年版,第3—4页。
② 李建军、孙慧:《"一带一路"背景下中巴经济走廊建设:现实基础与路径选择》,《新疆大学学报》(哲学·人文社会科学版)2017年第1期,第6页。
③ 《发展中的中国和中国外交:王毅在美国战略与国际问题研究中心的演讲》,中华人民共和国外交部网站,2016年2月16日,http://www.fmprc.gov.cn/web/ziliao_674904/zyjh_674906/t1343410.shtml。
④ 邢丽菊:《推进"一带一路"人文交流:困难与应对》,《国际问题研究》2016年第6期,第6页。
⑤ 习近平:《决胜全面建成小康社会 夺取新时代中国特色社会主义伟大胜利:在中国共产党第十九次全国代表大会上的报告》,人民出版社2017年版,第59页。
⑥ 代表性论述包括 Francis Fukuyama, "Exporting the Chinese Model", Project Syndicate, January 12, 2016, https://www.project-syndicate.org/commentary/china-one-belt-one-road-strategy-by-francis-fukuyama-2016-01?utm_source=Project+Syndicate+Newsletter&utm_campaign=edb349387c-Fukuyama_Chinas_Development_Model_1_17_20; Joseph Nye, "China Turns Soft power into a Sharp Tool", The Globe and Mail, January 10, 2018, https://www.theglobeandmail.com/amp/opinion/china-turns-soft-power-into-a-sharp-tool/article37540255;等。

是强调它们面临的一系列障碍，主要包括中国的内部困难，如边疆不稳定、经济困难，中国"一带一路"的政策缺陷，如过度主导、"债务陷阱"，以及中俄在欧亚地区事务中的怀疑和防范等。① 第三，"支持论"。该观点认为中国提出的丝绸之路经济带和俄罗斯主导的欧亚经济联盟重心都在促进地区的经济社会发展。对此，欧美国家，特别是企业不应消极等待或怀疑、抵制，而应寻找合适方式参与其中。丝绸之路经济带和欧亚经济联盟对接框架内的具体投资、贸易、基础设施等项目，不仅有利于地区发展，对其他国家的企业而言也是发展机遇。②

简言之，"一带一路"倡议提出之后，西方主流观点是"怀疑论"和"抵制论"。近两年，随着"一带一路"项目不断落地并产生积极效果，支持"一带一路"的声音有所增多。在欧亚地区，2015 年 5 月中国与俄罗斯签署"一带一盟"对接声明，对此前的"怀疑论""抵制论"形成巨大冲击，很多欧美学者和媒体转变思路，重点分析"一带一路"可能带来的积极收益。这种转变对"一带一路"倡议参与欧亚地区的区域性公共产品供给而言具有积极意义。不过，应该看到的是，所谓"支持"更多是指欧美企业进入相应市场以获利，而非西方国家的整体参与。

与美欧主导的跨大西洋集团相比，包括俄罗斯在内的大部分欧亚地区国家对丝绸之路经济带的态度更为积极。"一带一路"倡议提出后，俄罗斯及部分欧亚地区国家的主流观点是把它当作中国新时期的地缘政治战略，强调由此带来的威胁和挑战。③ 这导致俄罗斯在中国提出"一带一路"倡议后没有立即表达参与热情；在经过一段时间的怀疑、观望和了解后，再加上俄罗斯与西方关系危机导致中俄战略合作迅速提升，④ 俄罗斯便同中国签署"一带一盟"对接声明，在"一

---

① 代表性论述包括 Michale Clarke, "Cracks in China's New Silk Road", March 15, 2016, Asia Dialogue, http://theasiadialogue.com/2016/03/15/cracks-on-chinas-new-silk-road-xinjiang-one-belt-one-road-and-the-trans-nationalization-of-uyghur-terrorism; "Pakistan Learns the Downside of Taking Infrastructure Money from China", CNBC, December. 12, 2017; Michael Clarke, "Beijing's 'March West': 'One Belt, One Road' and China's Continental Frontiers into the 21st Century, PSA Conference, 2016", https://www.psa.ac.uk/sites/default/files/conference/papers/2016/Clarke-PSA-2016-paper.pdf; James McBride, "Building the New Silk Road", Council on Foreign Relations, May 22, 2015, https://www.files.ethz.ch/isn/190994/The%20New%20Silk%20Road%20-%20Council%20on%20Foreign%20Relations.pdf 等。

② 代表性论述包括："One Belt One Road Initiative (OBOR): Editorial", *Transnational Dispute Management*, Vol. 3, 2017 等。

③ 相关论述参见 Ирина Кобринская, Россия и китайский 《шелковый путь》: к какому соглашению придут партнеры? Аналитическая записка № 439, Сентябрь 2016 г.; Kemal Kirisci, Philippe Le Corre, "The Great Game that Never Ends: China and Russia Fight over Kazakhstan", December 18, 2015, www.brookings.edu/blogs/order-from-chaos/posts/2015/12/18-china-russia-kazakhstan-fight-kirisci-lecorre。

④ Ivan Krastev and Gleb Pavlovsky, "The Arrival of Post-Putin Russia", Policy Brief of European Council on Foreign Relations, March 2018, p. 12.

带一盟"框架内启动相关合作，目前，俄罗斯对"一带一路"的整体态度较为积极，这为降低"一带一路"参与欧亚地区公共产品供给体系的地缘政治障碍打下良好基础。与此同时，部分欧亚地区国家在地区整合过程中奉行多元平衡外交也为中国向它们提供"一带一路"公共产品提供了机会。因为，不管是主张向东还是向西整合的欧亚国家，都把中国作为重要合作伙伴而非地缘政治整合力量，在经济领域，其他欧亚国家的这种倾向更加明显。换句话讲，主要以历史和现实联系为基础的欧亚地区整合首先属于区内国家事务，尽管美国、欧盟、中国等会在此过程中扮演重要角色，但它们主要是作为主要的区外影响因素而非整合对象发挥作用。中国在这种背景下与欧亚国家共建"一带一路"，将成为处于整合过程中的欧亚国家的重要合作伙伴，但非唯一合作伙伴。"一带一路"方案目标是在中国和欧亚地区国家之间建立发展型区域性公共产品的供给机制。

综上所述，"一带一路"集中于经济社会发展，其弱地缘政治性是它参与欧亚地区区域性公共产品供给的内部基础，而处于相互竞争状态的两大集团对中国参与欧亚地区发展事务尽管存在一定疑虑，但仍对"一带一路"在推动欧亚地区国家发展抱有期待，这是"一带一路"能够向欧亚地区提供区域性公共产品的现实依据。

三 "一带一路"参与欧亚地区区域公共产品供给体系的方式

学者们针对国际公共产品供给不足困境提出了两条解决路径：一是从扩大和稳定供给，包括强化供给者的资源和意愿；二是降低和分摊成本。不管是从供给角度还是从消费角度展开的研究，都承认要想实现国际公共产品的有效供给，关键是建立"排他性消费机制和成本分担机制"，从而使"国家可以局部而渐进地克服集体行动的障碍"[①]。因此，"一带一路"为欧亚地区区域性公共产品供给做贡献方式主要存在两个方向，而保障这种贡献得以落实的则是中国与欧亚地区国家构建和维持共建"一带一路"的机制。

简单地看，中国通过"一带一路"参与欧亚地区区域性公共产品供给的模式，可根据成本收益方数量划分为四种，分别是：

第一，"1+N"模式。即中国是欧亚地区区域性公共产品的唯一供应方，受益者是区域内的N个国家。与美式、俄式霸权供给不同，中国通过单边途径向欧亚地区供给区域性公共产品的行为无论在数量还是在内容方面都较为有限，更重要的是，由于中国集中关注经济社会发展而努力规避相关地缘政治竞争，所

---

① 庞珣：《国际公共产品中集体行动困境的克服》，《世界经济与政治》2012年第7期，第25页。

以，它在这个过程中将区域公共产品"私物化"的可能性更低。中国在欧亚地区通过"1+N"模式供应公共产品的典型领域是发展援助、自由贸易协定、投资协定等。此前，中国已经向欧亚地区国家，如吉尔吉斯斯坦、塔吉克斯坦等提供了多项援助，涵盖这些国家的基础设施、教育、卫生、能力建设等多个领域，为它们的经济社会发展提供了有力支持；2017年，中国与格鲁吉亚签署了正式的自由贸易协定，实现了在欧亚地区自贸伙伴"零的突破"，目前，中国正同摩尔多瓦进行自由贸易协定谈判，这为在欧亚地区维持和推动自由贸易秩序奠定了良好基础。

第二，"2+N"模式。即中国与俄罗斯或欧盟、美国等合作供应区域性公共产品，受益者是区域内的N个国家。目前，中国已经针对欧亚地区发展的特定问题，分别与俄罗斯、欧盟合作，向欧亚地区提供区域性公共产品。"俄罗斯是丝绸之路经济带建设中的重要一环，对中亚各国影响巨大，对丝绸之路经济带建设向西发展起着至关重要的决定性作用。"①"一带一盟"对接最早也是受到了中俄积极推动，先在双边层面上签署对接声明，才使中国能够与欧亚经济联盟合作推动地区发展问题的解决。欧盟、美国等跨大西洋集团的主导国家或国家集团也可是中国合作提供区域性公共产品的主要对象。2015年，中国与欧盟已在亚洲基础设施投资银行框架内进行合作，向中亚地区基础设施建设进行投资，以解决地区发展瓶颈。不管中国与俄罗斯，还是与欧盟、美国等合作提供发展类型的公共产品，其受益方都将是欧亚地区内多个国家。

第三，"3+N"模式。即中国、俄罗斯、美国或欧盟三方合作供应区域性公共产品，受益者是区域内的N个国家。如前文所述，在俄罗斯和美欧主导欧亚地区公共产品供给体系的情况下，中国向该地区提供公共产品必须面对如何调适三方关系问题。事实上，俄罗斯与欧盟、美国等在中国提出"一带一路"倡议之前就围绕欧亚地区事务开展了多项合作，其重要成果就是双方共同向该地区提供了区域性公共产品。比如，俄罗斯与美欧在无核化和反恐等方面的合作，对增进欧亚地区的安全公共产品供应是一项积极因素。自乌克兰危机爆发以来，俄罗斯与西方关系日趋恶化，双方奉行的是相互经济制裁、政治外交对立的政策，因此，中国将俄罗斯、欧盟纳入三方合作框架以提供区域性公共产品的可能性目前仍然较低。

第四，"N+N"模式。即中国与区域内N个国家合作供应区域性公共产品，受益者也是区域内的N个国家。这种模式与其他模式的最大差别在于它不强调中国应在向欧亚地区提供公共产品的过程中发挥积极引导作用，而更多是一种顺其自然的选择。"N+N"模式是区域性公共产品集体供给模式的一种。它作为

---

① 邢广程：《丝绸之路经济带建设与沿边合作》，《国际问题研究》2017年第3期，第101页。

一个大集团更接容易陷入"集体行动的困境"。按照奥尔森的观点，小集团由于成员少、更容易降低实现"赏罚分明"的成本，所以，比大集团更容易实现公共产品供给，也即"相对较小的集团具有更大的有效性"。[①] 目前，欧亚地区并不存在这种区域性公共产品的供给模式。

综上所述，"1＋N""2＋N"是目前中国通过"一带一路"参与欧亚地区区域性公共产品供给的主要模式；"3＋N"的模式由于俄罗斯与西方关系目前处于对抗而短期内难以实现；"N＋N"模式更多是理论可能性，在现实中尚未出现。中国主要通过这两种方式向欧亚地区提供"一带一路"公共产品的优势在于，它涉及的国家或国家集团数量有限，其成本、收益相对清晰，平衡就更容易实现，从而带来总体效用的增加。但是，中国通过以上方式向欧亚地区提供区域性公共产品的重要前提是它弱化地缘政治冲突而集中关注经济社会发展问题，并不是因为它能利用上述模式避免和消除国际性公共产品的供给难题。因此，我们认为，中国通过"一带一路"参与欧亚地区区域性公共产品供给的主要取向应是对既存的供给体系进行有力补充，而不是彻底重构该体系。

结　　论

俄罗斯与美国欧盟分别主导的欧亚集团和跨大西洋集团是后冷战时期欧亚地区区域性公共产品的主要供应者。它们之间的地缘政治竞争使欧亚地区的区域性公共产品供给形势更加严峻。随着近年来中国越来越积极地参与全球治理事务，其对欧亚地区发展问题的影响也相应增强。中国通过共建"一带一路"参与到欧亚地区区域性公共产品的供给，以推动该地区发展问题的解决。虽然欧亚地区国家迄今为止从中获得的收益大小存在差异，但"一带一路"倡议作为发展型区域性公共产品的催化剂和落脚点，已为欧亚地区国家探索合适发展道路提供了支撑。中国在欧亚地区参与区域性公共产品的模式主要是"1＋N""2＋N"，辅以"3＋N"。需要强调的是，中国的"一带一路"倡议并不是要彻底解决欧亚地区发展所面临的区域性公共产品有效供给不足问题，而是通过制度、机制等的创设和运转，以及具体项目的开展，扩大欧亚地区区域性公共产品的供给，从而改善该地区的区域性公共产品供给状况。而且，"一带一路"的区域性公共产品供给方案并不是要取代欧亚地区同时存在的两种模式即俄罗斯主导的模式和跨大西洋集团主导的模式，它主要是在经济领域对两种模式进行补充，从而更好地满足欧亚地区国家发展的需要。

---

① ［美］奥尔森：《集体行动的逻辑》，陈郁等译，上海人民出版社1995年版，第64页。

中欧班列：推进"一带一路"建设的重要抓手*

马 斌

中欧班列是"一带一路"事业的先行者。2017年，中欧班列又以其迅猛的发展速度成为"一带一路"建设中引人关注的焦点。本文将在回顾中欧班列最新发展态势的基础上，探讨其基本定位和发展逻辑。

中欧班列发展的态势

虽然中国与欧洲间的货物运输早就通过亚欧大陆桥和新亚欧大陆桥进行，但"中欧班列"作为中欧货物运行的新形式直到2011年3月19日才出现，其标志是"渝新欧"集装箱货运班列开通。按照定义，"中欧班列是由中国铁路总公司组织，按照固定车次、线路、班期和全程时刻表开行，运行于中国与欧洲以及'一带一路'沿线国家间的集装箱铁路国际联运列车"。判断中欧之间集装箱货运是否属于"中欧班列"的主要依据是看它是否符合"定点、定线、定班次、定时、定价"，即所谓的"五定"标准。中欧班列从开行到现在已经6年有余，在这期间，中欧班列不断克服多种难题，实现了巨大发展。

一 中欧班列的基本格局

2017年中欧班列年开行3600列，安排运行线57条，国内开行城市38个，到2018年已连接欧洲14个国家的42个城市，实现了由点到面的整体性发展，并初步形成了"三大通道、四大口岸、五个方向、六大线路"的基本格局。

"三大通道"是中欧班列经新疆出境的西通道和经内蒙古满洲里出境的中、

---

* 《丝路瞭望》2018年第2/3期。

东通道。西通道由新疆阿拉山口、霍尔果斯口岸出境,经哈萨克斯坦与俄罗斯西伯利亚铁路相连,途经白俄罗斯、波兰、德国等到欧洲。中通道由内蒙古二连浩特口岸出境,途经蒙古、俄罗斯等到欧洲。东通道由内蒙古满洲里口岸出境,接入俄罗斯西伯利亚铁路,通达欧洲各国。

"四大口岸"分别是处在三大通道上的阿拉山口、满洲里、二连浩特、霍尔果斯,它们是中欧班列出入境的主要口岸。其中,阿拉山口是班列出入境数量最多的口岸,其次是满洲里,二连浩特居第三位;霍尔果斯也逐步开始承接部分班列过境。

"五个方向"是指经三大通道、四大口岸出境的中欧班列到达的欧洲、中亚、中东、东南亚、东北亚五大地区。在这五大方向中,包含俄罗斯在内的欧洲和中亚是中欧班列最主要目的地;中东、东南亚、东北亚仅有少数班列线路。

"六大线路"是指自开通至今运行比较好的班列线路。在中欧班列已经开行的 57 条运行线中,自成都、重庆、郑州、武汉、义乌、苏州 6 城发车的线路无论在发车数量、回程安排等方面都相对稳定,能够实现常态化运营。

二 中欧班列发展的特点

中欧班列 2011—2017 年的发展过程呈现出增长速度快、覆盖范围广、货品种类多的典型特点。

首先,开行班列数量快速增长。

中欧班列开行第一年全年仅发车 17 列,但之后的开行数量逐年快速增长。据统计,中欧班列的第一个"千列"历时 4 年 7 个月才完成,而第六个"千列"仅用时 2 个月就实现。在刚刚过去的 2017 年,中欧班列一年内数量超过此前 6 年的总和。与此同时,国内有关部门不断出台稳定中欧班列增长态势的政策。根据规划,2017 年 12 月起铺画中欧班列欧洲方向专用运行线 61 条,去程 44 条,回程 17 条;中亚方向专用运行线 29 条,去程 24 条,回程 5 条。从而为中欧班列继续保持增长势头提供了保证。

其次,货运覆盖范围不断扩大。

随着中欧班列开行线路的增加,其货运覆盖的地理范围也在不断扩大。在国内,截至 2018 年 1 月初,全国 34 个地方行政区划中除北京、西藏、海南、香港、澳门、台湾之外的 28 个省、自治区、直辖市已分别开通中欧班列;在境外,中欧班列已经覆盖欧洲 13 个国家的 36 个城市,以及中东、中亚、东北亚、东南亚等地区。

最后,运输货品种类不断增加。

中欧班列自开通至今所运货物品类不断增加。目前,中欧班列运输的货品种类已经从最开始的笔记本电脑等电子产品,扩大到电子产品、机械设备、汽车整车和零配件、日用消费品及小商品、工业零部件、红酒、食品及板材等众多品类。特别是回程班列的开通，将越来越多的欧洲国家产品带到中国市场。

中欧班列的复合定位

国家提出"一带一路"倡议后，先于倡议开通的中欧班列成为国家和地方"推进'一带一路'建设的重要抓手"。这是中欧班列的核心定位。在此前提下，"一带一路"框架内的中欧班列属于货物运输方式、贸易畅通手段、设施联通途径等主要内容，定位具有复合性。

一 货物运输的重要方式

货物运输方式是中欧班列的基础性定位。《中欧班列建设发展规划（2016—2020年）》（下称《规划》）中指出，中欧班列"不仅连接欧洲及沿线国家，也联通东亚、东南亚及其他地区；不仅是铁路通道，也是多式联运走廊"。中欧班列的开行为中国与沿线国家的货物往来提供了除海运、空运、公路等主要方式之外的又一种选择。海运是当前国际长途货运的主要方式，但是，远离海洋的城市把产品从内陆地区运抵港口再通过海运出口国外增加了经济和时间成本，因此，中欧班列开行对中国内陆省份及丝绸之路经济带所覆盖的欧亚大陆腹地国家而言具有吸引力。这种新的运输方式使它们能在一定程度上缓解远离海运港口所导致的发展劣势，以更加经济、合理的方式把货物运输到目的地。

二 贸易畅通的重要手段

中欧班列提供的货物运输服务，是推动中国与沿线国家贸易往来的积极尝试。中欧班列部分早期线路开通的目标是帮助当地企业将产品运抵欧洲市场。对这部分地方政府而言，通过开通中欧班列解决运输瓶颈是基于当地整体利益的理性投资行为：一方面，中欧班列的开通可以促成部分产业向该地区的转移、落地；另一方面，中欧班列开通还能将当地货物以更快的方式运抵欧洲，加快中欧之间的货物流转速度，从而推动对欧贸易发展。随着中欧班列不断开行，为解决去回程货源的组织，以及提升班列运行质量等日益突出的问题，不少地方政府通过多种途径增强本线路的竞争力，如提升始发城市口岸级别，扩大进口产品种类和规模，以及开发集装箱冷链运输、信息跟踪等技术等。这些措施在提升中欧班列运行质量时，也为中国与沿线国家间贸易发展提供了重要助力。换言之，推动中欧班列建设是中国与沿线其他国家贸易畅通的重要手段。

三 设施联通的重要领域

中国与沿线国家铁路基础设施之间存在物理联通("硬联通")是中欧班列能够开通的客观前提,中国与沿线国家的基础设施及制度之间实现管理"软联通"是中欧班列能够开通的现实基础,主要包括铁路、海关、边检等的管理措施和标准相互协调、统一等,从而保证中欧班列能够顺利到达终点。尽管中欧班列开行之前中国和欧洲之间已经存在基础设施的硬联通和软联通,但联通程度相对较低,无法按"五定"标准常态化运营,更不能克服中欧班列集装箱跨国联运对时间、成本以及效率等提出的高要求。为此,中国中央和地方政府相关机构积极与沿线其他国家沟通磋商,尝试多种途径解决设施软硬联通难题。中欧班列的发展过程,实际上也是中国与沿线国家在基础设施建设完善,以及铁路运输的通关、换装、监控、安全保障等一系列领域进行密切合作,推动相互间基础设施互联互通的过程。因此,中欧班列是中国与沿线国家开展基础设施互联互通的重要领域和抓手。

作为"一带一路"建设的重要抓手和平台,今后中欧班列在中国与沿线国家的资金融通、民心相通等方面也发挥积极作用是其发展的应有之义。但目前它在这两方面的潜力仍未能得到充分开发利用。总之,中欧班列是"一带一路"建设的重要成就。"推进中欧班列的有序发展,对提升'一带一路'沿线各国基础设施互联互通和经贸合作水平,适应日益增长的亚欧大陆国际货物运输需求,释放'丝绸之路经济带'物流通道潜能,将丝绸之路从原来的'商贸路'变成产业和人口集聚的'经济带',具有重要意义。"

中欧班列的发展逻辑

中欧班列过去的成长并非一帆风顺,它受到沿线交通基础设施和配套服务支撑能力不足、通关便利化有待提升、供需对接不充分、综合运输成本偏高,以及无序竞争时有发生等难题的阻碍。处理和解决上述问题是提升中欧班列品质,推动中欧班列发展需要落实的具体工作。然而,相较于从技术层面克服实际问题,理顺中欧班列的发展逻辑对推动其发展具有更根本性意义。鉴于中欧班列在境外段主要按照市场原则运营,所以,处理国内各主体之间的利益纠葛就成为理顺中欧班列发展逻辑的关键节点。具体来看,地方政府和平台为代表的地方利益、境内总平台为代表的行业利益以及更高层次的国家利益是引领中欧班列发展的主导因素,它们分别遵循不同的运行逻辑参与中欧班列建设。确保中欧班列长远发展的最基本前提就是在地方利益、行业利益和国家利益所遵循的主要逻辑之间达成有机均衡。

一 基于地方的竞争逻辑

中欧班列具有的"运时短、成本低"、绿色环保、安全、准点率高等相对"优势",并非中欧班列在过去几年内高速成长的主要原因。中欧班列开行数量能在短期内获得爆炸性增长主要依靠地方政府通过各种形式提供的支持,其中,最主要的支持是运费补贴。地方政府采取包括补贴在内的多种措施支持中欧班列发展主要是基于两条基本的政治经济逻辑:一是把中欧班列当作配合国家战略的重要表现;二是把中欧班列当成激活地方经济的途径。在不少沿线省份和城市看来,"谁在'丝绸之路经济带'规划成熟前抢占战略地位,谁就可能在规划中成为节点性城市,享受政策扶持,继而为本省产业升级和对外贸易谋取利益。也就是说,谁成为了中欧货运的集散中心,谁就能掌握未来'新丝路'的商业脉搏"。换言之,中欧班列对地方的价值和意义"不能简单通过现有的盈利能力衡量,更重要的是通过中欧班列的开行,带动地方经济发展与对外开放"。比如,通过开行中欧班列发展或承接外向型产业,推动地方经济结构的转型升级等。对地方政府而言,通过中欧班列运营,地方政府把服务国家大战略和推动本地发展有机结合在了一起。然而,这种结合往往基于本地利益,相互之间具有竞争性,各地缺乏协调,彼此合作困难重重。

二 基于行业的统合逻辑

中国铁路总公司作为中欧班列最大的国内运营平台和唯一承运方,成为地方各线路的集装箱国内运输无法绕开的主体。随着地方开行的班列线路逐步增多,它越来越倾向于从行业角度进行统合,整体运营"中欧班列"。中铁对中欧班列进行行业整合的核心突破口是与主要地方线路协商成立"中欧班列国内运输协调会",2014年8月14日、12月16日,第一、二次"中欧班列国内运输协调会"分别在重庆、郑州召开。两次会议讨论了中欧班列的品牌标志、运输组织、全程价格、服务标准、经营平台、协调平台"六统一",量价捆绑优惠机制,货物中转集结,统一与国外议价,国内线路的协调等与行业整合密切相关的问题,并颁布了《中欧班列组织管理暂行办法》,签署了《关于建立中欧班列国内运输协调委员会备忘录》,明确了"每月一会"的协调制度。中铁对中欧班列进行行业整合的重要成就是2016年6月8日正式统一中欧班列品牌。按照中铁的介绍,"统一中欧班列品牌建设、班列命名、品牌标识、品牌使用和品牌宣传,有利于集合各地力量,增强市场竞争力,将中欧班列打造成为具有国际竞争力和信誉度的国际知名物流品牌"。然而,由于国家层面的管理调控机制尚未建立,特别是各线路仍然主要依靠地方支持才能运行的情况下,中铁公司牵头的整合未能达到预期效果。

三 基于国家的协调逻辑

为更好地发挥中欧班列作为"一带一路"重要抓手的作用，以国家发改委为主要代表的政府相关职能部门已经逐步采取措施，协调中欧班列发展，以推动中欧班列更好地服务于国家总体战略。具体来看，基于国家战略的政府整合工作主要包括：召开专题会议和调研以研究部署相关工作。出台专门文件和法规以引导规范相关业务，特别是2016年10月出台的《中欧班列建设发展规划（2016—2020年）》明确了中欧班列的顶层设计，为中欧班列的发展确立了方向。创设机制和平台以加强协调管理日常运营。设立由推进"一带一路"建设领导小组办公室负责运转的中欧班列专题协调机制，一方面协调外交部、财政部、交通运输部等部门成员单位与中欧班列相关的工作；另一方面，也对中欧班列运输协调委员会这一企业层面协调机制进行工作指导，从而在制度上搭建起管理协调中欧班列的基本架构。由此可见，过去两年中欧班列发展表现出越来越强的协调逻辑。随着中欧班列国家层面的协调机制逐步建立，协调逻辑在短期内将发挥更积极的作用，从而遏制地方的竞争逻辑和行业的统合逻辑过度演绎，避免损害中欧班列的发展。

基于行业的统合逻辑和基于国家的协调逻辑逐步强化推动着中欧班列从相对分散的独立发展期进入到以系统优化为主的整合期。中欧班列的早期整合主要由中铁推动。然而，由于中欧班列在最初发展阶段主要依赖地方支持，而中铁提供的扶持力度尚不足以取代地方扶持成为班列运营的主要支撑，因此，中铁的早期整合更多表现为与各大地方平台的对话、谈判，困难重重。随着中欧班列被纳入"一带一路"框架，国家推动中欧班列发展的意愿日益凸显，此时，中欧班列的整合才真正开始。当前，中欧班列整合的主要特点是在国家层面建立协调机制的基础上，向优化线路的方向过渡，尚未涉及运营模式的转变。

中欧班列经过过去几年的成长后已形成一定的品牌影响力。今后一段时期的发展将是重点落实《中欧班列建设发展规划（2016—2020年）》，推动班列运行量、质齐升。具体包括：开行规模继续扩大，如2018年计划安排开行4000列左右；到2020年预期年发车5000列等。通道布局继续完善，西线的霍尔果斯、吐尔尕特、伊尔克什坦，东线的绥芬河等逐步建成、启用和完善，中欧班列的西、中、东布局将进一步稳固。但是，客观地看，中欧班列与当前中国与欧洲货物运输的主要方式——海运相比，仍处在发展初期，其核心竞争力尚未形成，发展需要国家积极发挥协调作用，整合两种相互竞争的逻辑。未来，真正发展起来的中欧班列应是遵循"政府引导，市场主导"原则运行。但在当前，中欧班列建设仍然需要积极发挥政治主动力的支撑作用，做好经济增长动力的培育工作，从而为稳定发展奠定基础。

国外承运商:"一带一路"不可或缺的参与主体[*]

马 斌

中欧班列是"一带一路"早期收获项目之一。它为中国与沿线国家的货物流通提供了新的选择。随着中欧班列的开行线路、覆盖范围不断增加,中国与班列沿线国家的政策、设施和贸易联通也相应地受到带动,从而使中国与沿线国家在"一带一路"框架内的务实合作有了新抓手。中欧班列在过去6年多时间里的快速发展,既离不开中国中央及地方政府的大力扶持,也离不开沿线国家政府和企业的积极参与。不过,由于各主体的出发点不同,它们所遵照的基本逻辑也有差异。与中国政府、企业主要遵从政治经济逻辑推动中欧班列发展不同,国外承运商(亦称国外平台公司)主要遵循经济和市场规则的逻辑来参与中欧班列业务。本文尝试以俄铁物流及其子公司远东陆桥公司为例,界定国外承运商在中欧班列开行和发展过程中扮演的基本角色,并对其进一步参与中欧班列业务的主要方向进行探讨。

国外承运商扮演的基本角色

简单来看,国外承运商是中欧班列运营不可或缺的参与者。中欧班列作为国际集装箱联运的重要方式,从中国出发后,途经俄罗斯、哈萨克斯坦、蒙古国、白俄罗斯、波兰、乌克兰、德国等众多沿线国家,最终进入到欧洲、中亚、中东等地区的不同目的地。在这个过程中,境外承运商既是境外运输服务的主要供应商,同时,也是国内部分线路平台公司的重要投资方。其中,境外路段的运输服务供应商是国外平台公司当前在中欧班列业务中扮演的基本角色。

---

[*] 《丝路瞭望》2018年第2/3期。

首先，中欧班列的境外运输服务供应商。

中欧班列连接欧洲 14 个国家。在不同路段的运输服务由境内外服务商共同完成。通常情况下，中欧班列在国内的运输服务由中国铁路总公司（具体是中铁国际多式联运公司）来提供；而境外段的运输服务则由一个或多个平台公司合作提供。截至 2018 年，参与中欧班列业务的境外平台公司主要包括哈铁快运、俄铁远东陆桥、白俄铁、德铁、跨欧亚物流（Trans – EurasiaLogistics，德铁全资子公司）、英特瑞（InterRail，总部位于瑞士）、联合交通物流（俄铁、白俄铁、哈铁的合资公司）等。其中，俄铁物流及其下属子公司远东陆桥有限公司是中欧班列境外段最大的运输服务供应商，主要负责中欧班列宽轨段的运输。尽管境外平台公司主要负责班列国外段的运输，但是，它并不是直到班列开至境外段时才参与。实际上，境外平台早在每趟班列开行之前就通过对接国内平台公司参与到业务组织和流程规划当中。境外平台公司与国内平台公司对接的形式主要有两种：一是承接中铁公司的运输委托；二是承接地方平台公司的运输委托。

其次，中欧班列国内平台的重要投资方。

除作为运输服务供应商参与中欧班列外，国外平台公司还是国内特定平台公司的重要投资方。2011 年，中欧班列（重庆—杜伊斯堡）最早的线路"渝新欧"班列开通。由于该线路早期主要由重庆地方政府推动，为后期中欧班列发展提供客观支持的"一带一路"倡议当时尚未提出，因此，协调沿线各国的运输企业参与班列运营就是一项难题。在这样的背景下，重庆交运集团按照市场模式，将中铁、俄铁、德铁、哈铁等境内外主要运输服务供应商吸纳进来，共同出资成立合资公司渝新欧（重庆）物流公司来运营"渝新欧"班列。各境外平台公司向渝新欧（重庆）物流公司董事会派遣董事，参与班列平台公司的运营监管，从而保证了境内外各方能够共同推动"渝新欧"班列的运行。截至目前，这也是国内唯一有境外平台公司参与的线路运营商。

以俄铁物流及其子公司远东陆桥为代表的境外平台公司之所以能够以境外运输服务提供商和国内地方平台公司重要投资方的方式参与到中欧班列运营当中，不仅是因为中国提出"一带一路"倡议为沿线国家物流企业提供了拓展国际业务的良好机遇和合作环境，更是由于这些平台公司所拥有的服务产品、业务经验、市场地位等属于中欧班列运营的必要条件。

境外平台公司大多是班列所经过国家市场的主要铁路物流服务供应商，它们在当地市场运营多年，具有强大的市场竞争力和影响力，大多能够主导不同线路的定价，特别是能够将中欧班列途经国家和地区所存在的不同技术和货运标准进行协调、衔接，以实现和保障铁路跨境运输。比如，俄罗斯、中亚以及部分中东欧国家的铁路是宽轨，中国及欧洲大部分国家是标准轨，西班牙等超宽轨；俄罗斯、中亚执行《货协》运输标准、欧盟大部分国家执行《货约》运输标准等。

中欧班列将货物从中国始发地运抵国外目的地，不仅是不同区域市场主导者之间的协作，也是不同技术和标准之间的合作。离开当地市场主体的参与，中欧班列就无法完成换装、通关、运输等基本业务。此外，部分境外平台公司实际上早在中欧班列开通之前就已在开展国际集装箱联运业务，积累了大量经验。2007年，奥地利远东陆桥有限公司（2013年被俄罗斯铁路物流有限公司收购，开始作为其下属公司开展业务）就开始为其韩国客户定制由韩国仁川港始发，经中国辽宁省营口港上岸，铁路至满洲里过境俄罗斯后贝加尔，穿越西伯利亚铁路，经由乌克兰直达欧洲的定制班列。中欧班列开行以后，俄铁物流及其子公司远东陆桥继续在宽轨段和部分欧洲标轨段开展业务。

国外承运商的未来发展重点

中欧班列开行总量已经超过6000列，为参与其中的境外承运商提供了大量国际业务，使其能够直接分享中国发展以及共建"一带一路"的红利。据统计，2017年上半年，中欧班列过境俄罗斯的集装箱量（由俄铁物流及其子公司远东陆桥承运的）占俄铁物流同期集装箱运输业务的88.4%。今后，随着"一带一路"的进一步发展，中欧班列也将把提升运营质量作为工作重点。这对国外平台公司而言，既是新的机遇，也是新的挑战。未来，国外平台公司应从结合自身优势，解决中欧班列发展的瓶颈问题入手，来继续参与中欧班列业务。具体而言，境外平台公司未来在做好基础业务的同时，应重点围绕以下三点，来共同推动中欧班列发展。

第一，培育班列核心竞争力。中欧班列作为东亚和欧盟两大经济圈之间货物运输的新方式，它的发展离不开健康的市场，特别是核心竞争力的形成。目前，尽管中欧班列运输的货物已经扩大到电子产品、机械设备、汽车整车和零配件、日用消费品及小商品、工业零部件、红酒、食品及板材等众多品类，但是，仍然未能形成合理的货品结构。所谓合理的货品结构，主要是指班列运输的货物在属性、价值等方面能与海运、空运等形成互补和良性，而不是非理性竞争。货品结构不合理实际上反映的是中欧班列尚未在货运市场中找到真正的细分客户群和形成有竞争力的定位。中欧班列通常所讲价格和时间优势具有很强的外部依赖性，比如，地方政府的政策扶持等，并不足以让班列在与海运和空运的长期竞争中立足。虽然中欧班列目前主要由中国推动，但是，仅靠中国政府和企业难以形成支撑班列长远发展的核心竞争力。其未来发展需要各主要利益攸关方转变思路，提升各自业务能力，并最终形成有利于班列发展的合力。对境外平台公司而言，主要是适当扩展角色定位，从当前的部分业务流程参与者，转变为班列业务能力的建设者，通过简化业务手续、增强操作能力、优化业务流程等来提升中欧班列的运输效率，降低中欧班列的运输成本，从而形成中欧班列在货运市场上的核心竞争力。

第二，集揽境外的回程货物。中欧班列各线路在开行后的相当长一段时间内（2014年之前）并没有回程货物运输。随着中欧班列开行线路的增多以及回程货物种类的扩大，该问题在一定程度上得到缓解。2017年，中欧班列回程1274列，约占年开行总量的34.7%。虽然这一回程班列比例与最早有回程的2014年的9.1%相比有很大改观，但与2016年的33%、2015年的32.5%相比，并未发生根本性变化。换句话说，过去几年内中欧班列并没有找到彻底解决回程问题的方法。这一方面与回程货物总量较少有关，还与回程货物组织模式有关。目前，中欧班列的回程货物主要由中国公司，包括进口商、货代公司等来集揽，境外平台公司较少参与。实际上，德铁、俄铁物流及其子公司远东陆桥等跨国公司在欧洲物流市场上占据重要地位，熟悉欧洲物流市场，了解货品、货源、价格等基本市场信息，再加上在欧洲市场具有分布广泛和较为完善的终端网络，因此，有条件在回程货物组织方面发挥积极作用。实际上，有的境外平台公司已经启动了这方面的工作。目前，俄铁物流与俄罗斯出口中心（2015年成立）正合作推动利用回程中欧班列运输俄罗斯向中国出口的非资源类产品。根据远东陆桥母公司俄铁物流公司的介绍，俄铁物流作为俄罗斯向中国进行铁路货物运输服务的主要供应商，可以向俄罗斯出口商提供成本合理的高品质物流服务，支持后者向中国各地区出口产品。今后，如果能够推动国外平台公司在境外揽货，中欧班列的回程货源少等问题有望进一步得到缓解。

第三，完善班列的境外布线。中欧班列开行至今，始终存在主线过境地相对单一、支线辐射能力弱的问题。主线过境地相对单一主要表现在超过90%的班列都是经过白俄罗斯与波兰边境的布列斯特及马拉舍维奇进出欧洲。然而，这条主线路的基础设施相对落后，机车运输能力、场站换装能力、货场仓储能力等均无法满足日益增长的班列运输需求，最终导致中欧班列不能按照预期时间完成运输。班列延误使它与海运相比的运时短的优势不再明显，削弱了中欧班列的竞争力。支线辐射能力弱主要表现在大部分中欧班列线路集中发往德国、波兰，再通过公路运输等方式分流到西欧、中南欧、北欧等地区。实际上，通过铁路运行线铺画，增加通往中南欧、北欧等地区的支线，如经俄罗斯、拉脱维亚入境北欧，经乌克兰入境中南欧等线路，不仅能够节省转途德国的运输时间和成本，还能够增强中欧班列对次区域市场的辐射力，更能够以中欧班列为抓手加强中国与沿线国家的设施联通，从而推动相互之间的"一带一路"合作。因此，通过开通更多过境站和组织铺画支线来完善境外布线是中欧班列今后的发展重点。在这个过程中，德铁、波铁、俄铁等主要境外平台公司作为欧洲铁路运输市场的重要企业，具有熟悉路线、通道、站点等天然优势，作为不同次区域市场的主导者，能够较为便利地将中欧班列的过境站建设、欧洲支线铺画等与自身发展相结合，在支持中欧班列发展的同时，也拓展自身业务。

总之，国外平台公司是中欧班列开行运营必不可少的参与方，不仅是中欧班列境外运输服务的主要供应商，还是中欧班列国内平台公司的重要投资方。未来，国外平台公司还可以拓展市场角色，与中国国内相关主体共同培育中欧班列的市场竞争力，利用自身的市场、资源等优势，在集揽回程货物、完善境外布线等方面发挥积极作用，从而在推动中欧班列发展的同时，实现自身的壮大。

地方承运商：地区发展环境的重要塑造者[*]

马 斌

中欧班列自2011年开通至今已经7年有余。其间，越来越多的省份将建设中欧班列视为参与"一带一路"的重要抓手，中欧班列开行的线路也不断增多。地方政府表现出极大积极性与中欧班列在推动与沿线国家的政策沟通、设施联通、贸易畅通等方面具有的良好作用密不可分，也与早期开行线路已经探索出较为成熟的班列操作模式有关。纵观中欧班列的发展过程可以发现，地方政府支持平台公司运营班列是各地普遍采取的模式。对地方政府来说，开行中欧班列不仅能够获得相应的经济和社会效应，更能获得一定的政治和国际效应。当然，中欧班列是按照经济原则进入国际货运市场的，地方政府不能直接参与运营。因此，运营不同班列线路的地方承运商（亦称地方平台公司）就应运而生了。

简单来看，参与到中欧班列运营的地方平台公司包括国有企业、合资公司和民营企业三种类型。当前，运营中欧班列线路的大多数地方平台公司属于国有企业控股或者参股性质的企业。少量线路的平台公司是中外合资企业，例如，"渝新欧"班列的平台公司"渝新欧（重庆）物流有限公司"就是由中铁、俄铁、哈铁、德铁以及重庆交运集团共同出资组建的合资公司；"蓉欧快铁"起步阶段的运营企业"成都亚欧班列物流有限公司"也是由波兰HATRANS物流有限公司、江苏飞力达国际物流有限公司、深圳越海全球物流有限公司共同出资组建的合资公司。参与中欧班列线路运营的民营企业代表是"义新欧"班列的早期运营方义乌天盟实业，以及中欧班列（深圳—明斯克）线路的深圳朗华集团。不同类型的企业在运营中欧班列的过程中各具优势。但是，由于中欧班列目前正处于市场培育阶段，地方政府支持是其正常运行的基本保证，因此，随着班列的开

---

[*] 《丝路瞭望》2018年第2/3期。

行，更容易对接地方政府政策和具有较强资金筹措能力的国有企业或者国有控股企业逐渐占据了绝对主导地位，即使早期尝试探索不同模式的部分线路，最后也通过让国有企业参与来进一步完善班列运营体系。比如，"蓉欧快铁"自2016年4月起交由国有企业"成都国际铁路班列有限公司"来运营管理；"义新欧"班列也于2014年增加了国有属性的新主体——"义乌市国际陆港集团有限公司"，并逐渐成为线路的主要运营方。2014年10月开行的"湘欧快线"平台公司"湖南湘欧快线物流有限公司"（下称"湘欧快线物流"）也是民营企业，通过积极协调各方推动"湘欧快线"的发展，但是，随着中欧班列市场竞争日益激烈，以及国家政策的调整，"湘欧快线"运营垫付资金不能快速回笼等瓶颈已经严重制约平台发展，如果政府相关补贴不能及时到位，或者补贴退出政策过快，"湘欧快线"将无法独自支撑班列长期开行。因此，企业在考虑改制，希望通过引入国有资本来为"湘欧快线"班列的长期、稳定运营和多元化发展提供保证。

以国有企业为主，合资公司和民营公司共同参与是当前中欧班列地方运营平台的基本格局。地方平台公司的基本职能可以简单概括为向国内外托运人提供"国际铁路联运，'一票式'全程运输包干服务"。但是，中欧班列开行和运营是一项系统性业务，除在市场上进行交易的托运人和承运商之外，也离不开政府以及社会力量的参与。地方平台公司作为中欧班列线路的实际运营方，实际上是为政府、国内外托运人和承运商，以及社会力量参与和影响中欧班列提供了基本平台。通过调动和协调各类资源，地方平台公司起到了维持、推动班列运营和发展的作用。在这个过程中，地方平台公司具体路径主要包括以下四种：

第一，落实政府政策。中国中央和地方政府制定和出台各项支持培育政策是中欧班列能够开行和发展的前提。离开此类政府政策的支持，中欧班列就难以从设想变为现实。当然，中欧班列不同发展阶段的政府政策存在一定差异。但笼统地看，中国中央和地方政府出台的政策主要包括协调和直接培育两类。协调性政策主要涉及与中欧班列开行有关的不同部门、不同地区间的协调合作，比如海关、国检等对货物的通关、查验，铁路部门的运行线路铺画等；涉及沿线国家间的协调合作，比如海关互认、集装箱换装等。我国的中央政府的相关部门以及地方政府与国内外政府、铁路、海关、检验检疫等部门进行磋商，制定一系列培育政策来消除中欧班列开行的障碍。政府政策出台后，地方平台公司以此为依据调动相关资源和力量开行班列，换言之，就是落实政府各项培育政策，使政策设想产生现实效果。直接培育政策主要是地方政府对班列提供启动培育资金和各类资源支持，以形成和维持班列开行初期在价格和效率等方面的优势，从而推动班列完全市场化，弥补内地国际物流通道短板，促进地区国际经贸发展。

第二，集揽市场货物。如果说落实政府政策属于地方平台公司"向上连接"

的职能，那么，在市场上集揽货物则是中欧班列地方平台公司"向下连接"职能的基本体现。通过集装箱运输货物是中欧班列的基础性功能，也是中欧班列向市场提供的主要服务内容。传统上，中国与班列沿线国家的货物运输主要通过海运、空运和公路运输等实现。中欧班列为托运人提供了铁路运输这一新选择。但是，要想使长期依靠海运、空运以及公路运输的托运人接受和使用中欧班列进行货运，就需要地方平台公司进入货运市场，除从海运、空运和公路运输中分流部分货源，积极开发适合班列运输的货源，以保证中欧班列常态化运行。各地方平台公司为本线路班列集结货物时，会与出口商、货代公司等各类具有货运需求的市场主体进行交易。通常情况下，地方平台公司会给货物总量大、周期稳定、市场相对固定的进出口企业提供专列，如"渝新欧"的惠普笔记本专列、中欧班列（大庆—泽布鲁日）的沃尔沃专列等；对于货品量少、目的地分散的货运委托人，地方平台公司会通过班列平台间的合作和公共班列的形式提供服务。地方平台公司在市场上集揽货物主要凭借"价格低、速度快、服务好、正点率高"等优势。随着全国各地开行的中欧班列线路越来越多，地方平台公司之间的揽货竞争日益激烈。

第三，购买运输服务。地方平台公司对接的另外一类利益攸关方是国内外承运公司。目前，在中国境内段为中欧班列各线路提供运输服务是中铁，具体由中铁集装箱的全资子公司中铁国际多式联运有限公司来负责；在境外段为中欧班列各线路提供运输服务包括俄铁、哈铁、德铁、波铁、白俄铁，以及英特瑞等合资物流公司。地方平台公司集揽货物后，自身并不负责具体的铁路运输业务，而是委托上述国内外承运公司来完成相关铁路的运输。地方平台公司购买运输服务的方式主要包括三种：直接向中铁购买全程运输服务；直接向境外承运公司购买全程运输服务；向境内外承运商分别购买不同段落的运输服务。实际上，由于中欧之间的铁路运输要在不同的轨距和货运标准之间进行，再加上铁路运输具有一定的政治和战略价值，因此，不管地方平台公司是通过哪种方式购买运输服务，不同国境内的铁路运输均由该国铁路公司来具体完成。以"湘欧快线"主线为例，班列从长沙发车后，由中国铁路总公司、广州铁路（集团）公司、中铁多联负责提供铁路运输的各类服务完成中国境内的铁路运输，经阿拉山口出境后在哈萨克斯坦、俄罗斯、白俄罗斯、波兰、德国境内分别由哈铁、俄铁、白俄铁、波铁、德铁等完成相应段落的运输。

第四，塑造发展环境。中欧班列作为一项货物运输服务，其价值不仅仅包括向市场提供有竞争力的货运服务，对地方政府而言，还是一项重要的产业链发展，承担着为地方经济发展塑造良好发展环境的任务。中国内陆地区开行的中欧班列，在一定程度上克服或缓解了内陆城市及经济圈绕道海运出口货物所存在的时间长、成本高等难题，有力地改善了当地的商业环境，为当地产业转型、升级提供了重要支持。中国部分沿海地区开往欧亚大陆内陆城市的中欧班列线路也具有类似价值，因为，出口货物由海运运抵港口后还需经过很长的陆路运输才能抵达目的地，而中欧班列则有效地减少了货运时间和成本。这弥补了部分沿海城市商品出口的短板，有力地支撑了当地外向型经济的发展。在"一带一路"倡议提出后，不少地方政府把开行和运营中欧班列当作带动产业链发展的需要，以在国家整体规划中占据有利地位的重要手段。为此，地方政府通过各种直接和间接措施培养扶持本地平台公司来发展和壮大本地的中欧班列线路。当前中欧班列各线路的竞争以平台公司压低运价，完善服务争夺市场上的货源为主要表现。如果把地方平台公司当作单纯的物流企业，仅从物流成本和收入角度就不能解释其发展轨迹；只有把地方平台公司当作地区发展环境的重要塑造者，才能理解地方政府积极培育支持地方平台公司开行中欧班列的基本原因。

尽管地方平台公司通过落实政府政策、承揽市场货物、购买运输服务、塑造发展环境等途径将中欧班列各相关行为体联系在一起，促进了中欧班列运营。但是，如果仔细审视中欧班列过往的发展过程就可以发现，地方平台公司目前尚未形成能够独立支撑班列运营的能力。一旦地方政府不再提供支持，或者支持的力度大幅度降低，很多地方平台公司将无力继续运营相关线路。究其原因，最根本的在于中欧班列过去处于发展初期，尚未在物流市场上形成合理的市场定位。但是，经过6年多的探索后，中欧班列已经覆盖全国大多数省份和地区，存在的问题也基本比较明确；随着国家出台《中欧班列建设发展规划（2016—2020年）》，以及"一带一路"倡议向纵深发展，中欧班列也将步入优化整合阶段。

从总体上看，中欧班列在优化整合阶段的核心任务是形成相对合理的区域定位和线路布局。中欧班列在过去6年多时间里所形成的多起点、多线路格局会被打破，将更多依据区域经济协调原则来建设班列枢纽节点、集散中心等，从而不断降低线路重叠、低价竞争等对班列市场造成的破坏。对地方平台公司而言，及时转变理念，提前规划方案是当务之急。简单来看，地方平台公司应在做好物流基础业务的同时，围绕中欧班列运营开发智力产品，以塑造在整体市场上的话语权；应在做好本地业务的同时，探索与周边平台公司合作的模式，共同做强区域线路，以免在未来的发展中被整合；应在做好货物运输业务的同时，尝试为本地经济与沿线国家的合作提供综合服务，比如推动本地企业与沿线国家的相互投资和商贸往来等。也就是说，地方平台公司只有不断拓展职能角色和经营理念，才能真正推动本线路中欧班列的发展。

第三编：时事评论篇

俄罗斯外交 2017：局部亮点难掩深层阴霾[*]

冯玉军

2017 年的俄罗斯外交亮点突出，取得了一些令人瞩目的成绩。但这些成绩总体而言是局部性的，难以掩盖俄罗斯外交的整体阴霾，更无法解决俄罗斯国家发展和对外战略的深层次结构问题。

俄罗斯外交的成果与亮点

毫无疑问，2017 年俄罗斯外交的最大亮点是通过在叙利亚两年多的军事行动，打出了一片天地，再次以常人难以理解的方式重新在中东争得了一席之地。一是保住了巴沙尔政权，打破了美欧支持叙利亚反对派以军事方式推翻巴沙尔政权的图谋，从而使俄罗斯在中东地区维系了重点的战略盟友；二是保住了俄罗斯在叙利亚塔尔图斯和拉塔基亚的海空军基地，巩固了俄罗斯在地中海东岸的地缘战略支点，使其自 18 世纪初以来在黑海—地中海方向的地缘政治努力成果不致进一步受损；三是在一定程度上调动了中东地区大国关系，建立起了以俄罗斯为核心的多重关系网络。一方面，俄罗斯、叙利亚、伊朗、土耳其结成了某种"志愿者同盟"，出于不同目的开展了"临时性合作"。另一方面，俄罗斯、伊朗、阿塞拜疆三个里海沿岸国家也互动频繁，试图在中东变局的背景下调整围绕里海问题的关系。与此同时，沙特阿拉伯国王也对俄罗斯进行了历史性访问，实现了俄沙双边关系的重大突破，反映出沙特对于俄罗斯在中东地位和影响的重视。另外，俄罗斯还利用卡塔尔外交危机试图在中东占取更重要的地位。

---

[*] 本文系复旦大学国际问题研究院《迷茫与进取：复旦国际战略报告 2017》部分内容，澎湃网"外文学人"栏目 2018 年 1 月 12 日对本文进行了刊载，https://www.thepaper.cn/newsDetail_forward_1947333。

但上述成就并不意味着俄罗斯可以完全主导中东的地区格局,中东地区地缘政治、民族宗教的复杂性和流动性是任何一个大国都难以完全把控和驾驭的。两个关键性的问题在于:首先,俄罗斯、土耳其、伊朗组成的"三驾马车"的可持续性究竟如何?伊朗谋取地区霸主地位的企图、土耳其对库尔德人的关切是它们与俄罗斯暂时走到一起的动因,但这更像是某种权宜之计。较之美国,它们可能更不希望与之有几百年紧张对立关系的俄罗斯在中东重新坐大。其次,为应对伊朗近年来在中东的强势崛起,美国、以色列和以沙特为首的海湾国家正在迅速走近,美国不会退出中东,只不过美国的中东政策正在加速调整,它不会把中东地区拱手相让给俄罗斯。

2017年俄罗斯外交的第二个亮点是"向东转"加快推进,在一定程度上缓解了其自乌克兰危机以来所遭遇的外交困局。俄罗斯同越南、日本、印度等国家的关系加紧重塑,以应对亚太地区新的形势变化。俄罗斯也积极参与到朝核问题的调解过程当中,试图发挥某种"独特作用":既派联邦委员会主席马特维延科率团访朝加强与朝沟通,又在美朝间传递信息试图充当"桥梁",还与中国共同发表"关于朝鲜半岛问题的联合声明"并在"反萨德"问题上"联手行动",这一系列"组合拳"再次体现了俄罗斯外交善于借力打力、长袖善舞、斡旋调停的一贯风格,也确实在一定程度上提升了俄罗斯在朝核问题上的影响力。此外,俄罗斯在多边领域也加大力度,在发展同东盟、APEC 关系的同时,还提出"大欧亚伙伴关系计划",试图建立起一种跨欧亚的地缘政治和地缘经济框架,以打破与西方关系恶化的僵局,实现外交突围。

毫无疑问,俄罗斯"向东转"的重要一环是深化与中国的全面战略协作伙伴关系。一年来,中俄关系在一系列领域取得了新的进展:一是双方政治互动进一步紧密,两国高层领导人在不同场所多次会晤、协调立场,双方还共同签署了《关于进一步深化全面战略协作伙伴关系的联合声明》《关于当前世界形势和重大国际问题的联合声明》《〈中俄睦邻友好合作条约〉实施纲要(2017年至2020年)》《中俄关于朝鲜半岛问题的联合声明》等一系列重要文件;二是两国务实合作迅速回暖,双边经贸额同比增长20%以上,一系列投资项目得以签署并加快落实。

可以说这些年中国对俄投资,在一定程度上缓解了西方制裁对其所带来的压力。2017年10月,中国与欧亚经济联盟还签署了《关于实质性结束中国与欧亚经济联盟经贸合作协议谈判的联合声明》。这是中国与欧亚经济联盟首次达成的经贸方面的重要制度性安排,将推动双方在欧亚地区减少非关税贸易壁垒,提高贸易便利化水平。

2017年俄罗斯外交的第三个亮点是欧亚经济联盟持续发展,在表面上取得了一些新的进展,在包括海关、贸易、税收、能源等领域签署了一系列新的合作协议。但与此同时，在经济层面，哈萨克斯坦、白俄罗斯等成员国在参与欧亚经济联盟合作的同时，正在进一步使其对外经济联系多元化，积极拓展与中国、美国、欧盟、日本、韩国甚至包括中东国家的经济合作，以此弱化欧亚经济联盟对其带来的约束及冲击。

俄罗斯外交的深层次阴霾

首先，除了经济上的"貌合神离"，俄罗斯重点推进整合的"后苏联空间"深层次的战略与政治矛盾也非常突出。

在战略性基础设施建设领域，继巴库—杰伊汉石油管道于20世纪末建成运营并在一定程度上改变了里海—高加索地区的能源地缘政治格局后，2017年，巴库—第比利斯—卡尔斯铁路也建成通车，这意味着跨高加索、跨里海的交通和能源基础设施正在没有俄罗斯参与的情况下加速推进，也意味着俄罗斯在该地区的地缘政治影响在持续下降。

在政治层面，俄罗斯与盟友之间的"芥蒂"不仅没有消除，反而在潜滋暗长。在2017年俄罗斯与白俄罗斯举行联合军演期间，双方因普京和卢卡申科究竟是同时还是分别视察演习而闹得不可开交。尽管这是一个小事件，但一叶知秋，它显示出俄罗斯与盟友之间的离心离德。

在人文领域，哈萨克斯坦决定实行字母拉丁化将成为一个标志性的事件，它意味着从18世纪末19世纪初被迫接受了斯拉夫文明的中亚国家逐渐意识到，俄罗斯已经无法继续引领中亚国家在21世纪的可持续发展，而文化影响力的衰微将成为俄罗斯在"后苏联空间"面临的最大挑战。

在乌克兰问题上，乌克兰东部地区保持了"不战不和"的局面，"明斯克协议"基本上成为一纸空文。与此同时，顿巴斯地区两个"未被承认的共和国"局势复杂，内部各种势力的权力斗争异常激烈，它既是乌克兰"难以割舍的痛"，也成了俄罗斯不得不背的"包袱"。更何况，还有克里米亚。

其次，俄罗斯同美国的关系2017年未能因特朗普上台执政而实现"重启"，而是几乎进入"死机"状态，双方在诸多领域"互怼"与"死掐"，双边关系呈螺旋型下滑。美国对俄罗斯制裁更加严苛、双方"外交驱逐战"轮番升级、两国"媒体制裁战"愈演愈烈、双方在中东的地缘争夺战进入新的阶段。

回顾特朗普执政一年的美俄关系变化，可以看到美俄两国的结构性矛盾正在从地缘政治矛盾、战略平衡问题向国内政治领域扩展。俄罗斯对美国2016年总统大选的干预以及在美国国内引起的强烈反弹使美俄矛盾加速从外源性向内生性转变，这进一步增强了两国关系的复杂性。

"通俄门"在美国国内持续发酵，先是美国总统国家安全顾问弗林因"通俄门"辞职,后有美国国会的四个委员会、司法部任命的特别检察官对特朗普团队涉嫌"通俄"一事展开全面调查。可以说,俄罗斯已经成为美国国内高度敏感的政治议题,"反俄"已经成为某种"政治正确"。

而在俄罗斯,反美也成了塑造"外部敌人"以便为严峻的社会经济形势寻求借口、凝聚国内政治共识甚至打压政治反对派、进而为普京 2018 年顺利开启第四个总统任期的重要工具。可以预期,2018 年 5 月再次就任总统之前,普京也没有足够的意愿去改善俄美关系。未来相当一段时间里,"有限对手"将成为美俄关系的"新常态"。

最后,俄罗斯同欧洲国家的关系 2017 年同样暗淡。尽管美欧之间存在分歧,但在应对俄罗斯"威胁"这一问题上,欧洲国家与美国依然站在一起。北约的欧洲成员国在俄罗斯的挑战和美国的压力下,逐渐提高军费开支并加强在东欧的前沿军事部署。大多数欧洲国家对俄罗斯以"锐实力"方式干预欧洲国家国内政治进程(包括英国"脱欧"、西班牙加泰罗尼亚公投、支持欧洲国家右翼政党)等忧心忡忡。而乌克兰问题的久拖不决更让欧盟对欧洲安全问题充满忧虑。

11 月 13 日,欧盟中的 23 个成员国在布鲁塞尔签订了一项条约性欧洲防卫协议,决定启动欧盟防务"永久结构性合作"(PESCO)。"永久结构性合作"机制是一个兼具包容性和约束性的框架,欧盟国家在自愿的基础上参与,参与国共同发展防务能力、投资防务项目以及提高军事实力,同时需履行定期增加国防预算、投入一定比例的军事研发技术等承诺。

12 月 21 日,英国首相特雷莎·梅出访波兰参加英波峰会,两国签署防务合作条约,将加强两国在培训、信息共享、国防设施采购以及联合演练等方面的合作,双方还就一项"监测和对抗"俄罗斯信息行动的项目达成一致,以应对俄罗斯"信息战"对欧洲安全构成的威胁。同一天,欧盟理事会批准将对俄经济制裁延长至 2018 年 7 月 31 日。欧盟在乌克兰冲突背景下于 2014 年对俄罗斯实施经济制裁,并在之后加以扩大。欧盟成员国领导人于 2015 年 3 月将该制裁决议与全面履行明斯克和平协议联系起来,并每半年延长一次。可以断定,如果明斯克协议不能得到有效执行,欧盟对俄制裁不会轻易取消。而制裁不取消,俄欧关系就难以重回正轨。

12 月 6 日,普京正式宣布参加 2018 年俄罗斯总统选举。根据当前俄罗斯国内的政治形势,普京胜选连任并开启自己的第四个总统任期毫无悬念。但俄罗斯国家发展的结构性问题不会因此而轻易解决,俄罗斯外交的深层次"阴霾"也不会因叙利亚战场上的战术性胜利而迅速消退。俄罗斯,仍将是影响国际及地区局势发展的一个重大变量。

中俄关系持续深化，也受全球变局制约*

冯玉军

继2016年"黑天鹅事件"频发之后，2017年的国际形势继续深度震荡，国际思潮、大国关系、世界秩序持续经历深刻变化。在国际环境发生剧变的条件下，中俄关系在政治、经济、安全、人文等领域持续深化，取得了新的进展。但中俄关系不是孤立存在的，它既影响着国际局势的变化，也受到中俄各自发展战略和国际环境的制约。因此，对中俄关系的一些深层次问题进行深入思考，是确保中俄关系可持续发展和国际秩序平衡转型的重要保障。

2017，中俄关系进一步深化

近年来的中俄关系诚如中华人民共和国驻俄罗斯大使李辉在俄《消息报》上撰文所言："作为中国特色大国外交的重要实践和成功典范，中俄全面战略协作伙伴关系在继承中发展，在开拓中前行，不断融入新思想、注入新动力、迈出新步伐，为两国和两国人民带来实实在在的福祉，为维护世界和地区的和平稳定做出了重要贡献……中俄关系是最健康、最稳定、最成熟的国家间关系典范，也是中国特色大国外交成功实践的一个缩影。"中俄关系的深化体现在以下几个方面。

一是政治互信不断加深。2014年，中俄两国发表共同声明，中俄全面战略协作伙伴关系进入新阶段。近5年来，习近平主席6次访俄，同普京总统举行了20多次会晤，创下两国元首会晤纪录。正是在两国元首的顶层设计和战略引领下，中俄全面战略协作伙伴关系不断迈上新台阶。

---

* 澎湃网"外交学人"栏目，2018年1月3日，https：//www.thepaper.cn/newsDetail_forward_1933299。

2017年5月,普京总统出席第一届"一带一路"国际合作高峰论坛,发出了俄罗斯支持"一带一路"倡议并将积极参与其中的明确信号。2017年7月,习近平主席访问俄罗斯。其间,中俄两国签署了多个加强两国战略协作关系的声明和合作文件。在随后的上海合作组织阿斯塔纳峰会和G20汉堡峰会上,中俄两国协调立场、共同发声,呼吁国际社会摒弃贸易保守主义,推进贸易自由化、经济全球化深入发展,摒弃冷战思维和零和博弈,推动国际秩序和全球治理体系朝着更加公正合理的方向发展,共同构建人类命运共同体。

除元首定期会晤机制外,双方建立了以中俄总理定期会晤机制为核心的完备的政府间合作机制,其中包括5个副总理级的合作委员会。两国地方还积极发展友好省州、经贸结对省州,扎实开拓地方合作新局面,体现了中俄关系的高水平和全面性。2017年10月31日,俄罗斯总理梅德韦杰夫来华进行正式访问并出席中俄总理22次定期会晤,成为中共十九大后首位来华访问的外国领导人,这充分体现了中俄关系的紧密性和高水平。

二是国际战略协作水平进一步提升。2015年年末出台的俄罗斯新版《国家安全战略》将中俄关系称为"维护全球和地区稳定的关键因素"。

2017年7月习近平主席访俄期间,中俄双方签署两份重要政治文件。《中俄关于进一步深化全面战略协作伙伴关系的联合声明》表示,"无论国际形势如何变化,都将恪守《中俄睦邻友好合作条约》;相互视对方为外交优先伙伴"。该声明还强调,中俄"双方将全面加强国际领域战略协作,在外交工作中优先重视彼此就国际问题进行沟通,就各自重大政策和行动加强协调,深化各自外交部门、驻对方国家使领馆、各自驻第三国外交代表机构之间的合作"。如此全方位地开展外交协调,是中国与其他国家关系中所没有的。

《中俄关于当前世界形势和重大国际问题的联合声明》则对国际战略形势、联合国的地位与作用、打击国际恐怖主义、加强全球战略稳定、国际网络空间安全与治理、人权、建设开发型世界经济、双方在一系列新型全球和地区治理机制中的合作、朝核、叙利亚、阿富汗及伊核等国际热点问题表达了相同或相近的立场。

三是务实合作稳步推进。2015年,中俄就丝绸之路经济带与欧亚经济联盟对接达成一致,并发表共同声明。短短一年后,普京总统又倡议共建"大欧亚伙伴关系"。中俄两国联手推动欧亚国家合作、打造欧亚命运共同体的抱负日益明晰。2017年10月,中国与欧亚经济联盟签署《关于实质性结束中国与欧亚经济联盟经贸合作协议谈判的联合声明》。这是中国与欧亚经济联盟首次达成的重要经贸方面制度性安排,将推动双方在欧亚地区减少非关税贸易壁垒,提高贸易便利化水平。

两年多来,在中俄双方共同努力下,对接合作取得积极成果。2017年,中俄克服重重困难，经贸合作呈现稳中向好的发展态势，合作规模和质量同步提升。双边贸易结构持续优化，机电和高新技术产品贸易保持两位数增长。中国企业对俄投资日趋活跃，双方确定了包含73个重点项目的投资合作清单。

未来，中俄在务实合作领域的重点方向是：其一，提高贸易自由化水平，健全海关、检验检疫、物流等合作机制，逐步减少非关税壁垒，支持跨境电子商务发展，扩大贸易规模；其二，促进投资便利化，简化项目审批程序，放宽劳务限制，落实优惠政策，更好保护投资者合法权益，为双方投资合作营造法制化国际化便利化的营商环境；其三，加强发展战略对接，发挥总理定期会晤机制的统筹协调作用，推动能源、航空航天、基础设施、卫星导航、数字经济、北极开发、远东开发等领域战略性大项目合作不断取得新进展，打造两国合作新亮点；其四，深化金融合作，扩大本币结算，降低双边贸易投资成本；其五，扩展合作平台，充分发挥中俄博览会、东方论坛等作用，为两国企业特别是中小企业合作牵线搭桥、加油助力。

四是中俄两军关系正向更广领域、更深层次不断发展。目前，中俄两军在高层互访、联演联训、专业交流、国际会议、国际军事比赛、军技合作、人员培训等多领域开展务实合作，逐步形成了全面多元的格局。

2017年6月，中俄两国国防部长签署了《2017—2020年中俄军事领域合作发展"路线图"》，对中俄2017—2020年的军事合作进行了顶层设计和总体规划，这是两国高水平战略互信和战略协作的具体体现，有利于双方携手应对安全领域的新威胁、新挑战，共同维护地区和平稳定。年度战略磋商、军事技术合作混委会的建立、上海合作组织框架下的"和平使命"联合军演、中俄海军"海上联合"演习、中国武警部队与俄国民卫队"合作"联合反恐训练……中俄两军已建立起可持续的机制架构。

此外，中俄两军于2017年12月11日至16日在北京举行"空天安全-2017"中俄第二次首长司令部联合反导计算机演习，演习目的是双方通过共同演练防空反导作战筹划、指挥、火力协同等内容，应对弹道导弹和巡航导弹对两国领土的突发性和挑衅性打击。这些举动标志着中俄军事战略、战术协作正迈向前所未有的高水平。

五是人文合作硕果累累。近年来，中俄人文合作发展迅速。2007年开始，中俄先后成功互办国家年、语言年、旅游年、青年友好交流年。2015年5月习近平主席访俄期间，两国领导人宣布2016年和2017年为"中俄媒体交流年"。在"中俄媒体交流年"框架下，两国共举办400多项活动，精彩纷呈。两国媒体在亲密接触、深入交流的同时，也共同在两国国内和国际上做大做强了中俄关系的"宣传队"，展示了新时期中俄两国的国家形象。2018年和2019年，中俄还将举办地方合作交流年。

在教育领域，中俄两国相互留学人数不断上升。双方正为2020年中俄互换留学生规模达到10万人目标而不断努力。截至2017年，俄罗斯有22所孔子学院或课堂和200余所大中小学开展汉语教学，中国有22个俄语中心和300多所大中小学开展俄语教学。汉语考试将于2020年正式纳入俄罗斯国家统一考试体系。2017年9月，中俄首次联合创办综合性大学深圳北理工—莫斯科大学已经正式开学。

人文合作的开展拉近了两国人民间的距离。俄罗斯社会舆论基金会2017年2月发布的民调结果显示，50%的俄受访民众认为，中国是俄罗斯的战略与经济伙伴，创下2005年以来的新高。相应地，在中国百姓心目中，俄罗斯也已成为重要的国际伙伴。双方民众间亲近感的提升正是中俄关系全面高速发展的真实写照。

对中俄关系的几点思考

中俄是有着4300多公里长共同边界的重要邻邦，中俄关系的走向对于两国各自的安全与发展有着举足轻重的作用与意义，历史经验表明：中俄两国只能友好、不能对立；中俄双方合则两利、斗则两伤；中俄关系只能搞好、不能搞坏。但同时需要明确的是，中俄关系不是在"真空"而是在具体的国际环境中存在、运转的，它不仅会对国际局势的发展变化产生影响，同样也受到国际环境的诸多制约并进而作用于中国的外部环境。特别是在世界处于剧变之际，对中俄关系多做一些细致深入的思考，无论是对中俄关系的可持续发展、对中俄各自的国家利益而言，还是对国际秩序的平稳、顺利转型而言，都是必要的。

首先，应客观评估中俄关系的国际战略边际效用。在国际大变局的背景下，中俄两国都不乏结盟或以紧密的军事、安全协作来应对美国压力的观点。这种传统的大国关系"均势论"忽视了当下国际关系日程日益复杂的现实，也忽视了中俄两国在国家利益、国际身份和国际战略取向等方面的差异。

第一，当下的国际关系早已不像是冷战时期那样仅仅是单纯的地缘政治，经济融合、人文联系、文化接触、共同应对全球性挑战的需求使今天的中美关系与当年的美苏关系不可同日而语，以结成军事同盟的方式与美国形成全面的竞争与敌对关系不符合中国的国家利益。

第二，尽管俄美关系处于冷战结束以来的冰点，但俄罗斯从主观愿望上是希望与美改善关系，出兵叙利亚的重要目标就是试图"逼和"美国，迫使其恢复与俄罗斯的合作。对于俄罗斯战略界来说，促使其他国家成为美国的最大对手是转移自乌克兰危机以来美国对俄压力、摆脱当前困境的最好方式。因此，对俄与华形成紧密关系以对抗美国的主观可靠度是需要存疑的。2016年12月1日，普京总统批准2016年版《俄罗斯对外政策构想》，对发展与欧美的关系做出了全方位阐述，相形之下对"向东转"并未着墨太多。2018年俄罗斯总统选举之后，俄罗斯外交的重点之一就是调整和改善自乌克兰危机以来不断恶化的对美欧关系上来。

第三，尽管自2014年以来，俄罗斯以武力获取克里米亚、强势出兵叙利亚的行动令世人瞠目，但俄罗斯的综合国力存在诸多短板，参与全球治理的能力与影响日渐匮乏，未来还将面临经济增长模式畸形、人口结构恶化、创新能力不足等诸多挑战，其抗衡体系变化和内外压力的阈值值得观察。在中美俄力量对比发生历史性变化而国际关系议程不再仅仅是地缘政治的情况下，俄罗斯很难像冷战时期中美苏三角关系中的中国一样发挥"四两拨千斤"的作用。总体而言，今天的中美俄关系已不像冷战时期的中美苏大三角一样互动紧密，中美、中俄、俄美三组双边关系各有各的价值、各有各的逻辑，简单的"二对一"对抗方式不符合中国的利益。

其次，中俄关系的经济成本与收益如何权衡？苏联解体二十多年来，中俄两国的经济合作取得了突飞猛进的发展，双边贸易额实现了几十倍的增长，近年来相互投资也进入了一个快速发展阶段。

近年来，两国在实现丝绸之路经济带与欧亚经济联盟对接方面达成了政治共识，并开始就具体路径和方式进行谈判，两国甚至商讨建立"大欧亚经济合作关系"。但不容忽视的是，无论中俄经济合作如何密切，鉴于俄罗斯的经济体量与经济结构，中俄经济合作对于中国经济发展特别是转型升级的拉动作用都将是有限的。中俄当然应该努力挖掘两国间的经济互补性以实现"共同发展"，但不宜对双边经济合作对各自经济发展和世界经济走向的影响估计过多。更何况，迄今为止双方还在探索如何实现"共同发展"的路径和方式。以地区合作为例，尽管双方在2009年签署了有关"东北振兴与远东开发相互对接"的协议，在其中罗列了200多个项目，但受制于多重因素的影响，该协议还有待落实。

最后，如何把握中俄关系与中国其他对外关系的平衡。中国正在日益接近世界舞台的中心，中国的利益范围和影响波段是越来越广的，这就要求中国应该更坚决地奉行独立自主的外交政策和方针，要将中俄关系置于中国的外交全局中加以考虑，既要稳步推进中俄关系的可持续发展，也要注意其可能造成的广泛国际战略影响。

特朗普元年：美俄关系螺旋型下滑[*]

冯玉军

特朗普上台之初，对普京赞赏有加并表示要改善美俄关系。而俄罗斯高层对特朗普当选也表示祝贺，对俄美关系"解冻"寄予了厚望。但一年来的实践表明，美俄双边关系却呈现出了螺旋型下滑的形势。美俄关系的这种状态受到国内、国际多重因素影响，既反映了两国实力对比和相互认知的巨大落差，也折射出双边关系结构的深刻变化。

美俄关系跌入冷战后的"冰点"

特朗普上台一年来，美俄两国在诸多领域针锋相对、激烈较量，两国关系跌入了冷战结束以来的"冰点"。

首先，美国对俄制裁更加严苛。自乌克兰危机以来，美国对俄罗斯施加了多轮制裁。2017年7月25日和27日，美国众、参两院分别以压倒性多数通过对俄罗斯新制裁法案。8月2日，特朗普被迫签署这一法案。该法案的严厉性体现在五个方面。

一是列出了十类可受制裁的对象，比此前的"精准"制裁宽泛许多，俄罗斯能源行业、军工企业、几家银行以及被美国指控干预2016年美国总统大选的机构都被列为制裁目标。

二是制裁的理由更加宽泛，除乌克兰问题之外，还扩展到"腐败""侵犯人权""逃避制裁""向叙利亚提供武器""俄罗斯在欧亚地区的行为"等，几乎涵盖了美国对俄罗斯内政、外交不满的所有方面。

---

[*] 本文系复旦大学中美新型大国协同创新中心《解读"特朗普元年"》研究报告部分内容，澎湃网"外交学人"栏目2018年1月21日对本文进行了刊载，https://www.thepaper.cn/newsDetail_forward_1960742。

三是宣示永不承认俄罗斯任何以武力改变领土的行为，其中包括阿布哈兹、南奥塞梯、克里米亚、乌克兰东部和德涅斯特河沿岸地区，这也为彻底取消制裁划定了难以逾越的"红线"。

四是法案规定，总统在做出包括解除对俄制裁或归还被查封外交财产等涉及美对俄外交政策"重大改变"时，均需向国会提交报告，国会有权否决总统的决定。国会对总统外交权的这种限制，在美国历史上是十分罕见的，无疑极大地压缩了特朗普政府调整对俄关系的空间。特朗普指责该法案"损害了行政部门在外交事务上的权威，降低了总统为美国争取利益时的灵活性"。

五是制裁被强行纳入美国的公法体系，这意味着即使双边关系真的出现大的转机，修改这部反俄法案也远比修正行政命令困难许多。1974年通过的"杰克逊—瓦尼克修正案"直到2012年才被废止就是最好的例证（该法案是1974年美国国会通过的《贸易改革法案》所附法案。其内容是禁止给苏联、东欧等限制移民出境的国家以贸易方面的优惠——编者注）。这部制裁法案是横亘在美俄两国之间的一道重大障碍，对美俄关系的改善形成制度性制约。

其次，双方"外交驱逐战"轮番升级。作为对2016年奥巴马政府驱逐35名俄罗斯外交官"迟到的报复"，俄罗斯2017年7月28日要求美驻俄使领馆削减工作人员至455名，与俄在美使领馆人数相当，并从8月1日起停止美国使馆对莫斯科两处房产的使用权。继而美方要求俄方关闭驻旧金山领事馆及在华盛顿和纽约的两处外交机构，并极大压缩甚至一度暂停办理俄罗斯公民赴美签证。更令人吃惊的是，俄罗斯驻旧金山和华盛顿的外交机构还遭到美方搜查，俄罗斯总统新闻秘书佩斯科夫严厉指责这一行为违反国际法，将导致俄美关系进一步恶化。

再次，两国"媒体制裁战"愈演愈烈。双方加紧运用本国的"外国代理人法"，相互将对方媒体确定为"外国代理人"，并极大压缩其在本国活动空间。2017年11月13日，美国根据1938年制定的《外国代理人登记法》将俄罗斯国家资金资助的"今日俄罗斯"电视台定为外国代理人并取消其进入美国国会采访的资格。而俄罗斯司法部于12月5日将"美国之音"电台等9家美国媒体确定为"外国代理人"，并采取相应限制措施。美俄大打"媒体制裁战"反映出双方在意识形态和宣传领域的较量进一步升级，在双方"信息战"的对垒中，媒体既充当了急先锋，也最终成了受害者。

最后，双方在中东的地缘争夺战进入新的阶段。自2015年9月30日出兵叙利亚以来，俄罗斯以强势的军事行动遂行其在中东的多重目标，既打击了极端组织"伊斯兰国"恐怖主义势力，也挽救了摇摇欲坠的巴沙尔政权。在此过程中，俄罗斯不仅保住了在地中海东岸的重要地缘战略支点，还在一定程度上与伊朗、土耳其、叙利亚甚至伊拉克形成了某种"志愿者同盟"，提升了中东地区的地缘政治影响。但与此同时，伴随着伊朗近年来在中东的异军突起，美国、以色列和沙特的战略合作也在进一步提升。未来，在中东是否会形成对垒分明的两个阵营，美俄在中东的地缘政治博弈如何演变，还需要拭目以待。2017年年底2018年年初，伊朗国内爆发大规模反政府示威，伊朗和俄罗斯相继指责示威是"伊朗的敌人"策划的"颜色革命"。这表明，围绕中东地缘政治的多方博弈正在拉开新的一幕。

美俄结构性矛盾的扩展

特朗普执政一年来，美俄两国的结构性矛盾正在从地缘政治矛盾、战略平衡问题向国内政治领域扩展。

美俄关系的进一步恶化不是偶然的。首先在于美俄两国实力对比的进一步扩大和战略关系的失衡。尽管当前讨论"美国衰落论"已经成为一种时尚，但仅就美俄两国而言，它们的差异不是在缩小，而是在拉大。无论是在经济还是在安全领域，俄罗斯与美国的差距进一步明显。一个最明显的例证，就是美国的军费开支已经超过7000亿美元，而俄罗斯的军费开支还不到美国的十分之一。其次是相互认知的落差。一方面，美国既认为俄罗斯已失去了全球性大国的影响、沦落为二流国家，同时又因乌克兰危机而认定俄罗斯是战后欧洲秩序的"颠覆者"。而俄罗斯一方面仍自视为"全球性大国"，并试图仍能像苏联一样与美国"平起平坐地解决全球性问题"；另一方面又认为美国实力已经大大下降，俄罗斯可以在"后苏联空间"有所作为。最后是游戏规则的重塑。由于实力对比的变化，美俄两国昔日以全球战略稳定对话为核心的议事日程已经空心化，而经济联系的虚弱又令双方很难展开双赢式的合作，因此试图干预对方的国内政治成为两国迫不得已的游戏规则选项，而这使双方的结构性矛盾从全球安全、地缘政治延伸到了国内政治，使双方的相互认知进一步恶化。

普京十八年执政总结与俄罗斯发展前景*

冯玉军

俄罗斯是一个神奇的国家,它总能以令人意想不到的方式影响世界,吸引世人的目光。正像俄罗斯19世纪的著名诗人和外交家丘特切夫所说:"理智理解不了俄罗斯,对俄罗斯,你只有相信它。"2017年年初以来,俄罗斯多个城市爆发大规模反政府示威,圣彼得堡再次发生地铁爆炸案,俄美关系在改善和恶化之间波折起伏,这些事情都吸引了世人的目光。中国是和俄罗斯有着4300公里共同边界的邻国,俄罗斯无论是在历史上还是在现实中都对中国有着巨大影响。中国人非常关注俄罗斯究竟发生了什么,为什么会发生这些事情,未来俄罗斯又会走向何方?

研究俄罗斯的认知框架

一个明显的事实是,尽管中国人对俄罗斯充满了兴趣,但国人对俄罗斯的看法却是非常撕裂的。有人认为,俄罗斯仍然是世界上数一数二的超级大国,仍然能对世界事务发挥决定性影响。也有人认为,俄罗斯已经衰落,而且未来仍将延续这一趋势并最终沦落为一个地区性国家;有人认为,中国和俄罗斯是天然盟友。中国在面临美国强大压力的情况之下,当然应该与俄罗斯结盟以共同对抗美国。但也有人认为,自中俄接触以来,俄罗斯就对中国造成过无数伤害,对中国的领土完整和国家安全构成巨大威胁。俄罗斯是一个恶邻,我们和它应该离得越远越好。

这些意见分歧显示出,国人在观察国际事务方面存在巨大的认识论差异。那么,我们究竟应当在一个什么样的分析框架之下,客观、公正、全面地看待俄罗斯,包括看待其他国际事务呢?

---

* 《中国战略观察》2017年第6期。

中国古人有不少有关错误认识论的说法，如"一叶障目""只见树木，不见森林""刻舟求剑"等。也就是说，同一件事物，假如你从不同的角度来观察，看到的可能就是不一样的东西。这需要我们以全面客观的视角、科学的分析框架来观察纷繁复杂的世界。

笔者认为，无论是对俄罗斯，还是对其他国际问题，都应该把它们放在一个由三个坐标轴所构成的立体空间里面加以全面考察。

第一条坐标轴是横轴，就是这个国家本身历史的变化，它的政治文化、经济结构、管理方式、民族性格等究竟在历史长河中发生了怎样的变迁。第二条是纵轴，要把我们的研究对象放在整个世界体系里加以考察，把它和世界上其他国家加以比较，从而来分析它的优势和劣势，并确定它在整个国际体系里的位置。第三条坐标轴更为重要，无论针对哪类国际问题，我们都需要把中国的国家利益作为一条重要的轴线，思考我们所观察的事物究竟对中国的国家利益意味着什么，会带来怎样的影响。只有在由这三条坐标构成的立体空间里，我们才能看清问题的本质。

但由于受到传统教育等诸多因素的影响，中国人的思维方式多半是二元化的，非黑即白、非好即坏。我们不太善于在一个灰色的世界里来把握对象的不同"灰度"和丰富层次。而且，我们很多人看一个事物，都喜欢先做价值判断，先断定这个东西是好是坏，这个人是好人还是坏人。但是往往当做了价值判断的时候，就忽略了对象的很多其他方面。所以在观察和思考国际问题的时候，要用多棱镜透析出观察对象的七色光谱，而不是用老花镜、近视镜或者望远镜，只看到对象的一点一滴。

普京前两个总统任期的成就与不足

普京是 1999 年 12 月 31 日从叶利钦手中接过俄罗斯权杖的，到 2017 年已过了 18 年时间。在这 18 年里，他先是担任了两届总统，随后转任总理，接着在 2012 年又重新回到克里姆林宫担任总统。依据修订后的俄罗斯联邦宪法，俄罗斯的总统任期由四年延长为六年，这意味着普京有可能执政到 2024 年，也就是说领导俄罗斯近四分之一世纪。

在普京领导俄罗斯 18 年的时间里，俄罗斯发生了很大的变化。在前两个总统任期，普京在很大程度上改变了叶利钦总统执政时期俄罗斯政治混乱、经济凋敝的局面。

在政治上，他采取强力措施，通过建立联邦区、派驻总统联邦代表等一系列手段，重塑了垂直权力体系，打击了寡头干政，一些寡头如古辛斯基、别列佐夫斯基等，不是流亡海外就是被投入大牢，对政治的影响大大下降；在经济上，他以国家资本主义重新确立国家对经济的主导，并借助国际市场上的高油价让俄罗斯经济在2000—2008 年实现了比较快速的恢复性增长；在安全领域，通过铁腕打击恐怖主义,包括发动第二次车臣战争,使国内安全形势从混乱无序走向了安全有序;在国际上,他采取"强硬而灵活"的务实主义政策,遏制住了俄罗斯国际地位不断下跌的势头,俄罗斯的国际影响力一度有所恢复。

但与此同时,我们也不难看到,普京的治理方式也给俄罗斯带来了一些新问题。

在政治上,打掉了一批老寡头,但又出现了一批新寡头,包括俄罗斯银行总裁科瓦尔丘克、罗滕贝格兄弟、曾经在瑞士注册贡沃尔石油公司的季姆琴科等。这些新寡头掌握着俄罗斯的政治资源和经济命脉,可以说普京所倡导的国家资本主义在很大程度上已经演变成了寡头资本主义。在这种缺乏竞争的体制下,裙带关系要远重于创新创业,企业与社会的活力受到了极大的压制。在俄罗斯占据主导地位的是国有公司、大型国企,它们拥有国家政策的扶持,凭借自然垄断地位赚取财富,却没有给国家的经济发展带来充足的动力。

在外交上,随着2008年俄格战争和2014年克里米亚危机的到来,俄罗斯与西方关系跌入冷战结束以来的最低谷,其国际环境迅速恶化。

2012年,普京重新回到克里姆林宫,开始了其第三个总统任期。这次回归其实并不容易。因为从2011年年底俄罗斯国家杜马选举开始,俄罗斯全国范围内就爆发了大规模反政府、反普京的示威游行。可以说,从那个时候,笼罩在普京总统头上的光环就已经在很大程度上褪色了。在2012年的总统选举中,普京的支持率是63.6%,而在莫斯科和圣彼得堡两个最重要的政治中心,他的支持率没过半,这说明当时的俄罗斯民众对他的看法已经有了很大的变化。

第三个总统任期的发展蓝图及其落空

第三次当选总统之前,普京为俄罗斯的未来发展描绘了一幅璀璨的蓝图。经济上,到2020年,要让俄罗斯的经济总量进入世界前五强,人均GDP达到3.5万美元,创造2000万个新的就业岗位,让俄罗斯高科技产业的产值占到GDP的50%以上;政治上,要弥合2012年大选所带来的社会分裂,实现政治上的稳定;外交上,要改善和西方的关系,同时通过建立关税联盟、欧亚经济联盟等举措,实现"后苏联空间"在俄罗斯领导下的"再一体化"。

在具体经济政策方面,普京提出了经济发展的五大支柱。第一,油气工业的现代化。油气是上天赐予俄罗斯的宝贵财富,普京不仅要让俄罗斯油气实现出口,而且要提高俄罗斯油气产品的附加值。第二,通过总值7500亿美元的十年军备振兴计划引领俄罗斯的再工业化。第三,通过一系列科技园区的培育引领俄罗斯的创新发展。第四,大力开发远东,让远东成为第二个新加坡。第五,发挥俄罗斯土地资源丰富的优势,发展现代化农业,让俄罗斯成为世界上重要的粮食出口国。

回顾普京第三个总统任期内俄罗斯的发展，可以说普京规划的俄罗斯蓝图很大程度上没有实现，而且到2020年也不可能实现。

经济方面，尽管2012年国际油价仍维持在100多美元的高位，但那时俄罗斯经济的增速就已经明显下降。2012年只有3.4%，2013年跌到1.3%。2014年乌克兰危机引发的西方对俄制裁以及随之而来的油价下跌使当年的俄罗斯经济增长率只有0.5%。2015年和2016年，俄罗斯经济陷入衰退，经济增长率分别为-3.7%和-1.7%。根据俄罗斯官方机构与国际货币基金组织等国际机构的预测，到2020年，俄罗斯经济增长率按最好情形估算也只有2%—3%。这是一个低速的增长，低于世界经济增长的平均水平这也就意味着，在未来一段时间里，俄罗斯在世界经济格局中的地位会进一步下降。

按照普京提出到2020年俄罗斯要进入世界经济前五强的目标，从2012—2020年这8年间，俄罗斯的经济增长率必须达到年均7.5%以上。现在可以确定的是，这个目标已经完全无法实现。

普京总统曾想以军备振兴带动俄罗斯的"再工业化"。为什么要再工业化？因为在苏联解体后的20多年间，由于设备老化、投资不足、人才流失等原因，苏联时期留下来的重工业体系基本上已经没落，但新的工业体系并没有建立起来。可以说，在苏联解体后的20多年时间里，俄罗斯经历了一个痛苦的"去工业化"过程。俄罗斯有很多经济学家期盼"后工业化社会"的降临，但实际上，俄罗斯的知识经济和高科技产业不仅没有得到充分发展，就连昔日的工业体系也在持续衰败。

正是由于这个原因，俄罗斯进口商品的60%—70%都是工业制成品。而它出口的仍主要是石油、天然气、木材、金属、煤炭等原材料，也就是上天赋予俄罗斯的自然资源。在这种情况下，特别是在新能源革命和新工业革命加速到来之际，俄罗斯以怎样的姿态参与世界经济竞争、将在世界经济格局中占据怎样的地位、如何才能进入发达国家的行列？这是俄罗斯执政精英必须面对的重大问题。

俄罗斯当下的外交困境

在外交方面，普京在第三次担任总统之前，也提出了很多设想，但也没有完全实现。

欧亚经济联盟确实建立起来了，而且从最初的三个成员国（俄罗斯、白俄罗斯和哈萨克斯坦），发展到把吉尔吉斯斯坦、亚美尼亚等吸收到其中。但这个联盟并没有充分实现投资、商品、服务、人员的自由流动。某种程度上，这个经济联盟更多照顾的是俄罗斯的利益，而不是所有成员国的利益。所以其他成员国尽管加入了欧亚经济联盟，但对俄罗斯的不满仍然在潜滋暗长。

在与西方的关系方面，尽管从 2008 年奥巴马执政开始，美国就提出了重启俄美关系的计划，特别是特朗普上台又让很多俄罗斯人对俄美关系的迅速改善寄予厚望，但是一年下来，我们看到，俄美关系恶化的趋势并没有得到切实改善。俄美之间不仅缺乏强大的经济纽带，在一系列重大国际问题上立场也难以调和，俄美两国的国内政治因素也进一步制约双边关系的改善。在俄欧关系方面也是这样，随着克里米亚危机的发生和乌克兰东部地区战事的绵延，欧洲明显感觉到了来自俄罗斯的压力。在绝大多数欧盟国家看来，俄罗斯的强势行动对欧洲安全是一个威胁。普京曾经提出，要和欧盟一道建立起一个"大欧洲"，在经济、法律、安全、人文四大领域与欧盟共建"统一空间"。但这些目标，基本上已化为泡影。

俄罗斯在转向亚太方面取得了一些成果，特别是和中国、日本的关系在改善，和印度的关系也在调整，俄罗斯和东盟试图建立自由贸易区。但是说实话，俄罗斯在亚太经济合作格局中仍然处于一个相对边缘的位置。

国际战略观方面的误区

为什么普京勾画的蓝图基本没有实现？很大程度上，是由于俄罗斯的思维方式还停留在过去的时代，没有跟上时代发展的步伐。特别是在国际战略观方面，俄罗斯存在一些误区。

第一，俄罗斯对大国战略竞争的认识存在误区，把战略关注焦点更多地放在传统的地缘政治博弈、而非全方位的综合国力较量上。冷战结束以来的 20 多年，是国际战略格局深刻演变的历史性时期。与以往以战争方式解决大国利益冲突并确定国际秩序的时代不同，当前大国战略博弈的核心是全方位的综合国力竞争，其结果不仅取决于一个国家的军事实力，更取决于它的科技创新力、文化吸引力以及制度的弹性与活力。反观俄罗斯，近年来更多的还是把国际战略竞争的重心放在地缘政治领域，"势力范围""缓冲地带""我的地盘我做主"的观念盛行，这可以从以杜金为代表的地缘政治学家在俄罗斯红极一时，从久加诺夫到纳瓦尔内众多俄罗斯政治家们的地缘政治论述，甚至普京总统关于"森林中的熊"的比喻中看得出来。更在以俄格战争夺取阿布哈兹和南奥塞梯、以俄乌冲突夺取克里米亚这两场地区冲突中表现得淋漓尽致。而这也暴露出俄罗斯不具备全能项目的优势，只有军事实力的单项特长。这也导致俄罗斯在大国战略竞争中存在不止一块"短板"，经济结构失衡、金融自主性低、对国际油价的过度依赖等都极大限制了俄罗斯的国际战略影响。

第二，俄罗斯对于自身国力变化的判断以及多极化格局的认知存在偏差。冷战结束 20 多年以来，世界大国之间的综合国力对比已经发生了重大变化，俄罗斯在全球治理、世界经济甚至国际安全事务中的影响都在衰减。目前，俄罗斯占全球 GDP 的比重仅在 3% 左右，由于缺少现代化的制造业，它对全球供应链的影响不大。20 多年来，俄罗斯在经济发展进程中"三化"十分明显：一是经济原材料化，即经济发展过多依赖能源原材料部门；二是出口原材料化，俄罗斯出口产品按所占比重排序，燃料能源产品占首位；三是投资原材料化，俄罗斯投资相当部分用于采掘工业，其结果是使得俄罗斯工业中能源和原材料部门的比重日益提高。1990 年，工业中能源和原材料工业比重为 33.5%，制造业比重为 66.5%；到 1995 年，俄罗斯制造业在工业中的比例降至 42.7%，而能源和原材料工业比重则增至 57.3%；2004 年后，随着国际能源价格高企，能源工业更是快速发展，以至于能源工业比重到 2006 年达到 67.8%，2011 年达到 66.4%。尽管普京执政后一再强调要实现创新型发展，但发展高新技术产业面临着制度约束、利益集团掣肘、苏联时期留下的机械设备严重陈旧等多重因素制约。例如，如今俄罗斯机器制造企业中使用的技术设备服役普遍超过 25 年，而所有经济实体部门的技术设备中有 80% 的服役时间已经达到 16—35 年，这导致俄罗斯同发达国家相比明显存在技术差距，无法生产出有市场竞争力的产品。然而，2000—2008 年经济的较快增长却使俄罗斯的决策者过于乐观地认为俄实力已经迅速恢复、有能力重夺过去的国际影响了。2008 年国际金融危机给美国带来的冲击又让他们误以为美国已经丧失了"一超独霸"的地位，俄罗斯迎来了重振大国雄风的机遇。因而自 2008 年以来，俄罗斯决策层的一个重要判断是多极化时代已加快到来，俄罗斯可以作为一个独立的"国际力量中心"发挥作用了。但他们没有或者不愿看到，美国在金融危机之后已着眼新一轮全球化浪潮和大国战略竞争，加速调整国家发展战略和国际战略。在新能源革命、新工业革命和新军事革命的共同作用下，美国的实力地位正加速反弹，在"一超多强"的国际战略格局中，美国的"一超"地位正得以重塑甚至巩固。而与此同时，"多强"之间的发展也是并不均衡且出现新一轮的分化：中国的综合国力提升很快、在中欧日俄四强中迅速跃升，欧盟和日本在四强中基本保持原位，而俄罗斯的地位与影响却在加速下滑。

第三，俄罗斯对自身在国际秩序中角色与作用的认知存在偏差。与对自身实力地位和国际格局看法相伴随的，是俄罗斯对现行国际秩序充满了愤懑和不满。因而，它力图挑战现有国际秩序，即使不是颠覆者，也要做一个修正者，普京总统在 2007 年慕尼黑国际安全政策会议上的讲话也对此进行了充分阐述。2014 年的乌克兰危机是俄罗斯与西方关系的一个重要转折点，俄罗斯对国际战略环境和自身处境的看法进一步"极化"。2014 年 3 月 18 日，普京在接受克里米亚"入俄"的讲话中火山喷发般地道出了俄罗斯人长期积累的愤懑与不满："1991 年，大国已不复存在，当时俄罗斯感到自己不仅被偷光了，而是被抢光了。"普京以北约东扩和美国加紧在欧洲部署反导系统为例，指出尽管"俄罗斯真心希望与西方对话，希望相互关系是平等、开放且诚实的。但没看到西方为此所做的任何努力。相反！我们一次又一次地被欺骗，别人在我们背后替我们做决定，留给我们的都是既成事实"。他指责西方使俄罗斯"生活在层层限制之下"，表示"无法容忍这种令人发指的历史的不公正"，要求西方"必须承认俄是国际事务中自主且积极的参与者。俄和其他国家一样，有自己的国家利益，需要得到理解和尊重"。俄罗斯的不满最终以俄格战争以及"收复"克里米亚的方式得以宣泄，但这却引起了其众多邻国的极度恐惧和担忧，并被美欧国家视为对国际法、对"赫尔辛基最后协定"的粗暴侵犯。

第四，由于在全球劳动分工体系中处于低端位置，俄罗斯对全球化的看法是悲观的。在经济全球化的背景下，俄罗斯必须面对的问题除了体制转型外，还有如何融入全球经济、在新的国际分工格局中抢占制高点。然而产业结构的畸形决定了俄罗斯在国际劳动分工体系中处于低端位置。据俄罗斯海关统计，2005 年，在俄罗斯对非独联体国家的出口中，能源产品占 66.7%，金属及其制品占 14.9%，化工产品占 5.5%，原木和纸浆占 3.6%，机器设备和交通工具占 3.5%；而加工业产品和高技术产品只占出口商品总量的很小部分。这使俄罗斯主要是在世界原料市场和初级制成品市场上，与许多不太发达的国家一起在世界市场的边缘地带分享有限的利益，制约了俄罗斯利用国际市场发展本国经济的可能性，也导致俄罗斯在融入全球化、加入 WTO 的问题上犹疑不决，政策往往缺乏延续性。

第五，对国际能源战略格局变化的认知没有跟上世界新能源革命的步伐。在严重畸形与落后的经济结构条件下，俄罗斯不得不依赖丰富的自然资源。目前能源等原材料部门产品的出口占其出口总额的 80%，机械设备出口只占 5%，高新技术产品出口不仅数量少而且逐年下降。另外，能源等原材料产品价格在国际市场保持高位，对俄罗斯有着极大的诱惑力。俄罗斯需要赚取大量外汇，用来进口大量先进的机器设备，为改变经济结构与发展模式创造条件；进口大量消费品来满足国内市场需要，提高人民生活水平从而稳定国内政局。能源产品大量出口，为增加财政收入、建立稳定基金与增加外汇储备提供了可能。曾几何时，俄罗斯认为能源是世界经济中的稀缺资源，只要掌握能源资源，就不仅可以轻松赚取大量"石油美元"，还可以将能源作为"外交武器"来实现地缘政治目标，这在 2006 年和 2009 年的俄乌、俄欧天然气争端中表现得淋漓尽致。但随着以水力压裂技术为代表的新能源革命的兴起，越来越多的非常规油气资源涌入国际市场，而太阳能、风能甚至可燃冰的开发更为国际能源产业的发展提供了广阔的空间。可以预见，在未来的国际能源产业链中，仅有资源是远远不够的，还必须有资金、技术和市场，只有将这四者紧密结合起来，才能在国际能源市场上立足。2014 年乌克兰危机中西方对俄罗斯的制裁，恰恰是切断了俄罗斯能源产业急需的资金和技术,而欧洲因获得了更多的 LNG 供应而减少了对俄罗斯管道天然气的依赖,这使俄罗斯陷入了极大的被动,也凸显出国际能源战略格局中的权势转移。

第六,在处理与原苏联国家关系方面存在失误。尽管苏联解体已经 20 多年,但俄罗斯至今在处理与原苏联国家的关系时仍延续传统思维,把这些已经独立的国家视为自己的"后院""势力范围"。比如,建立欧亚经济联盟的重要目标是对内推动商品、资金、服务和人员的自由流动,而对欧亚经济联盟之外的经济体则提出较高的要求,某种程度上甚至是树立起贸易和投资壁垒。由于成员之间经济结构的高度同质以及运行规则的某些欠缺,欧亚经济联盟运行以来,产生的更多的是贸易转移效应,而非贸易创造效应,特别是随着新一轮经济危机的到来,联盟内部贸易以及盟外经济体的贸易均大幅度下降。在许多原苏联国家看来,普京所倡导的欧亚一体化在很大程度上就是要恢复俄罗斯在"后苏联空间"的主导权,而这与这些国家维护来之不易的独立、主权的诉求是存在深层矛盾的。在俄罗斯自身发展模式缺乏吸引力、经济发展水平缺乏带动力、对外交往方式缺乏感召力的情况下,俄罗斯力推的欧亚一体化究竟能走向何方尚待观察。

俄罗斯国际战略观的上述误区是由传统战略文化、既有权力结构、日益封闭的决策机制等多重原因造成的,而它也将成为影响俄罗斯未来发展的重要因素。

普京第四任期的俄罗斯发展走向与中俄关系前景[*]

冯玉军

2018 年 5 月 7 日，普京再次踏着红地毯进入了克里姆林宫，开始了他的第四个总统任期。在总统就职典礼上，普京提出了未来从 2018—2024 年这六年间俄罗斯发展的重要战略目标。可以看到，在俄罗斯与西方关系恶化的背景下，普京将更多的注意力放在了俄罗斯国内的经济发展与社会政策上。那么，普京提出的战略目标能够得以实现吗？未来俄罗斯的发展走向如何？在新的历史时期，中俄关系应该秉持怎样的原则并走向何方呢？

普京第四任期的发展目标

在就职典礼上，普京提出，未来六年俄罗斯的贫困人口要减半，要切实增加居民的实际收入与退休金，控制国内的通胀水平。更重要的是，俄罗斯要成为世界前五大经济体之一。

为达成这些目标，俄罗斯的经济增长要超过全球平均增长水平，通胀率不能高于 4%，在这个基础之上，要在加工工业和农工综合体等基础产业领域形成以高新技术为依托的高效出口导向型部门。普京强调，要加速数字技术在经济和社会领域的应用，加强高科技产业的发展，要让俄罗斯的前沿科技研究水平跻身于世界前五。

从这些目标中可以看到，与以往相比，普京明显感觉到了技术革命对世界大国战略带来的影响。

---

[*] 澎湃网"澎湃研究所"栏目，2018 年 6 月 16 日，https：//www.thepaper.cn/newsDetail_forward_2171879。

有利条件与可能完成的任务

笔者认为,实现上述目标,俄罗斯还是具备一些有利条件的,在一定程度上可以达成普京所提出的发展任务。

有利条件是以下四点:

第一,当前的油价对俄罗斯较为有利。2018年俄罗斯的联邦预算基准油价是40美元,而现在的油价已经冲破70美元,现行油价超过基准价30美元,这意味着俄罗斯的联邦预算盈余有极大的保障。第二,俄罗斯有较高的外汇储备。在经历了前几年的卢布贬值之后,现在俄罗斯的外汇储备又重新回到了4300多亿美元的相对高位,这就有利于保证俄罗斯汇率的稳定。即使出现一些特殊的情况,包括前一段时间西方对俄罗斯施压了新一轮制裁,导致俄罗斯汇率在几天内发生震荡,但是不会有大的汇率风险。第三,相对较低的通胀水平。近几年,俄罗斯政府最主要的宏观政策目标是保持低通胀,维持物价稳定,保障民生。第四,低失业。到2018年上半年俄罗斯的失业率水平保持在6%,这相对也是一个比较好的指标,对维持民生有非常重要的作用。

从以上几点来看,普京总统提出的未来六年有关保持宏观经济稳定、保障民生基本水平的目标是完全可以实现的,这对于维持俄罗斯国内的政治稳定和普京总统在选民中的执政合法性是一个重要保障。

经济增长:梦想与现实

同时也可以看到,普京提出来的一些经济发展目标非常宏大,但是实现起来难度很大,有的目标甚至是难以完成的。

比如说,普京提出俄罗斯经济要在2024年进入世界经济前五强。我们可以算一笔账。目前俄罗斯的经济总量排在世界第12位,2017年的经济增速只有1.5%,再往前几年都是衰退的状态。只有在俄罗斯未来几年的经济增速每年达到12%,并且要在其他国家经济增速停滞不前的情况下,俄罗斯经济才能在2024年相较于2017年翻一番,实现跻身世界经济第五强的战略目标。

但实际情况是,根据俄罗斯财政部、中央银行、经济发展部等官方机构以及国际货币基金组织、世界银行等国际金融机构的预测,未来在最好的情况之下,俄罗斯经济的增长率也只能达到2.5%—4%的水平。而最近几年世界经济平均增速达到了3%左右。就连美国这样的世界第一大经济体,这些年的经济增速也仅保持在2%—3%的水平,更不用说中国的7%了。在这种情况下,普京提出进入世界经济前五强的目标是根本不可能实现的。可以预见,在经济增速低于世界平均增速的情况下,俄罗斯在整个世界经济体系当中的地位还会进一步下降。

经济发展的路径依赖与创新困难

普京提出，要进行科技创新，发展高科技产业。但是经济发展方面长期形成的路径依赖，使俄罗斯很难摆脱对油气资源的依赖，也很难迅速实现以高科技引领的知识经济。比如在2017年，俄罗斯油气出口占整个出口收入的比重仍超过一半以上，占联邦财政总收入的比重也仍超过40%。这说明俄罗斯的"荷兰病"[①] 短期内很难实现扭转。

尽管俄罗斯政府早就提出了创新发展的宏大目标，但实现的情况很难让人对此保持乐观。2017年，俄罗斯在美国康奈尔大学、法国欧洲商业管理学院和世界知识产权组织共同发布的"全球创新指数研究报告"中排名第45位，在世界经济论坛发布的"全球竞争力报告"中排名第38位，在彭博社发布的"世界最具创新性经济体评估报告"中排名第26位，与普京总统"以创新驱动发展"的要求还相去甚远。从科技研发投入的绝对数值看，美国排名第一，为4630亿美元。中国位居第二，为3770亿美元，而俄罗斯只有152亿美元。以如此少的科研投入来实现创新发展确实是非常困难。

普京政治经济学的核心

回顾普京从2000年一直到现在这18年的执政，我们可以发现，普京经济学有三个最重要的核心。

第一也是最重要的，保持国家对整个经济的控制，特别是从2003年将霍多尔科夫斯基投入大牢的"尤科斯事件"以后[②]，加强国家资本主义，即加强联邦政府对整个经济的调控和控制。

第二，通过保持居民生活的基本水平，特别是低通胀、高就业率，来保持社会稳定。这是政治上的需求。

第三，在不与上述两个要素发生冲突的情况下，允许私人企业提升经济效率。在普京的新任期中，他仍然会推进这方面的一些改革。

未来六年，上述三个核心要素仍将在普京经济学中发挥主导性作用。

俄罗斯的军事力量

现在，俄罗斯还是自称世界第二大军事强国，仍然说要与美国平起平坐，保

[①] 指一国经济的某一初级产品部门异常繁荣而导致其他部门衰落的现象。——编者注
[②] 霍多尔科夫斯基生于1963年，是俄罗斯前首富、尤科斯石油公司首席执行官。2003年10月被捕，2005年5月，因窃取国家财产、欺诈、恶意违背法院裁决及偷逃税款等四项罪名获刑8年。后被追加罪名和刑期。2013年12月获释，之后前往德国。——编者注

持战略平衡。

但实际上，近些年来，美国的军费开支每年都保持在10%左右的增长。2017年，美国的军事预算达到了6100亿美元，2018年更是超过7000亿美元。中国近些年的军费开支平均增幅保持在6%左右，根据斯德哥尔摩国际和平研究所的数据，2017年中国军费开支达到2280亿美元。而俄罗斯2017年的国防预算只有663亿美元，2018年军费开支锐减到471亿美元。俄罗斯的军费开支只相当于美国的10%、中国的30%。

在这种情况下，尽管普京在2018年的国情咨文中还是大篇幅介绍了俄罗斯的很多先进武器，但俄罗斯要和美国保持战略平衡是非常困难的。

俄罗斯面对的国际环境

近几年，俄罗斯和西方的关系陷入了冷战结束以来的冰点，地缘政治冲突和国内政治矛盾双向恶化。美国人甚至越来越担心俄罗斯干预他们的大选，这就加剧了整个西方对俄罗斯人的极度焦虑和恐慌。尽管2017年美国的国家安全战略报告将中国排在了重要对手中第一的位置，但美国最现实的对手仍然是俄罗斯。

在与西方关系恶化的情况下，普京提出了"向东转"，提出要和亚太国家改善关系的政策诉求。但是在内心中，俄罗斯对自身文明和身份的焦虑感仍然是非常强烈的。2018年4月9日，俄罗斯政治的"灰衣主教"、普京的政治顾问苏尔科夫发表了一篇非常重要的文章，标题就叫《俄罗斯的百年孤独》。其核心观点是，俄罗斯曾经有四个世纪向东行，四个世纪朝西走，无论是在东方还是西方，都没有生根；两条道路都已走过，如今需要探索第三条道路。苏尔科夫的这篇文章突出反映了在俄罗斯与西方关系全面恶化的背景下俄罗斯政治精英的极度失望、愤懑与彷徨。俄罗斯对"我是谁""我要发挥什么样的作用""我有什么样的利益"等身份认同问题是非常模糊的。正是在这些根本问题上的模糊，导致俄罗斯在政策上的摇摆。

在"后苏联空间"（这是俄罗斯自己最看重的地区），俄罗斯的影响力也呈现一个日渐下降的趋势。第一个例子，是2018年4月正式退出独联体的乌克兰。第二个例子是哈萨克斯坦，2017年哈萨克斯坦开始实施文字字母拉丁化，这说明，在经历了一百多年的"俄化"历程之后，哈萨克斯坦开始认识到，俄罗斯文明已不能适应哈萨克斯坦未来发展的需要。第三个例子是白俄罗斯。尽管白俄罗斯是俄罗斯最紧密的伙伴、盟友，但是两国的矛盾仍然层出不穷。2018年中，白俄罗斯明显加强了与美国、欧洲国家的外交互动。

在中东，俄罗斯尽管在叙利亚取得了一些进展，但是进展和风险是同时存在的，成本是非常巨大的。不能认为，现在俄罗斯在叙利亚的胜利意味着它掌握了整个中东的主导权。在伊朗核问题、以色列和伊朗的矛盾等中东乱局之下，任何一个大国，包括美国，都不可能掌握中东主导权。

国家综合国力的衰退也导致了其外交政策工具上的有限性，除了军事力量之外，俄罗斯影响地区事务和国际事务的手段越来越少。在全球治理当中，除了联合国安理会否决权之外，俄罗斯在全球金融体系、全球气候变化、卫生文教等领域的参与度与影响力也呈现下降的趋势。

中俄关系：在历史中思考未来

近几年中俄关系仍然保持了一个非常好的发展势头，两国领导人的个人关系非常紧密，中俄在各个领域的合作也在不断深化。着眼于未来，还需对中俄关系做更进一步的分析。

中俄两国实力在发生历史性的分化。中国2018年的GDP已经是俄罗斯的十倍，人均GDP基本和俄罗斯持平，军费方面，中国是俄罗斯的三倍。这在四百年以来的中俄关系中是前所未有的情况。这种变化且不说对中国影响如何，对俄罗斯人心理上的冲击是非常巨大的。这种心理冲击又会对俄罗斯的对华政策产生什么样的影响？还需要我们进一步思考和研究。

中俄在国际战略观方面有着重要的区分。尽管很多专家讲，中俄都是新兴大国、新兴经济体、联合国安理会常任理事国、欧亚国家等，但是中俄在国际战略观方面的差异还是非常巨大的。中国四十年改革开放的成就，是在不断参与全球化、地区一体化的过程中取得的，而俄罗斯对全球化的看法是非常悲观、非常负面的。俄罗斯认为，苏联解体以后这二十多年的发展，是俄罗斯国家利益不断受到侵蚀、全球和地区影响不断受到美国和西方挤压的过程，因此它并不非常情愿参与到全球的经济合作中来。

中俄两国的对外行为方式也存在不同。中国的行为方式，用习近平主席的话来讲就是"两个构建"，即"构建相互尊重、公平正义、合作共赢的新型国际关系"与"构建人类命运共同体"。但俄罗斯近年一系列重要的对外政策和行为（俄格战争、克里米亚危机再到叙利亚危机）显示出其基本上还是靠着强力手段追求自己的政策目标。这在一定程度上实现并维护了自己的利益，但俄罗斯因此失去的东西有很多。可以说，乌克兰危机让俄罗斯得到了克里米亚，但是失去了乌克兰，更失去了一个良好的国际环境。

中俄两国的战略思维同样存在明显差异。中国是"和合思维""共赢思维"。俄罗斯是"赢者通吃"思维，这种思维的影响仍然是长期的。

中俄有着4300公里长的共同边界，不能再重复冷战时期特别是20世纪六七十年代中苏军事对抗的局面。中俄关系只能搞好，不能搞坏。但是中俄关系要往哪一步走，笔者个人觉得应该更细致地谋划而非泛泛而谈。我们究竟是希望与俄罗斯结成同盟，结成全面的战略协作伙伴关系，还是更多地把资源和重点放在发展中俄睦邻友好关系上、放在现代化伙伴关系上，把两个国家的经济要素充分地结合起来，实现两国共同发展？

中俄交往必须要考虑成本与收益。任何双边关系都应该考虑成本与收益。在发展中俄关系过程中，我们究竟花费了多少钱，到底得到了什么样的具体利益？当然这里既有经济账也有政治账，但是有的政治账仍然是可以用经济数字来衡量。中国的外交，更多是讲大局、讲政治，但是俄罗斯的所有行动都落实到了具体的数字、金钱上。

在中美、美俄关系都出现问题的情况下，很多学者提出了中俄联手抗美的设想。但这种简单化思维不符合当代国际关系的现实。当代中美俄三边关系的松散性表明三国之间还缺乏紧密的互动，实际上，中美、中俄、俄美三组双边关系各有各的价值、问题和发展逻辑，中俄联手很难帮助解决中美或者俄美关系中的问题。在经济领域，中俄经济合作的加强并不能充分消除美国对俄制裁的影响；在安全领域，中俄之间的互动也无法解决中美之间的安全关切，美国对中国的安全担忧不会因此而减少，美国对中国的安全压力也不会因此而放松。传统的"二对一"对抗模式不符合中美俄三国的国家利益，三国应通过三边合作解决自身面临的问题，积极构建一种良性的互动模式以维护国际与地区的和平与稳定。

中国周边学研究:以俄罗斯问题研究为例[*]

冯玉军

建立"中国周边学"是时代的要求,目的在于为深入研究中国周边安全与发展面临的现实问题并寻求解决之道、为塑造良好的周边环境提供智力支撑。但是"中国周边学"的学科建设还远不成熟,而且要想在较短的时间内就使之完善起来也并不现实。然而我们不妨从点滴入手,为这一学科的长远发展添砖加瓦。笔者试图以俄罗斯问题研究为例,就周边问题研究的思维路径和研究方法谈一些浅见。

战略性、系统性和前瞻性

在当前国际环境发生剧变的条件下,中俄关系在政治、经济、安全、人文等领域持续深化,取得了新的进展。但中俄关系不是孤立存在的,它既影响着国际局势的变化,也受到中俄各自发展战略和国际环境的制约。因此,对中俄关系的一些深层次问题进行深入思考,是确保中俄关系可持续发展和国际秩序平衡转型的重要保障。

对于中国的俄罗斯学界而言,研究俄罗斯问题一定要突出战略性、系统性和前瞻性。

战略性在于将俄罗斯发展置于国际战略格局变化、俄罗斯历史进程和中俄关系发展三维框架之中进行宏观审视,准确把握俄罗斯发展的战略脉动及其对国际体系变迁和中俄关系发展的影响。

系统性在于全面深入地研究俄罗斯国家战略、政治体系、经济发展、对外政策、军队建设、软实力运用、人口问题、民族关系、区域发展以及社会保障等诸多问题,提供一幅俄罗斯社会变迁的全息、全景图。

前瞻性在于在深刻总结俄罗斯国家特性和历史发展经验的基础上,通过对俄

---

[*]《世界知识》2018 年第 14 期。

罗斯当代社会各个领域的深入研究，对俄罗斯国家发展特别是能否顺利发展的前景做出前瞻性判断。要以客观、严谨、深入的学术研究取代"自言自语"式的梦呓或"鸡同鸭讲"式的争论。

种种因素显示，尽管普京总统提出了俄罗斯实现重新崛起的发展目标，但俄罗斯国家发展面临巨大挑战，崛起之路不会一帆风顺。经济上，能否摆脱对能源出口的严重依赖而成功推动经济结构转型、实现"创新发展"？政治上，是按照既有的"主权民主模式"进行治理，还是顺应形势变化进行政治体制改革，并成功应对来自反对派的压力？俄罗斯的宪政制度是否会发生变化，对经济转型和对外政策将产生何种影响？外交上，在维护国家利益的立场不会改变的前提下，俄罗斯对于国家利益的界定是否会发生变化，其国际战略和对外政策将进行怎样的调整，对地区格局和国际体系重组会产生怎样的影响？要让研究更加理性、客观、准确，就必须以方法创新提升研究质量。要努力改变国内俄罗斯问题研究"重文本解读、轻数据分析"的传统，通过对大量经济、政治、社会数据的分析，来研判俄罗斯发展的环境制约与现实可能，从而得出客观、公正、经得起检验的结论。

研究俄罗斯的发展走向，必须以冷战后、金融危机后的国际大变局为背景，以俄罗斯国家发展的路径及可能性为主线，以俄罗斯的发展对中俄关系的影响及中俄关系未来走向为落脚点，全方位深入剖析俄罗斯国家发展的国际环境、政治诉求、经济战略、对外政策、军队建设、软实力运用、人力资源、民族关系、区域发展、民生保障等诸多问题，重点探讨俄罗斯发展的主观诉求与内外约束的内在关系，剖析俄罗斯发展的路径和现实可能性，分析俄罗斯发展前景对中俄关系的影响以及中俄关系的未来发展走向。

高度、深度、广度、厚度

对于中俄关系的研究，一定要将其放在历史发展的长时段中加以考察，要以复合性思维取代简单化思维，要在现实中回顾历史、从历史中展望未来，力求以科学的方法论指导中俄关系研究，充分体现研究的战略高度、理论深度、视野广度和历史厚度，力避就事论事、思维僵化与鼠目寸光。

众所周知，近400多年来，俄罗斯始终在中国对外战略中具有举足轻重的地位，对中国的安全、稳定、发展乃至制度建设和文化变迁都有着至关重要的影响。可以说，俄罗斯对中国的影响是全面、深刻而复杂的，这也导致了中国人对俄罗斯的认知是纠结而矛盾的：有的把俄罗斯视为天然的伙伴与盟友，有的则视俄罗斯为作恶多端的"恶邻"。毫无疑问，如何全面、客观、理性、深入地认识俄罗斯，如何准确定位俄罗斯在中国国家战略和对外战略中的地位和作用，如何在坚持"世代友好、永不为敌"和"不结盟、不对抗、不针对第三方"的原则基础上，更积极主动地引领中俄关系平稳、健康、可持续的发展，是未来中国必须完成的重大课题。

大变局下尤需制定系统性战略[*]

冯玉军

当今世界，正面临冷战结束以来前所未有的大变局。中国只有正确把握世界局势变化的实质，才能"不畏浮云遮望眼"，制定妥善的战略方针、运用有效的策略手段，有效维护国家战略利益，保障和平发展目标的实现。

纵观当下时局，有四个变化值得我们高度重视。

一是从国际战略格局来看，世界发展的不平衡性进一步增强，美国"一超"地位并未实质性衰落，新兴经济体遇到诸多困难，多极化进程暂时遇阻。人类认识相对于时局发展总是有一定的滞后性，如果抛掉"有色眼镜"，不能不承认，美国较快克服了金融危机的冲击，正引领新能源、新工业和新军事三场革命，其经济发展、金融霸权以及国际战略影响不仅没有衰退，甚至在以特朗普所宣扬的"美国优先"的方式反弹，单边主义色彩更浓、进攻性更强、冲击力更大；俄罗斯在乌克兰危机后受到西方的强力制裁，国际环境急剧恶化。与很多人印象中的强硬不同，普京不仅不希望与美国迎头相撞，反而放下身段与特朗普在赫尔辛基实现一对一会晤，美俄外交与军方的联系渠道得以重启。普京正试图小步慢跑地从美欧高压下解套，把美国的战略矛头引向他方；与此同时，中国的经济增速放缓、结构改革进入关键阶段，与美国的贸易摩擦暂时没有缓解迹象。从2018年下半年以来美方一系列动作特别是彭斯的演讲来看，美国对华战略认知正发生中美建交以来的最重大转向，中美关系迎来了一个历史性节点，其前景不仅关乎中国所处的国际环境，还关乎中国经济发展的模式选择甚至国内的社会政治稳定。

二是从国际秩序的角度来看，自由主义国际秩序和多边主义国际规范遭受质疑，现实主义和保守主义在全球范围内重新抬头，这既表现在诸多国家的国内政治中，也体现在国际关系和大国博弈里。特朗普上台后，积极推进"美国优先"

---

[*]《环球时报》2018年10月15日。

原则，单边主义盛行，但一系列"退群"行动并不意味着美国要重拾"孤立主义"，而是要重塑美国主导的国际规则与机制。尽管特朗普的特立独行引起了盟友间的不少质疑、抱怨和其他国家的相应抵制，但最终结果基本上都是谋求与美国达成妥协而不是正面冲突，特朗普各个击破的手法取得了重大进展：美墨加新自贸协定已经达成，美日、美欧也在加紧谈判，加之日欧已经达成自贸协定，可能在不久的将来，一个接近零关税、零补贴的"大西方"自贸区就会出现。与此同时，WTO规则在美国的压力下也不得不加以重构，而美墨加自贸协定中的"毒丸"条款有可能向其他贸易协定扩展，2018年10月二十国集团工商峰会（B20）宣言对中国的压力值得高度重视。固然，由于全球产业链的高度关联，美国与中国"完全切割"、把中国排除于世界经济体系之外的企图无法全面达成，但其可能给中国带来的冲击与伤害不可不察。这也是中国坚持维护基于公平与规则的多边国际经济秩序的重要基点，但关键是如何与美国达成双方都可接受的妥协而不是陷入无法挽回的冲突。

三是从国际关系的运行实践来看，各主要国家的对外政策更加务实，主动或被动地放弃了浪漫主义和乌托邦设想，利字当头、以利为先，运用不同手法来维护和拓展自身利益。特朗普高举"美国优先"大旗，携全球霸权之势，以施压、讹诈、制裁等手段横冲直撞，斩获不小；普京改变了"美国已经衰落""多极化已成现实"等战略判断，开始回归现实主义，一面挖空心思改善与西方关系，另一面加速东转，从中、日、印获取实际好处；埃尔多安在重重危机面前，也不得不委曲求全，主动改善对德关系，甚至倡议举行"入盟公投"；沙特阿拉伯、哈萨克斯坦等国家也都在纵横捭阖，推进多元平衡外交。在民族国家仍是国际关系体系基本单元的情况下，"只有永恒的利益，没有永恒的朋友"仍然是外交的基本原理。在国际议事日程日益复杂、多重博弈趋于紧张的现实面前，不选边站队、搞多元平衡成为绝大多数国家的务实外交选择。

四是从治国理政的取向来看，国内议题的重要性高于对外事务，各大国纷纷把主要资源、精力放在解决国内事务上，外交为内政服务的色彩愈加明显。大变局下，家家有本难念的经，"攘外必先安内"。特朗普重塑国际规则的目的在于为美国赢得实际利益，因此他言必称推进了美国经济增长、减少了贸易逆差、促进了民众就业；普京总统就职演说的核心是保障民生，他承诺居民实际收入增速要高于通胀增速，在退休制度改革引发民怨之际，他也亲自督促政府和议会对法案做出多项微调。

当今世界正经历"百年未有之大变局"。大变局下，中国需要制定系统性战略以处理好内外两个大局，确保和平发展大计，保障"两个一百年"目标的顺利实现。考虑到时局的重大变化，在战略制定时有几点似应给予高度关注：一是外病内治、以内为先，通过切实深化改革让发展的红利惠及所有民众，提高公共治理水平，维护社会公平正义。只要内部稳定，任何外患都无大虞。二是要以高度的耐心和智慧处理好中美关系，准确把握美国对华诉求和关切，力避中美贸易摩擦转向全面战略冲突。化压力为动力，一面倒逼改革，一面以相互妥协寻求中美之间面向未来的"新战略共识"。三是要力避"重新阵营化"。中国发展到今天，没有什么国家可以为我们遮风挡雨，任何结盟思想只会给中国增加包袱并束缚中国的机动空间。只有直面现实、勇于担当，以中国的国家利益为根本出发点，奉行独立自主、多元平衡、睿智务实的外交，才能避免"新冷战"和"两个平行市场"，切实保障中国和平发展大业。

刻赤大桥下的枪声：
又是一出"罗生门"？*

冯玉军

2018年11月25日，三艘乌克兰海军舰艇，包括两艘巡逻艇和一艘拖船离开黑海港口奥德萨，前往位于亚速海的乌克兰港口马里乌波尔。波罗申科称，这是为了加强在亚速海的乌克兰海军而进行的常规舰船部署。但是，要进入亚速海，乌克兰船只必须经过由俄罗斯控制的刻赤海峡。此后，由于双方各执一词，一次简单的轮船通过演变成了开枪冲突。事件被提交到安理会，依然争吵不休。俄乌黑海冲突：是谁挑起的事端？刻赤桥下的枪声：又是一出"罗生门"？

"硬闯"海峡：乌克兰施"苦肉计"？

记者：乌军侵犯俄罗斯国界，乌方却认为是俄罗斯欺人太甚。怎么看这起事件？到底是谁对谁的侵略？要辨别这一点本身是否重要？

冯玉军：第一，事实很清楚；第二，事情很重要。乌克兰这三艘舰船前往的是自认为是其领土的克里米亚附近海域。克里米亚虽然事实上被俄罗斯所控制，但是，国际上几乎没有国家承认俄罗斯对克里米亚的"占领"。因此，从国际法意义上来讲，克里米亚仍是乌克兰的领土，乌克兰海军到此巡航也完全符合国际法。俄乌两国曾就刻赤海峡通航问题达成过协议，双方对此也有明确的共识，但现在，俄罗斯为了巩固对克里米亚的"占领"，在相关海域划定了禁区，这本身违背国际法，而乌克兰的通过行动本质上就是为了宣示主权。

记者：据您所知，乌克兰海军舰只此前在这一海域是否畅行无阻？这一次属不属于"硬闯"？有评论说，乌克兰不惜船毁人亡的危险，试图强行通过俄罗斯战区，就是为了在G20"特普会"之前闹出点动静来，以防止美俄就乌克兰问

---

* 本文系《新闻晨报》"顾问"栏目对冯玉军教授的访谈，《新闻晨报》2018年11月28日。

题达成交易。是否存在这种可能?

冯玉军：是不是"硬闯"，要看从谁的立场上来讲。自从乌克兰危机爆发之后，乌海军在相关地区的巡航受到了相应的限制。在占据了克里米亚的同时，俄罗斯也修通了连接本土与克里米亚的刻赤海峡大桥（普京亲自驾车剪彩），进一步对乌相关船只通行形成制约。这是不争的事实。至于俄美之间会否就乌克兰问题达成交易，这其实是不可能的。美国官方多次表示，美国永远不会承认俄罗斯对克里米亚的"占领"。当然，随着时间的流逝，国际社会对克里米亚问题的关注度势必会有所降低，在此情况下，我相信，乌克兰政府也希望通过此举把事情炒热，以防止克里米亚被俄罗斯占领的事实逐渐被合法化。

记者：但是，也有人指出，乌克兰此举背后有西方国家的支持，最近几个月（2018年下半年）来欧洲和美国政界人士对亚速海局势表示出关注似乎别有用心。所以，乌克兰受到西方的操纵才敢有此一搏。是这样吗?

冯玉军：西方对乌克兰的支持是公开的。乌克兰危机以来，西方始终如一地表示对乌克兰领土主权完整持完全支持的态度，反对俄罗斯对克里米亚的"占领"。因此，此次事件也不存在所谓的阴谋或操纵。乌克兰自身对其领土主权的热情比西方更高，既是乌政府维持其合法性的重要前提，也反映了乌克兰人的国家主权意识和对国家的高度认同。

记者：乌克兰媒体特别提到，这次冲突是俄罗斯军队首次在悬挂俄罗斯国旗的情况下公开攻击乌克兰军队。照此看来，此次冲突是不是俄乌自2014年以来最危险的一起冲突?

冯玉军：俄军在乌东部地区的军事行动其烈度和规模要远远大于俄乌舰艇的简单开火。之所以悬挂国旗，是因为俄方认为克里米亚通过所谓的公投已经加入了俄联邦，在它看来具备充分的法理依据，不必再采取代理人的方式。

记者：乌克兰议会通过了总统波罗申科呼吁的在乌克兰部分地区实施戒严的决定。据称，这是乌克兰2014年与俄罗斯发生冲突后第一次实施戒严。您觉得，乌方实施戒严的目的是什么?

冯玉军：一是对外展现事件的严峻性，引发国际社会的同情和关注，特别是强化外界对俄罗斯"占领"克里米亚的反对；二是对内激发乌克兰民众的国家主权意识和爱国热情，也不排除在明年3月大选前进一步提升乌克兰选民的政治积极性和参与度。

"硬称"合法：俄罗斯造"罗生门"?

记者：在纽约联合国总部，俄罗斯主动要求召开安理会紧急会议。俄罗斯谴责乌克兰挑衅，乌克兰呼吁制裁俄罗斯，法国、英国要求释放乌克兰人员，美国抨击俄罗斯此举是对乌克兰领土主权的侵犯。安理会最后有没有一个说法?

冯玉军：安理会的讨论分成两次，第一次是由俄罗斯主动提出，要求谴责乌克兰对俄罗斯主权的侵犯，但是，该提议根本没有得到安理会响应，因为绝大多数国家都认为俄罗斯对克里米亚的"占领"是非法的，乌克兰侵犯俄罗斯主权则是一个伪命题。第二次是在乌克兰的申请之下，绝大多数国家还是维持现有的观点，尊重乌克兰领土主权，要求俄罗斯归还克里米亚，并谴责俄动用武力。安理会对此问题的看法基本上是明确的，但由于俄罗斯拥有否决权，通过安理会平台对俄施加制裁或要求其还克里米亚，都是不现实的。

记者：特朗普似乎至今都还没有一个明确的表态。有人说，他的低调回应即使不是对俄罗斯的鼓励，也是一种默许。您怎么分析特朗普不便表态的原因？

冯玉军：特朗普对俄罗斯可能怀有某种特殊的感情，但是，美国的对外政策并不是他一个人可以说了算的。总体来讲，美国的对外政策主要还是掌握在建制派的手里，无论国务院还是国会，对于对外政策都有着强大的影响力。在此情况下，不必过分关切特朗普的所谓的"推特外交"。

记者：中国常驻联合国副代表呼吁俄乌双方保持克制，并重申中方在乌克兰危机问题上一贯秉持客观、公正立场。在克里米亚问题上，中方的立场是什么？

冯玉军：中方的立场主要还是从中性的角度出发，不仅呼吁双方保持克制，希望以和平的而非战争的手段来解决问题，同时也表达了对乌克兰领土主权完整的尊重，基本上还是和克里米亚危机之后在安理会决议中采取的立场是一致的。

记者：乌克兰全国进入60天战争紧急状态，普京背负西方国家一边倒的舆论压力。事态发展会以何种方式收场？乌克兰的戒严是否会不了了之？"特普会"会不会照常进行？

冯玉军：首先，进入战争紧急状态并不意味着发起大规模的军事行动；其次，俄罗斯就此事件会招致包括美国在内的西方社会的批评，但俄美之间并非只有乌克兰议题，俄乌摩擦不会影响G20期间的"特普会"。总体而言，事态还会长期化，俄罗斯不会把克里米亚交还给乌克兰，乌克兰也难以通过武力的方式夺回克里米亚，西方也并无强烈意愿支持乌克兰的武力行动。但俄罗斯得到了克里米亚的同时失去了整个乌克兰，乌克兰对俄罗斯表现出越来越强的离心倾向，极力切割与俄罗斯在政治、经济、安全甚至人文方面的联系。2018年，乌东正教会发表声明，摆脱历史上长期形成的对莫斯科大牧首区的归属，转而加入希腊大牧首区，曾经在俄乌中间起着纽带作用的宗教因素也表现出强烈的政治色彩。在可预见的未来，围绕克里米亚的外交战仍将长期持续，乌克兰摆脱俄罗斯战略轨道的意愿和决心也很强大，俄乌只会越走越远。

俄罗斯外交重回现实主义[*]

冯玉军

2018 年，俄罗斯外交基本实现了"现实主义回归"。事实上，在 21 世纪初普京执政的最初几年，现实主义曾是其对外政策的主基调。但随着国际油价攀升推动经济快速增长和国力相对恢复，俄罗斯外交进入了一个较为"激进"的时期。2008 年前后，"美国已经衰落""多极化已成现实""俄罗斯可以有所作为"等判断一度主导了俄罗斯的国际战略观。2007 年普京"慕尼黑讲话"、2008 年俄格战争、2014 年克里米亚危机成为俄罗斯"强势外交"的集中体现。但随之而来的西方制裁以及国际油价断崖式跳水使俄经济发展严重受阻、国际环境迅速恶化。在严峻的现实面前，俄罗斯不得不重新审视国际环境、调整国际战略和外交政策，逐渐回归理性务实的现实主义外交。

第一，普京意识到内部稳定比外部扩张更为重要。在 2018 年 5 月开启第四个总统任期后，他把更多资源和精力放在了改善国内治理、保持经济稳定和维持民生需求等方面，而非扩张国际影响上。俄罗斯政府经济工作的核心任务就是要维持通胀率的相对稳定，避免民众本已微薄的工资和退休金遭受通货膨胀的蚕食鲸吞从而引发社会动荡。尽管延迟退休改革引来了民众的广泛不满，但普京亲自出面干预微调，保持了国内政局的总体稳定。

第二，在世界经济体系中尽全力为本国谋取最大利益。在世界新能源和新工业革命蓬勃发展的背景下，俄罗斯经济主要还是依靠油气、军火和粮食出口支撑。因而，俄罗斯利用一切可能机会来维持和推升油价。俄罗斯与伊朗在叙利亚的合作、俄罗斯在伊核问题上对伊朗的支持不仅出于政治理念与国际道义，更有借美伊对抗、美国打压伊朗能源出口推升油价的考虑。与此同时，俄还借助日益紧张的国际局势和地区冲突积极推销军火，2018 年对外军售额达到 450 亿美元，

---

[*]《世界知识》2018 年第 24 期。

赚得盆满钵满。俄还在加紧利用自身优势，在世界各地推销核电站和粮食。

第三，加强自身军力建设，与美国保持"不对称平衡"。在俄罗斯的综合国力构成中，军事实力依然占据了最大的比重。当前，尽管经济非常困难，俄还是加大了军事建设的力度，维持了较高比例的军费开支，推进了一系列新式武器的研发和部署，例如Su-57战斗机、超高音速导弹等。如今，俄罗斯已经无力和美国进行全方位军备竞赛了，但仍在谋求保持对美国的关键性遏制力。

第四，在对美关系上逐渐回归理性务实，在做最坏打算的同时谋求缓和。俄罗斯一些高官现在在口头上对美国还是非常强硬，但普京近来始终强调"俄无意与美国为敌，希望与美国恢复相互尊重的关系"。在"强势外交"遇阻后，普京已清楚地认识到，俄美之间的实力差距是巨大的，俄罗斯无力与美全面争锋。同时，他也明白俄美结构性矛盾无法迅速消除，并为此做了最坏打算。2018年来，俄罗斯在加快抛售美国国债的同时增持黄金，俄罗斯一些油气公司也要求外国客户修改合同并以欧元取代美元结算油气交易。这一切都是为了防止俄罗斯经济在美国把俄罗斯踢出环球同业银行金融电信协会（SWIFT）的情况下遭受致命打击。在不指望俄美关系迅速好转的同时，普京也在竭尽全力修复俄美关系，以尽可能争取"喘息"机会，以静待变、"熬过寒冬"。因此，在乌克兰问题上，俄罗斯放低了身段，在不"归还"克里米亚的前提下，在乌克兰东部冲突问题上加强了与明斯克小组的配合，试图通过与德、法的合作缓解所面临的压力；在叙利亚问题上，俄在主导阿斯塔纳进程、索契进程的同时，也搭建了法、德参加的叙利亚问题解决框架。更重要的是，普京利用一切机会，谋求恢复与美国的直接对话，防止俄美关系出现"自由落体"。除2018年7月与特朗普的赫尔辛基会晤外，他还想方设法利用纪念第一次世界大战结束100周年、二十国集团（G20）等多边场合与特朗普接触。

第五，加大"向东转"力度，强化同中国、日本、印度等亚洲国家合作。对日方面，俄罗斯利用北方领土问题调动日本，一面打破西方围堵，一面获取经济实惠；对印方面，双方加强了政治、经济与外交全方位合作，俄罗斯对印出售S-400采用了卢布结算的避险方式。当然，在东方外交方面，俄罗斯获得最大收获的还是对华外交：政治领域，中俄两国互动频繁，俄借此在大国关系中避免了过度的"孤独感"；在经济领域，两国贸易额迅速恢复；在能源领域，俄罗斯连续两年成为中国第一大石油供应国，中俄东线天然气管道加紧建设、西线天然气管道加紧谈判。在国际能源市场转向"买方市场"之际，俄罗斯获得了一个庞大而稳定的销售市场；在投资领域，中国对俄投资逆势而上，为俄罗斯提供了西方之外的重要资金来源。

但同时必须注意到的是，中国从中俄关系中未必能获得对称的预期收益：战略上，对俄关系的热络似乎并未减轻来自美国的压力，甚至有可能恶化美国对中国的战略认知；经济上，即使中俄贸易额达到 2000 亿美元，俄罗斯也无法替代美国在市场、投资、技术、知识、管理和社会治理等方面之于中国的价值。国际大变局下，俄罗斯外交正在重回现实主义，而中俄关系也进入了重要的转型期，双方国力对比的不对称性、战略运筹的不对等性以及成本收益的不平衡性值得引起高度关注。

平壤通道：俄美关系的
新理想与旧现实[*]

马　斌

近年来，朝核问题一直是东北亚地区事务的焦点之一。国际社会为推动朝核问题解决和实现半岛和平稳定做出了大量努力。2018年1月9日，朝韩双方在板门店举行了两年来的第一次高级别会谈，此前一直不断升级的紧张局势有所缓和。对此，美国总统特朗普在肯定自己奉行的政策成效的同时，也对国内外反对力量提出了批评。值得注意的是，受批评者当中包含此前一直被美国"寄予厚望"的俄罗斯。2018年1月17日，特朗普在接受媒体采访时表示俄罗斯根本没有帮美国解决朝鲜问题；与此同时，时任美国国务卿蒂勒森则指责俄罗斯没有严格执行联合国对朝鲜核武器项目的制裁；1月底，美国代表在联合国会议上再次批评俄罗斯阻碍朝核危机的解决。美国新近的对俄批评表明，共同处理朝核危机的理想并未突破两国关系处在低谷的基本现实。

俄罗斯影响朝核问题的渠道

与2018年年初美国批评俄罗斯时所体现的高调相比，俄罗斯在朝核问题和半岛稳定事务中扮演的角色长期较为低调。简单地看，俄罗斯主要通过俄朝、俄中、俄美等双边渠道，以及联合国、六方会谈等多边渠道在朝核问题和半岛安全事务上发挥影响。

第一，俄朝关系渠道。不断改善的俄朝关系是俄罗斯参与朝核问题解决和半岛安全事务的基础，它使俄罗斯能够影响朝鲜政府的相关政策。苏联解体以后，

---

[*] "中美友好互信合作计划" 微信公众号，2018年2月2日，https：//mp.weixin.qq.com/s?　src＝11&timestamp＝1546053632&ver＝1317&signature＝1TaUTCHY6vjijZBXU1FtMXi3hIYilbKoUK9Xw04B5NXNs3nHIXPc0O07WSLUJYDWK3MLjdwTM3TmlcIAwnneyQL－yXhegI9yHauqbjnYpwTOma4HXI1MiIRSwSedDRXD&new＝1。

俄罗斯对朝鲜半岛事务的影响力与俄朝关系发展态势基本一致。在两国关系不断恶化的20世纪90年代中前期,俄罗斯对半岛事务的影响力大幅度下降;随着俄朝关系的改善,特别是普京执政以来,俄罗斯的相关影响力在逐步恢复。近些年,俄朝高层官员互访频繁,经贸联系大大增加,能源合作协议先后签署,军事安全领域的磋商更极大提升了俄对朝政策影响力,俄罗斯也曾一度成为朝鲜向外界表达态度、传递政策的主要窗口之一。在本轮朝核危机中,朝鲜外交官员就多次访问俄罗斯。

第二,俄中关系渠道。相对稳固的俄中关系在一定程度上决定着俄罗斯应对朝核危机政策的主要属性。由于中国应国际社会要求在朝核危机处理过程中积极利用各种手段为相关各方搭建平台、创造机会,来促进朝核危机解决与半岛和平进程,因此,俄罗斯在朝核危机处理中发挥更大影响力也具有了保证。因为除维持战略合作关系的共同需求外,俄中对朝核危机恶化原因的认识较为类似,提出的解决方案也较为接近,再加上中俄具有相对完善的双边工作机制,如首脑、外长等的会晤机制,以及以"东北亚安全磋商"为代表的专门机制,这都为俄罗斯利用俄中关系渠道影响朝核危机解决过程提供了保证。其中,两国外长会晤和东北亚安全磋商在过去两年的表现较为引人关注。2017年7月的中俄外长会晤确立了两国关于朝核问题和半岛事务的基本方案,形成了解决朝核危机的"中俄路线图"。2015年4月启动的东北亚安全磋商,从第二次磋商开始就把朝核问题和半岛安全作为核心议题。在朝核问题和半岛局势不断恶化的2017年,俄罗斯与中国先后举行了三次东北亚安全磋商。

第三,俄美关系渠道。与美国保持沟通也是俄罗斯影响朝核问题和半岛事务的重要途径。虽然近年来俄美关系经历了严重退步,但两国关系的基本框架仍相对稳定,俄罗斯与美国依然维持着多层次的沟通联系。比如,即使两国最高领导人无法实现正式访问,但普京和特朗普可以通过"邂逅外交"、电话会谈等进行交流;而且,除部分合作项目被停止外,俄美并未切断主要职能部门间的基本联系。以外交系统为例,截至2018年1月俄罗斯外长拉夫罗夫与时任美国国务卿蒂勒森自其上任起已会面8次,并进行过8次电话沟通。在朝核问题上,俄罗斯不仅与美国保持最高领导人级别的沟通,也通过专门渠道进行协调,目前,两国在外交系统的专门政策沟通、磋商分别由俄罗斯副外长莫尔古洛夫(Igor Morgulov)与美国朝鲜政策特别代表尹汝尚(Joseph Yun)负责。

除上述双边渠道外,联合国、六方会谈以及国际原子能组织等也为俄罗斯参与朝核危机解决和半岛和平进程并发挥重要影响提供了支持。俄罗斯在多边场合采取的政策是其朝核政策框架的重要组成部分。

俄罗斯在危机解决中的角色

总的看来，尽管俄罗斯能通过双多边渠道直接介入朝核危机解决过程，但其发挥的作用与中国、朝鲜、美国、韩国、日本等国家相比，通常被认为更小。实际上，朝核危机及半岛局势恶化是威胁东北亚地区安全和稳定的重大问题，俄罗斯由于历史和现实原因无法像中国、美国、韩国等国家那样能发挥重大作用，但俄罗斯作为当今世界特别是作为东北亚地区的主要大国之一，其潜力和作用不应被低估。再加上近年来俄罗斯奉行"向东转"的政策，朝核问题与半岛安全事务在其外交政策框架中的地位与以前相比更高，因此，明确俄罗斯在朝核危机解决过程中所扮演角色特性就十分必要。根据俄罗斯近两年的政策表现来看，它在解决朝核危机和维护半岛安全稳定事务中扮演的角色具有多重特性。

第一，与推动制裁的国际社会具有一致性。在过去两年，俄罗斯一直是联合国对朝鲜制裁的重要参与方。虽然俄罗斯在联合国制定和通过对朝制裁过程中发挥的作用更加复杂，但它基本上是与国际社会一起按照联合国的制裁要求制定和执行相关政策。2017年10月，俄罗斯总统普京签署执行联合国决议的命令，在涉朝金融交易和朝鲜货物出口等方面对朝实施制裁。据报道，普京总统签署的命令主要是对于参与朝鲜核武器和导弹计划的11名朝鲜自然人和10名法人，规定其在俄境内拥有的资金和资产不得用于金融交易；禁止俄方向上述自然人及法人提供资金及资产。

第二，与奉行"双暂停"方案的中国具有合作性。俄罗斯目前积极推动朝核问题解决的"中俄路线图"，是以2017年7月4日中俄外长签署的两国外交部关于朝鲜半岛问题的联合声明为基础，支持以"双暂停"为核心的解决方案，即朝鲜宣布暂停核爆试验和弹道导弹试射，美韩相应暂停举行大规模联合军演；重启全面解决半岛问题的对话进程，军事手段不应成为解决朝鲜半岛问题的选项；有关国家停止并取消"萨德"系统相关部署等。俄罗斯认为在双暂停实现后，有关双方可围绕解决问题展开直接联系。面对美、日、韩等以同盟关系为基础制定和推行相关政策的现实，俄罗斯通常会从中俄战略合作角度出发与中国进行政策协调，以保证朝核危机解决过程不受美日韩同盟的过多干扰。

第三，与总体指导原则不冲突的政策自主性。俄罗斯在与国际社会共同解决朝核危机过程中也具有相对自主性，其执行联合国制裁政策的过程能在一定程度上反映此特性。在总体原则上，俄罗斯同意联合国制裁朝鲜的最新决议，也已签署命令启动制裁；但在实施过程中，俄罗斯会在原则允许范围内对具体政策做适当调整，使之更符合本国的利益诉求。联合国安理会2017年12月22日针对朝鲜弹道导弹与核计划所通过的制裁决议规定，各国必须在两年内把所有朝鲜劳工遣送回国。俄罗斯奉行的政策是，将于2019年年底遣返所有在俄朝鲜劳工。从理论上看,俄罗斯政策并不违反联合国决议;但在实践上,俄罗斯在未来两年内将继续同朝鲜开展劳务合作,这为朝鲜提供了一定缓冲。另据报道,俄罗斯过去数月(2017年年底)至少三次通过海上转运向朝鲜提供燃料。

俄罗斯在朝核危机解决过程中表现出的多重属性主要与其多层次目标有关。具体来看,俄罗斯在朝核危机处理过程中想要实现的目标主要包括:降低朝核试验对远东地区的威胁、缓解美国部署"萨德"带来的压力、强化在东北亚地区的国际影响力等。在降低核爆试验带来的威胁层面,俄罗斯与中、美、韩、日等国具有一致利益,因此,它支持国际社会共同努力促使朝鲜停止核爆试验;在缓解美国在韩部署"萨德"系统所带来的压力层面,俄罗斯与中国具有共同战略利益,因此,它赞成中国要求美停止相关部署的政策;而具体政策操作层面具有的相对自主性,则主要基于俄罗斯不同于其他主要行为体的独特利益。

俄美关系"平壤通道"的现实

对俄罗斯而言,朝核危机及半岛安全问题虽然重要,但远不是它当前最主要的外交议题。俄罗斯与朝核危机有关各方的互动首先要从俄罗斯与它们关系的基本态势出发。俄中关系、俄美关系的总体态势是俄罗斯与中、美围绕朝核危机进行互动时首先要考虑的要素。中俄稳定的战略协作伙伴关系保证双方在互动中能采取相对一致的立场和政策;俄美近年来不断恶化的双边关系是俄罗斯考虑与美国互动的主要出发点。从朝核危机影响俄美关系的角度看,"平壤通道"对俄罗斯具有双重价值。

从积极的角度看,朝核危机是俄改善对美关系的抓手。美俄关系自2014年乌克兰危机爆发以来就不断恶化,双方在诸多领域的合作都被终止和暂停,朝核危机是双方仍然维持密切沟通的主要议题之一。而且,由于特朗普本人及美国政府机构都曾比较重视俄罗斯在解决朝核危机过程中可能发挥的积极作用,所以,朝核危机的解决过程为俄罗斯提供了向美方传递合作意愿的机遇,如果俄罗斯能够抓住机遇推动美俄关系改善,那么,朝核危机解决过程就为两国关系开辟出了"平壤通道",使它们通过特定议题上的合作来锚定两国关系,防止其全面滑坡。因此,在俄罗斯的政策构想中,朝核危机不仅仅是需要克服的地区安全挑战,也是可被用来对美俄关系施加影响的地缘政治事件。

从消极的角度看,朝核危机是俄平衡美国的重要舞台。

经过一段时间的尝试,俄罗斯发现"平壤通道"在改善美俄关系方面作用有限,而且,由于双方无法达成一致的朝核危机解决方案,美国对俄态度和政策也出现变化:一方面,特朗普对利用俄罗斯解决朝核问题的耐心减少,开始抱怨由于美俄关系无法改善(主要由于美国内因素限制)"捆住"了利用俄罗斯解决朝鲜问题的手脚;同时,美国也频频批评俄罗斯为美国解决朝核问题设置障碍。

另一方面，美国在朝核问题解决过程中绕开当前政策机制"另起炉灶"，将中国和俄罗斯排斥在外。面对这种情势，俄罗斯对利用"平壤通道"改善美俄关系的期待有所降低，转而重视"平壤通道"在制衡美国方面所能发挥的作用。俄罗斯不仅强调应按"中俄路线图"解决朝核危机和维护半岛稳定，还发表外交声明谴责美国"另起炉灶"的做法，认为这损害了解决朝核危机和维护东北亚地区安全的集体努力。2018年1月24日，俄罗斯外长拉夫罗夫应邀与时任美国国务卿蒂勒森通话，提出以下几点：朝鲜应该严格遵守联合国安理会的要求；反对美国通过激进言辞、反朝同盟和威胁进行海上封锁等途径加剧朝鲜半岛紧张局势的行为；国际社会应根据联合国安理会2375号决议协调制裁，反对绕过联合国安理会采取单边措施。

综上所述，俄罗斯在发掘"平壤通道"对俄美关系的价值时，既怀抱着美好的"新理想"，也面对着沉重的"旧现实"。它一方面尝试利用朝核危机解决过程推动美俄关系改善，另一方面又通过中俄协作制衡美国，借机提升和巩固其在东北亚地区的地位和影响力。

总之，由于限定美国当前对俄政策的两项国内基本认知，即俄罗斯兼并克里米亚破坏国际秩序、干涉2016年美国总统大选，在短期内很难发生根本转向，所以，俄罗斯即使对利用"平壤通道"改善俄美关系有一定期待，但也未抱太高希望，更没有将其作为"平壤通道"的最主要价值来发掘。当前，俄罗斯更多从美俄对立和中俄合作角度来思考本国在朝核危机解决和半岛安全事务应采取的政策。这是中俄能够在朝核危机解决过程中取得对美一致的基本前提。然而，需要明确指出的是，中俄当前对朝核危机的基本立场一致并不意味着俄罗斯将始终奉行跟中国相同的政策。俄罗斯在过去所体现出的政策自主性更不会因此消失。俄罗斯在与中国维持合作的同时，也会适当开发利用"平壤通道"在改善美俄关系方面所具有的价值，还会与其他参与方搭建不包含中国的"小多边"机制，以实现部分相对特殊的本国利益。新一轮朝韩高级别会谈结束后，俄罗斯在表达支持态度的同时，也提出南北直接会谈未来应纳入俄方的俄朝韩三边经济合作倡议。因此，俄罗斯作为朝核危机解决和半岛安全事务的重要参与方，其政策会在基本面稳定的前提下，表现出适应各方博弈形势变化的灵活性；"平壤通道"作为俄美互动的重要层次也将继续存在。

普京：带领俄罗斯发展的旗帜人物*

马 斌

莫斯科时间2018年3月19日，俄罗斯总统选举全部选票统计完毕，现任总统普京得票76.69%，正式宣告连任成功，终结了这次全无悬念的总统选举。

铁腕治国、稳定经济、个人魅力等都是成就普京连任的具体因素，但回顾其执政经历就会发现，将自己融入俄罗斯国家发展历史进程才是普京能够一直稳居权力核心的根本原因。在过去的长期执政过程中，普京逐渐被塑造为俄罗斯大国复兴、国家自立的代言人和象征。

自20世纪末至今，俄罗斯一直行进在复兴大国地位的道路上，而普京恰恰是这种国家追求的象征。通过适应和推动这一追求，普京成功地将国家发展和自身成就结合起来。

20世纪90年代初，俄罗斯采取了一系列对西方让步、妥协的外交政策，但并未换来相应的尊重，这导致了俄罗斯开始反思和调整向西方"一边倒"的政策，重新确立了恢复和建立大国地位的外交战略。在处理第二次车臣战争中，普京威望和能力得到认可，从而真正获得了带领俄罗斯前进的资格。21世纪初，俄罗斯经济日渐恢复，与西方的关系逐步好转，种种迹象似乎都表明，俄罗斯重新获得了跻身世界大国的资格。当然，这都是在普京领导之下实现的。

俄罗斯追求大国地位的实质是获得西方的认可与尊重，但其并未如愿，西方国家在众多问题上采取了在俄看来是双重标准的做法，损害了俄罗斯的尊严。在这种背景下，普京作为国家领导人，采取措施给予强势回应——尽管代价是与西方关系难以改善，但它是俄罗斯自立、自强的国家气质的重要标志。

时至今日，俄罗斯依然面临类似挑战，普京仍是带领俄罗斯继续发展的旗帜人物。普京的这种独特身份使俄罗斯在21世纪初期的发展被深深打上了普京烙

---

* 《新京报》2018年3月21日。

印。再次当选后，普京在政治上的核心任务是为后普京时代做准备。由于普京独一无二的象征身份，当前俄罗斯政治人物很难对普京执政形成实质性挑战，2018年总统大选中，其他7位候选人的表现就证明了这一点。

然而，在新一届任期结束后，俄罗斯政治将如何发展、俄罗斯政坛将如何重组、俄罗斯权力将如何接力等将成影响其国家发展的大问题。另一项对普京执政具有决定性影响的挑战是俄罗斯经济。2017年，俄罗斯GDP增长率为1.4%，远低于世界平均水平。以能源和原材料出口为支柱的经济模式尽管较好地发挥了其资源禀赋优势，却未形成通过再分配带动整体经济发展的路径。这是制约俄罗斯经济发展的长期瓶颈。这使得俄罗斯经济极易受世界经济波动的影响。而一旦这种依赖性与另外一项挑战，即与西方关系恶化相结合，就可能导致更严重后果。

总而言之，2018年总统大选是普京在俄罗斯国家发展过程中独特身份的再次彰显，不过，新的任期开始，普京身上的担子也不会比以往更轻。在世界大变局中，摆在俄罗斯面前的诸多挑战和制约发展的瓶颈，仍然有待普京解决。

"斯克里帕尔案"加速俄罗斯与西方关系恶化*

马 斌

"斯克里帕尔案"愈演愈烈,继英国驱逐23名俄罗斯外交官后,美国也宣布驱逐60名俄罗斯外交官,并关闭俄驻西雅图领事馆,此后,有近20个国家纷纷表态支持英国。近年来,俄罗斯与西方国家的关系受北约东扩、乌克兰危机、战略失衡、干预美国大选等问题的影响而一直处在低谷。此次事件,使双方关系继续沿着恶化的方向发展。简单来看,此次案件及随后发生的外交风波至少从三个方面对西方与俄罗斯关系形成制约。

第一,案件在俄罗斯与西方之间激发了新一轮恶意。斯克里帕尔(Sergei Skripal)父女中毒案发生后,英国经过调查很快就把俄罗斯认定为主要嫌疑犯,并迅速启动了多项对俄报复措施。与此同时,英国还积极谋求西方主要国家和国际组织的支持,有20多个国家对英国表示支持并采取了相应的制裁措施。面对以英美为首的西方国家的指控和制裁,俄罗斯一方面坚决否认和批判,另一方面也立即启动和威胁启动对等制裁。不管是英国及其支持者,还是俄罗斯,都对对方的态度和举措表示不满,认为对方损害了自己的尊严和利益。

第二,案件强化了西方国家在对俄问题上的一致性。此前,尽管西方与俄罗斯的关系处在低谷,但部分国家在处理与俄罗斯有关的问题时,实际上保持着相当大的独立性。特别是美国,以及欧盟内部与俄罗斯政治经济关系密切的国家,它们有时会谋求和推动对俄妥协政策。对于俄罗斯与西方关系中的这点问题,很多西方国家表示担忧,却无力扭转。但是,此次的事件发生后,包括美国在内,大部分西方国家暂时被重新统一到对俄强硬路线上。3月15日,英、法、德、

---

* 国际在线,2018年3月29日,http://news.cri.cn/20180329/bbd28b60-3dec-40de-d24c-d82533c38234.html,原题为《英国间谍中毒案加速俄罗斯与西方关系恶化》。

美等西方主要国家领导人发表联合声明,谴责俄罗斯是案件幕后主使,从而确立了西方国家在该问题上的对俄统一立场。

第三,压缩了美国处理对俄关系问题的政策空间。美国是西方世界的领导者。它在与俄罗斯有关的问题上的态度和政策选择,对其他西方国家具有很强的引导和示范作用。特朗普当选为美国总统后,尽管前有乌克兰危机,后有干预美国大选等事件的制约,他仍然多次表示愿与俄罗斯改善关系。这在很多西方国家看来,是在破坏西方国家的对俄政策。在此次事件发生之前,特朗普采取的最严厉的对俄政策就是签署和实施了对俄制裁法案,在其他方面少有作为。本次的案件发生之后,美国作为英国最主要的盟国立即采取多项举措表示支持,包括通过国务院发布声明谴责俄罗斯,驱逐60名俄外交官,关闭俄驻西雅图领事馆等。美国的反应提升了其对俄政策的强硬度,降低了部分西方国家对美单独与俄媾和的担忧。

案件发生后,包括美国、法国在内的20多个国家共驱逐了151名俄罗斯外交官。这已成为史上规模最大的俄罗斯外交官驱逐事件。面对新的与西方关系的危机,俄罗斯一方面坚决否认相关指控,并通过多种途径向外界说明情况,比如在莫斯科向各国驻俄外交官举行吹风会等;另一方面也采取强硬手段加以回击,比如对等驱逐23名英国外交官、关闭英国在俄文化机构等。在美国宣布驱逐60名俄外交人员后,俄罗斯驻美大使馆还举行了一个网络投票,来决定将关闭哪家美驻俄领馆。

实际上,对比俄罗斯与西方国家先后出台的政策就会发现,俄罗斯采取的基本策略是在一定限度内表现出强硬态度的前提下,主要采取实用主义的态度,避免对西方国家的全面出击。究其原因,主要是俄罗斯国力近几年下降严重,在乌克兰危机、"干预2016年美国总统大选"等引发的制裁仍然持续的条件下,西方国家表现出如此强烈的对俄政策一致性,意味着俄罗斯需要更加谨慎地处理相关问题,以防止与西方关系无限制恶化。另外,西方国家与俄罗斯此轮博弈正好发生在2018年俄罗斯总统大选前后,虽然它未能阻止普京以高票当选,却为新当选的普京制造了第一波外交挑战。普京及其领导的俄罗斯如何回应,将极大地形塑接下来俄罗斯与西方关系的基本走向。

四层"俄罗斯套娃":西方国家群起驱逐俄外交官背后的逻辑[*]

马 斌

前俄罗斯情报官员斯克里帕尔(Sergei Skripal)及其女儿在英国"中毒"事件引发的外交风潮持续发酵,自英国驱逐俄罗斯外交官后,又有美国领头,西方多国集体驱逐俄罗斯外交官,在西方世界似乎响起了一曲"反俄大合唱"。

尽管在很多国人眼中俄罗斯属于西方,但在西方不少人看来,俄罗斯更像是个异类。自彼得大帝以降,与西方的恩怨情仇就一直是俄罗斯国家发展和对外交往的一条主线。

意识形态的转圜、世界格局的重组等都未能从根本上改变西方之于俄罗斯的重要性。或许,正是因为西方对俄罗斯太过重要,以至于双方关系很难稳定在合理范围,而是随着国际局势的变化起伏不定。

最近几年,俄罗斯与西方关系正处于低潮期。双方围绕乌克兰危机、北约东扩、战略平衡、总统大选等问题屡生龃龉;在英国新近发生的前间谍中毒案,更使双方关系雪上加霜,滑入新一轮的下降螺旋。

客观地讲,俄罗斯与西方之间发生的并非是势均力敌的抗衡,而更多是"西强俄弱"的非平衡性对峙。后冷战时期的西方国家在面对俄罗斯时,不仅在经济、科技、军事等领域占据优势,而且还时常带有一种冷战胜利者的优越感和自负心理。

在这样的条件下,俄罗斯采取的行动对双边关系发展固然十分重要,但西方拥有的政策空间和选择余地事实上更大。这也是当前的双方关系呈现出西攻俄守的态势,俄罗斯时常"出奇兵"以求局部"胜利"的现实原因。

然而,从2018年3月4日英国发生前间谍中毒案后西方国家与俄罗斯互动

---

[*] 澎湃新闻,2018年3月29日,https://www.thepaper.cn/newsDetail_forward_2049223。

过程来看，西方国家似已发展出同俄罗斯打交道的固定程式，它们此次谴责、制裁俄罗斯的套路与之前处理同俄罗斯争端的模式大同小异。换句话说，西方近年来的回应就如同俄罗斯套娃，变换的是色调，不变的是主题。具体看，西方拆解的"俄罗斯套娃"至少包括四层。

帝国的遗传

在西方看来，沙俄、苏联等具有的帝国作风、争霸传统等自然而然地会遗传给俄罗斯，影响俄罗斯对西方的看法和政策；沙俄、苏联等创造和积累的财富、科技、武器等会遗留给俄罗斯，支撑俄罗斯与西方打交道。因此，俄罗斯的帝国遗传和继承就成为西方的"俄罗斯套娃"的基本组成部分，双方间的相关事务一旦与之关联，俄罗斯就往往被摆上拷问架。

斯克里帕尔父女中毒案发生后，英国警方反恐部门经调查后很快认定，"凶器"是军用级别神经毒剂"诺维乔克"（Novichok）。西方国家曾经普遍认为苏联在冷战末期研发了该毒剂，俄罗斯作为苏联的继承国因此自然是"怀毒其罪"。按照英国外交大臣的说法，尽管俄罗斯表面上已放弃"诺维乔克"，但它曾经大量生产和储存过这种神经毒剂，言外之意是俄罗斯从苏联继承了相关能力，故难以洗脱嫌疑。面对英国的指控，俄罗斯方面坚称英国并未向俄罗斯提供任何"实锤"证据来证实斯克里帕尔父女被俄方人员毒害的说法。

政治制度的基因

近现代史上，沙俄和苏联的政治制度都曾被作为西方的对立面而长期处在被批判的位置。20世纪90年代的俄罗斯改革使它与西方不断走近。普京执政之后，俄罗斯在国内力推"主权民主"，但西方国家则批评其为"民主倒退"。俄罗斯与西方国家关系由此埋下了长期隐患。多年来，双方时常因为这一问题爆发争端。西方国家在分析和解读涉及俄罗斯的事务时，往往将很多问题归咎于俄罗斯的政治制度。此次俄罗斯与西方国家围绕间谍中毒事件爆发的冲突也再现了这一模式。西方国家认为俄罗斯在英国领土上"毒杀"前间谍的行为是对基本民主价值的侵犯。

俄罗斯威胁论

"俄罗斯威胁论"在西方是一种具有广阔市场和影响力的流行论调。西方国家之所以具有俄罗斯威胁这种认知，不仅可以溯源到沙俄、苏联与西方之间长期冲突、对峙的历史，而且又与俄罗斯具有的强大军事实力、丰富的资源等硬件密不可分，更同近年来俄罗斯在乌克兰、叙利亚等问题上的强势作为直接相关；同时，它还是基于对俄罗斯帝国遗产判断的"合理"推论。

第二次世界大战结束后，西方通常以国际法和国际秩序的建立者、捍卫者自居。因此，"威胁"也成为西方的"俄罗斯套娃"的主要层次之一。在西方国家看来，俄罗斯吞并克里米亚等行为无疑对西方国家构成了挑战。斯克里帕尔中毒案发生后，西方国家便基于那种"合理"推论认定俄罗斯是幕后黑手，认为俄罗斯在英国境内"毒杀"斯克里帕尔侵犯了英国主权、违背了国际法、破坏了国际公约，是北约成立以来第一次在成员国境内发生类似事件，"对各方都是威胁"。

遏制的策略

在西方世界看来，面对具有强大实力，且存在"制度缺陷"和"侵略冲动"的国家带来的威胁，只有联合起来对其实施遏制才能保证自身安全和利益。这既是第二次世界大战结束后西方国家对苏联吹响冷战号角的基本战略考量，也是当前正在发生的、史上最大规模驱逐俄罗斯外交官事件背后的主要动员逻辑。

当英国断定俄罗斯"极有可能"是斯克里帕尔中毒案的主凶后，西方国家就从多条战线对俄罗斯发起了联合行动。3月14日，英国宣布驱逐23名俄罗斯外交官等对俄报复措施；随后，美国、德国、法国还同英国一起发表领导人声明，明确了西方主要国家的基本立场；接下来，北约、欧盟等国际组织，包括欧盟16国、部分北欧国家、波罗的海沿岸国家、乌克兰等在内的20多个国家也宣布类似驱逐措施，美国更将俄驻联合国部分外交人员包含在被驱逐范围之内，此外，还关闭了俄罗斯驻西雅图领事馆。在西方国家联合行动的引导下，国际社会形成了以西方为主导的"反俄阵营"，而这正是西方的"俄罗斯套娃"的又一基本面。截至2018年3月28日，遭驱逐的俄罗斯外交人员已达到151名。

实际上，这四点并非西方与俄罗斯关系的全部内容，却成为西方近些年从负面刻画俄罗斯的主要层次。以至于俄罗斯与西方关系不论遇到何种问题，只要打开这个"俄罗斯套娃"，从其中任意一层都能找到导致双方关系下滑的相应理由。这对双方关系的长远发展与国际社会的和平稳定而言都非善事。本文未对俄罗斯究竟是不是英国间谍中毒案幕后主使这一问题过多着墨，而集中讨论西方近年来看待和回应俄罗斯的基本套路，也正是基于此考虑。

俄罗斯反应克制，在叙长期经营的地位不会动摇*

马 斌

2018年4月13日，美国及其盟国对叙利亚发动空袭，目的是惩罚叙利亚政府"对平民使用化学武器"。据媒体报道，4月7日，叙利亚东古塔地区疑似发生化武袭击平民事件，导致70多人死亡。事件曝光后，美、英等国以及叙利亚反对派纷纷谴责叙利亚阿萨德政权动用化学武器残害平民；4月10日，联合国安理会召开紧急会议，就美、俄分别提出的对事件进行独立调查的三项相关决议草案进行表决，结果没有提案获得通过。4月13日，美国联合英国、法国对叙利亚的部分化武研究和储藏机构设施等实施导弹攻击。

按照三国的说法，叙利亚政府有对平民使用化武的"黑历史"；情报机构的大量情报显示叙利亚政府是东古塔化武袭击事件的"幕后黑手"；使用外交途径阻止化武袭击的努力已经失败；因此，为保护叙利亚人民，捍卫国际秩序，它们只能采取武力手段来削弱和阻止叙利亚政府。美英等国领导人在就导弹袭击发表声明时，还指责俄罗斯"袒护"叙利亚独裁政权，也应为"化武惨案"负责。于是，本就与西方冲突不断的俄罗斯再次被推上风口浪尖，其将如何回应成了各方关注的焦点。

两条主线，三个问题

国际社会之所以如此重视俄罗斯可能做出的反应，主要是因为两点：第一，俄罗斯是目前叙利亚问题的主要参与方之一，叙利亚发生的重大事件都会对俄罗斯利益产生影响，并引发俄罗斯的相应政策变动；第二，俄罗斯与美英等西方国

---

* 澎湃网"外交学人"栏目，2018年4月16日，https://www.thepaper.cn/newsDetail_forward_2078243。

家关系近年来持续恶化,双方围绕北约东扩、乌克兰危机、干预"民主政治"、英国间谍中毒等问题冲突不断。

实际上,这两点恰恰也揭示出观察和预测俄罗斯在叙利亚反应时需要把握的两条主线:俄罗斯的中东战略与俄罗斯与西方的关系。俄罗斯对中东的战略定位是决定俄在叙行动的前提。中东被定位越高,俄罗斯在叙利亚采取报复行动的意愿就越强。俄罗斯与西方的关系是理解俄在叙行动的现实依据。俄罗斯与西方恶化关系的意愿越强,它在叙利亚采取报复行动的可能性越大。

由此出发,我们可以通过回答三个问题来研判俄在叙政策可能的后续走向:叙利亚对俄罗斯的主要战略价值;美国及盟友对叙利亚打击的力度;俄罗斯对西方政策的主要导向。

第一,叙利亚是俄罗斯次要战略区域的关键国家。按照最新版《俄罗斯联邦对外政策构想》的描述,中东在俄罗斯外交政策的地区优先事项中排位十分靠后,比它具有优先性的地区包括独联体地区、欧洲大西洋地区、亚太地区等;比它优先性低的只有拉丁美洲和加勒比海地区与非洲。当前,俄罗斯在更优先地区面临着大量棘手挑战,比如,乌克兰危机、北约东扩、经济制裁、英国前间谍中毒案等,它们对俄罗斯核心国家利益的影响更大。这就决定了俄罗斯不会抛开更优先地区的事务而全力处理叙利亚问题。尽管在《俄罗斯联邦对外政策构想》中,叙利亚问题被单独列出,凸显出它处在俄罗斯中东政策的核心。叙利亚问题的战略定位决定了它虽然对俄罗斯重要,但不属于俄罗斯需要立即解决的首要事项,俄罗斯在向叙利亚问题投入资源时,要以不动摇其他地区的战略部署和政策规划为前提。

第二,美国及其盟友对叙利亚进行的是有限打击。综合美英法的说法,三国对叙利亚实施"精确打击"的目标是研制和储存化学武器的相关设施,而不是叙利亚的主要政府机构和主要军事力量。打击完成之后,阿萨德政权依然正常运转。根据相关报道,三国在选择打击目标时有意避开了俄罗斯在叙利亚的军事设施。另据法国官员透露,三国导弹袭击开始之前,法国总统曾与普京进行过电话沟通。对于此次打击是否是新一轮长期军事行动的开端这个问题,美国总统特朗普明确表示,美国不寻求长期介入叙利亚事务;美国国防部官员也称本轮一次性打击已经结束,但美军会时刻准备着,以防止叙利亚政府再次使用化学武器。根据攻击目标选择以及相关表态可以判断,美英法此次实施的是有限攻击,目标是惩罚和阻止叙利亚政府"使用化学武器";本轮攻击并未对俄罗斯在叙利亚维持阿萨德政权和保持军事存在等关键利益形成致命伤害。这意味着,俄罗斯立即采取强硬回击的紧迫性并不高。

第三,俄罗斯对西方的策略是以有限斗争求合作。俄罗斯与西方关系是理解叙利亚问题的一条主线,但这并不是说西方在叙利亚采取的所有行动都以打击和遏制俄罗斯为主要出发点。该主线的基本意义在于，判断俄罗斯在叙利亚的反应要以它对西方政策的主要特征为出发点。

近几年，俄罗斯与西方国家关系因争端频发而跌至"冷战结束以来的最低点"。在这个过程中，与西方国家对俄政策的主动出击和咄咄逼人相比，俄罗斯的政策往往相对克制，而且时常是被动回应。比如，在经济制裁、驱逐外交官等事务上，俄罗斯主要是跟随西方国家步调进行回击。即使在乌克兰危机、北约东扩等优先次序更高的事务上，俄罗斯也以维持和巩固有限成就作为目标，而不寻求与西方的全面、深度对抗。与此同时，俄罗斯还与西方在叙利亚、反恐、朝核等热点问题上开展合作，从而保证双方关系不至于"完全脱轨"。所以，在保证关键利益的前提下利用国际热点推动合作，从而帮助扭转不利的国际局面是俄罗斯近年来处理相关问题时的基本策略。

受此影响，俄罗斯在叙利亚问题上一直奉行的策略是：强烈谴责西方国家对反对派的支持，谨慎开展军事行动，不与西方国家发生直接军事冲突。实际上，避免与俄罗斯直接军事冲突也是西方国家在叙利亚恪守的一条红线。

俄罗斯最可能的反应

综上所述，虽然此次美英法联合实施的袭击看似"挑衅"行为，但由于叙利亚在俄罗斯外交事务序列中并不属于绝对优先议题，美国及其盟友未对俄罗斯目标实施直接打击，而且对叙打击强度和时间有限，再加上俄罗斯奉行相对克制的对西方政策，所以，俄罗斯尚不具备对美、英、法实施同等军事回击的强烈意愿和动力。尽管俄罗斯总统普京发表措辞强硬的声明谴责美英法的"侵略行为"，声称这将导致严重后果，并要求联合国安理会召开紧急会议讨论袭击造成的影响，但俄罗斯的回应仍然维持在上述较为谨慎的策略框架之内。

接下来，俄罗斯最可能的政策选择是在加强对阿萨德政权支持力度和加大对反对派打击强度的同时，继续在外交和舆论上与美、英、法等开展角力，以挽回和维持其在叙利亚问题上的声誉和影响力。

不可否认，在叙利亚东古塔地区疑似化武袭击引发的此轮交锋中，俄罗斯看起来较为被动，甚至被认为处于下风。特别是美英法三国不顾俄罗斯的强烈反对，绕开联合国对叙利亚实施军事打击，这不仅向国际社会，也向俄罗斯和叙利亚政府表明，俄罗斯并不能阻止它们在叙利亚采取武装行动。这无疑会给俄罗斯的国际威望和信誉带来一定伤害。但是，对美、英、法而言，通过袭击报复叙利亚政府更重要的价值在于，向俄罗斯和国际社会表明它们坚决"捍卫"生化武器公约等相关国际秩序，为此不惜使用武力。如果联想到此前俄罗斯与西方国家围绕英国前间谍中毒案发生的一系列争端，那么，也可以认为此次袭击是该争端在新场合的继续。

当然，美英法此次对叙利亚的袭击在很多方面也并非是全新现象。因为，俄罗斯与西方围绕叙利亚问题角力已久，似曾相识的桥段早就出现过。2017年4月，美国就用同样的理由对叙利亚政府实施过一次惩罚性的导弹打击。回顾双方介入叙利亚内战的过程就会发现，俄罗斯在叙利亚奉行的政策与美、英、法等国相比更加稳定。这与普京总统一直比较稳固地掌握俄罗斯政府决策紧密相关。如果从2011年叙利亚内战爆发开始算起，普京已经与至少两任美英法等国总统或首相围绕叙利亚进行过交锋。正所谓，"铁打的普京，流水的参战选手"。叙利亚也从"阿拉伯之春"的一角，发展成为打击"伊斯兰国"恐怖分子的主要阵地。

俄罗斯作为叙利亚政府的盟友，一直通过政治、外交、物资和军事手段提供支持；自2015年9月开始，俄罗斯更是直接参与到叙利亚战事当中。通过长期经营，俄罗斯不仅提升和发展了与叙利亚政府的关系，而且在叙利亚牢固地建立和扩大了军事存在，从而成为影响叙利亚局势演变的关键角色。只要俄罗斯国内政治和对外战略不发生方向性变革，它就仍是西方处理叙利亚问题时无法绕开的国家。

"一带一路"为中俄关系发展提供新机遇[*]

马 斌

2013年，中国国家主席习近平在哈萨克斯坦和印度尼西亚发表的两场演讲，开启了中国对外政策的"一带一路"新时代。自此，中国与沿线国家的交往聚焦于合作共建"一带一路"的主题。这对提升和拓展中国与沿线国家关系，推动形成全面对外开放的新格局具有积极意义。对已建立全面战略协作伙伴关系的中国和俄罗斯而言，"一带一路"同样是夯实两国关系的基础、推动两国关系发展的重大机遇。

首先，"一带一路"倡议为中俄合作搭建了新架构。中俄关系历经不同阶段的发展提升后已在多个领域取得积极成果，形成了作为国际关系典范的全面战略协作伙伴关系。"一带一路"倡议是在中俄关系不断深入发展的过程中提出，它对中俄关系已有的架构进行了优化，使之在兼顾全方位发展的同时，聚焦于政策沟通、设施联通、贸易畅通、资金融通和民心相通五大优先领域，从而突出了中俄关系共同发展、共同繁荣的特质。中国和俄罗斯在2015年5月签署的"一带一盟"对接声明是两国优化合作架构、提升合作水平的重要举措。

其次，"一带一路"倡议为中俄关系提供了新支柱。中俄两国在发展双边关系过程中已经建立起多项合作机制，支撑中俄关系克服困难、向前发展。"一带一路"倡议提出以后，两国围绕共建"一带一路"又创建了相应的合作机制，以适应新阶段的发展需要。中俄围绕推动"一带一路"发展创建的新机制贯穿双方自中央到地方的各个层次，涵盖从经济到人文的多个领域，在服务"一带一路"项目的同时，也为中俄关系的发展提供支撑。实践证明，"一带一路"倡议的提出，在补充中俄关系双多边关系机制的同时，也能够发挥此前已经建立的

---

[*] 《光明日报》2018年5月13日。

双多边机制功效,从而更好地稳固和推动两国关系发展。

最后,"一带一路"倡议为中俄合作开拓了新空间。目前,"一带一路"的跨地区项目在扩展中俄合作空间方面作用显著。近几年快速增长的中欧班列,就通过跨地区运输极大拓展了中俄合作空间。一方面,它使欧洲大部分国家成为中俄合作的受益方;另一方面,它使中欧贸易畅通与中俄基础设施互联互通联系在一起。

总之,"一带一路"倡议的提出和落实是新时期中俄关系发展所面临的重大机遇,它为中俄关系发展提供的新架构、新支柱、新空间,需要两国在切实围绕"一带一路"项目开展合作的过程中才能真正发挥积极效果。"一带一路"倡议所覆盖的范围远远超出中俄两国,所有有意愿的国家和经济体都可以参与进来。因此,中俄在稳固双边关系基本内涵和框架的同时,也需努力将两国关系搭上"一带一路"快车,朝着推动更多地区、国家共同繁荣的方向前进,从而进一步充实和提升中俄全面战略协作伙伴关系的内涵和意义。

不可否认,无论是"一带一路"倡议,还是中俄全面战略协作伙伴关系的发展,都面临着各种各样的挑战,但只要两国能够秉持开放的态度、务实的政策和共赢的理念,就一定能够在"一带一路"倡议与中俄双边关系之间找到良性互动的支点,实现二者的共同发展。

"青椒"梅德韦杰夫进阶史:"普梅"黄金组合是如何炼成的*

莫斯科时间 2018 年 5 月 15 日,俄罗斯总统普京签署命令,批准俄罗斯联邦新一届政府组成机构,已到"知天命"年龄的梅德韦杰夫再次搭档普京,带领俄罗斯迎接未来 6 年的机遇与挑战。回顾梅德韦杰夫过往的职业生涯,不禁使人感叹其传奇性。苏联解体时,梅德韦杰夫从一名"青椒"起步,利用 20 世纪最后 10 年完成了华丽转身;进入 21 世纪后,他配合普京执掌俄罗斯政权,致力于将俄罗斯重新带入世界强国之列。

从大学"青椒"到国家总统

梅德韦杰夫 1990 年从列宁格勒国立大学(列宁格勒后改名为圣彼得堡)毕业后谋到的第一份职业就是留校任教,成为圣彼得堡国立大学法学系教授民法的一名俄罗斯"青椒"。圣彼得堡大学法学系在 20 世纪 80 年代末已是苏联政治思想和生活的重镇,当时苏联民主改革派代表人物之一阿纳托利·索布恰克就任教于此。这为梅德韦杰夫接触和参与政治提供了良好条件。

1991 年,索布恰克当选为圣彼得堡市第一任民选市长,梅德韦杰夫成为其法律团队的一员。这是梅德韦杰夫人生中首次从政。尽管梅德韦杰夫在大学任教期间也积极参与政治,曾兼任列宁格勒市委员会主席顾问、圣彼得堡市政府对外联络委员会专家等职务,但他的政治家生涯真正起步于 1999 年。当年,普京被叶利钦任命为俄罗斯联邦政府总理,他将梅德韦杰夫调往莫斯科,任命为俄罗斯联邦政府办公厅副主任。梅德韦杰夫就此走上了政治"开挂"人生。2000—2005 年,梅德韦杰夫先后担任俄罗斯联邦总统办公厅副主任、第一副主任、主

---

* 澎湃网"外交学人"栏目,2018 年 5 月 19 日,https://www.thepaper.cn/newsDetail_forward_2137771。

任；2000年3月的俄罗斯总统大选期间，梅德韦杰夫是普京竞选团队主任；2000年6月，梅德韦杰夫被任命为俄罗斯天然气公司主席；2005年11月，梅德韦杰夫被任命为俄罗斯联邦政府第一副总理，主管卫生、教育、住房和农业等事务；2008年5月，梅德韦杰夫当选为俄罗斯第三任总统，成就了其政治事业巅峰。

2012年，梅德韦杰夫卸任总统职务，但被再次当选的普京总统任命为俄罗斯联邦政府总理；2018年3月，普京又一次当选为俄罗斯总统，梅德韦杰夫也又一次被提名为俄罗斯政府总理，从而实现了其政治生涯的第二个顶峰。

从师出同门到黄金搭档

普京和梅德韦杰夫在进行世界瞩目的政治职务轮替之前，两人的人生轨迹以圣彼得堡为起点就不可思议地交织在了一起。

梅德韦杰夫与普京是同乡加校友。两人都是列宁格勒人，普京来自军人家庭，梅德韦杰夫则出生和成长在一个教师家庭，从小喜欢读《苏维埃大百科全书》《格兰特船长的儿女》等书籍。梅德韦杰夫与普京都曾就读于列宁格勒国立大学法律系。只不过，当普京毕业后前往国外工作的时候，梅德韦杰夫仍是列宁格勒大学校园内迷恋"黑色安息日""齐柏林飞艇""平克·弗洛伊德""深紫"等英国重摇滚乐队的一名学生。

当普京回到国内寻求职业转型时，他们又在列宁格勒国立大学校园内做过一段时间的同事。更重要的是，梅德韦杰夫和普京的求学和部分工作经历，又都与苏联和俄罗斯时期著名改革派政治家索布恰克紧密联系在一起。他们在列宁格勒国立大学求学期间，曾先后受教于索布恰克；索布恰克担任圣彼得堡市市长后，两人又一起在其手下工作。正是梅德韦杰夫与普京共同任职于圣彼得堡市长对外联系委员会期间结下的友谊，为21世纪俄罗斯政坛的第一对黄金组合——"普梅"组合——埋下了种子。

及至两人都久居高位，虽然外界不时猜测和争论2014年的"瞌睡门"、2016年的"iPad门"等事件是否会影响梅德韦杰夫的地位，并且每逢梅德韦杰夫出席重大场合时，比如普京每年的年度演说，总有部分媒体会把"梅德韦杰夫有没有打瞌睡"当作看点，但是普京再次当选总统后继续对梅德韦杰夫委以重任的现实，表明两人之间长期形成的友谊目前仍稳如磐石。

未来何从？

与普京深厚的强力部门背景不同，梅德韦杰夫履历中的经济底色更浓。在圣彼得堡国立大学任教期间，梅德韦杰夫还以律师身份参与经济、法律事务，曾协助成立了依利姆纸浆（IlimPulp，该公司目前已是俄罗斯最大的林业集团）；

2000年，梅德韦杰夫又出任了俄罗斯天然气公司的主席；在担任副总理、总理职务期间，也主管经济相关事务。这种背景使他对俄罗斯经济相关事务具有更强敏感性。

当然，梅德韦杰夫作为政府总理，其职责要求他不仅仅要关注经济社会事务，还要带领和协调政府各部门应对和处理与俄罗斯国家发展相关的各项事务；作为国家主要领导人之一，他也会更关注俄罗斯的国家发展道路，在这个问题上，梅德韦杰夫仍会强调俄罗斯的自主发展道路，认为全球化时代各国"不能建立在某一种经济或社会发展模式之上。每个国家，每个民族都有自己独特的文化机制，都有自主选择的发展道路和发展模式"。

当前，俄罗斯国家发展已经进入新的关键期，梅德韦杰夫还需在国内外政治压力不断的情况下，与普京总统密切合作，应对和克服国家发展所面临的内外部难题。如果考虑到普京新一任期内会把搭建"后普京"时代的权力架构当作主要任务之一，那么梅德韦杰夫面临的挑战会更大。不过，1965年出生的梅德韦杰夫已进入"知天命"之年，从大学"青椒"起步，逐步登上俄罗斯权力顶峰后又急流勇退，继续搭档普京服务于俄罗斯的大国复兴战略，在这个过程中积累的丰富经验也为他配合普京推动俄罗斯向下一发展阶段过渡提供了有利条件。

俄欧关系乍暖还寒，"解冻"之路曲折漫长[*]

马 斌

2018年5月中下旬，德国、法国领导人先后访问俄罗斯。访俄期间，默克尔与普京讨论的重点是伊朗、乌克兰和能源等问题；马克龙与普京会谈的核心是伊朗、叙利亚和经贸等问题。欧盟的支柱德法两国主动与俄罗斯接近，似乎表明俄欧关系出现了"解冻"的苗头。

德法领导人访俄为恢复双边关系提供可能

对此，俄罗斯主流媒体以及部分德法媒体倾向于从美欧关系出现裂痕、欧盟重新评估对俄政策、欧俄关系朝着积极方向转化等角度进行评价。不可否认，在美欧对俄罗斯奉行政治外交孤立、经济制裁的政策背景下，默克尔、马克龙访问俄罗斯并与普京进行会谈这件事本身就代表着欧俄关系有了一定改善，这为双方关系的进一步恢复提供了可能，但据此断定欧俄关系将就此走上触底回升的轨道尚为时过早。

如果回顾近两年欧俄关系的演变过程就会发现，此番德法主导的欧盟这一波对俄外交操作并非最早出现的欧俄关系"解冻"迹象。

早在2017年5月，德国总理默克尔就在索契与普京举行过会晤；法国总统马克龙邀请普京访法以纪念俄法建交300周年。然而，2018年3月发生在英国的"间谍中毒案"以及随后的相互驱逐外交官事件使俄欧关系跌至新低点。

俄欧关系自去年至今发生的反复，除表明双方在渐渐凝聚改善关系的意愿和共识外，也证实了当前的欧俄关系在多重压力之下变得异常脆弱和敏感，很难经受住意外事件的考验。更重要的是，德国、法国等欧盟国家发展与俄罗斯关系的

---

[*]《新京报》2018年5月29日。

前提是不对美欧大西洋伙伴关系框架构成实质性损毁。

尽管当前美国政府的政治经济政策引起了欧盟的不满，也促使德法等实施更加灵活、多元的外交政策，但与俄罗斯相比，美国依旧在德法外交中处于核心地位，维持和发展与美国关系仍然是两国外交的优先目标。从这个角度看，当前美国对俄罗斯政策的基本面过于消极，实际上为欧俄关系的改善程度设定了界限。事实上，德、法早在2018年年初就与美国沟通缓和对俄关系问题，有的国家外交官甚至就此对美进行了游说。

俄欧接近并未超脱原有框架

如果将德国、法国与俄罗斯关系的不同层面纳入考察范围，也会发现此番双方领导人会晤对欧俄关系原有框架并没有重大突破。

自乌克兰危机爆发以来，德国、法国奉行的对俄政策向来都是"分裂"的：一方面，它们作为欧盟的主要成员带头对俄实施制裁，以惩罚俄罗斯在乌克兰东部及克里米亚的所作所为；另一方面，它们作为主要经济伙伴要稳定与俄经济关系，以防止对俄经贸关系结构剧变产生不利影响。前者关乎欧盟的声誉，后者事关欧盟的实利。

因此，德、法等国的对俄政策既要表现出捍卫国际法和地区秩序，履行对中东欧国家承诺的一面，又有立足于现实，谨慎处理和维护对俄经济政策的一面，尤其是在能源领域，更是需要稳定合作。

于是，我们看到，德国在维持对俄制裁的同时，坚持推进"北溪2号"天然气管线建设，而且出面对美斡旋，以保证美国新制裁法案不对俄欧能源合作产生实质性损害；法国在维持对俄制裁的同时，与俄罗斯的经济合作持续推进，法俄两国贸易额从2016年的133亿美元增加到2017年的155亿美元，而且，法国也成为俄罗斯最大的外资来源国。从这个角度看，德法领导人访问俄罗斯是他们对俄双面政策的延续，并没有重大突破性意义。

今后，如果欧俄关系能够延续默克尔、马克龙与普京两番会晤所塑造的积极方向，新意外也不发生得如此频繁，那么，双方最可能的政策选择是冷处理乌克兰危机，主要在伊朗、叙利亚等问题上寻找合作增长点。同时，在不改变经济制裁大框架的大背景下，拓展和充实合作新领域，以为双方关系的进一步恢复、改善夯实基础。

"上海精神"推进新型国际关系实践

马 斌

2018年6月10日,上海合作组织青岛峰会圆满闭幕,此次峰会是上合组织扩员后首次召开的峰会,在历届峰会中规模最大、级别最高、成果最多,创造了一系列上合组织的纪录。会后,国务委员兼外交部部长王毅在接受媒体采访时介绍了五方面的重要成果:一是组织发展有了新规划;二是安全合作推出新举措;三是经济合作注入新动力;四是人文合作取得新成果;五是对外交往开辟新局面。过去17年,上海合作组织着眼于安全、经济和人文合作,立足于共同把握机遇和应对新挑战,在地区和国际事务中发挥了重要作用,成为国际社会建立和发展新型国际关系的积极尝试。随着青岛峰会一系列重要成果的达成以及今后的发展落实,上合组织必将成为全球治理进程中的重要积极力量。

上合组织倡导和践行平等的理念。后冷战时代,两极争霸虽然已随着冷战的结束而变为历史,但强权政治在国际社会中并未彻底消除,部分国家仍然凭借实力优势侵害其他国家利益,破坏国际公益。尽管成员国在人口、领土、资源、经济、军事等方面差距巨大,但上合组织不仅明确将相互尊重、一律平等列为基本原则,而且以《上海合作组织宪章》等法律形式保障成员国能够拥有和行使这种权利,以切实维护基本利益。

上合组织主张和推动合作的实践。上合组织成员国可"在利益一致的领域逐步采取联合行动"。以此开放原则为指导,上合组织的合作实践既包括维护地区和平与稳定的打击"三股势力"、打击毒品走私和跨国有组织犯罪、裁军和军控等,也包括有利于区域经济合作的推动投资和贸易便利化、提高交通基础设施效率、发展能源体系等,还包括有利于提升区域治理水平的资源利用、自然保护、紧急救助等,更包括有利于人文交流的科技、教育、卫生、文化、体育及旅

---

* 《光明日报》2018年6月12日。

游等领域的相互协作。

上合组织追求和维护和平的环境。从其前身"上海五国"机制开始，上合组织就把应对地区安全威胁当作核心任务之一。在划界谈判结束后，中、俄、哈、吉、塔又先后签署了《关于在边境地区加强军事领域信任的协定》和《关于在边境地区相互裁减军事力量的协定》，从而为边境地区稳定创造了条件。上合组织成立之初，成员国签署的第一份公约就是打击"三股势力"的上海公约，从而为它们统一认识、协调行动、相互合作维护地区安全与稳定奠定了基础。通过17年努力，上合组织已成为成员国共同应对地区安全威胁的重要平台。

上合组织创造和促进繁荣的前景。繁荣与发展也是上合组织一直努力聚焦的方向。上合组织不仅制定了《多边经贸合作纲要》等长远规划，发表了区域经济合作声明等来推动成员国间的贸易和投资便利化，而且出台了具体措施以应对国际金融危机带来的特殊挑战。在成长过程中，上合组织还就农业、交通、科技、旅游等领域的合作发表声明，制定规划。此外，上合组织框架内仅有的两个非政府机构——实业家委员会和银行联合体，也都以推动经济合作为基本目标。目前，成员国同意就成立上合开发银行和上合组织发展基金（专门账户）进行磋商，以进一步推动经济合作。

纵观上合组织过去17年的成长历程可以发现，它在基本国情悬殊的成员国之间倡导和追求的平等精神、合作理念、和平意愿与繁荣目标，不仅有利于实现和维护成员国所在区域的共同利益，而且对在更大范围内推动国际合作也具有示范意义。近年来，全球不稳定因素增加，冷战思维有所抬头，上合组织合作实践的价值就更加突出。此次峰会将"推动建设相互尊重、公平正义、合作共赢的新型国际关系"写入青岛宣言，这对共同完善全球治理机制以应对各类威胁和挑战，推动构建人类命运共同体具有积极意义。在这个过程中，上合组织不仅要坚持公平正义原则，还要完善运转机制框架，更要夯实合作项目。唯有如此，上合组织才能真正为构建新型国际关系的实践提供良好经验。

推进公平正义是构建新型国际关系的道德根基。上合组织应继续秉持"互信、互利、平等、协商、尊重多样文明、谋求共同发展"的"上海精神"，对外奉行不结盟、不针对其他国家和地区及开放原则，在推动成员国所在地区和平与发展的同时，也为处理周边地区和国际社会面临的问题作贡献。一方面，上合组织需要坚决维护国际社会公认的准则和秩序；另一方面，上合组织还要作为一个整体积极承担国际责任。

促进机制完善是构建新型国际关系的制度根基。上合组织成立之后建立的机制涵盖了从国家元首到专家小组等不同层次，从安全合作、经济合作到人文合作等不同领域，包含了定期与不定期、常设与临时等不同情况，然而，这并不意味着上合组织已经能够应对各种情形和问题。在建立新型国际关系的过程中，上合组织仍然需要稳固机制框架、提升机制效率,从而更好地发挥作用。

完成项目落地是构建新型国际关系的行为根基。上合组织在安全、经济、人文领域提出和实施的众多项目是它成长的基础,也是它实现成员国共同利益的具体依托。上合组织只有将项目落实作为抓手,努力提升合作成效,才能克服国际社会的难题,夯实新型国际关系的基础,体现自身价值所在。

总之,上海合作组织在过去17年的发展过程中形成和贯彻了具有新型国际关系基因的"上海精神"。今后,上海合作组织需要从推进公平正义原则、完善合作机制、夯实项目成效等入手,为构建新型国际关系做出新的贡献。

人文交流丰富中俄关系内涵

马 斌

人文交流是中俄全面战略协作伙伴关系的重要组成部分，其健康发展对丰富中俄关系内涵、夯实中俄关系基础、提升中俄关系水平具有积极意义。近年来，中俄人文交流在两国政府和社会的共同努力下不断发展，其形式、程度、机制、影响等与此前相比均有重大突破，从而为中俄全面战略协作伙伴关系的深入发展作出了新贡献。

首先，中俄人文交流的精品不断增多。中俄人文交流形式多样，而且随着时代和社会进步不断创新。在适应局势发展，推进人文交流的过程中，中俄两国通过不懈努力创建和培育了一批优秀人文交流项目和品牌，支撑和引领着中俄人文交流迈上新台阶。中俄人文交流精品中不仅有"海洋"全俄儿童中心这种深植两国友谊之根的暖心项目，还有国家主题年这类广播中俄合作之种的筑基项目。从 2006 年年初次举办国家级主题年开始，中俄通过先后举办"国家年""语言年""旅游年""青年友好交流年""媒体交流年"等活动，将国家级主题年活动打造成中俄两国人文交流拳头项目，目前两国正在举办的"地方交流合作年"更是着眼于中俄关系深入发展的现实需求，为两国人文交流搭建平台。这些高品质项目助力中俄人文交流，两国关系的发展得到了质的提升。

其次，中俄人文交流的程度不断加深。人文交流程度加深是中俄历经多年努力才取得的成果。中俄人文交流程度加深不仅体现在两国人民能够更多地接触到对方的人文元素，感受到彼此的文化精髓，了解到对方的精神品德，还体现在两国企业、个人等能将中俄优势要素结合起来，通过合作的方式共同创作、生产人文产品，从而使两国人文交流从互通有无向优势互补延伸，推动中俄两国在密切交往的基础上深化合作，将中俄人文交流从相互引进、学习对方

---

* 《光明日报》2018 年 9 月 14 日。

的人文优品向彼此合作打造人文精品拓展，从主要服务和满足两国人民在人文领域的需求向进入国际社会满足更大范围内的人文诉求拓展。比如，中俄在高等教育领域合办大学、在艺术创作领域合拍电影等都是两国人文合作向深度发展的重要表现，也是中俄关系发展的现实体现。此外，中俄人文交流在发展过程中形成的"官民并举、多方参与"的格局，为中俄人文交流向纵深发展提供了有效支撑。

最后，中俄人文交流的机制不断完善。机制建立和完善不仅是中俄人文交流发展的突出表现，也是中俄人文交流发展的关键支撑。2000年建立的中俄人文交流机制是中国第一个对外人文交流机制，引领中国人文交流风气之先。经过多年探索和发展后，中俄人文交流机制已经形成了层次清晰的架构，指引、规范着两国人文交流实践的发展。在管理引导方面，中俄人文交流机制接受两国领导人的顶层设计、战略引导，同时，依照总理定期会晤机制的统筹规划和指导开展工作。在具体业务方面，它从最初在教育、文化、卫生、体育4个领域做好制度安排，逐步扩展到在教育、文化、卫生、体育、旅游、媒体、电影、档案、青年9个领域，分别设立专门分委会或工作组以开展相关人文交流工作。正是由于中俄人文交流合作机制清晰、有效的指导、安排，中俄在不同领域、不同地方的人文交流合作平台才能够先后搭建，从而为两国人文合作的顺利开展奠定了良好基础。借助相对完善、高效的人文交流机制，中俄两国不断克服不同时期面临的困难和遭遇的挑战，不断向前发展。

同时，中俄人文交流的影响也在不断提升。人文交流、政治互信、经贸合作共同构成中俄关系发展的三大支柱。中俄人文交流形式创新、程度加深、机制完善都将持续扩大和丰富中俄关系的内涵，推动和支撑中俄关系的进一步发展。在过去中俄关系发展过程中，人文交流为两国全面战略协作伙伴关系的建立和稳固提供了重大助力。在最基本的层面，中俄人文交流健康发展有助于两国人民之间的相互理解，从而扩展和巩固两国关系的社会民意基础。在经贸合作层面，中俄人文交流多元拓展有助于两国企业密切沟通，为扩充中俄经贸合作内容提供机遇。在政治互信层面，中俄人文领域良性互动有助于中俄两国政府积累信任，从而服务于中俄合作和中俄关系发展。更进一步地，中俄人文交流发展的影响不仅是在双边层面巩固和发展两国关系，而且可在多边范畴推动国际社会进步。中俄人文交流开创了大国之间文明对话的典范，能为当今世界各国探索共享和平与发展的道路提供有益经验。

中俄关系的稳固和提升离不开两国人民的沟通、理解。中俄人文交流合作能够从多个层面、多种形式，为两国全面战略协作伙伴关系长远发展提供助力，使两国关系在朝着纵深方向发展的过程中拥有更坚实的基础。新时期的中俄关系发展面临复杂的机遇和挑战，这更加需要人文交流在这个过程中能够发挥积极作用。特别是考虑到"一带一路"倡议在各个层面不断推进和落实这一重要时代背景，充分、合理地利用人文交流途径促进中俄两国在"一带一盟"对接框架内开展合作，也是促进"一带一路"建设的重要尝试，更是在新条件下促进中俄关系发展的重要手段。

开放奠定基础 合作创造繁荣[*]

马 斌

2018年11月5日，首届中国国际进口博览会在上海正式开幕。开幕式上，中国国家主席习近平发表题为《共建创新包容的开放型世界经济》主旨演讲，从多个层面向世界展现了中国扩大开放、维护共同发展的决心和行动。

首先，习近平主席的演讲显示出中国扩大开放的决心和布局。40年前，中国启动了改革开放的伟大历史进程。通过持之以恒的探索和尝试，中国在各领域取得了长足发展。然而，行百里者切忌半九十。随着国内外局势发生深刻变化，中国改革开放也正经历新一轮挑战和机遇。在此背景下，习近平主席在主旨演讲中强调，中国将从激发进口潜力、放宽市场准入、营造一流营商环境、打造对外开放新高地、推动双多边合作深入发展五个方面来进一步扩大中国开放，从而向全世界宣布了中国进一步推动对外开放的决心和布局。

其次，习近平主席的讲话表明了中国共享包容的意愿与行动。经济全球化将世界各国联系在一起，从不同程度、不同领域推动着各国人民生活水平的提高。但是，当前的世界经济正在经历深刻调整，保护主义、单边主义抬头，经济全球化遭遇波折，曾经支撑全球化发展的多边主义和自由贸易体系受到冲击。特别是小部分国家过分强调单方面损失，拒绝承认整体收益，并采取单边行动追求过于狭隘的国家利益，对经济全球化造成消极影响，损害大部分国家赖以合作发展的经济和制度基础。在这种不利形势下，中国通过举办国际进口博览会这一举动，向国际社会表达出维护各国总体利益、推动共享包容发展的强烈意愿，也在国际社会中树立起良好典范。

再次，习近平主席的演讲展示了中国对于和平共处的期待和相关举措。和平共处是新中国成立后顺应国际社会共同愿望提出的规范国际关系行为的重要原

---

[*] 《人民画报》2018年11月6日。

则。长期以来,中国在国际社会中秉持"和平共处五项原则"来应对和处理国际事务,有力地推动了中国与其他国家关系发展,对地区和世界和平做出重大贡献。尽管现在中国实力与此前相比已经大大提升,但维护和平、推动发展仍是中国参与国际事务时所遵循的基本原则。面对外部对不断强大的中国的无端质疑和否定,中国通过进口博览会向世界表明,合作而非对抗、和平而非冲突是中国在同各国开展交往过程中的基本选择。

最后,习近平主席的演讲表明,中国将继续推动"一带一路"倡议深化发展。2017年5月,习近平主席在第一届"一带一路"国际合作高峰论坛上宣布中国将举办国际进口博览会,目的是为"一带一路"倡议发展注入强大动力,为世界发展带来新的机遇。时隔一年,首届中国国际进口博览会如期举办,为世界各国了解和参与中国市场、创造和实现共同繁荣提供了现实平台。国际进口博览会是中国推进"一带一路"建设的重大创举,进一步向世界表明"一带一路"倡议是中国与各国"共商、共建、共享"的繁荣之路。

总之,国际进口博览会是新时期中国勇于承担国际责任、推动人类命运共同体建设的重大举措。习近平主席在开幕式上的主旨演讲再次向世界表明和平、发展是中国在国际社会的基本追求。尽管当前世界经济局势中出现一些新动向、新挑战,但中国愿与世界各国共同合作,为创造开放、自由的全球经济治理体系贡献力量。

附 录

复旦大学俄罗斯中亚研究中心
（2017.9—2018.8）

一 历史沿革及研究方向

俄罗斯中亚研究中心成立于 2005 年，隶属于复旦大学国际问题研究院，主要研究方向包括：俄罗斯和欧亚国家的政治与外交；俄罗斯和欧亚国家的经济与能源；俄罗斯与欧亚国家的军事与安全；俄罗斯与欧亚国家的社会与文化；中国与俄罗斯及欧亚国家关系；上海合作组织、欧亚经济联盟等国际组织；"一带一路"；中国与俄罗斯及欧亚国家的人文交流等。

2017 年，中心被教育部确定为"中外人文交流研究基地—中俄人文交流研究中心"和教育部国别区域研究基地。中心积极开展决策咨询，与国家相关决策部门建立了密切联系，中心研究人员经常性承担政府部门研究课题、应邀参加相关决策咨询会议。

中心以复旦大学国际问题研究院为平台，开展日常工作，组织举办国内国际学术会议，与国内外研究机构、专家、学者开展学术交流。除国内知名研究机构外，中心还与俄罗斯国际事务委员会、莫斯科国际关系学院、俄罗斯科学院远东研究所、俄罗斯战略研究所、莫斯科卡内基中心、哈萨克斯坦总统战略研究所、哈萨克斯坦首任总统基金会世界经济和国际关系研究所、哈萨克斯坦法拉比国立大学、乌兹别克斯坦世界经济和外交学院、乌兹别克斯坦战略和地区研究所、吉尔吉斯斯坦战略研究中心、塔吉克斯坦战略研究所、美国国际战略研究中心、布鲁金斯学会、哥伦比亚大学、乔治城大学、卡内基国际和平基金会、日本北海道大学斯拉夫—欧亚研究中心、波兰东方研究中心、印度尼赫鲁大学等有学术交流和合作关系。

中心成员开设俄罗斯政治与外交、中俄关系等本科与研究生课程，并招收国际关系、国际政治等专业的硕士、博士研究生，培养俄罗斯—欧亚研究的专门人才。招收的硕士研究生中除了中国学生，还有来自俄罗斯、哈萨克斯坦、美国、乌克兰的学生。中心也为国外访问学者和实习生的访学提供条件，已接收过来自哈萨克斯坦、乌兹别克斯坦、俄罗斯、土耳其和美国的访问学者和实习生。

二 研究团队及主要领域

中心现有专职研究人员四名（其中教授三名、讲师一名）、专职翻译一名。中心与本校经济学院、外语学院等兄弟单位紧密合作，多名本校兼职研究人员经常性参与中心活动。成员用中文、俄文和英文在国内、俄罗斯、欧亚国家、美国、日本等发表大量专业领域学术成果，经常性参与"瓦尔代论坛""阿斯塔纳论坛""东亚斯拉夫研究共同体"等国际知名欧亚问题交流平台的活动。中心自2015年与俄罗斯国际事务委员会共同发起"中俄对话"联合研究项目并出版年度研究报告，在两国学术界和决策层反响良好。中心每年还出版《学术简报》（内部刊物）。

研究团队主要成员包括：

冯玉军，中心主任（2018年至今），教授，博导，复旦大学国际问题研究院副院长，主要研究领域包括：俄罗斯—欧亚问题、上海合作组织、国际能源安全与外交、大国关系、中国周边安全以及俄罗斯国际关系理论等。主要著作有：《欧亚新秩序》（三卷本）《俄罗斯外交决策机制》《俄罗斯国家安全决策机制》《俄罗斯发展前景与中俄关系走向》《俄罗斯外交思想库》《俄罗斯中亚油气政治与中国》《上海合作组织：新安全观与新机制》《百年中俄关系》等。主要译作有：《俄罗斯战略：总统的议事日程》《当代俄罗斯国际关系学》等。曾在国内外知名学术刊物发表论文百余篇。经常性接受中国中央电视台、凤凰卫视、中央人民广播电台、中国国际广播电台以及BBC、NHK等国际知名媒体采访。

赵华胜，研究员，博导，中心前主任（2005—2017年），主要研究领域包括：俄罗斯外交和安全、中俄关系、上海合作组织、中国与中亚关系等。主要著作有：《Китай, Центральная Азия и Шанхайская организация сотрудничества》（中国、中亚和上海合作组织，莫斯科卡内基中心，2005年，单行本）、*Central Asia: Views from Washington, Moscow and Beijing*（Coauthored with E. Rumer and D. Trenin, M. E. Sharpe, 2007）、《Центральная Азия: взгляд из Вашингтона, Москвы и Пекина》（与E. Rumer、D. Trenin合著，2008年，为同名英文合著的俄文版本）、《中国的中亚外交》（时事出版社2008年版）、《上海合作组织：评析和展望》（时事出版社2012年版）。2005年以来在国内、俄罗斯、美国、印度、哈萨克斯坦和乌兹别克斯坦等国以中、英、俄文发表学术论文六十余篇。

徐海燕，教授，主要研究领域包括：能源战略、国际油价、俄罗斯经济等。主要著作有：《ПРОГНОЗИРОВАНИЕ ВНЕШНЕТОРГОВЫХ СВЯЗЕЙ РЕСПУБЛИКИ КАЗАХСТАН С КИТАЙСКОЙ НАРОДНОЙ РЕСПУБЛИКОЙ – МЕТОДОМ МАТЕМАТИЧЕСКОГО МОДЕЛИРОВАНИЯ》（本书用俄、英两种文字出版，英文版是本书的浓缩版）、《PREDICTION OF TRADE RELATIONS BETWEEN THE REPUBLIC OF KAZAKHSTAN AND CHINA – USING MATHEMATICS MODELING METHOD》，(M. M. Shyngysbaeva ed., Published by "Economy", Almaty Kazakhstan, 2010)、《绿色丝绸之路经济带的路径研究：中亚农业现代化、咸海治理与新能源开发》（复旦大学出版社2014年版）等。曾在国内外知名学术刊物发表论文数十篇。

马斌，助理研究员，主要研究领域包括：俄罗斯中亚政治与外交、俄美关系、美国中亚政策、"一带一路"、政治风险、国际发展援助等。主要著作有：《重塑心脏地带：冷战后美国对中亚援助政策研究》（2015）、《"一带一路"投资风险研究：以中亚为例》（2016）。曾在国内外学术刊物发表论文数十篇，并经常在国内外主流媒体发表评论。

孙凌云，专职翻译。

三　主要学术活动简介

（一）"2018年总统选举与俄罗斯未来走向"研讨会，2017年11月4日

2017年11月4日，由复旦大学国际问题研究院俄罗斯中亚研究中心主办的"2018年总统选举与俄罗斯未来走向"学术研讨会在复旦大学美国研究中心104会议室召开。

复旦大学国际问题研究院常务副院长吴心伯教授出席开幕式并致辞。吴心伯教授围绕国内政治与国际政治的关系、大国领导人的个性、中俄关系、美国对俄罗斯的战略判断等角度阐述了看法，并向与会嘉宾介绍了复旦大学俄罗斯中亚研究中心近两年的发展状况。复旦大学俄罗斯中亚研究中心主任冯玉军教授主持了开幕式。

来自中联部、国务院发展研究中心、中央编译局、中国社会科学院、中国国际问题研究院、中国现代国际关系研究院、北京大学、中国人民大学、外交学院、辽宁大学、上海社会科学院、上海国际问题研究院、上海外国语大学、华东师范大学、复旦大学等科研机构和高校的40多位学者出席了此次会议。主办方还邀请了上海合作组织原副秘书长、俄罗斯中国总商会创始会长等与会分享经历和想法。

与会专家围绕"国内政治：普京第四任期会带来什么""俄罗斯经济：走出危机了吗""对外政策：恢复帝国还是走向孤立主义""中俄关系：全面战略协作伙伴走向何方"四大议题进行了广泛而深入的探讨。

2017年11月4日,在上海举办"2018年总统选举与俄罗斯未来走向"研讨会

(二)"世界能源革命与中国—欧亚国家能源合作"研讨会,2017年12月2日

2017年12月2日,由复旦大学国际问题研究院俄罗斯中亚研究中心举办的"世界能源革命与中国—欧亚国家能源合作"学术研讨会在复旦大学美国研究中心104室召开。来自国家能源局、中石油、中石油中亚管道有限公司、国家电网、华信国际、中怡保险、欧亚基金、中国社会科学院、中国人民大学、中国石油大学、中国现代国际关系研究院、神华研究院、上海社会科学院、上海外国语大学以及复旦大学的领导、专家参加了此次会议。

国家能源局原副局长张玉清作了题为《世界能源转型及油气产业发展趋势》的主旨演讲,指出目前世界能源发展呈现出低碳化、多元化、智能化、分布式能源快速发展的趋势;认为在非常规油气快速发展、油气供需格局发生深刻变化、天然气消费持续增长、全球天然气供应形式宽松、油气价格关联性减弱、全球天然气区域价差缩小、全球液化天然气能力持续增长的背景下,中国企业开展对外油气合作时应加强协调,根据相关国家的国情差异采取不同政策,同时,还要加强规划培训、促进项目与资金的有机结合、坚持互利共赢的原则。

与会专家围绕"世界能源转型""欧亚地区能源形势与政策""中国与欧亚国家的能源合作"三大主题展开讨论。讨论涉及能源转型与地缘政治、北极航道、欧亚地区油气能源合作、大欧亚伙伴关系、美国油气出口、中亚油气合作、中国对外能源投资、中国与欧亚国家的电力合作、中俄能源合作、欧盟能源战略、日俄能源合作,以及相关研究范式等问题。

经过深入讨论,与会专家普遍认为,世界能源革命与转型给各国带来了新的挑战和机遇。能源供应国和能源消费国之间的竞争与合作也将表现出新特征。随着中国能源消费的增长和能源供需结构的变化，开展对外能源合作的重要性更加突出。中国在处理能源问题过程中，不仅要积极借鉴国外的先进经验，还要充分考量国内实际情况，特别是国内各能源行业、企业的发展现状来推动能源技术创新和治理转型。与欧亚国家发展能源合作是中国能源产业发展的重要方向，它不仅有助于满足国内日益增长的能源需求，还能为中国能源企业开展国际业务提供重要市场。中国能源企业进入欧亚能源市场的过程中，既要充分重视俄罗斯、哈萨克斯坦等传统能源大国，也要认真关注该地区具有较大潜力的其他国家。而且，中国企业在同欧亚国家进行能源合作过程中，也需注意风险防控，推动中国与欧亚国家实现真正共赢。

复旦大学国际问题研究院副院长、俄罗斯中亚研究中心主任冯玉军教授在总结发言中指出，近年来席卷全球的新能源革命带来的历史性影响主要集中在卖方市场正向买方市场转变、国际能源战略格局发生权力转移、油气跨国公司战略布局和运营方式调整，以及能源消费者个体的双重身份彰显等四大方面。为国人所熟悉的罗马俱乐部"石油峰值""马六甲困局"等能源相关概念，以及中国对外能源合作多元化的合理布局、中国庞大能源需求的影响的辩证性等问题都需要进一步思考和研究。与此同时，影响能源权力、能源合作的诸多因素中仍有部分未因能源革命而发生变化。在此背景下，中国对外能源合作要树立自信，搞好能源安全与商业利益的平衡，充分发挥中国市场因素的战略影响力，并对国际能源合作进行合理布局。

2017年12月2日，在上海举办"世界能源革命与中国—欧亚国家能源合作"研讨会

(三)"欧亚研究全国青年学术共同体"研讨会,2017年12月16—17日

2017年12月16—17日,"欧亚研究全国青年学术共同体"研讨会在复旦大学召开。会议由复旦大学国际问题研究院俄罗斯中亚研究中心、上海外国语大学俄罗斯研究中心、上海社会科学院国际问题研究所三家科研机构共同倡议,由复旦大学俄罗斯中亚研究中心具体组织承办。来自北京、江苏、上海、广东、新疆等全国14个省(市、区)的27家科研机构及莫斯科大学的50多位学者参加了会议。

会议包括主旨研讨、专题讨论、方法交流三大模块,围绕"欧亚研究:问题与前景""欧亚研究:'一带'与'一盟'""欧亚研究:大国与未来""欧亚研究:经济与发展""欧亚研究:政治与治理""欧亚研究:发表与出版""欧亚研究:学科与方法"等八大主题展开,重点探讨了"欧亚研究全国青年学术共同体"的构建与发展,并结合具体议题讨论了国内青年学者的成长和培养问题。

与会学者普遍认为,欧亚研究作为国别和区域研究的主要板块之一,在国内仍然具有较大发展空间。从事欧亚问题研究的青年学者要在选题与解题、理论与方法、积淀与产出、策论与专业等方面夯实基础,紧跟现实。构建青年共同体是塑造年轻学者的学术自觉和推动欧亚研究发展的重要方式。欧亚研究青年共同体的形成既需要共通的知识和理论基础,也需要良性的沟通和互动机制,还需要开放的心态和治学环境,更需要规范的学术争鸣和碰撞。

本次会议以国内从事欧亚问题研究的青年学者为主角,参会者来源范围广,学术活力足,具有较强代表性,能在一定程度上反映出国内从事欧亚问题研究的青年学者的学术生态。会议还特邀从事俄罗斯中亚问题研究的数位沪上资深学者,就多个主题与青年学者进行了交流和分享。

经过一天半的热烈讨论和交流,与会学者表示,期待"欧亚研究全国青年学术共同体"能够保持活力,成为支持国内欧亚研究发展和学科建设的可持续平台,成为国内从事欧亚问题研究的学者聚心、聚力、聚智的平台,成为青年研究人员相互交流、携手成长的平台。复旦大学国际问题研究院副院长、俄罗斯中亚研究中心主任冯玉军教授指出,青年学者的成长是国内欧亚研究长远发展的基础,推动学术共同体的搭建和壮大能为青年学者切磋、交流提供平台。

会后,复旦大学俄罗斯中亚研究中心和光明网将精选参会青年学者的部分稿件,以"欧亚研究全国青年学术共同体"专稿系列进行刊出,与学界同人交流。

2017年12月16—17日，在上海举办"欧亚研究全国青年学术共同体"会议

（四）"展望中美俄关系的下一个时代"，2018年3月19—20日

2018年3月19—20日，复旦大学俄罗斯欧亚研究中心与清华—卡内基中心卡内基莫斯科中心共同举办了"展望中美俄关系的下一个时代"研讨会，这是卡内基2017—2018年全球对话系列的第三个研讨会。

俄罗斯的2018年总统大选、中国共产党第十九次全国代表大会的闭幕以及美国总统特朗普第二年执政生涯的开始，都为俄罗斯、中国和美国之间的关系发展创造了新的态势。在习近平主席和弗拉基米尔·普京总统密切的个人关系及其共同的多极世界观的推动下，中国和俄罗斯通过能源协议、联合军事演习及"一带一路"倡议带来的中亚经济发展加深了战略伙伴关系。而另一方面，特朗普政府最近在其国家安全战略中将中国和俄罗斯称为美国的"对手"，强调两国与美国的关系越来越具有竞争性，甚至有时出现对抗性。

与会专家认为：

普京总统的连任和俄罗斯政治的未来：大选显示出俄罗斯总统普京仍获民众的普遍认可。有学者认为，尽管西方国家表露了对选举有效性的怀疑态度，但普京总统在大选中的全面胜利的确是国内支持声高涨的真实反映，这源于国内民众普遍相信普京总统的领导力将坚定不移地推动俄罗斯的对外利益。虽然目前的俄罗斯宪法规定总统最多连任两届，但一位与会嘉宾认为，普京总统的影响力可能在2024年后持续影响俄罗斯政府的政治目标。但同时，这位嘉宾指出，在权力过渡和培养下一代领导人方面，普京总统具有在俄罗斯领导人中绝无仅有的决心。他还表示，虽然普京总统可能会对国内经济体系进行改进，但他目前的政策重点是制定地缘政治战略,意在使俄罗斯重回国际舞台上的领导地位。

中俄战略伙伴关系不断深化:最近,中俄两国领导人及官员表示,中俄关系正处于历史最好时期,这一表述与20世纪后半叶两国互动的紧张关系形成了鲜明反差。与会嘉宾对这一表述也表示赞同。一位嘉宾表示,在塑造互信和促进经济联系方面,两国政府建立的新合作机制成功发挥了作用,这体现在俄罗斯的最新民调中,中国被视为俄罗斯最紧密的盟友。同时,与会嘉宾指出,中国对俄罗斯的对外贸易增长迅速,例如中国在基础设施和房地产等领域对俄直接投资的增长。除此之外,中俄的能源合作也在深化,例如俄罗斯已成为中国最大的原油供应国。一位与会嘉宾员也指出,俄罗斯越来越依赖中国进行投资和贸易,而中国在俄罗斯之外还有许多其他经济合作伙伴可供选择。同时,另一位与会嘉宾认为,尽管最近中俄双边倡议取得了成功,但需要避免对深化进展怀有不切实际的期望。

美俄关系趋于紧张:趋于紧张的美俄关系也成为这次研讨会的重点。对此,与会嘉宾一致认为,目前美俄的对抗关系将在可预见的未来持续下去。一位与会嘉宾指出,俄罗斯在很大程度上放弃了与西方重新融合的原则,这也是后苏联时代的一个根本目标,意图在一个以美国为主的国际体系中获得与其平起平坐的政治地位。与会嘉宾认为,俄罗斯的这一目标不太可能获得国际上大多数国家的认可,因此,俄罗斯将继续以"以弱抵强"的姿态维持其政治影响力并对现有的美国霸权形成挑战。尽管后果可以预见,但鉴于俄罗斯政治领导层和公众都支持这一地缘政治战略,俄罗斯短期之内还是倾向于向外扩展。与会嘉宾表示,俄罗斯出于担心显示出软弱而不愿妥协的态度,以及当前美国国内政治对俄罗斯产生的持续压力,将对美俄关系构成长期威胁。

正式的中俄联盟是否可能:一位与会嘉宾指出,美俄之间的相互疏远有可能使得中俄关系更加紧密。另一位与会嘉宾也认为,塑造中俄关系最重要的因素便是紧张的美俄关系动态。尽管如此,与会嘉宾认为,有几个因素会削弱正式的中俄联盟产生的可能性。一位与会嘉宾表示,在经济合作方面,中俄之间所有易于协商的合作项目都已启动,因此并未给近期的新兴大型项目留出空间。此外,中俄两国的实力变得越来越不对称,这可能导致两国关系在向前推进的过程中出现摩擦。另一位与会嘉宾指出,中俄两国对国际安全的态度也不尽相同。从乌克兰问题到朝鲜问题等一系列问题中,双方的意见不尽统一;因此,在安全方面,中俄关系应保持当下兼具支持性与灵活性的现状,而非建立正式的军事同盟,后者只有在第三方同时对中俄两国发动攻击时才有可能出现。

变化中的国际秩序与中俄的地缘政治利益:与会嘉宾对当前国际环境中使得中俄关系出现复杂化发展的因素展开了探讨。尽管西方国家认为俄罗斯是削弱当下世界秩序的修正力量并时常加以指责,但一位与会嘉宾表示,俄罗斯的关注重心并不在国际体系本身,而在于这种安排下的自身地位。俄罗斯高度重视本国作为联合国安理会常任理事国的否决权。因此,一旦察觉到存在旨在削弱其影响力的尝试,俄罗斯将会一如既往地加以反对。同时与会嘉宾认为,中国一直在努力提高国际体系中的地位,并从中受益匪浅。在此背景下,中国和俄罗斯将试图采取一种"绝不相互对抗,亦非事事协调"的战略,由此,中俄在保持双边关系推进拓展的同时,也能够追求各自的利益。同时,一位与会嘉宾也指出,随着世界大国的实力此消彼长以及势力范围不断发展演变,目前如"一带一路"倡议等举措有可能对这种关系产生影响。

(五)《中俄对话:2018 模式》研究报告在北京发布,2018 年 5 月 30 日

由复旦大学国际问题研究院、俄罗斯国际事务委员会、俄罗斯科学院远东研究所共同撰写的《中俄对话:2018 模式》的中文版和俄文版于 2018 年 5 月 30 日在北京同时发布。

这是自 2015 年以来三方联合撰写的第四份中俄关系年度报告。报告的发布被列入了由中国社会科学院和俄罗斯国际事务委员会在北京联合举办的中俄智库高端论坛议程。这届论坛以"中国与俄罗斯:新时代的合作"为主题,中俄各界代表 300 余人出席。中俄友好、和平与发展委员会中方主席戴秉国、俄罗斯外交部副部长莫尔古洛夫、俄罗斯外交部原部长、俄罗斯国际事务委员会主席伊万诺夫、中国社会科学院院长谢伏瞻、中国外交部部长助理张汉晖等出席会议并发言。新华社、人民网、光明网对论坛的召开和报告的发布都做了报道。

报告受到了广泛关注。伊万诺夫原外长、俄罗斯国际事务委员会执行主席科尔杜诺夫对报告和与复旦大学的合作给予了高度评价,伊万诺夫原外长还在讲话中把联合报告和与复旦大学的合作作为中俄友好合作的范例,并对复旦大学表示感谢。

本次报告共计 6 万余字,由中俄 18 位专家共同完成。

(图一 复旦大学国际问题研究院赵华胜教授介绍《中俄对话:2018 年模式》中文版)

附　录

（图二　俄罗斯科学院远东研究所所长卢加宁介绍《中俄对话：2018年模式》俄文版）

（图三　俄文版封面）

（图四　中文版封面）

(六)"中国与中亚研究中心"揭牌并举行"丝绸之路经济带与中哈合作"研讨会,2018年7月1日

2018年7月1—2日,复旦大学副校长陈志敏教授率代表团访问了哈萨克斯坦首都阿斯塔纳。代表团一行参加了复旦大学与阿斯塔纳国际科教中心共建的"中国—中亚研究中心"揭牌仪式,并参加了新中心举办的"丝绸之路经济带与中哈合作"国际学术研讨会。

陈志敏副校长和阿斯塔纳国际科教中心负责人伊尔萨利耶夫先生共同为"中国—中亚研究中心"揭牌。"中国—中亚研究中心"根据复旦大学和阿斯塔纳国际科教中心2018年4月在北京签署的合作备忘录创办。该备忘录的签署由中国教育部副部长田学军和哈萨克斯坦国家安全会议第一副秘书沙依胡特季诺夫共同见证。

"中国—中亚研究中心"是复旦大学第四家海外中国研究中心,也是第一家在"一带一路"沿线国家建设的复旦海外中国研究中心,是中哈两国教育科研合作深入发展的尝试。中心将以服务"丝绸之路经济带"与"光明之路"新经济政策为目标,通过合作科研、培训、交流等方式为中哈合作提供智力支持和人才保障。

2018年7月1—2日,在阿斯塔纳举办"丝绸之路经济带与中哈合作"研讨会

中心同时举办了"丝绸之路经济带与中哈合作"国际学术—实践研讨会。

来自哈萨克斯坦国家安全会议、投资与发展部、外交部、国际科教中心等部门和机构的官员、学者等参加会议。中方代表除复旦大学本校学者外，还有来自中国石油集团公司、商务部发展研究院、中国产业海外发展协会、国家开发银行的领导和专家学者。与会代表就"一带一路"倡议、"一带一路"与"光明之路"对接、中哈投资合作、产能合作、基础设施合作、政治与人文合作、边境地区合作、工业4.0、中欧班列等具体问题进行了讨论。

代表团在阿斯塔纳期间，哈萨克斯坦总统助理兼国家安全会议秘书叶尔梅克巴耶夫、哈萨克斯坦教育与科学部部长萨卡季耶夫分别接见了代表团。叶尔梅克巴耶夫对复旦大学在推动中哈人文教育合作，特别是在中国—中亚研究中心创建过程中所做的努力表示感谢，陈志敏副校长就中国—中亚研究中心的工作设想等问题与叶尔梅克巴耶夫进行了交流。萨卡季耶夫介绍了哈萨克斯坦的教育改革与发展、哈萨克斯坦教育国际化探索等情况，陈志敏副校长就推动"一带一路"倡议下的中哈人文交流、教育合作等问题发表了意见。

此外，哈萨克斯坦国家安全会议第一副秘书沙依胡特季诺夫与复旦大学代表团进行了深入交谈。沙依胡特季诺夫向代表团介绍了阿斯塔纳国际大学筹建情况，陈志敏副校长与沙依胡特季诺夫先生就复旦大学与阿斯塔纳国际大学的未来合作、中哈两国的人文交流等交换了意见。